VS

일러두기 이 책은 『중앙선데이』에 2011년 3월부터 2012년 8월까지 연재했던 「김재훈의 문화 캐리커처」를 다듬고 새로 구성하여 펴내는 것입니다. 단행본·잡지·신문은 『 』, 미술작품·영화·기사·단편소설 제목은 「 」, 전시회와 오페라 등의 모음곡은 〈 〉로 묶어 표기했습니다. 인명과 지명 등의 외래어 표기는 국립국어원의 규정을 따르는 것을 원칙으로 했습니다.

세기의 아이콘으로 보는
컬처 트렌드

VS 라이벌

김재훈 지음

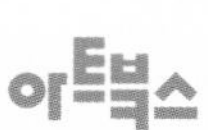

차례

01 문화 아이콘

02 그래픽디자인 & 비주얼 아트

03 패션 & 프로덕트 디자인

04 대중매체

05 클래식 음악

책머리에

소박한 문화의 정원을 다시 소망하다

스티브 잡스가 혼신을 다해 숨결을 불어넣은 한 가지 물건, 아이폰. 오직 그것만이 스마트폰이라는 평범한 이름을 가진 제품들이 결코 피해갈 수 없었던 시장 경쟁을 거부했다. 아이폰이 독점 상품이 될 수 있었던 요인은 다름 아닌 문화다. 마치 공장에서 소변기로 생산된 수많은 기성품들 중 딱 한 개가 뒤샹의 손에 의해 낯선 공간에서 신비로운 예술로 승화한 사건처럼, 아이폰은 대중을 향한 잡스의 퍼포먼스에 힘입어 우리 시대를 대표하는 문화 아이콘이 되었고 그 이후로 문화 비평가들을 포함한 권위 있는 식자들로부터 저변의 시민들과 청소년에 이르기까지 사람들은 한결같이 아이폰을 문화라고 칭하길 주저하지 않았다.
대중은 잡스와 애플이 건설한 문화왕국의 네트워크에서 갖가지 신생 문화를 누리기 위해 비용을 지불했고 그 문화의 저작권자인 회사는 막대한 재화를 거둬들였을 것이다. 전 세계 도시인의 생활 공간에서 광범위하게 펼쳐진 기술문화의 향연을 통해 우리는 역사에 뚜렷한 기록을 남긴 예술가들의 생애에 버금가는 전설의 플롯을 보았고, 죽지 않은 저자의 당당한 위세를 읽었다. 신성한 서사를 이미지로 설명하는 도상, 즉 아이콘이 된 물건과 전설을 이룩한 저자를 향한 경배와 찬양. 그 부흥회 현장에서 조장되는 무궁무진한 소비의 축제.
농익은 부르주아 시대의 문화란 그런 것일까?

셰프, 파티셰, 바리스타 등 불과 몇 년 전까지만 해도 분명 생소한 용어였던 외래종 문화의 첨병들이 우아한 음식 문화의 향연을 주도한다. 원산지에서는 그저 동네 빵집에서 파는 빵 조각 하나, 삼시 세끼 먹는 집 밥의 소박한 조리법조차도 물만 건너면 미식가의 품위 있는 자질과 더불어 빈티지 인테리어의 고증과 함께 더 비싼 문화로 탈바꿈한다. 유행의 유효기간은 그렇게 장소를 옮기면서 새롭게 연장되고, 문화는 수입 상품의 부가가치에 매겨진 당위성을 증언하는 역을 맡는다. 새로운 유행의 대세를 좇을 의향이 충만한 대중은 문화 산업의 기획자들이 예의주시하는 곳에서 언제나 잠정적인 소비자이며 그런 대중의 감성을 자극하는 홍보 프로젝트에는 관련 문화 아이템들이 첨부된다. 영리한 각본 속에 유행을 버무린 TV 드라마에, 북유럽의 친환경 생활 가구를 전시하는 갤러리에, 세기말 유럽의 모습을 회고하는 사진 전람회에, 거액을 들여 구매한 팝아티스트의 작품을 백화점 옥상 정원에서 전시하겠다는 초대장에, 특정 브랜드의 역사와 미담을 노골적으로 알리는 정체가 모호한 잡지에…….
그렇게 자극 받은 대중은 좀 더 수준 있는 문화적 아비투스를 축적하는 유행에 뒤쳐지지 않기 위해 상품을 구매하고 문화를 소비하면서 안식을 얻는다. 그런데 그 안도감은 상대적이면서 끝없이 재생되는 불안 증세에 상응하는 것이다. 특정 문화의 대유행이 조장되지 않았다면 필요하지 않았을 안도감, 그러니까 변종을 끊임없이 되풀이하는 신종 인플루엔자처럼 계속 모양을 달리하는 유행을 소비하지 못할 때 생기는 불안 증세가 해소되어야 비로소 얻을 수 있는 안도감인 것이다.
만개한 자본주의 시대의 문화란 그런 것일까?

인권선언이 근대 시민들의 동의를 얻어낸 지 수백 년이 지났지만 절대왕정 시대에 봉건귀족들이 누렸던 문화 취향의 전통은 지금도 고스란히 남아 있다. 아니 어쩌면 최근에 와서 부활한 것일 수도 있다.
1,000만 원을 호가하는 명품 가방, 더 이상 값싼 원단을 사용하지 않는 리틀 블랙 드레스, 오리지널이라는 자격으로 유사품들의 기능성마저 천박한 수준으로 매도하는 디자이너 가구들, 허세와 신분 과시를 위한 프리미엄 자동차 브랜드들, 단 몇 시간의 음악 감상을 위해 수십만 원을 들여야 하는 마에스트로의 공연 등에서 귀족문화는 찬란하게 부활했고 만민의 인권과 생활 문화가 평등해야 한다는 근대정신은 수명을 다했다.
오늘날 상류층 사람들이 말러를 들으며 잘 꾸며놓은 거실에서 자녀들에게 문화적 취향을 습관으로 물려주는 동안 이른 아침부터 늦은 저녁까지 오로지 생계를 위해 고단한 몸을 굴려야 하는 사람들은 대중문화에 빠져 있는 자녀들과 취향을 공감할 여유도 없다. 그 삶의 현장에는 다양성이라는 말로 포장된 파편들이 난무할 뿐이고 대중은 온갖 신상들이 명멸하는 광속의 장단에 맞춰서 소비라는 힘겨운 춤을 춰야 한다.

만약 이 상태로 한 세대만 지난다면 우리는 예전의 봉건사회보다 더 엄격한, 문화로 구분되는 계급사회의 도래를 두 눈 뜨고 맞이하게 될지도 모르겠다. 남다른 권력과 특별한 자격을 보장하는 성문법은 어디에도 없지만 우리는 정치·경제를 넘어 무엇보다 문화자본으로 인해 규약보다 더 효력 있는 근대 귀족계급의 비공식 작위에 동의하는 삶을 살아야 할지도 모른다. 그것은 봉건시대에 평민들이 일상으로 겪었던 것에 비해 더 참담한 비극이 될 텐데 왜냐하면 공적으로는 평등하지만 삶의 현실에서는 암묵적인 계급구조에 머리를 조아려야 하는 상황이기 때문이다. 그런 일들이 무엇보다 문화를 내세워 진행될 것이다.

심각한 양극화 시대의 문화란 그런 것일까?

"문화는 뭘까?"

『중앙선데이』에 2년 넘게 연재하던 「디자인 캐리커처」를 두 권의 책으로 엮어내고, 이야기 소재를 디자인에서 문화로 넓히기로 결정한 다음 가장 먼저 자문해 보았던 것이 이 단순하면서도 답하기 까다로운 물음이었다.

개념을 정의하기 위해 학문적으로 토론하고 연구할 것 없이 쉬운 말로 이야기하자면, 대부분의 사람들이 상식 수준에서 짐작할 수 있는 문화는 정원에 피는 꽃과 같다. 땅에 뿌리고 경작한 목초와 곡물은 생존을 위해서, 또 교역을 위해서 활용하지만, 정원에 심은 꽃은 대체로 피고 지는 과정을 보고 즐기면서 안식을 취하기도 하고 기쁨과 위안으로 삼기도 한다. 딱히 먹을 양식을 마련하거나 내다 팔기 위해 꽃을 심는 것이 아니라 생업과는 별도로 삶을 충전하려고 꽃을 누리는 것이다. 그렇게 꽃은 땅의 생산체계로부터 비교적 자율적이다. 물론 꽃도 다른 목초들과 마찬가지로 땅에서 자라고 토양의 질과 경작에 들이는 노력 여하에 따라 결과가 달라지긴 하겠지만, 꽃은 우리의 생활에서 필요한 이유가 여타의 것들과 다르고 곁에 두고자 하는 이유가 생존과 직접적이지 않은 만큼 자율적이다. 그리고 어쩌면 그런 자율성은 꽃을 즐기고 누릴 여유를 열망하는 만큼 우리의 희망에 해당할 수도 있다. 이를테면 문화가 토대와 두는 거리감은 우리가 문화에서 얻을 수 있는 기쁨의 양과 비례한다. 하지만 꽃이 상품이 되면서 그 순수한 희망과 기쁨은 사라졌다. 이성의 시대인 근대의 여명은 어떤 면에서는 무한 경쟁 시대의 서막을 알리는 팡파르였을 것이다. 인간의 모든 행위를 표준치에 따라 값을 매기는 것이 상식으로 통하면서 문화 예술가들도 자신들이

키운 꽃들에 이름을 붙여 시장에 내놓았고 자본주의 시대의 문화 산업이 거대한 규모의 정원을 조성하고 휘황찬란한 꽃들을 빛의 속도로 길러내면서 우리가 상거래를 의식하지 않고 소박하게 기르던 아담한 꽃들을 볼품없게 만들어버렸다. 문화의 가치는 이제 더 이상 진·선·미가 아니라 이윤 혹은 부가 가치를 위한 이미지 기능이다. 그런 의미에서 근대 문화사를 다른 말로 근대 문화제품사라고 불러도 되지 않을까?
이런 마당에 문화에 대해 이야기하는 것이 솔직히 행복하지만은 않다. 미술·음악·디자인 등 대표적인 문화 영역은 적어도 근대 이후로는 토대와의 거리감을 상실한 지 꽤 되었다고 여겨지기 때문이다. 그래서 지난 시간 동안 가장 화려한 빛깔로 피었던 꽃들, 즉 괄목할 만한 문화적 성취를 이루었던 유명한 사례들을 라이벌 형식으로 소개하는 이 책은 한편으로는 그 치열했던 경쟁들이 자본주의 기관차와 함께 달려온 무한 소비의 선로에 남겨 놓은 추억을 되살려보려는 시도이기도 하다.
가장 흥미로운 이야기 소재는 역시나 가장 많이 소비되었던 형형색색의 꽃들일 테지만 그런 큰 문화 영웅들이 각축전을 벌이는 동안 작은 문화적 감성들이 어떻게 밀려나게 되는지도 함께 이야기해야겠다고 생각했다. 그래서 이 책에 등장하는 주인공과 상품 들을 향해 이야기 속에서는 대체로 찬사를 보냈지만, 캐리커처로 그려진 이미지와 짤막한 대사들에

풍자도 섞어두었다. 그 두 가지가 함께 읽힐 수 있었으면 좋겠다. 짧은 설명과 그림으로 만드는 이야기를 가지고 그 정도를 바라는 것이 과욕일까?

그래도 나는 바란다.
농익은 부르주아 시대의 문화, 만개한 자본주의 시대의 문화, 심각한 양극화 시대의 문화, 그 전 지구적 문화 시장에서 활기차게 거래되었던 꽃들의 전면을 보면서 잃어버린 마을 어귀의 소박한 정원들을 다시 가꾸려는 희망이 생겨나기를.

2012년 무더운 여름에,
김재훈

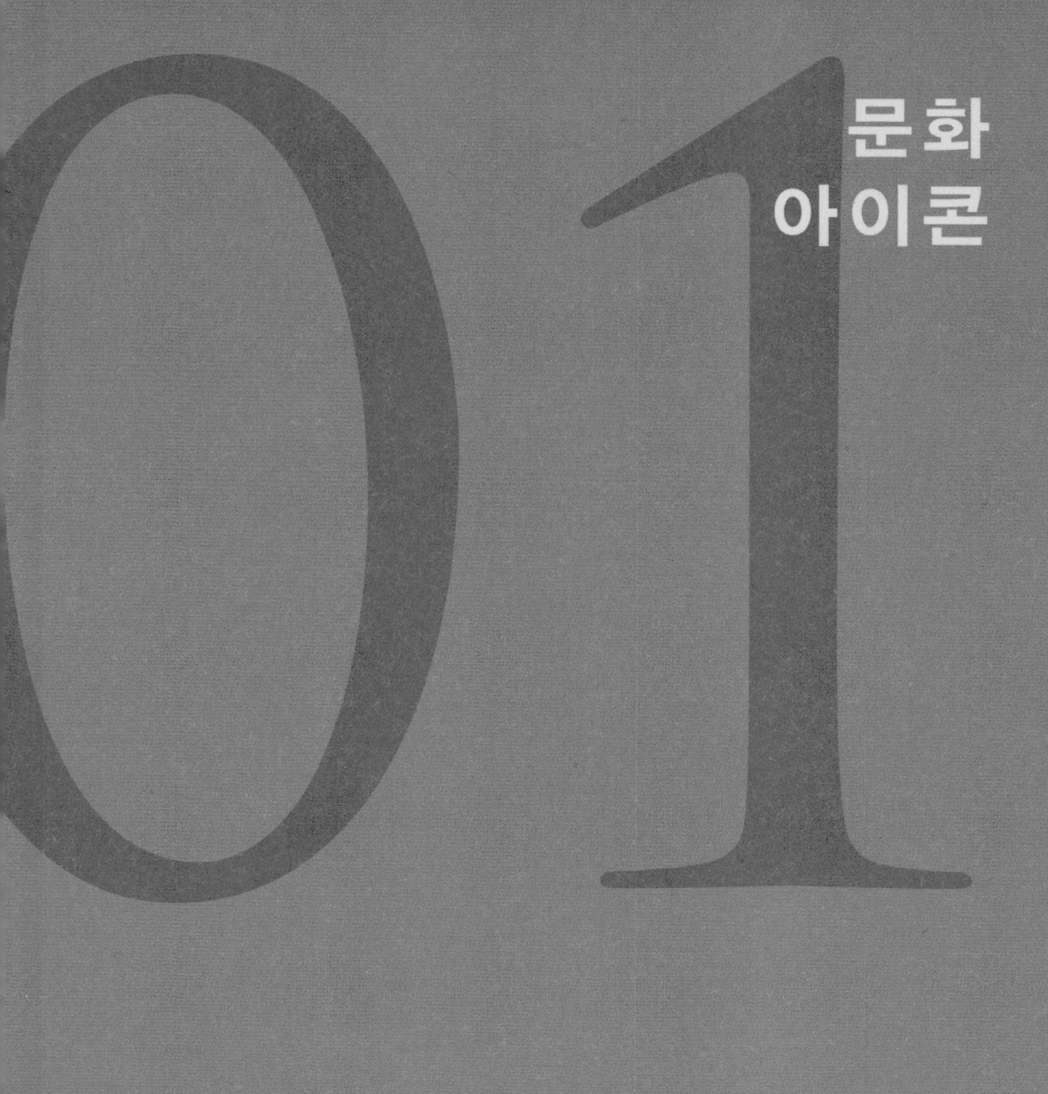

문화 아이콘

20세기 공인 요정

오드리 헵번

V

20세기 대중문화사에서 남녀노소 모두에게 진심 어린 찬사와 총애를 받았던 여인을 한 명만 꼽는다면 아마 오드리 헵번일 테다. 「로마의 휴일」에서 상큼한 여주인공 역을 맡으면서 세계적인 스타가 되고 이후로 줄곧 좋은 이미지를 잃지 않았던, 그야말로 미워할 만한 구석을 찾으려야 찾을 수 없는 세기의 요정이었다.

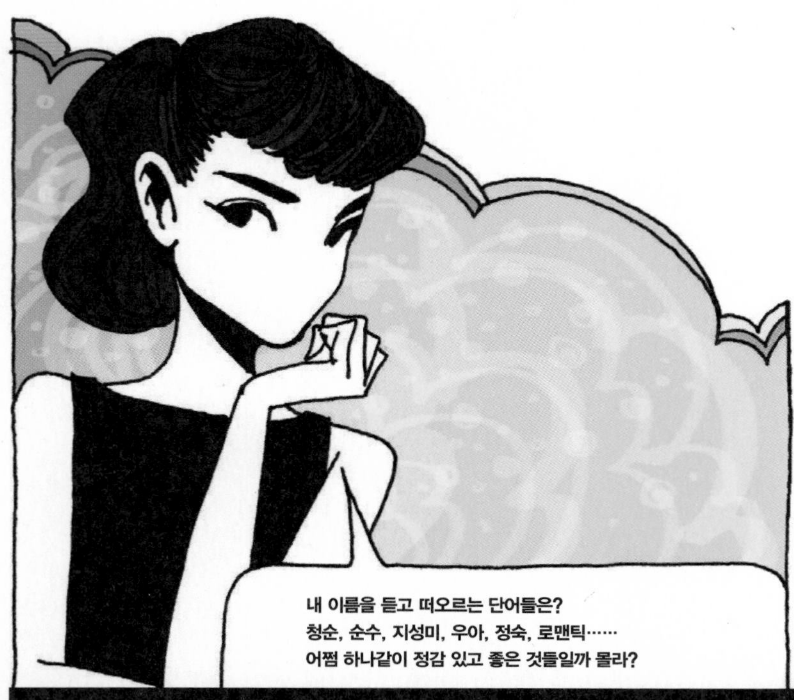

S

대중의 아프로디테

메릴린 먼로

헵번이 만인으로부터 사랑받기에 적합한 이미지였다면,
먼로는 산업화와 욕망의 시대에 갈채를 얻기 위해
편견과 왜곡된 시선도 함께 견뎌야 했던 질곡의 여인이었다.
그녀는 상업문화의 높은 외줄 위에서 자신의 육신을
산화하고 간 여신이었다.

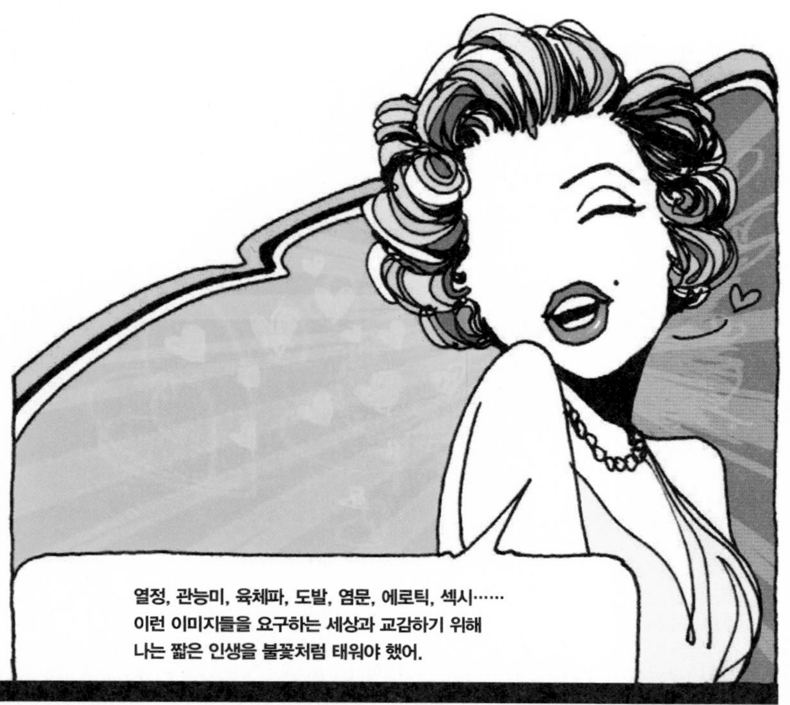

귀여운 헤어스타일, 사브리나 팬츠 등 수많은 유행 패션 아이템이 그녀에게서 나왔지만 그중에서 헵번 스타일 하면 가장 먼저 떠오르는 것은 단아한 검은색 드레스이다. 일명 '리틀 블랙 드레스'는 원래 샤넬이 최초로 선보인 현대 여성 패션의 아이콘이지만, 지방시가 디자인하고 헵번이 「티파니에서 아침을」에서 입었던 것이 그 드레스를 대표하게 되었다.

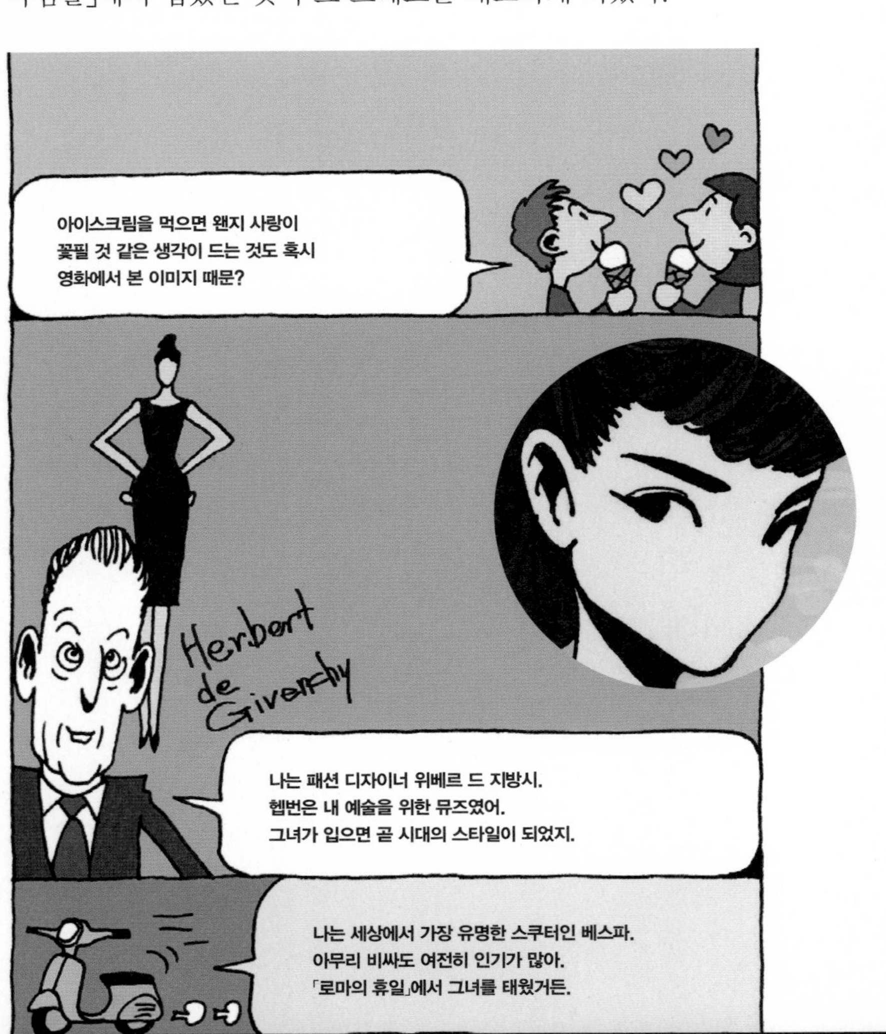

S

백치미의 대명사인 메릴린이 실제로는 매우 지적이었다고 하지만 그런 것들이 무슨 의미가 있겠는가? 불과 서른여섯 해만 살다 간 그녀가 세상에 남긴 것은 어차피 몇 편의 영화와 호들갑스러운 루머 같은 단편적인 이미지들뿐인 것을.

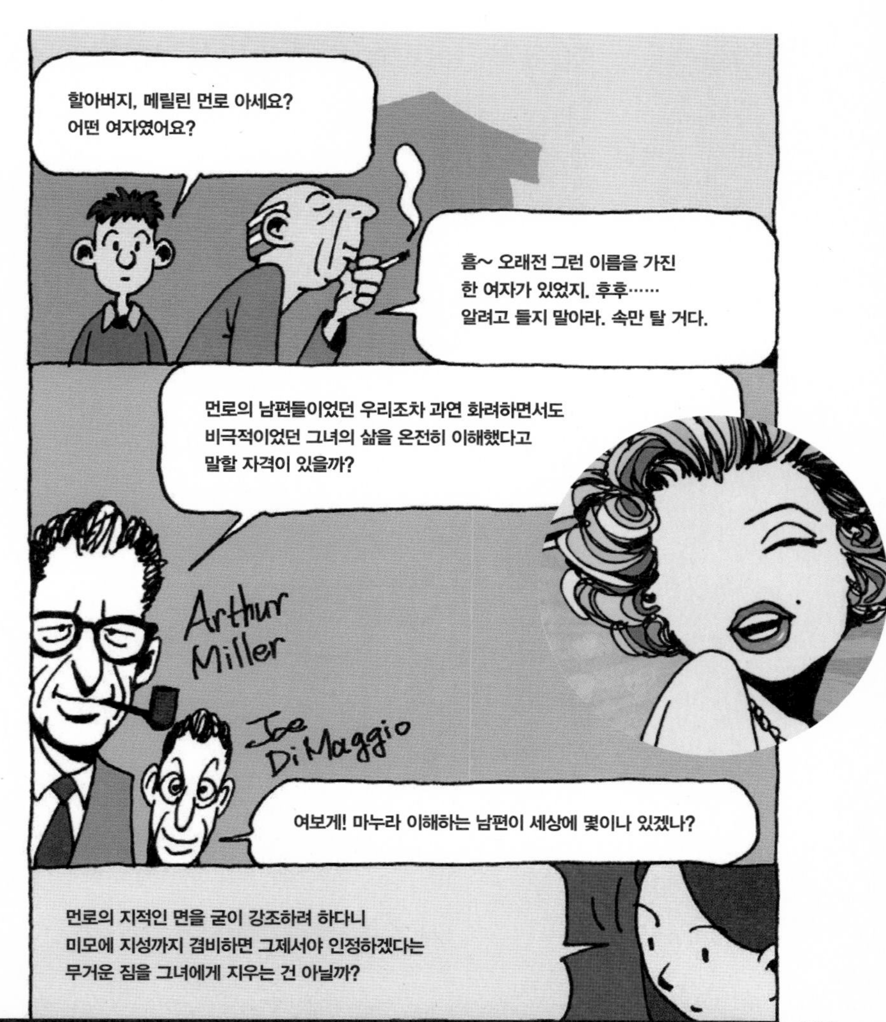

V

퍼스트 레이디 의상의 표준

재키 스타일

재클린 케네디 오나시스. 그녀는 20세기 무관의 여왕이었다. 1960년대 서방세계 권력의 상징이었던 미합중국의 퍼스트 레이디, 세계에서 가장 부유했던 선박왕의 아내, 그 두 가지 삶을 모두 살았던 그녀는 자기가 선택한 주목받는 인생을 잘 포장해서 대중의 흠모를 얻는 비결을 알고 있었다. 산뜻한 느낌과 절제된 품격으로 사람들의 호감을 얻었던 그녀의 패션을 '재키 스타일'이라 부른다

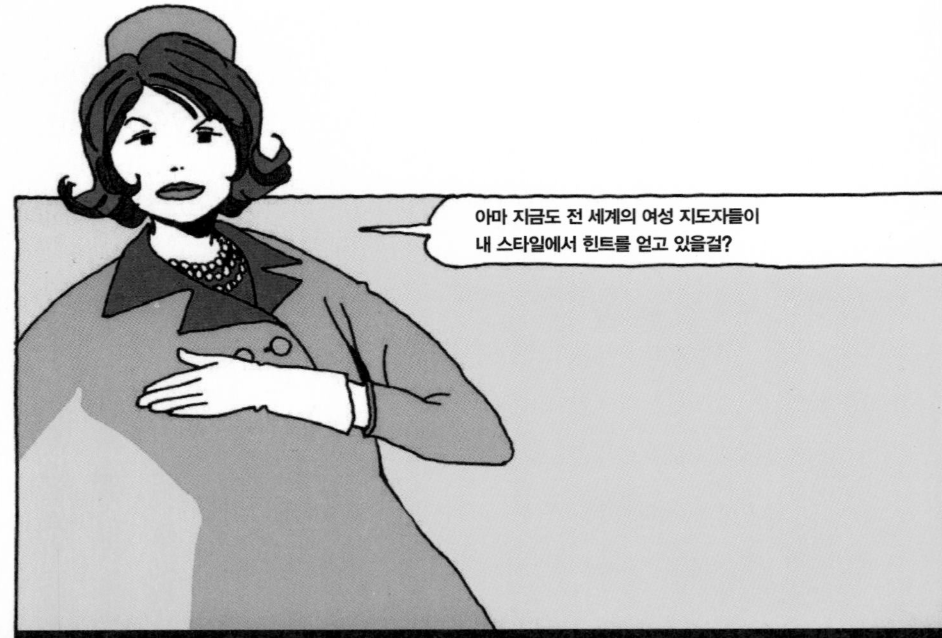

S

신세기 르네상스 여인상

다이애나 룩

다이애나 스펜서. 군림하되 통치하지 못하는 현대판 왕실의 온갖 허례와 구습을 거부하며 끝내 로열 패밀리를 박차고 나와 낮은 곳에서 대중의 삶을 이해하려 노력했던, 짧지만 파란만장한 드라마의 히로인이었다.
왕가를 대하는 고정관념에 얽매이지 않고 자신의 타고난 매력을 감추지 않았던 그녀가 생전에 자신을 가꾸는 데 썼던 다양한 의상과 소품의 조화는 현대 여성들에게는 부러움의 대상이자 신세기 여성의 과제로 남았다.

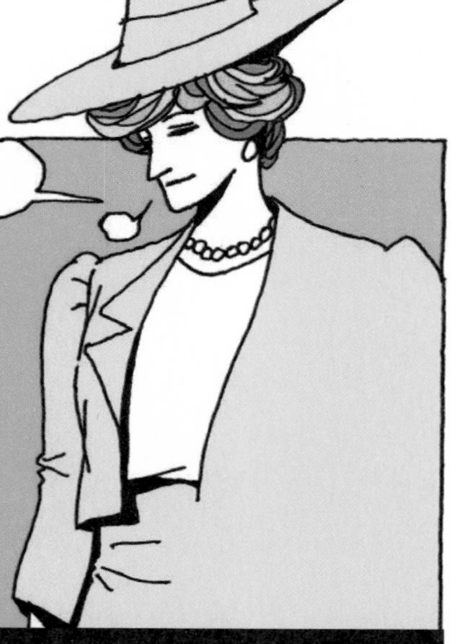

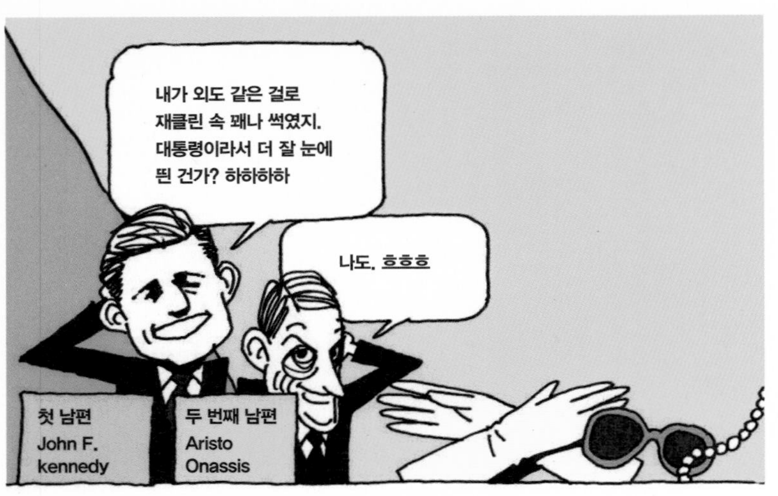

상류사회를 소재로 한 드라마에 나오는 여자들의 옷차림은 대략 두 가지다. 1960년대 재클린과 1980년대 다이애나가 입었던 스타일. 그런데 두 사람의 패션에는 각기 다른 멋과 함께 공통점이 있다. 마치 그녀들이 겪었던 삶처럼.

(그녀들의 남편들은 하나같이 바람둥이였다.)

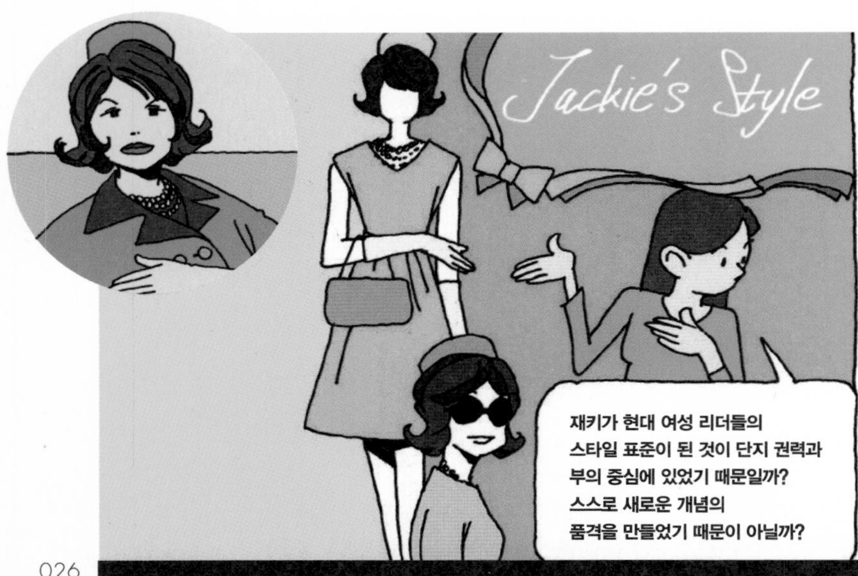

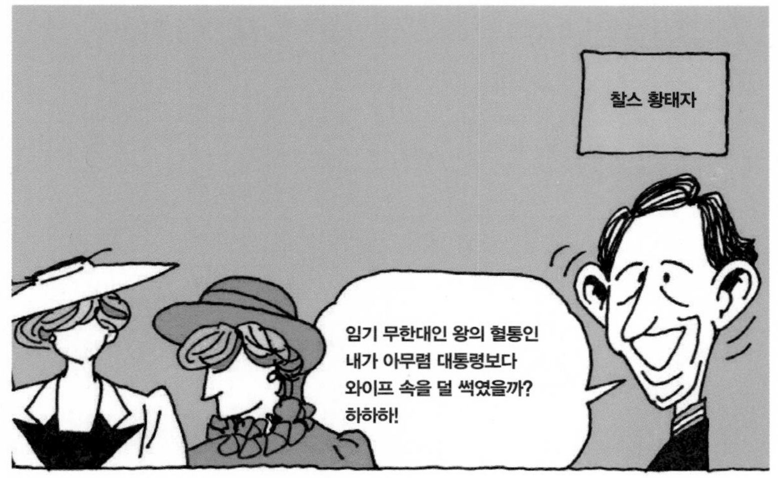

그녀들이 세상의 이목에 맞서 극복하고 감당해야 했던 삶의 무게를 생각하니, 드라마 여주인공들이 재클린과 다이애나의 마네킹이 되어 뻣뻣하게 걷는 모양을 보면 쓴웃음이 절로 나올 뿐이다.

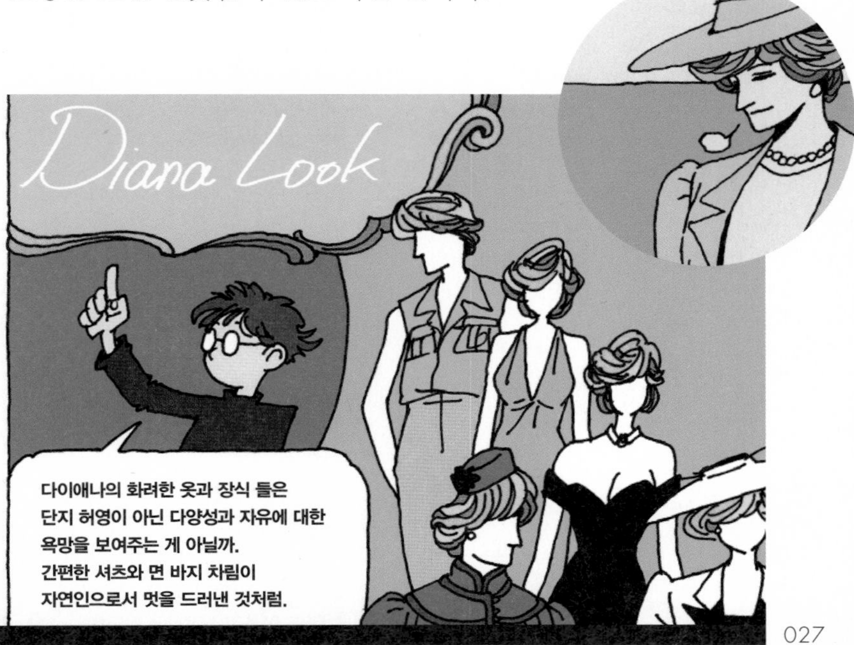

중저음의 포근한 매력

프랭크 시나트라

V

엘비스 프레슬리, 비틀스 같은 천재들이 신세대 록 음악 시대를 열 무렵 미국 대중음악계에서 폭넓게 유행하던 기성 음악은 스탠더드 팝이었다. 그중에서도 친근하고 부드러운 노래 스타일로 가장 화려한 무대 인생을 살았던 가수가 바로 프랭크 시나트라였다.

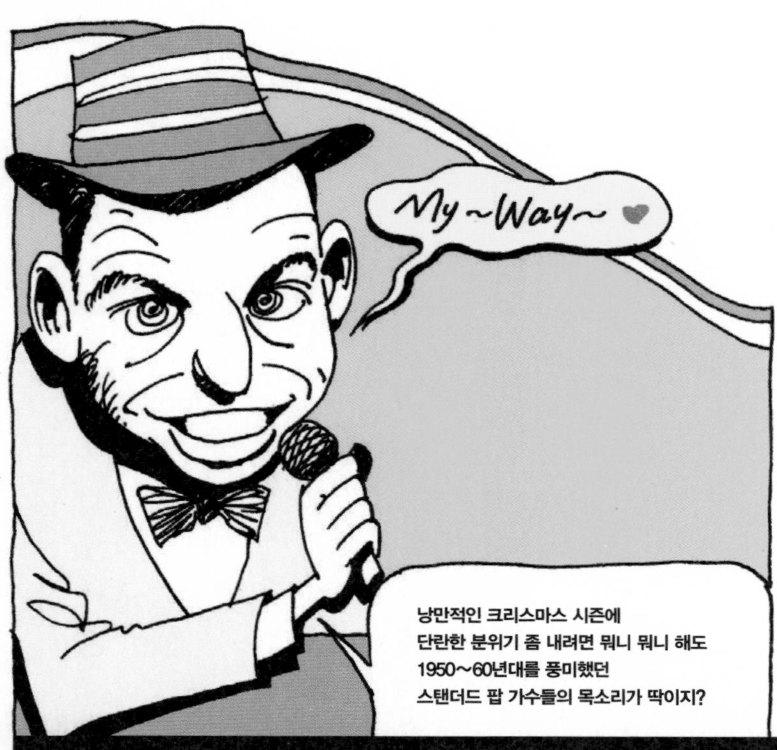

S

솜사탕처럼 감미로운 미성

냇 킹 콜

무명 시절 클럽에서 연주할 때 종이 왕관을 머리에 쓴 모습을 보고서 사람들이 '킹(King)'이라고 불렀다는 냇 킹 콜은 가히 노래로 듣는 이들의 가슴을 솜사탕처럼 부풀게 만드는 '사랑의 전령사'라고 부를 만하다.

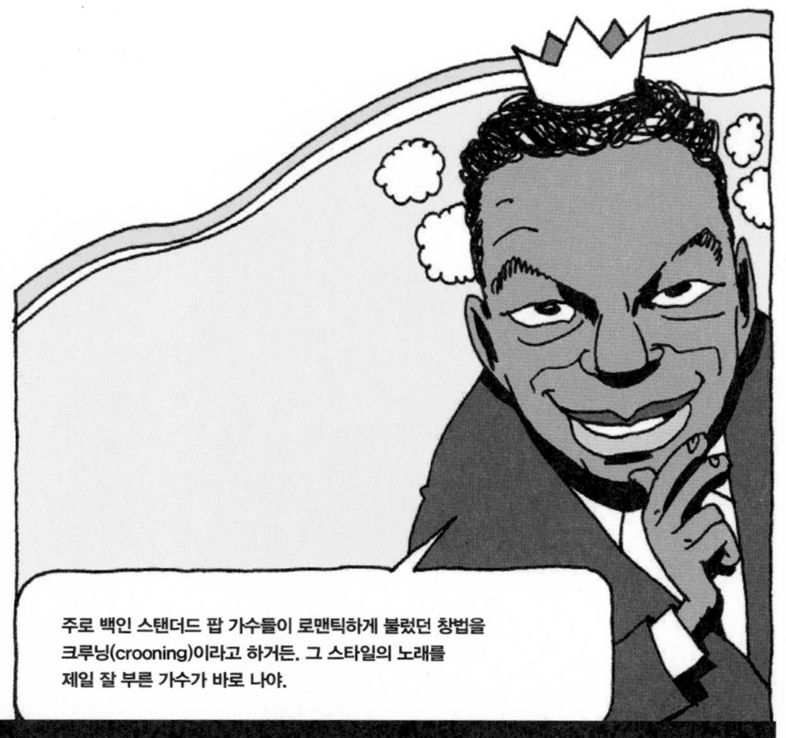

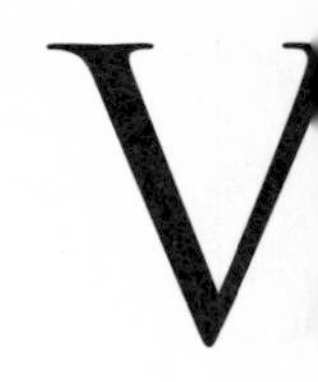

노래 인생 후반에 부른 「마이웨이」로 우리 시대에 잊히지 않을 목소리를 남긴 시나트라는 이미지와는 다르게 복잡한 여성 편력과 스캔들, 그리고 마피아와의 관계 같은 숱한 부정적인 이미지를 남기기도 했다.

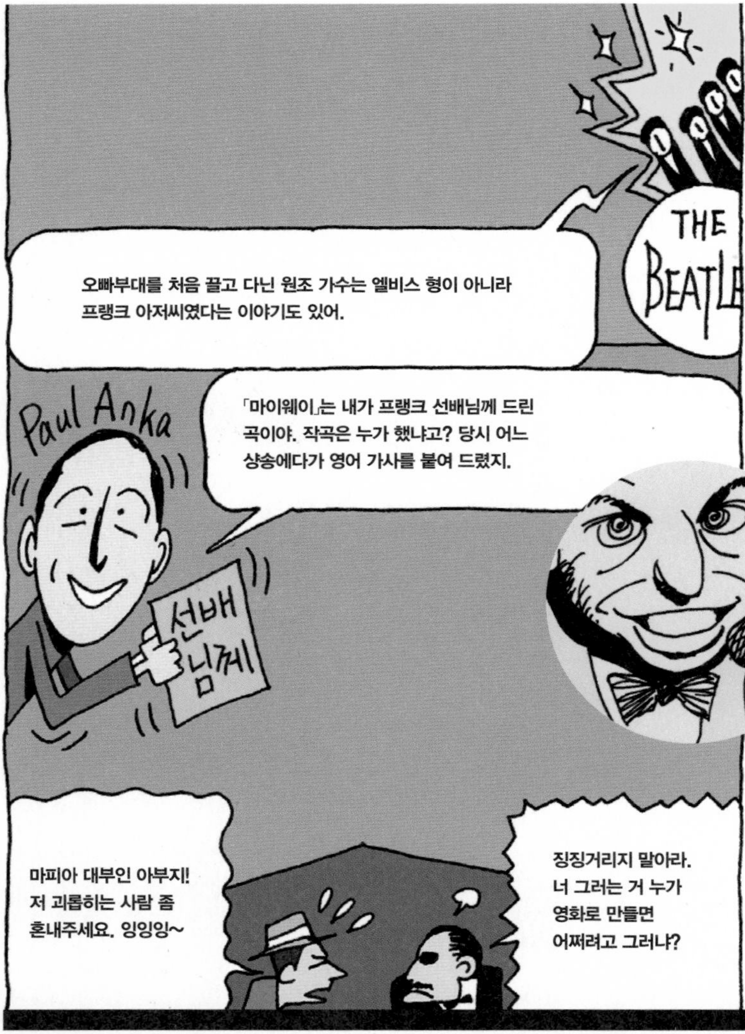

THE BEATLE

오빠부대를 처음 끌고 다닌 원조 가수는 엘비스 형이 아니라 프랭크 아저씨였다는 이야기도 있어.

Paul Anka

「마이웨이」는 내가 프랭크 선배님께 드린 곡이야. 작곡은 누가 했냐고? 당시 어느 샹송에다가 영어 가사를 붙여 드렸지.

선배 님께

마피아 대부인 아부지! 저 괴롭히는 사람 좀 혼내주세요. 잉잉잉~

징징거리지 말아라. 너 그러는 거 누가 영화로 만들면 어쩌려고 그러냐?

S냇 킹 콜이 전형적인 R&B 창법에서 좀 벗어나 있었던 덕에 당시 백인들에게서도 인기가 있었다는 이야기도 있지만 듣는 사람들에겐 스타일이나 창법 따위가 무슨 의미겠나? 흰 눈이 소복이 쌓여가는 겨울밤 은은하게 들려오는 노래에 마음을 녹일 수 있으면 그만인 게지.

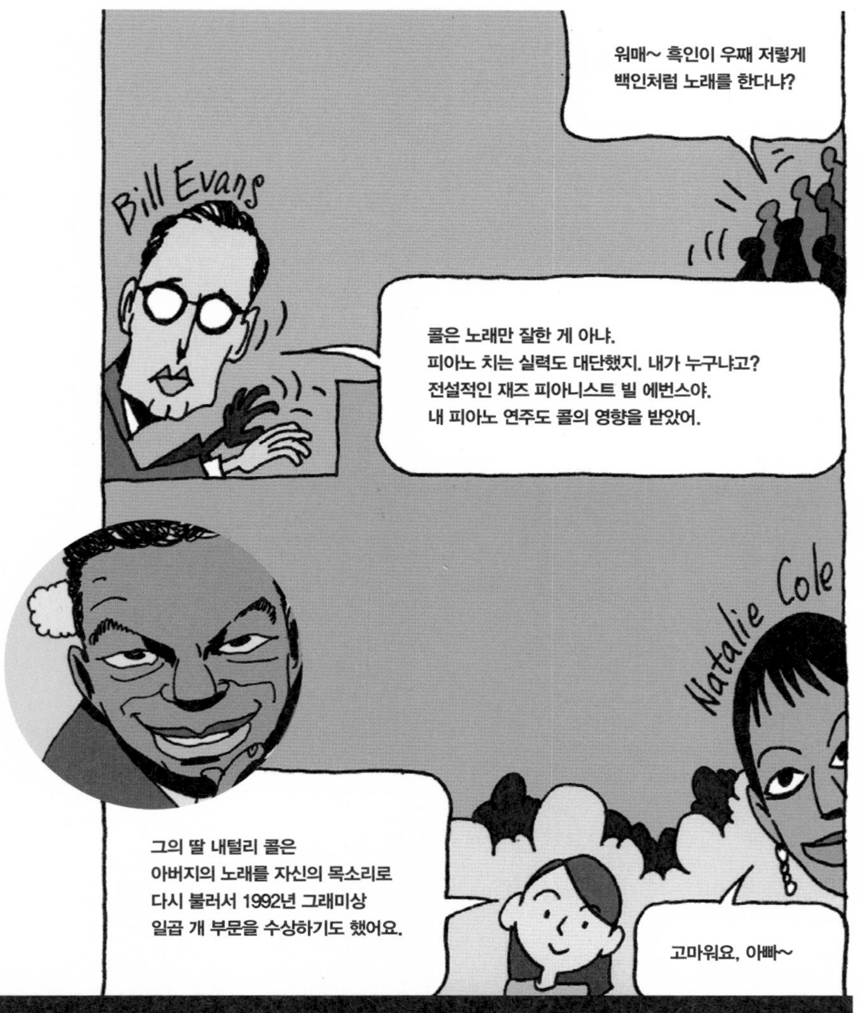

밴드의 전설

비틀스

V

1964년 2월 7일은 미국 대중문화의 역사에서 '브리티시 인베이전'이라고 불리는 날이다. 군대가 쳐들어 온 것이 아니라 새로운 록 음악으로 무장한 비틀스가 존 F. 케네디 공항에 내린 날이었다.

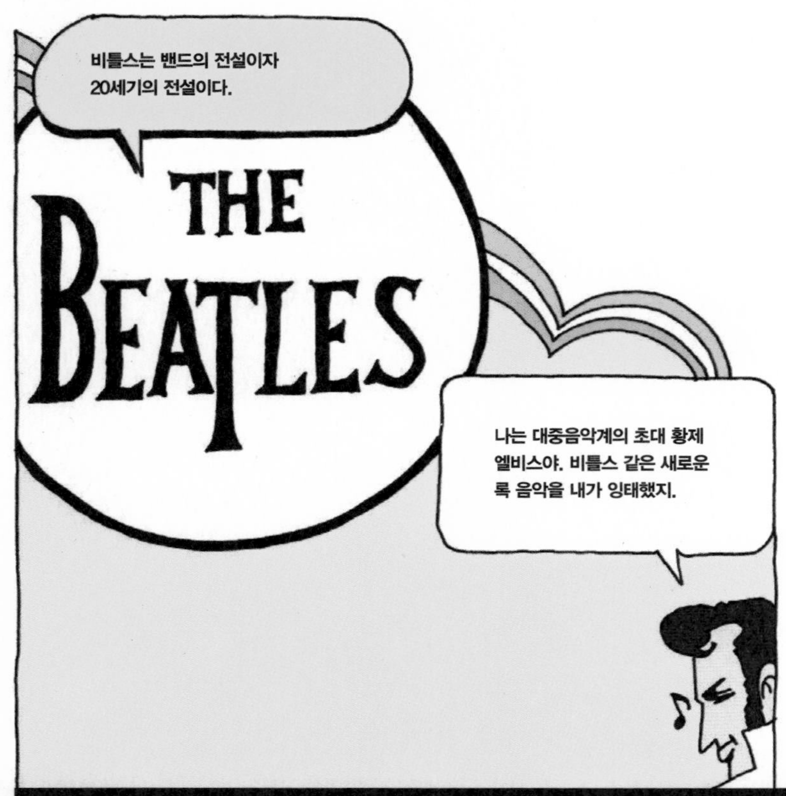

S

비틀스의 유일한 경쟁 상대

롤링스톤스

당시 비틀스가 주도했던 대중 음악계의 판도에서 그나마 경쟁 상대라 불릴 만했던 유일한 록 밴드는 같은 영국 출신의 언더그라운드 음악 밴드 롤링스톤스였다. 이들은 비틀스에 비해 청년들의 저항과 분노를 훨씬 더 과격하게 표현했다.

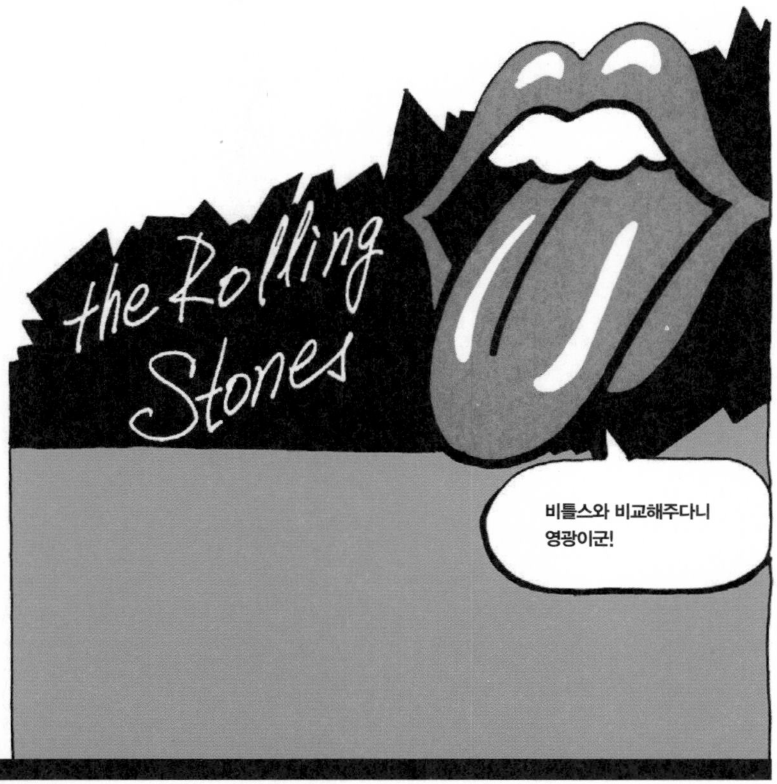

비틀스의 음악은 케네디 암살 등 불운한 역사적 사건들을 겪으면서 정신적으로 공황 상태에 빠져 있던 미국의 청년들과 문화산업 시장에 활력을 불어넣었고, 비틀스라는 이름은 20세기 대중문화사에서 결코 지워지지 않을 가장 선명한 아이콘이 되었다.

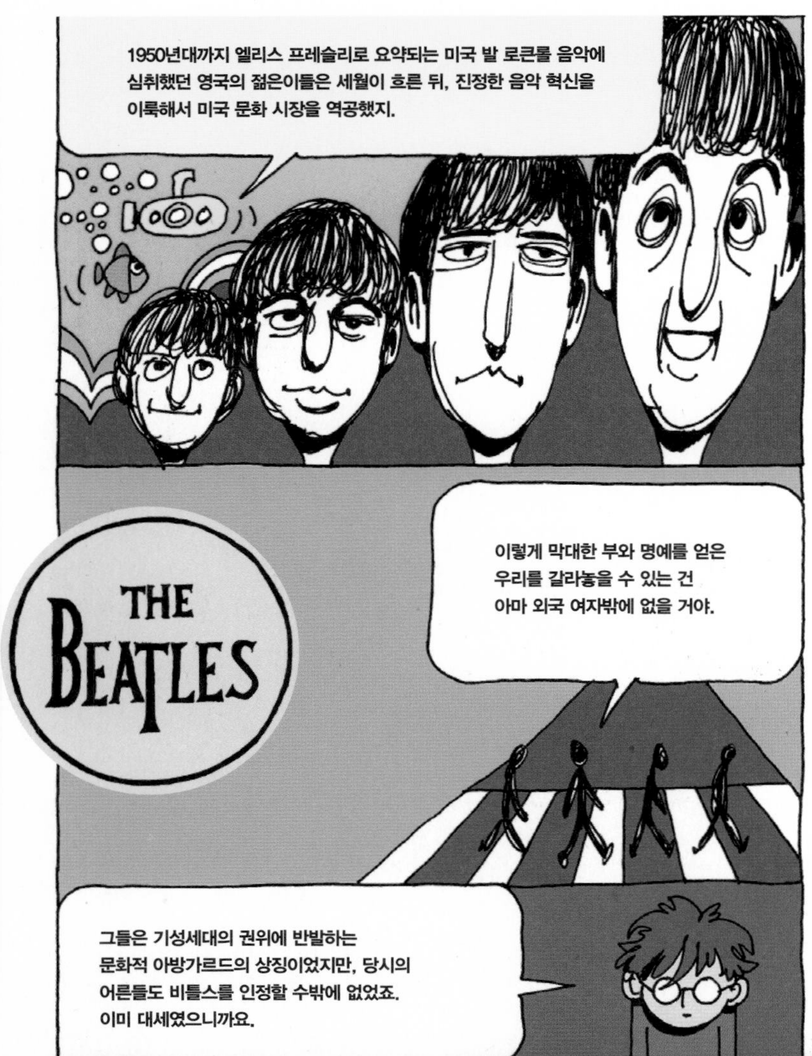

S 기성세대와 주류문화에 저항한다는 동일한 어법을 갖고 있었던 록 밴드였지만 비틀스가 미국 사회에서 비교적 순탄하게 받아들여진 반면 롤링스톤스의 음악은 어른들의 눈에 그야말로 위험천만한 금기 사항이었다.

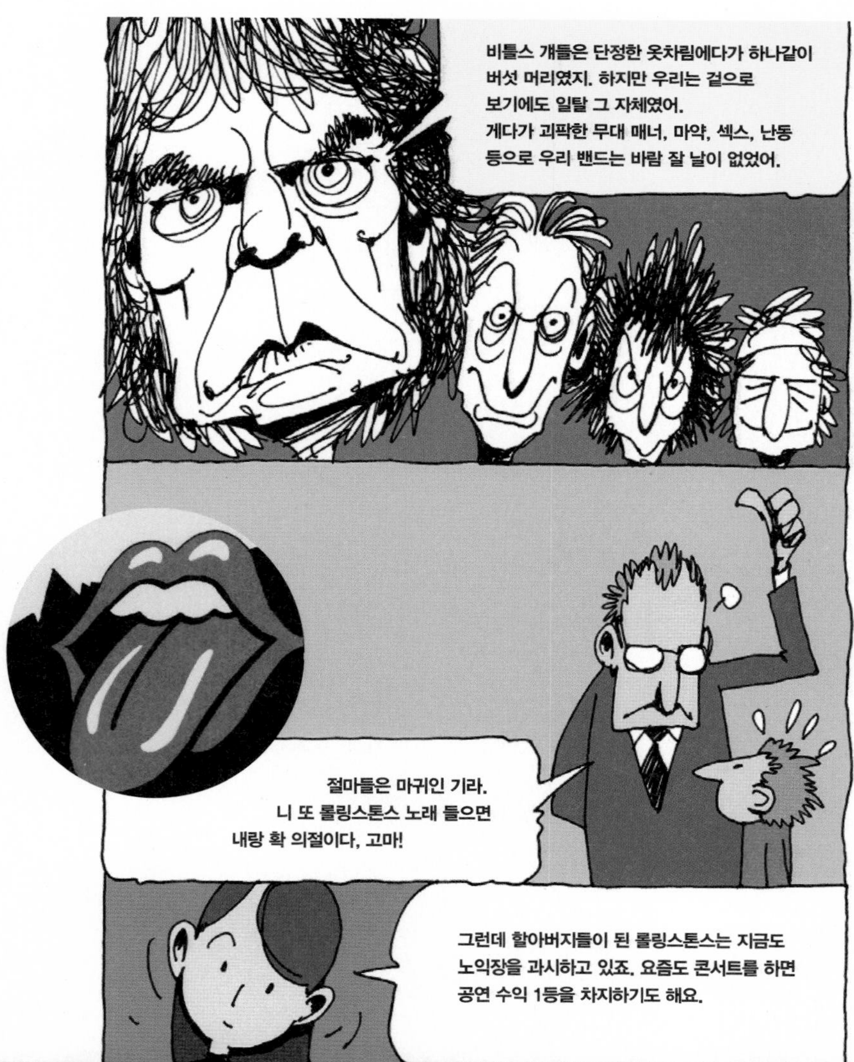

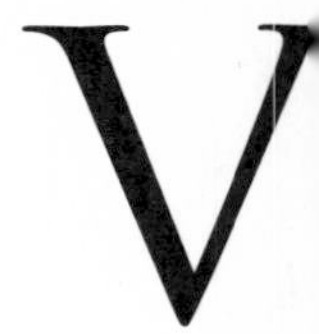

로큰롤의 제왕

엘비스 프레슬리

제왕의 전직은 트럭 운전수였다. 그는 생계를 꾸리며 모은 돈으로 어머니의 생일을 축하하기 위해 자비로 음반을 녹음했다. 때마침 흑인 창법으로 노래하는 백인 가수를 물색 중이던 레코드사의 사장은 그 청년의 목소리에 담긴 저력을 직감하고 빛나는 대로에 첫발을 내딛게 해주었다. 그 이후로 대중 음악계의 왕좌는 오직 그만을 위한 것이었다.

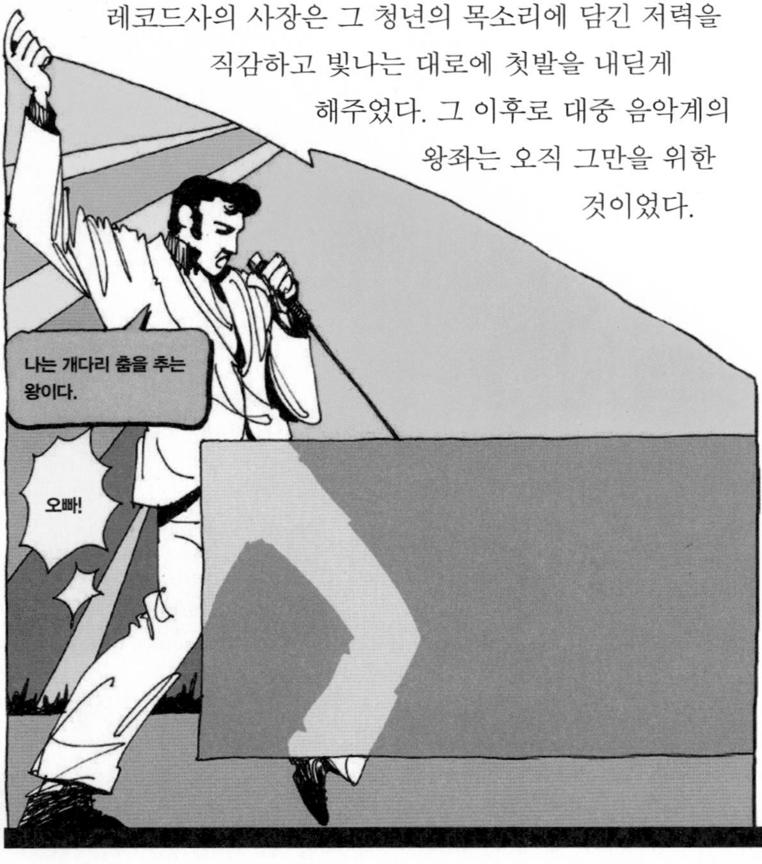

S

팝 음악의 황제

마이클 잭슨

1979년에 스물한 살의 나이로 홀로서기를 시작한 팝 아티스트가 등장하지 않았더라면 20세기 대중 음악계의 영웅 전설은 엘비스 프레슬리로 끝났을 것이다. 그의 이름은 마이클 잭슨이다.

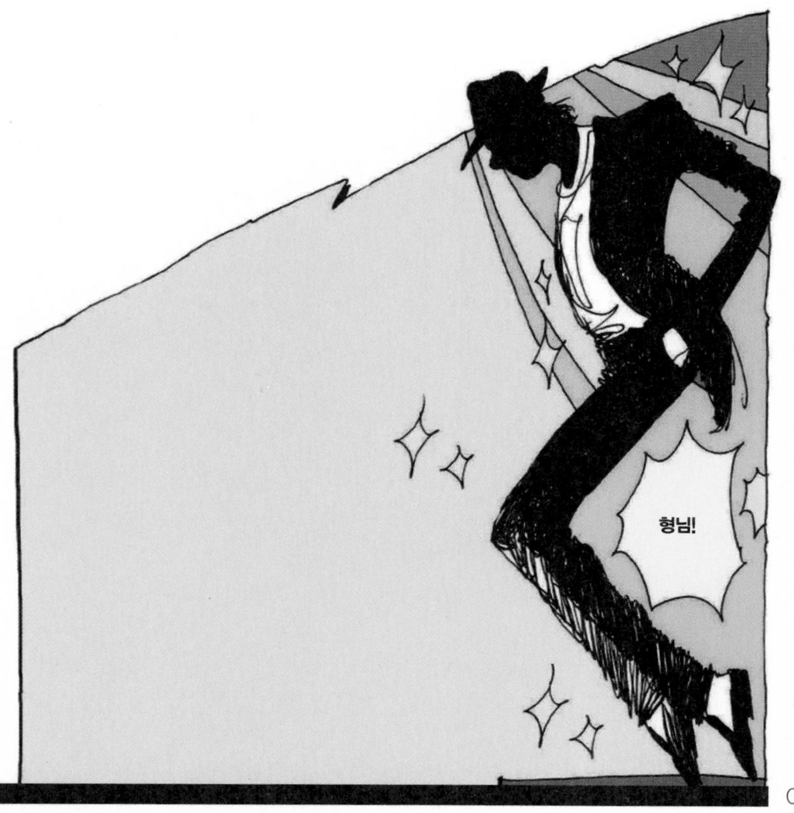

전설적인 인기와 명성에 비해 가창력과 춤 실력이 부족했다거나, 작곡 능력을 갖춘 싱어송라이터가 아니었다거나 하는 의구심 따위 그 무엇도 필요없다. 엘비스 프레슬리는 20세기 대중문화사에서 제왕의 칭호가 가장 잘 어울리는 명실상부 로큰롤의 왕이었다.

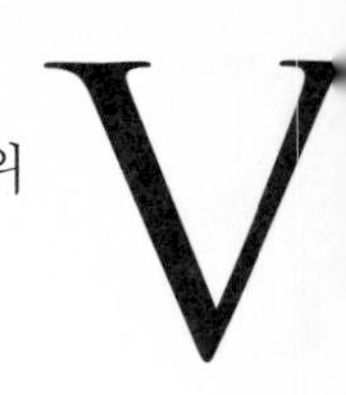

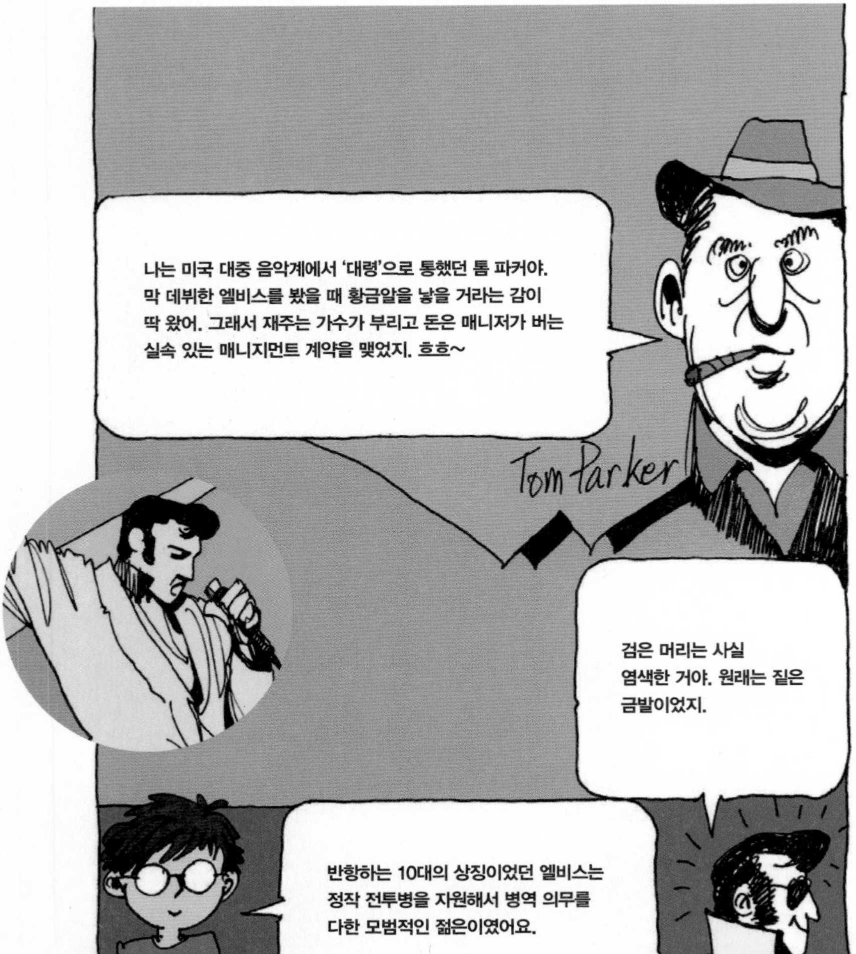

나는 미국 대중 음악계에서 '대령'으로 통했던 톰 파커야. 막 데뷔한 엘비스를 봤을 때 황금알을 낳을 거라는 감이 딱 왔어. 그래서 재주는 가수가 부리고 돈은 매니저가 버는 실속 있는 매니지먼트 계약을 맺었지. 호호~

Tom Parker

검은 머리는 사실 염색한 거야. 원래는 짙은 금발이었지.

반항하는 10대의 상징이었던 엘비스는 정작 전투병을 자원해서 병역 의무를 다한 모범적인 젊은이였어요.

S 1980년대 이후 팝 음악의 진정한 황제였던 마이클은 전 세대의 왕과도 모종의 인연을 맺고 싶었던 것일까? 그는 엘비스 프레슬리의 딸인 리사 마리 프레슬리와 결혼도 했었다. 비록 몇 년 지나지 않아 이혼으로 끝난 인연이었지만.

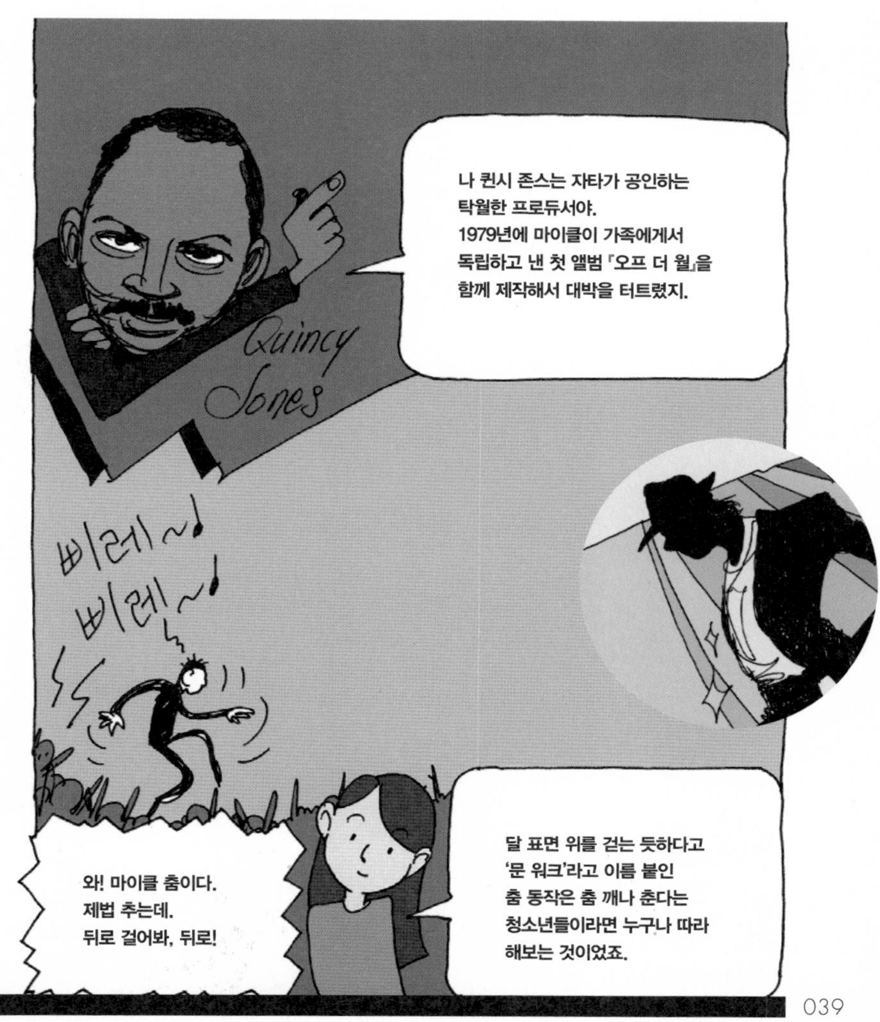

할리우드 감독들의 보배

존 윌리엄스

V

감명 깊게 보았던 명작 영화들에 음악이 없었다면 과연 그만한 감동을 느낄 수 있었을까? 명대사나 배우들의 연기보다 더 큰 감동의 선율을 우리의 기억 속에 남긴 걸출한 두 명의 영화음악 작곡가가 있다.

SF영화의 기념비적인 명작 「스타워즈」에서 처음 등장하는 것은 잘생긴 주인공도, 날렵한 우주선도 아니다. 바로 존 윌리엄스가 작곡한 테마 음악이다. 「죠스」「E.T.」「레이더스」「인디아나 존스」「쥬라기 공원」「쉰들러 리스트」 등 수많은 대작 영화들의 음악을 만든 그는 주로 금관악기를 동원해 웅장하고 역동적인 음악을 선보였으며, 단순하고 인상적인 멜로디를 잘 조합한 박진감 넘치는 음의 향연으로 듣는 사람들의 가슴을 고동치게 만든다.

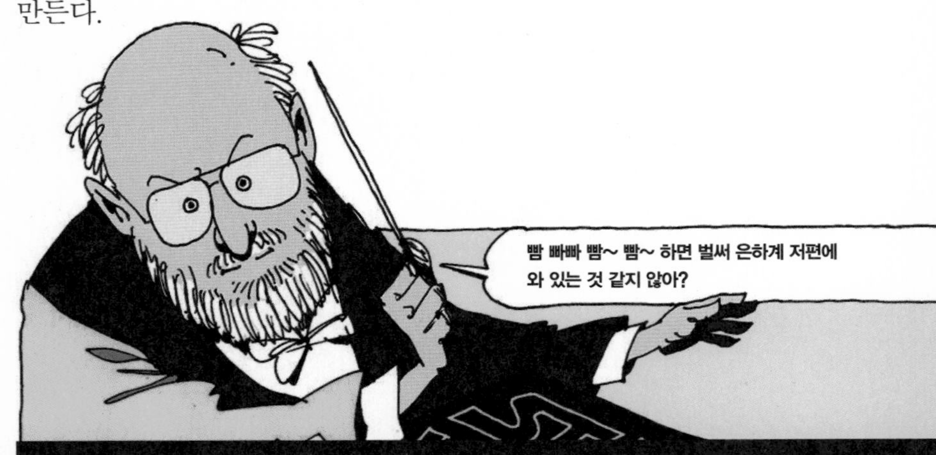

S

영화음악을 예술의 경지로

엔니오 모리코네

저 멀리 모래바람 부는 지평선에서 한 명의 총잡이가 홀연히 나타난다면 그때 어떤 음악이 들릴까? 세르조 레오네 감독의 서부영화 「황야의 무법자」에서 흘렀던 휘파람 섞인 음악이 딱일 테다. 바로 그 선율의 작곡가인 엔니오 모리코네는 레오네 감독의 영화들을 포함해 「시네마 천국」「미션」「시티 오브 조이」「러브 어페어」 등 거장 감독들이 만든 영화들에서 다양한 악기와 소리 들을 이용해 독보적이고 창조적인 영화음악의 세계를 세웠다.

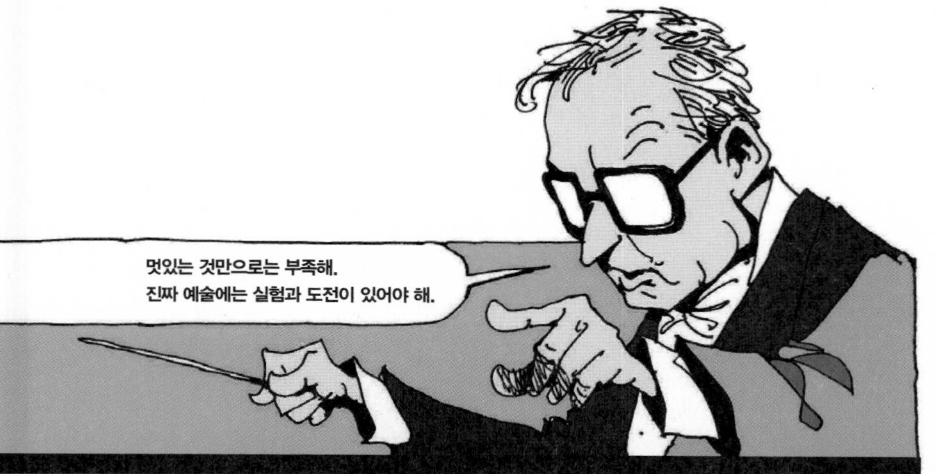

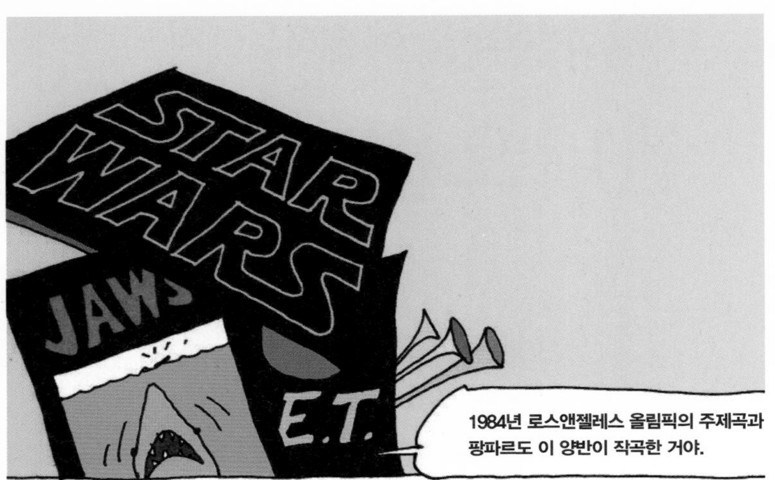

기성 클래식 음악 요소를 잘 활용하는 존 윌리엄스의 음악이 선명한 테마를 가지고 감흥을 준다면,

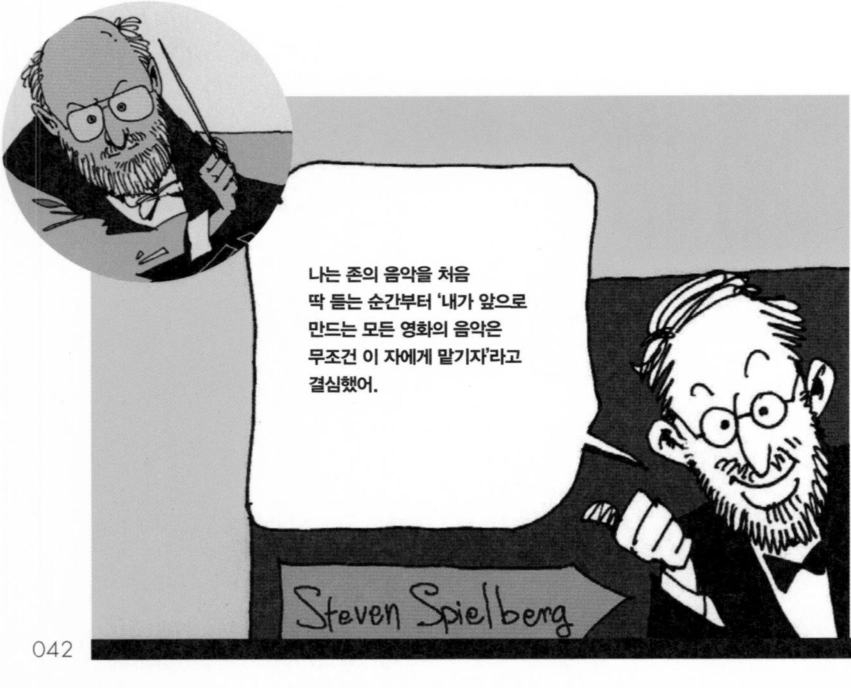

S

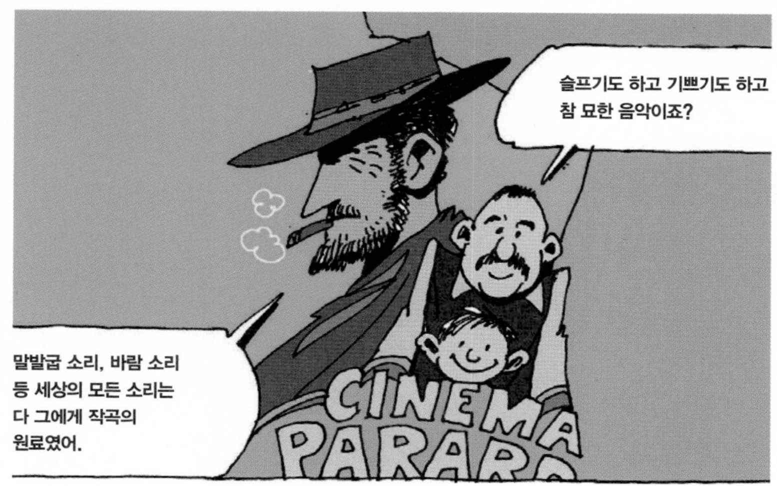

엔니오 모리코네의 선율은 심금을 울리기도 하고 애간장을 녹이기도 한다. 그야말로 영화에서 꽃핀 진짜 예술이다.

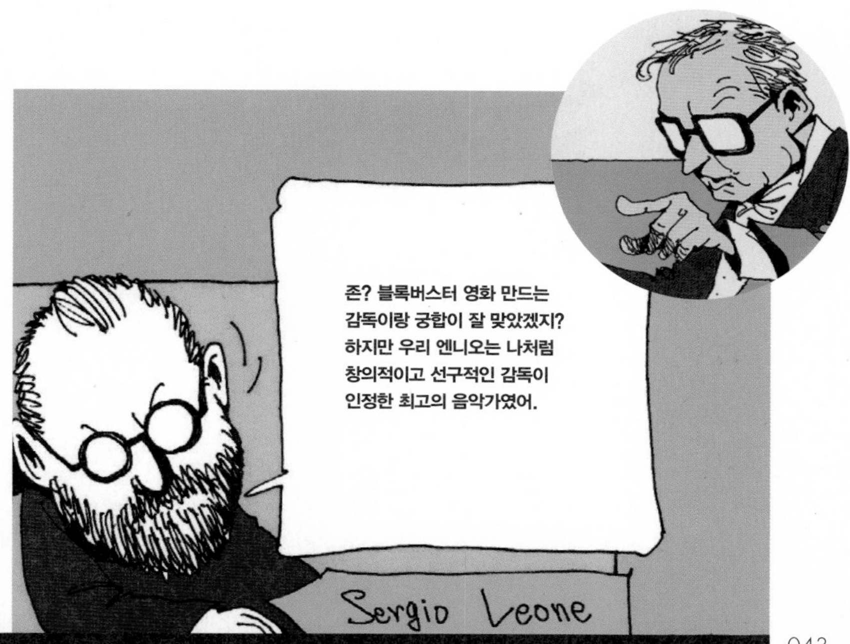

서부영화의 모범적 영웅

존 웨인

80여 편에 달하는 미국 서부영화에 주인공으로 등장했던 존 웨인은 한마디로 멋진 서부 사나이였다. 그가 맡은 역할들은 겉으로는 무뚝뚝하지만 내면은 따뜻하고 언제나 불의에 맞서면서 부녀자들을 보살피는 전형적인 미국식 기사도를 표현했다.

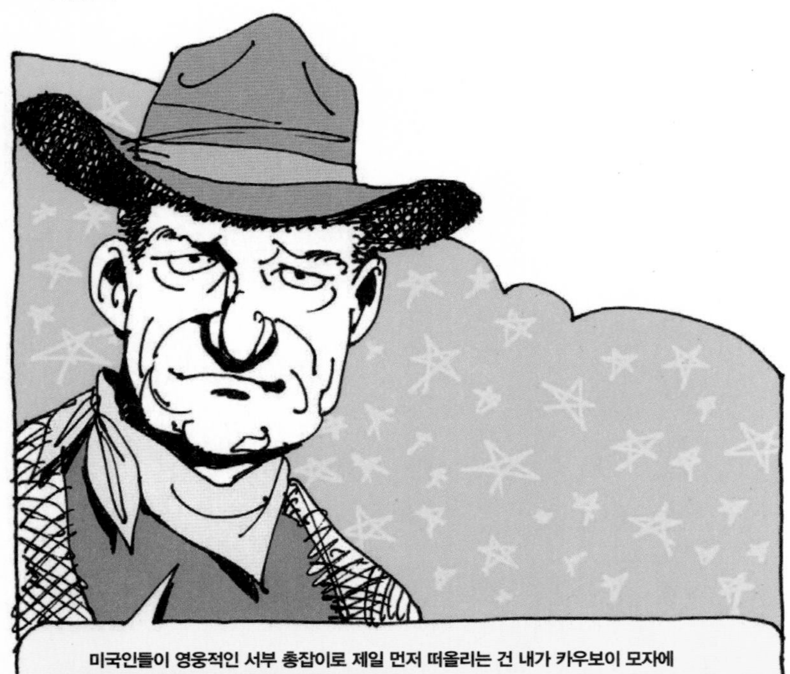

S

냉소적인 총잡이

클린트 이스트우드

판에 박힌 서부 영웅의 반듯한 모습은 클린트 이스트우드가 주인공을 맡았던 「황야의 무법자」에서 깨졌다. 정의를 위해서가 아닌 돈을 벌기 위해 무심한 표정으로 총을 뽑는 낯선 모습의 총잡이를 보고 눈살을 찌푸리는 사람들도 있었지만 서부영화의 판도는 그때부터 확실히 달라졌다.

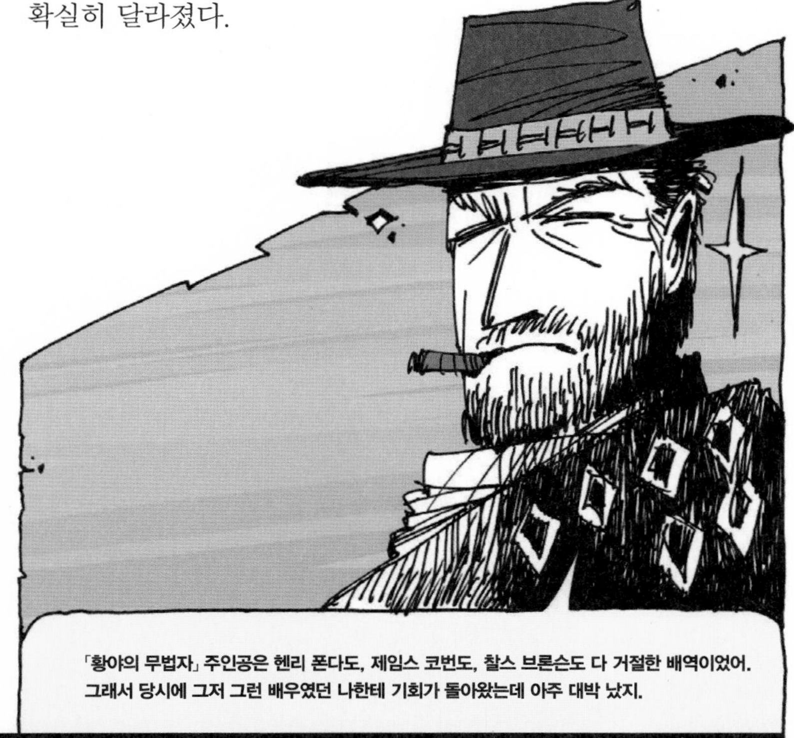

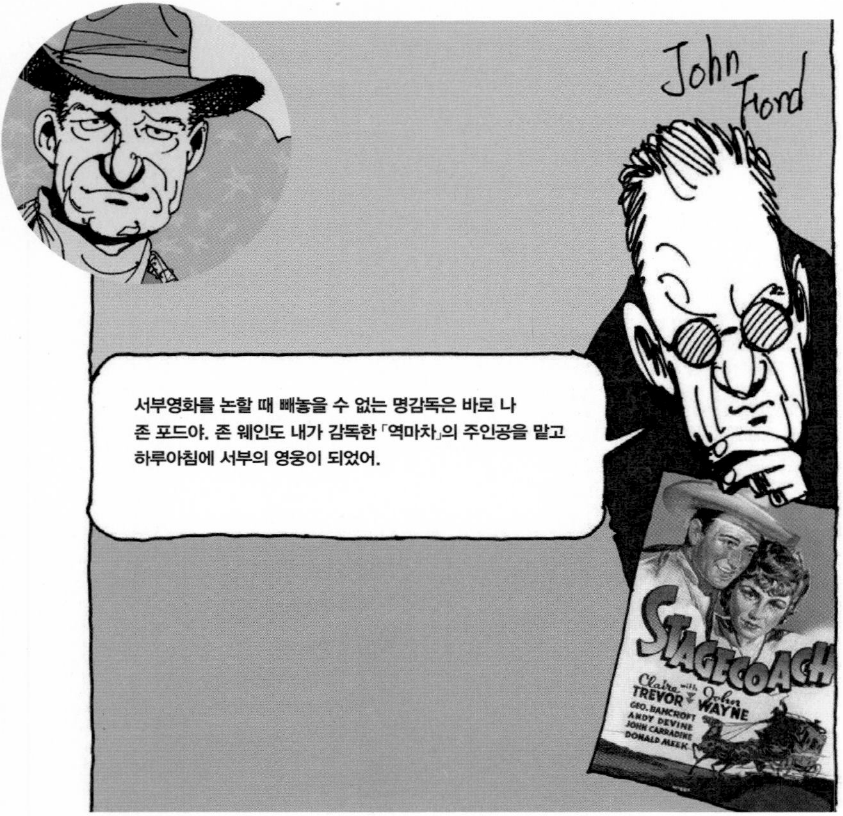

John Ford

서부영화를 논할 때 빼놓을 수 없는 명감독은 바로 나
존 포드야. 존 웨인도 내가 감독한 「역마차」의 주인공을 맡고
하루아침에 서부의 영웅이 되었어.

STAGECOACH
Claire TREVOR with John WAYNE
GEO. BANCROFT
ANDY DEVINE
JOHN CARRADINE
DONALD MEEK

존 웨인을 일약 스타덤에 올린 존 포드 감독의 「역마차」는 모뉴먼트 밸리를 질주하는 역마차에 동승한 인간 군상의 이야기로 고전 서부영화의 대표작으로 꼽힌다.

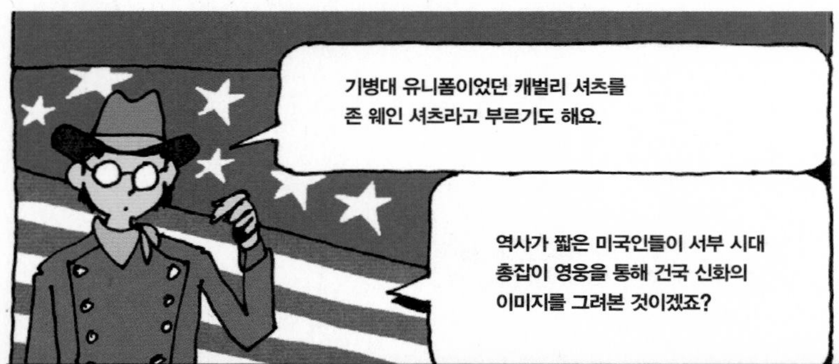

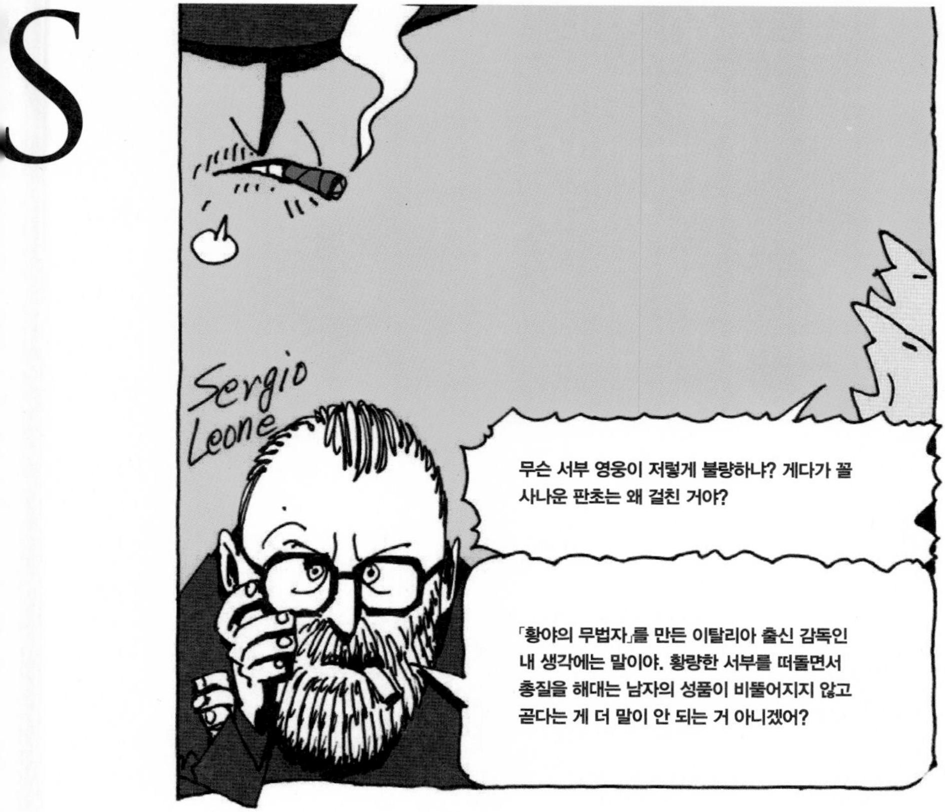

S

Sergio Leone

무슨 서부 영웅이 저렇게 불량하냐? 게다가 꼴 사나운 판초는 왜 걸친 거야?

「황야의 무법자」를 만든 이탈리아 출신 감독인 내 생각에는 말이야. 황량한 서부를 떠돌면서 총질을 해대는 남자의 성품이 비뚤어지지 않고 곧다는 게 더 말이 안 되는 거 아니겠어?

거장 세르조 레오네 감독과 클린트 이스트우드가 그려낸 새로운 형식을 미국인들은 '마카로니 웨스턴'이라고 폄하해 부르기도 했지만 그건 분명 서부영화의 기념비이자 분수령이었다.

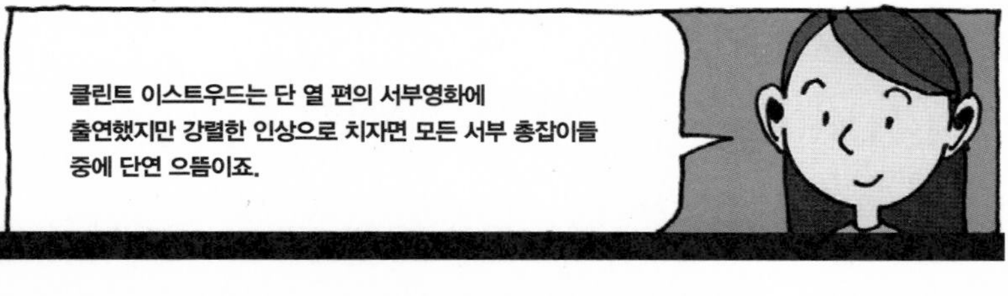

클린트 이스트우드는 단 열 편의 서부영화에 출연했지만 강렬한 인상으로 치자면 모든 서부 총잡이들 중에 단연 으뜸이죠.

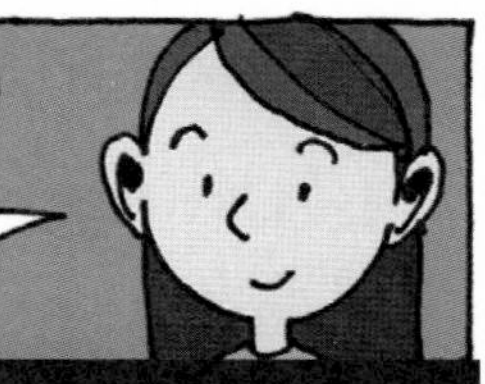

V

순도 100퍼센트 원조 히어로

슈퍼맨

만화나 영화에 숱하게 등장하는 히어로들 중 가장 유명한 슈퍼맨과 배트맨은 성격이나 출신 배경, 악당 처치 방식 등 모든 면에서 판이하게 다르다. 그중 슈퍼맨은 이름 그대로 초인적인 힘과 정의감으로 불의를 결코 지나치지 않으며 어려운 처지에 놓인 사람들에게 도움을 주는 전형적인 영웅이다.

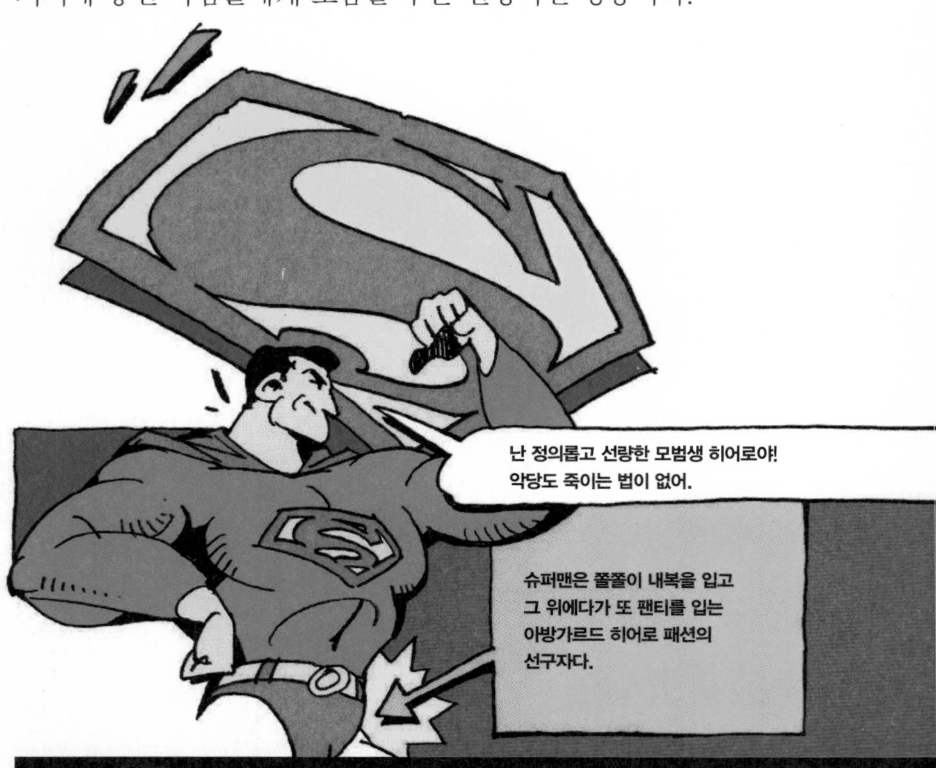

S 복수심에 불타는 인간적인 히어로

배트맨

슈퍼맨으로 재미를 본 DC코믹스는 로버트 케인이라는 만화가를 부추겨서 슈퍼맨과는 다른 독특한 캐릭터를 탄생시켰다. 바로 부모를 죽인 악당 무리를 향한 분노와 원한을 박쥐 가면 속에 감춘 히어로, 베트맨이다.

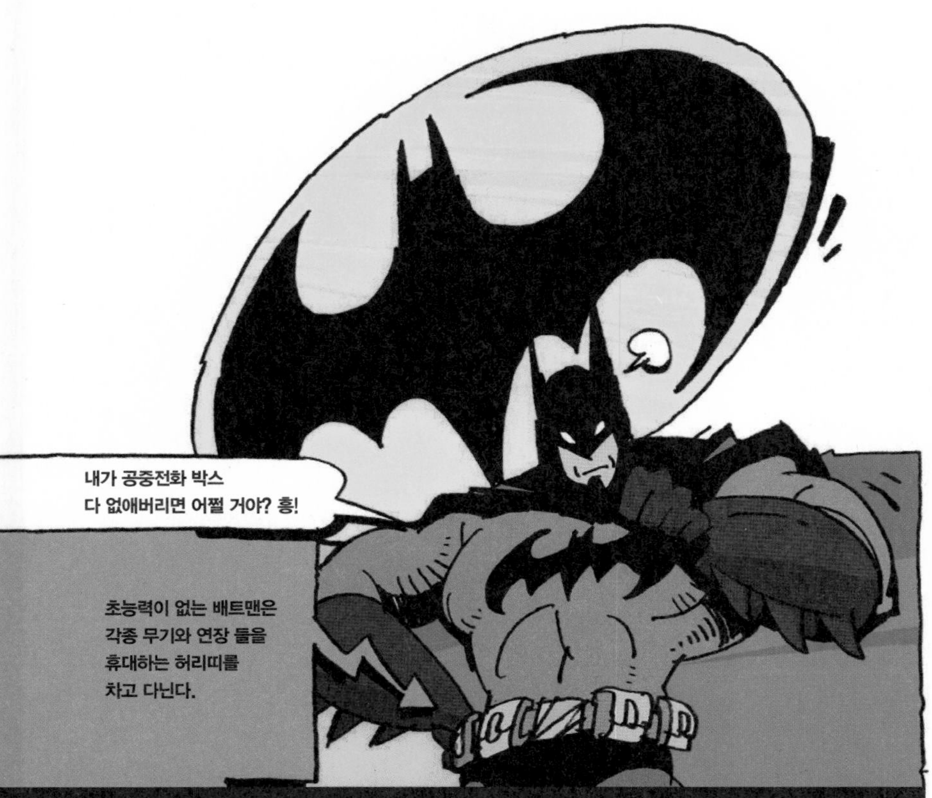

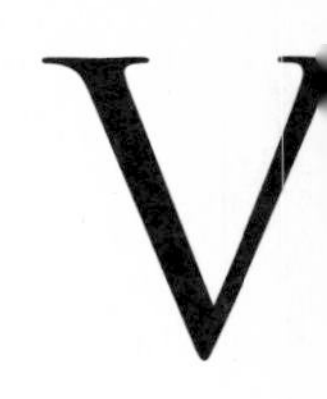

마블 코믹스와 함께 미국 만화산업의 양대 산맥인 DC코믹스는 1938년 당시 틴에이저였던 제리 시겔과 조 슈스터가 그리던 만화 주인공의 저작권을 사들였다. 바로 그 슈퍼맨이 두고두고 회사를 먹여 살리는 효자 노릇을 했다.

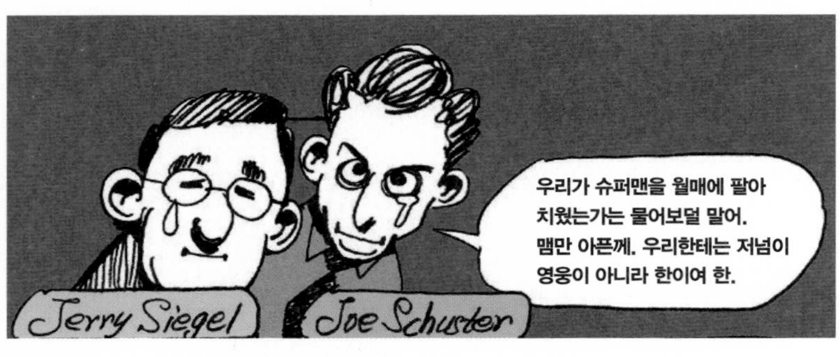

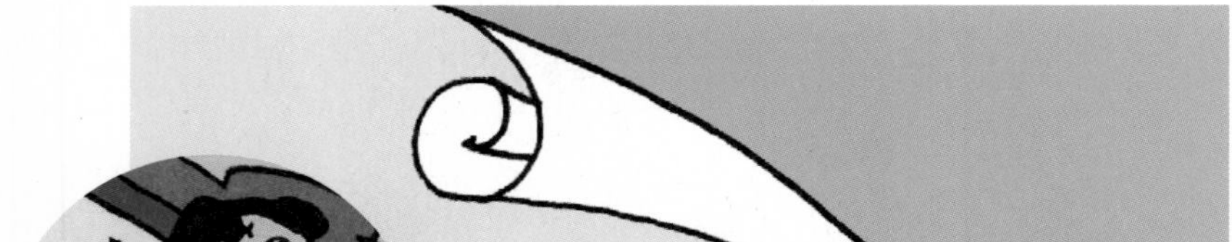

S

배트맨은 선천적인 초인이 아니다. 거액을 들여 발명한 신기술 장비와 무기에 의존하는 인간적인 영웅이다.

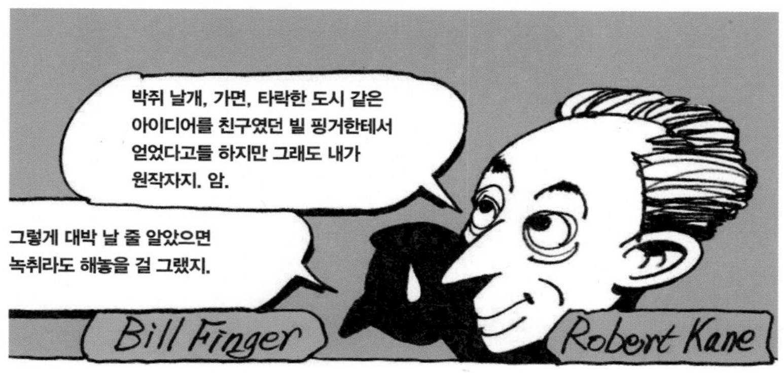

성품을 떠나서 외형만 놓고 두 영웅을 비교하자면, 슈퍼맨이 눈에 띄는 색상 대비를 보여주는 반면 배트맨은 무채색 톤이라서 현실감과 세련미가 있다. 무엇보다 선명한 노란색 위의 새까만 박쥐 심벌은 세월을 이기는 명품이다.

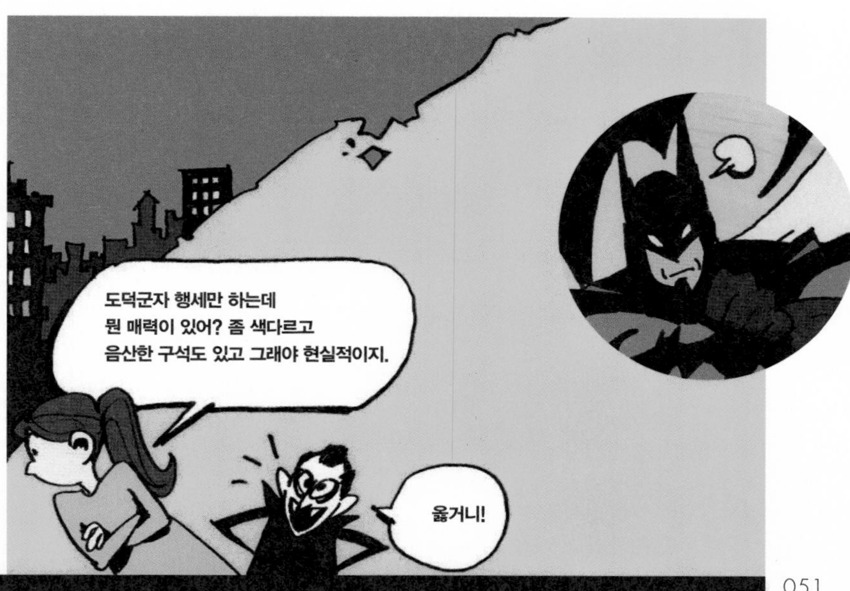

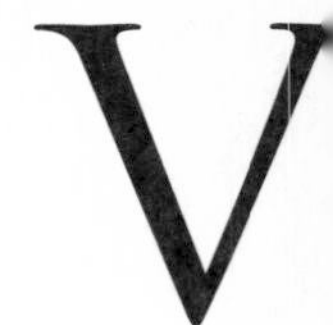

만능 사립 탐정

셜록 홈스

매부리코에 각진 턱을 가진 한 남자가 진지한 얼굴로 파이프 담배를 입에 물고 생각에 잠겨 있다. 사람들은 그 모습을 지켜보면서 숨죽이고 있고 마침내 그가 내뱉는 한마디. "범인은 이 자입니다." 바로 그 대목에서부터 소설은 피날레를 향해 치닫고 독자들은 그 남자의 황홀한 사건 해결에 온 마음을 빼앗기게 된다.

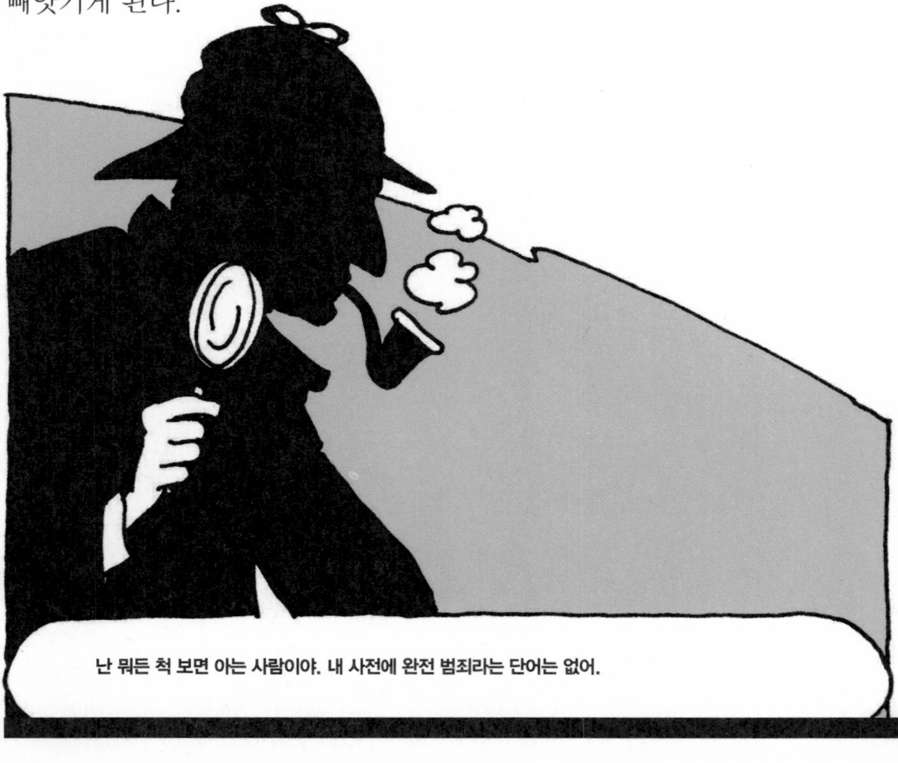

난 뭐든 척 보면 아는 사람이야. 내 사전에 완전 범죄라는 단어는 없어.

S

매력적인 괴도

아르센 뤼팽

바다 건너 영국에서 홈스 시리즈가 흥행 몰이를 하고 있을 즈음에 프랑스에는 전에 본 적 없는 기괴한 캐릭터가 등장했다. 1905년에 한 잡지의 소설란에 처음 모습을 드러낸 그 주인공은 대담하고 영리한 품성과 신사의 외모를 겸비한 불세출의 도둑 아르센 뤼팽이었다.

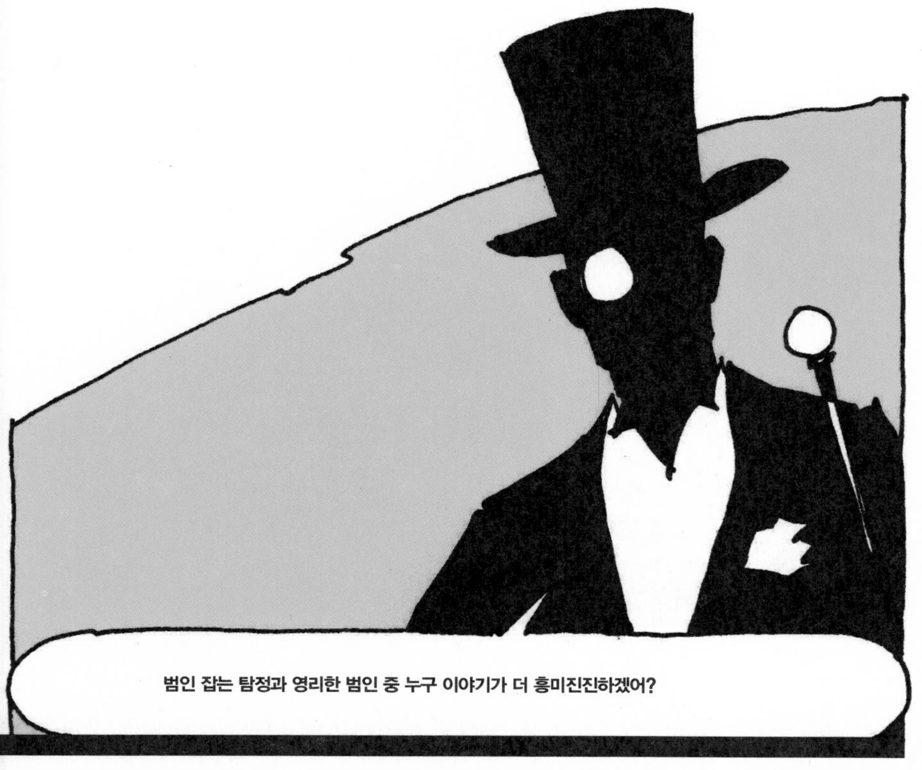

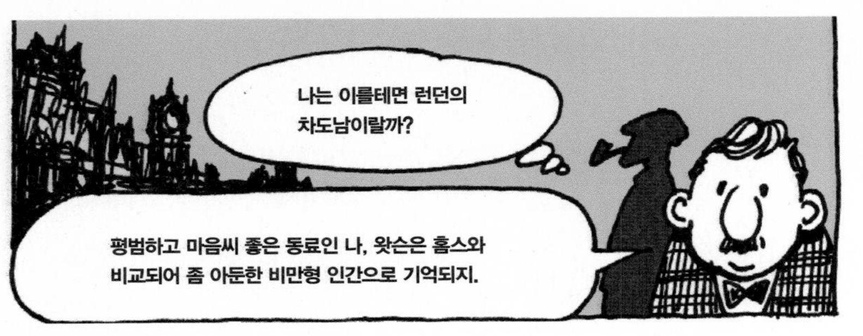

현실과 가상 세계를 통틀어 역사상 최고의 사건 해결사였던 셜록 홈스는 1887년 아서 코난 도일의 『주홍색 연구』에 처음 등장했다. 그리고 이후로 4편의 장편과 56편의 단편에서 활약하면서 명탐정의 대명사가 되었고 작가인 도일에게 부와 명성을 안겨줬다. 추리와 해법의 치밀함으로 치자면 엘러리 퀸이나 애거사 크리스티 같은 작가들의 소설도 뛰어나지만 탐정의 스테레오타입을 제시한 뚜렷한 개성은 홈스가 단연 으뜸이었다.

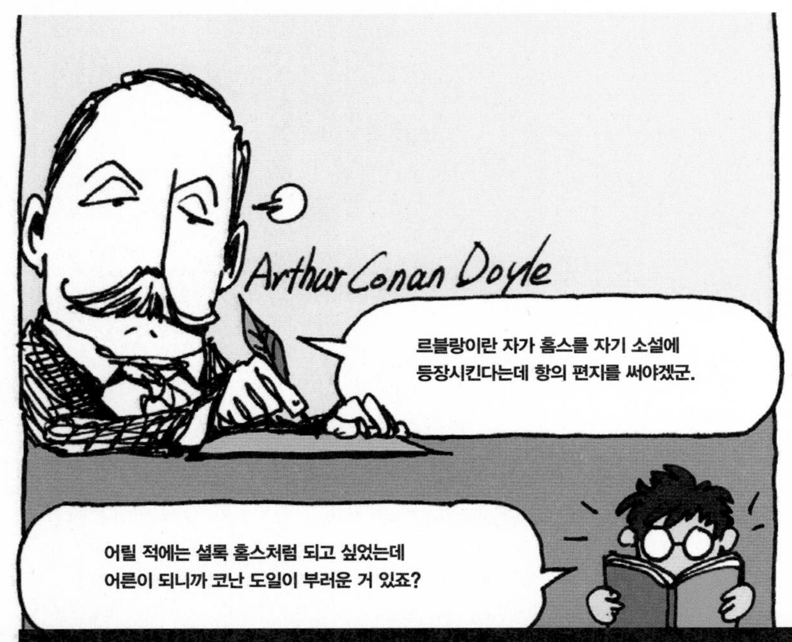

S

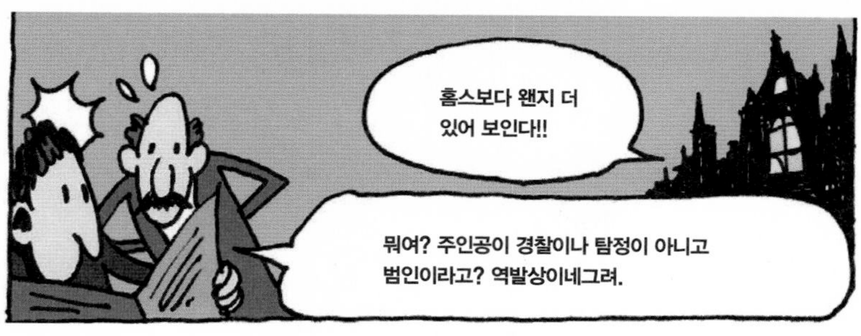

뤼팽을 만든 작가 모리스 르블랑은 비교적 유복한 집안에서 자랐고 잘나가던 가업을 물려받을 수도 있었지만 그가 진정으로 동경했던 대상은 모파상이나 플로베르 같은 위대한 문학가들이었다. 뤼팽 시리즈에 홈스가 등장하는 등 도일과 르블랑은 흔히 라이벌로 비교되기도 하지만, 특유의 문학성과 광대한 스케일로 르블랑의 뤼팽은 스토리텔링의 또 다른 금자탑을 세웠다.

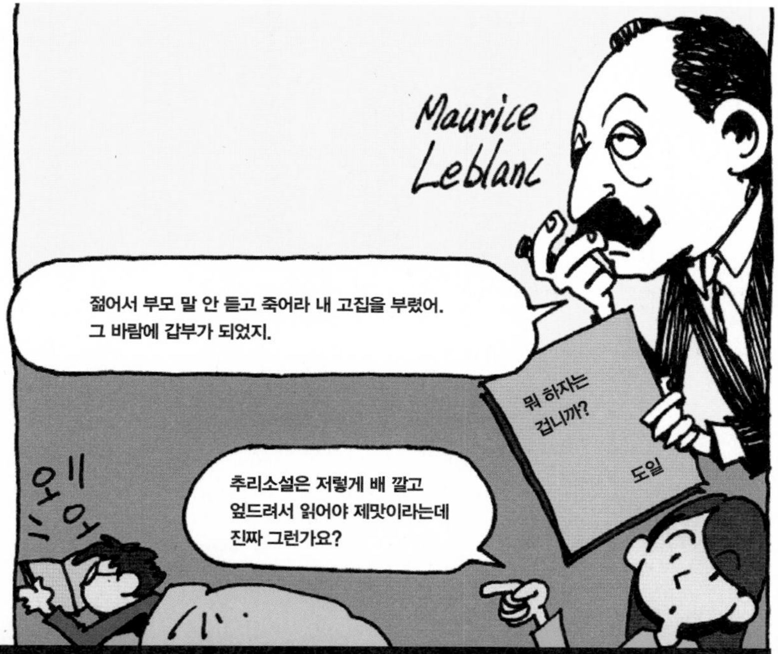

수다스럽지만 명민한 탐정

에르퀼 푸아로

V

미스터리 소설의 황금기에 활약했던 어떤 추리소설의 주인공도 이전에 셜록 홈스가 쌓아놓은 오만한 명성을 좇기엔 역부족이었지만 그중에서도 한 명만은 꽤 돋보이는 활약을 했다. 추리소설의 여왕 애거사 크리스티가 창조해낸 탐정, 에르퀼 푸아로였다.

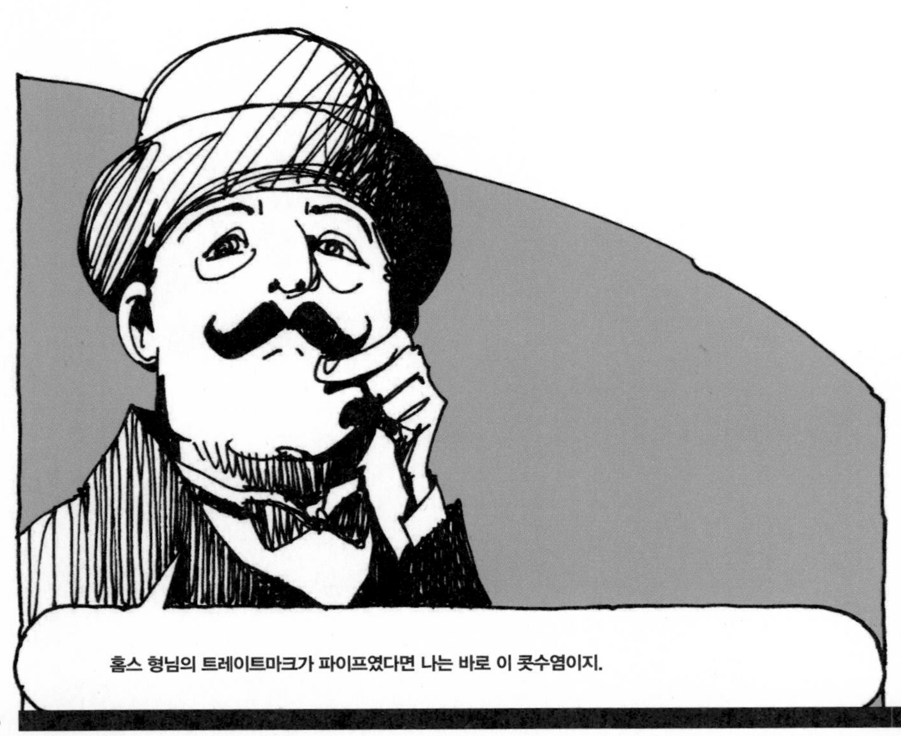

S

매력 넘치는 젊은 탐정

엘러리 퀸

스포츠맨 같은 외모에 까칠한 지성까지 겸비한 매력남 이미지의 탐정 엘러리 퀸은 특이하게도 소설 주인공의 이름이면서 동시에 작가의 필명이기도 하다. 사촌 형제간이었던 프레더릭 다네이와 맨프레드 리는 1920년대 후반부터 의기투합해서 함께 미스터리 소설을 쓰기 시작했는데, 주인공과 작가의 명성을 함께 널리 알리고자 했던 그들의 전략은 적잖이 성공했다.

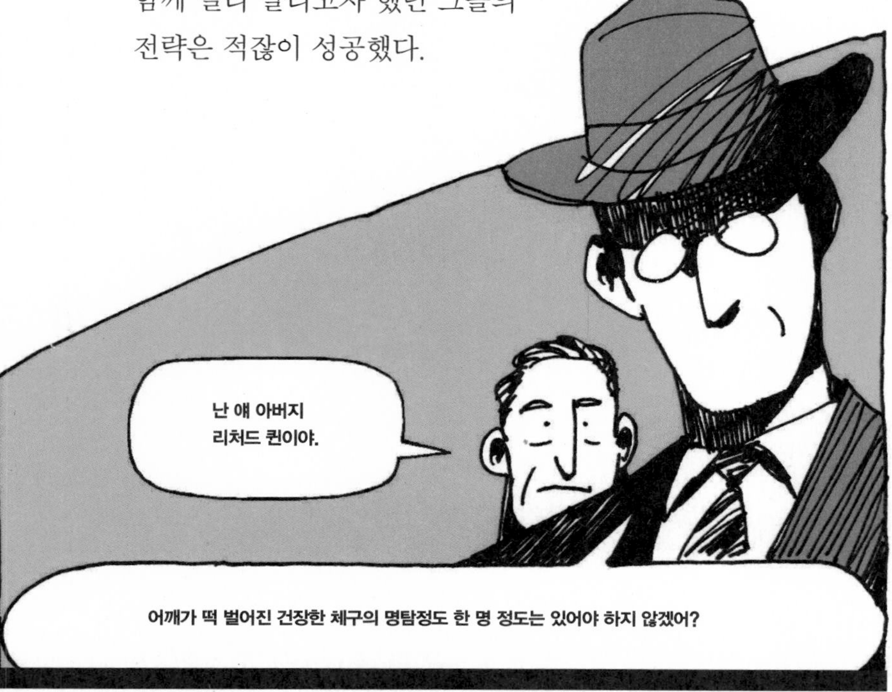

등장하는 모든 사람들의 이력과 사연 들을 하나도 빠짐없이 사건과 연관시키는 크리스티 특유의 치밀한 구성이 돋보이는 소설 『오리엔트 특급 살인』. 이 소설에서 푸아로는 열차가 종착지에 도착하는 순간까지 승객들의 심리를 휘어잡으면서 사건을 해결하는 결말에는 따뜻한 감동마저 안겨준다.

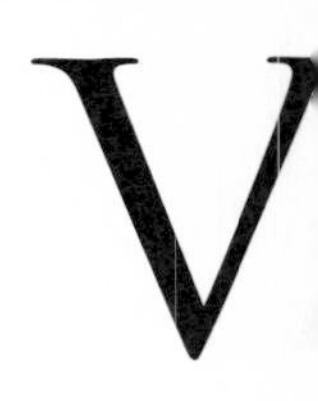

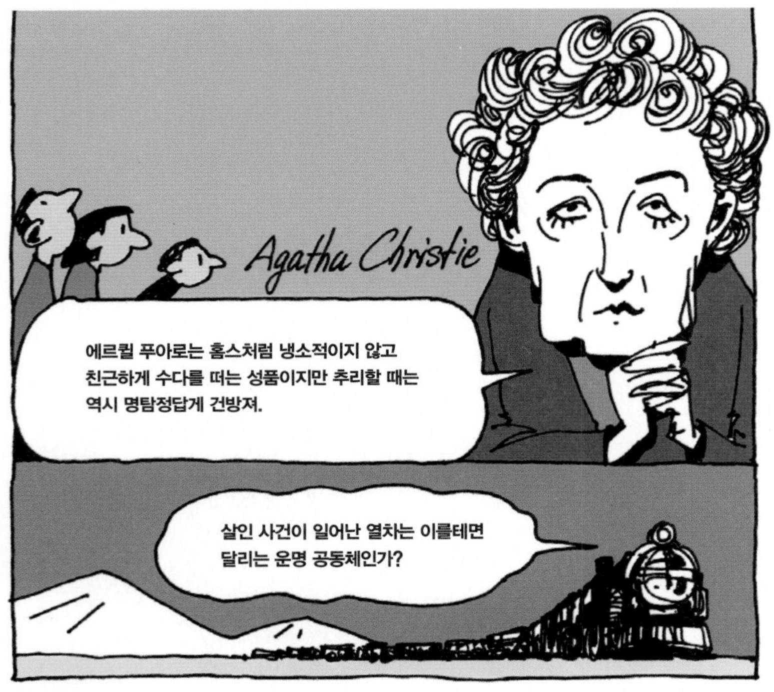

어렸을 적에 한동안 손에서 놓질 않았던 추리소설은 고전 문학과 달리 흥미 위주의 통속 소설로 분류되어, 지나치게 탐닉하다가는 어른들에게 야단도 맞곤 했다. 어쩌면 그렇게 몰래 읽었기에 더 스릴이 있었을까?

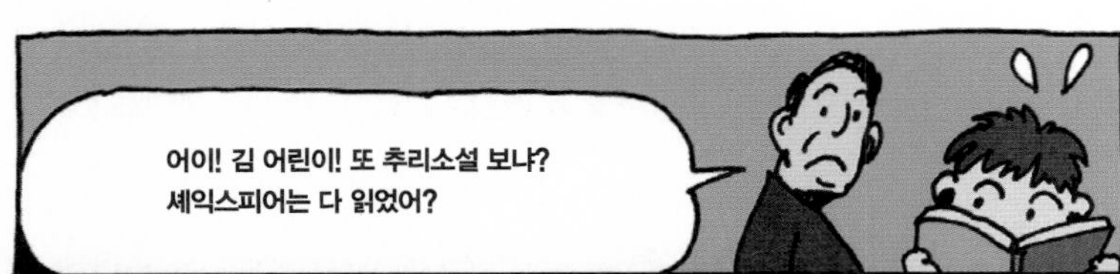

엘러리 퀸의 이야기는 추리 과정이 긴장감 넘칠 뿐 아니라 다양한 오락 요소들도 갖췄다. 『이집트 십자가의 비밀』은 추리의 재미와 오싹한 공포를 함께 맛보기에 적합한 미스터리 소설이다.

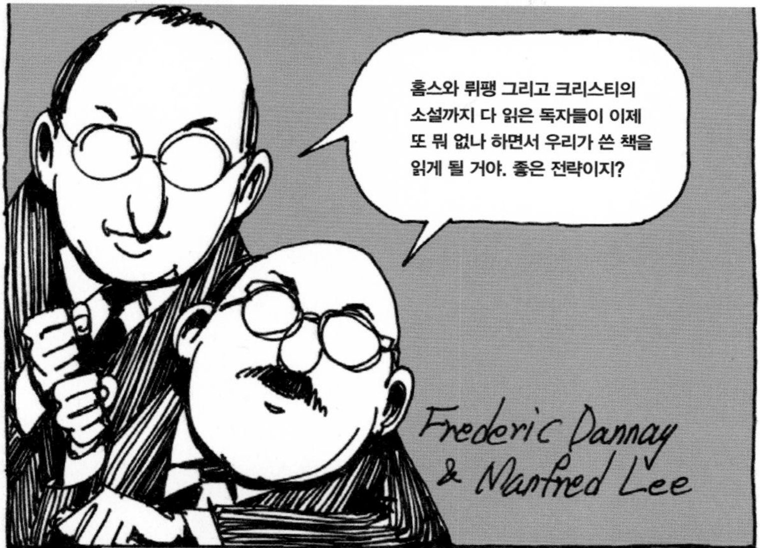

홈스와 뤼팽 그리고 크리스티의 소설까지 다 읽은 독자들이 이제 또 뭐 없나 하면서 우리가 쓴 책을 읽게 될 거야. 좋은 전략이지?

Frederic Dannay & Manfred Lee

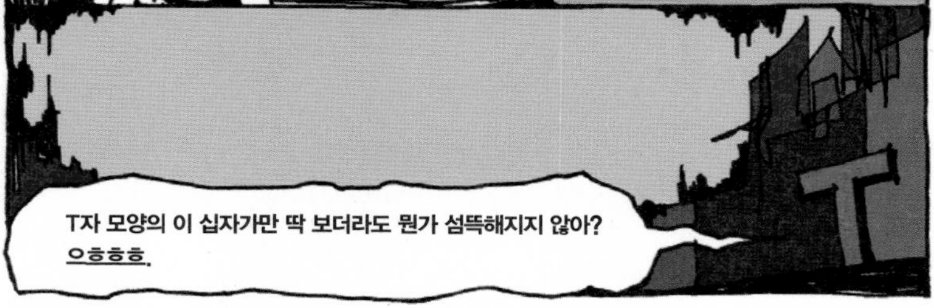

T자 모양의 이 십자가만 딱 보더라도 뭔가 섬뜩해지지 않아? 으흥흥흥.

흥미진진하고 중독성이 강하지만 딱히 남는 것이 없기 때문에 오늘날로 치자면 컴퓨터 게임과 비슷하긴 하다. 그래도 추리소설이 게임보다 나은 점은 독서는 독서라는 점?

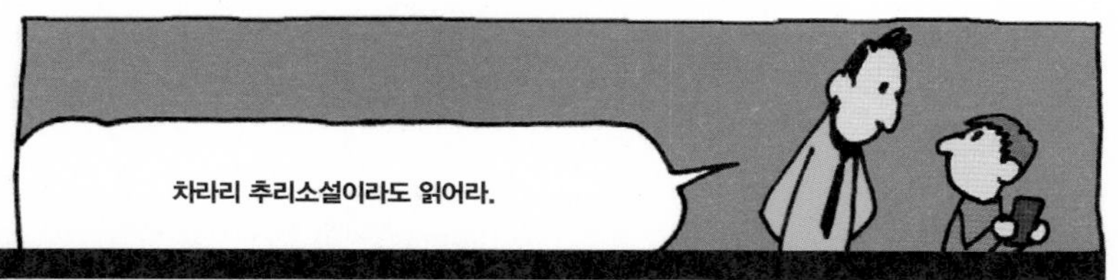

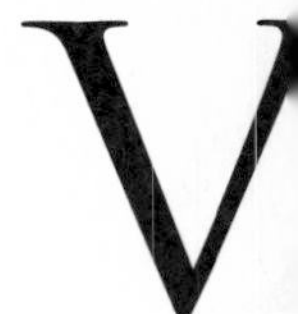

프랑스의 번개

에클레르

에클레르는 특별히 화려한 외모를 갖고 있진 않다. 하지만 슈 페이스트리 위의 광택으로 사람들의 시선을 끌어 입안 가득히 침이 고이게 만들고, 소박하지만 뚜렷한 맛으로 먹는 이들의 기대를 저버리지 않는 매력적인 디저트다.

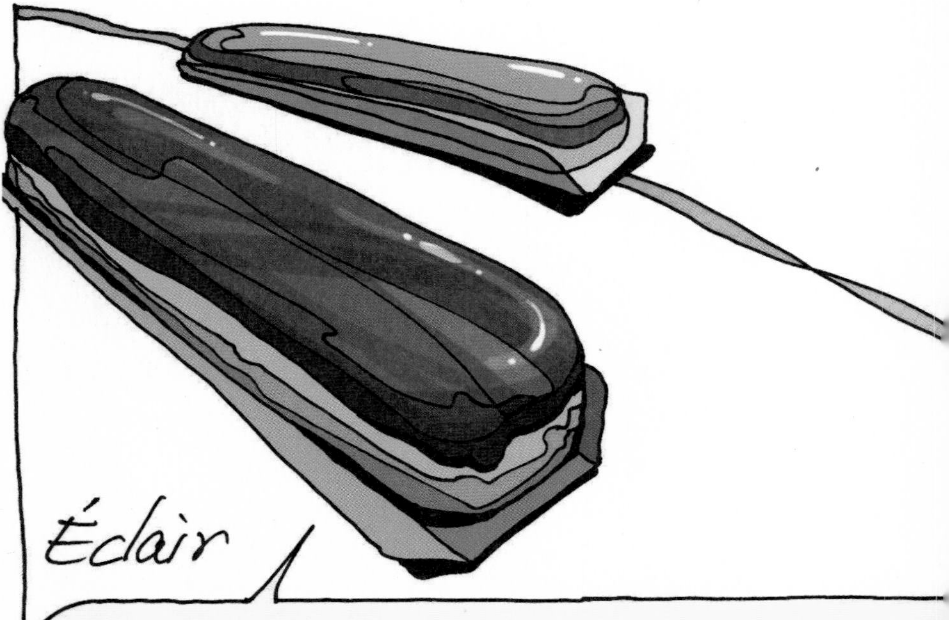

Éclair

디저트는 마냥 달기만 해서도 안 되고 필요 이상으로 맛이 복잡해서도 곤란해. 나처럼 단순하면서도 제대로 감미로워야지.

S

이탈리아의 풍미

티라미수

이탈리아어 'tirare, mi , su'의 합성어인 티라미수를 번역하면 '나를 끌어 올리는'이라는 뜻으로, 먹으면 기분이 좋아진다는 의미로 의역할 수도 있다. 그만큼 사람들의 입맛을 만족시킬 자신이 있다는 뜻일까?

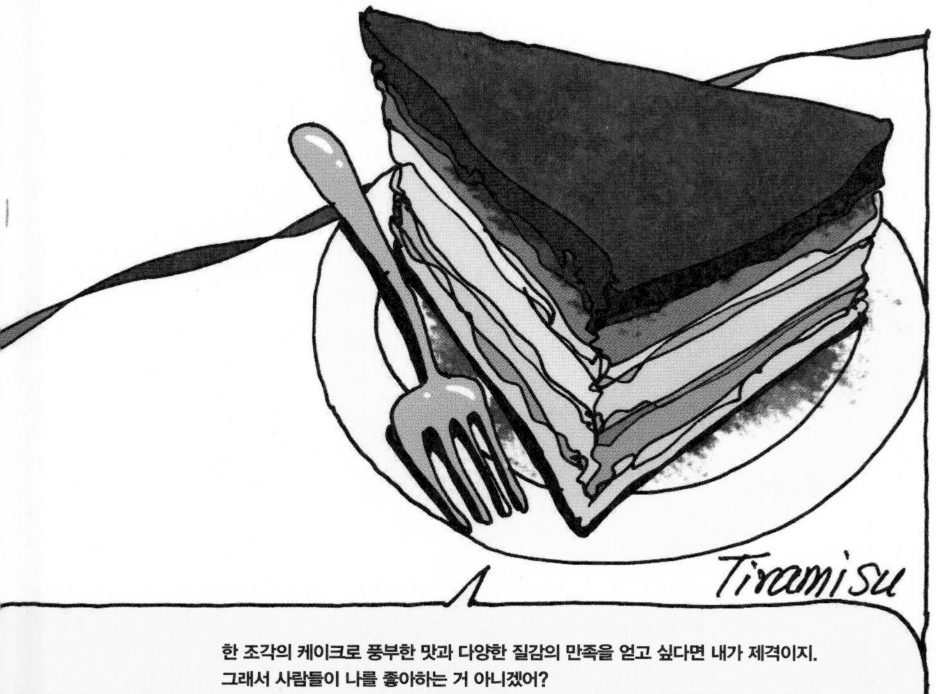

한 조각의 케이크로 풍부한 맛과 다양한 질감의 만족을 얻고 싶다면 내가 제격이지. 그래서 사람들이 나를 좋아하는 거 아니겠어?

이 과자가 에클레르라는 명칭과 기본 조리법을 갖추게 된 것은 19세기 후반으로, 프랑스의 가장 유명한 셰프였던 앙토냉 카렘의 공이 크다.

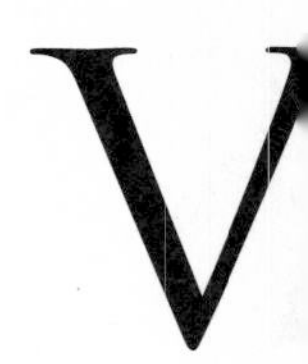

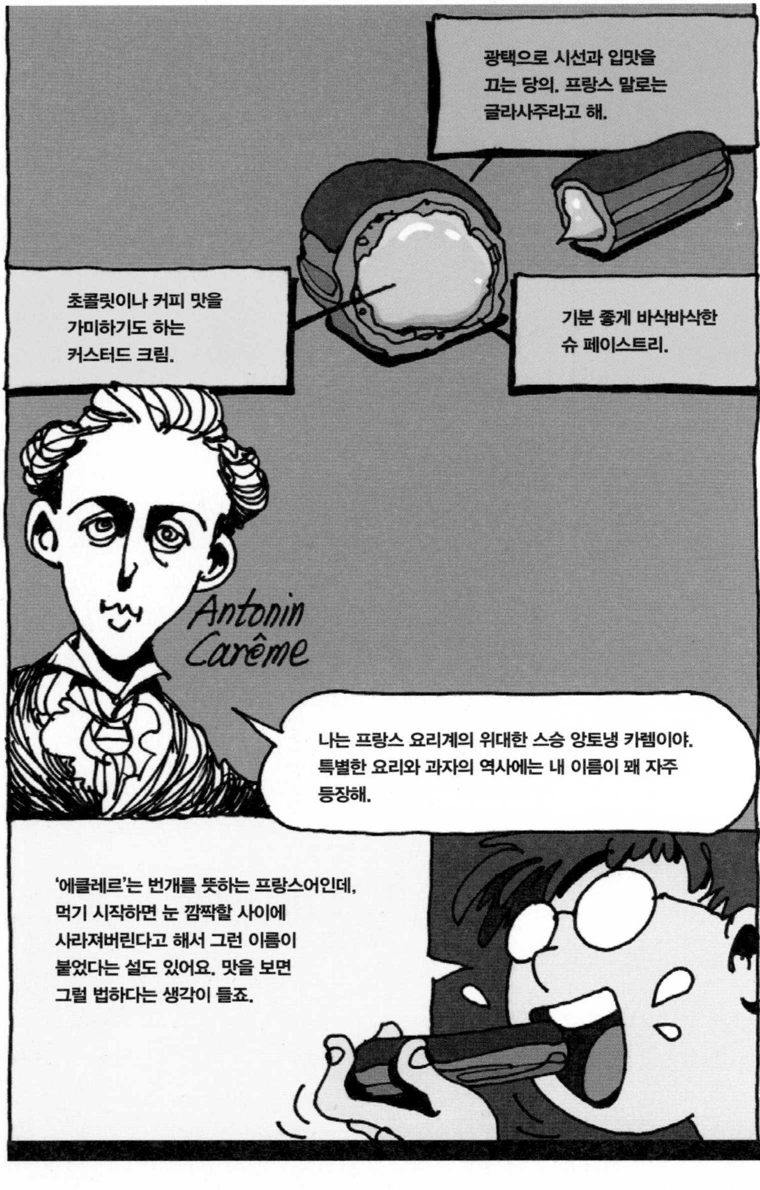

광택으로 시선과 입맛을 끄는 당의. 프랑스 말로는 글라사주라고 해.

초콜릿이나 커피 맛을 가미하기도 하는 커스터드 크림.

기분 좋게 바삭바삭한 슈 페이스트리.

Antonin Carême

나는 프랑스 요리계의 위대한 스승 앙토냉 카렘이야. 특별한 요리와 과자의 역사에는 내 이름이 꽤 자주 등장해.

'에클레르'는 번개를 뜻하는 프랑스어인데, 먹기 시작하면 눈 깜짝할 사이에 사라져버린다고 해서 그런 이름이 붙었다는 설도 있어요. 맛을 보면 그럴 법하다는 생각이 들죠.

S

이탈리아 인의 자존심을 닮은 듯한 티라미수의 역사는 1980년대에 시작된 만큼 나이가 어린 케이크지만 그 맛을 즐기는 사람들의 숫자는 결코 적지 않다.

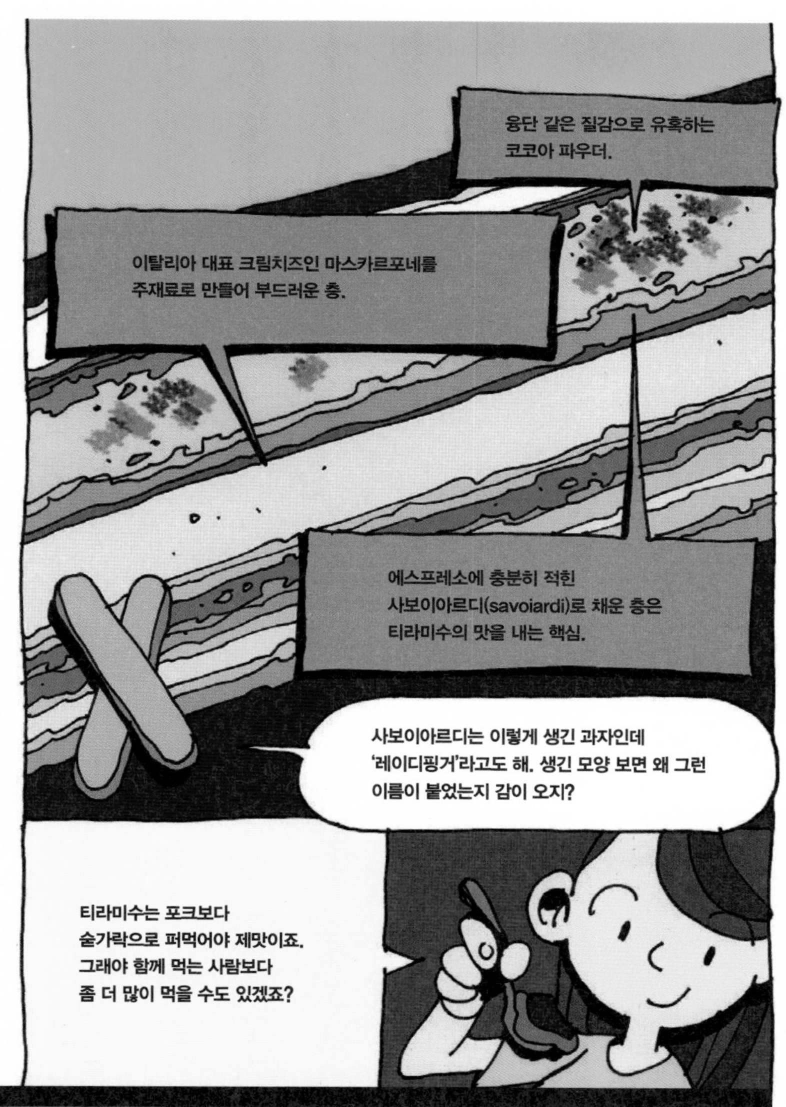

1천 겹의 달콤함

밀푀유

프랑스어 밀(mille)은 천(千), 푀유(feuille)는 잎이라는 뜻. 프랑스의 디저트 문화를 대표하는 밀푀유는 그야말로 1천 개의 꽃잎으로 만든 것 같은 케이크다. 퍼프 페이스트리와 크렘 파티시에, 그리고 견과류 등이 함께 빚어내는 맛의 향연은 그 이름만큼이나 극적이다.

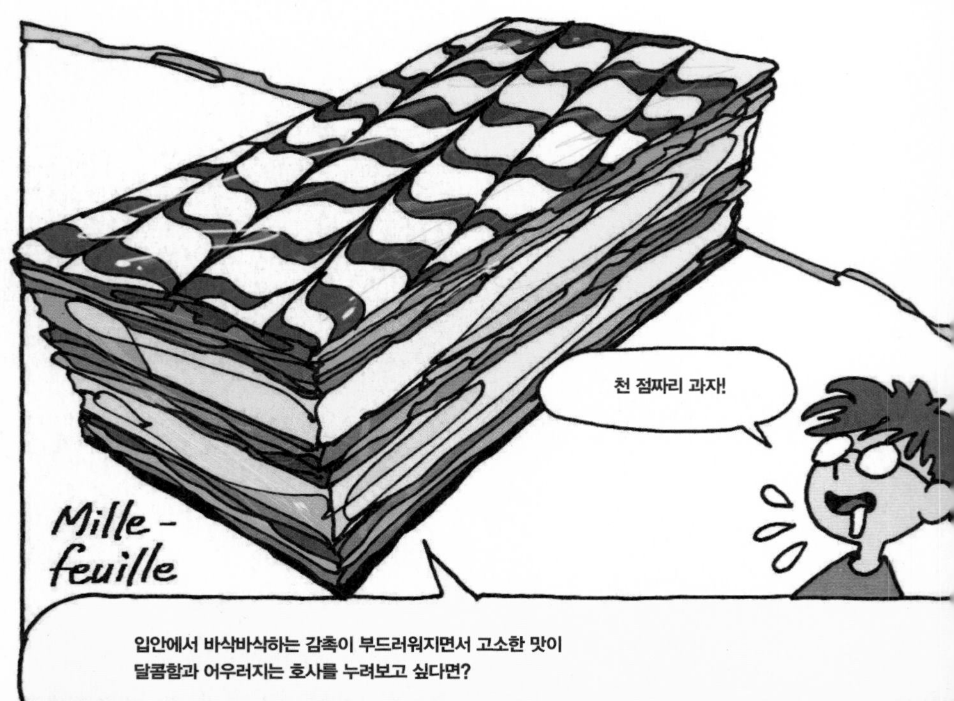

S

나무를 닮은 케이크

바움쿠헨

독일어 바움(Baum)은 나무, 쿠헨(Kuchen)은 과자, 케이크라는 뜻. 나무를 닮은 바움쿠헨은 밀가루와 버터, 계란을 적정한 비율로 배합한 반죽을 빙글빙글 돌아가는 봉 위에 부으면서 굽고 돌리기를 반복해야 하는, 손이 많이 가는 케이크다.

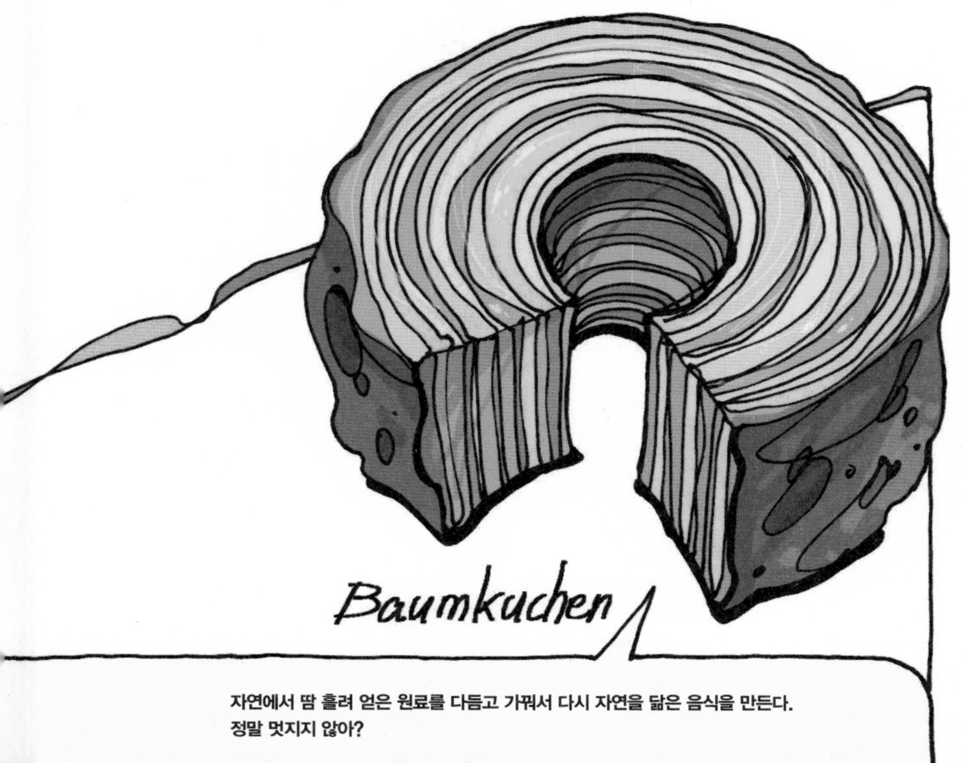

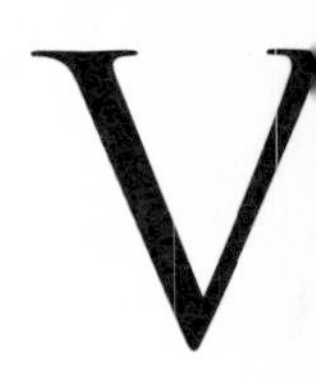

17세기에도 밀푀유에 관한 기록이 있지만 지금과 같은 조리법으로 발전시킨 사람은 역시 19세기 프랑스 요리계의 왕 앙토냉 카렘이다.

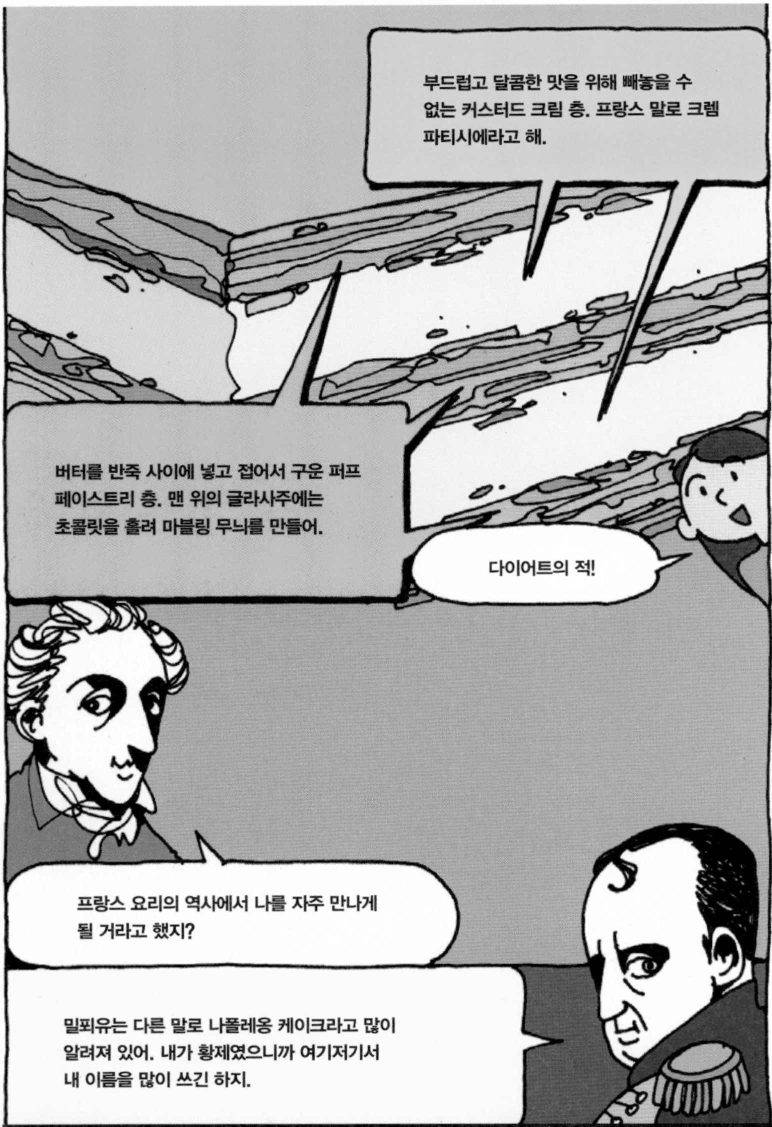

부드럽고 달콤한 맛을 위해 빼놓을 수 없는 커스터드 크림 층. 프랑스 말로 크렘 파티시에라고 해.

버터를 반죽 사이에 넣고 접어서 구운 퍼프 페이스트리 층. 맨 위의 글라사주에는 초콜릿을 흘려 마블링 무늬를 만들어.

다이어트의 적!

프랑스 요리의 역사에서 나를 자주 만나게 될 거라고 했지?

밀푀유는 다른 말로 나폴레옹 케이크라고 많이 알려져 있어. 내가 황제였으니까 여기저기서 내 이름을 많이 쓰긴 하지.

S 바움쿠헨의 역사는 매우 오래되었지만 19세기 초 독일의 잘츠베델이라는 마을에서 개업한 빵집이 지금까지 대를 이어가면서 원조 바움쿠헨을 만들어 팔고 있다고 한다.

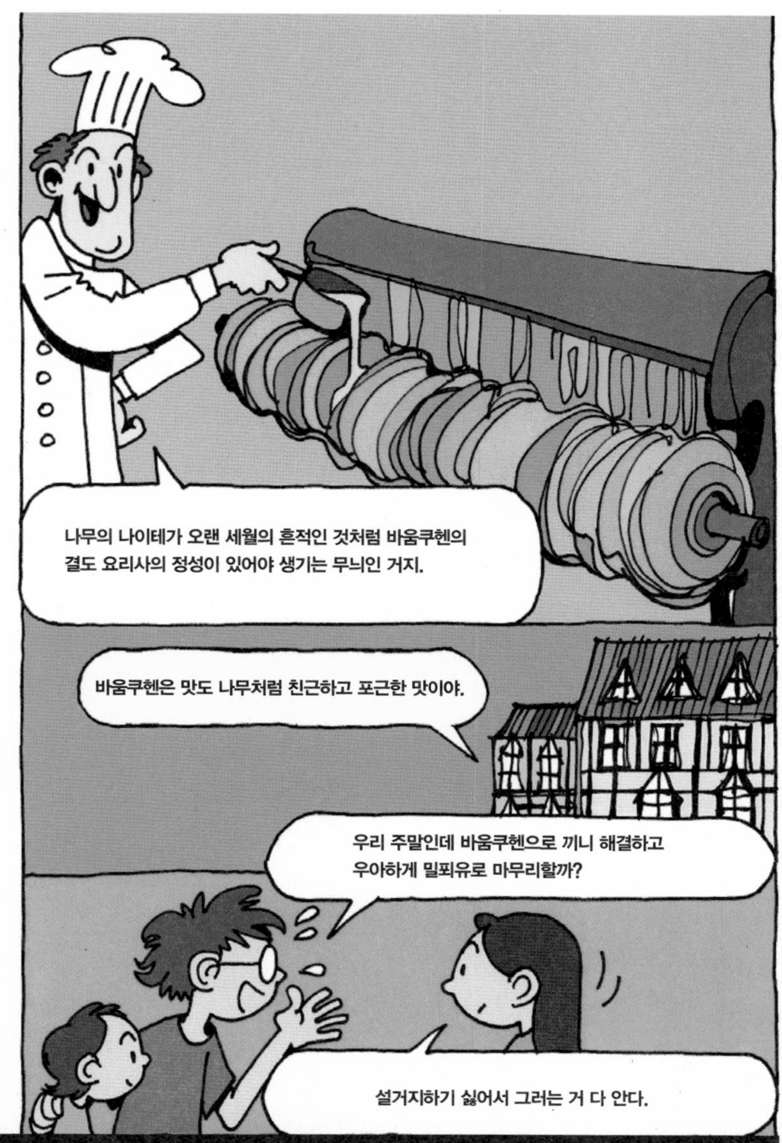

에펠 탑

1886년 프랑스 정부는 파리에서 열리게 될 만국박람회를 기념하기 위해 300미터 높이의 철탑을 세우기로 하고 150만 프랑 예산의 정부 지원 사업을 공모했는데 당선작은 650만 프랑이 넘게 드는 구스타프 에펠의 설계였다.

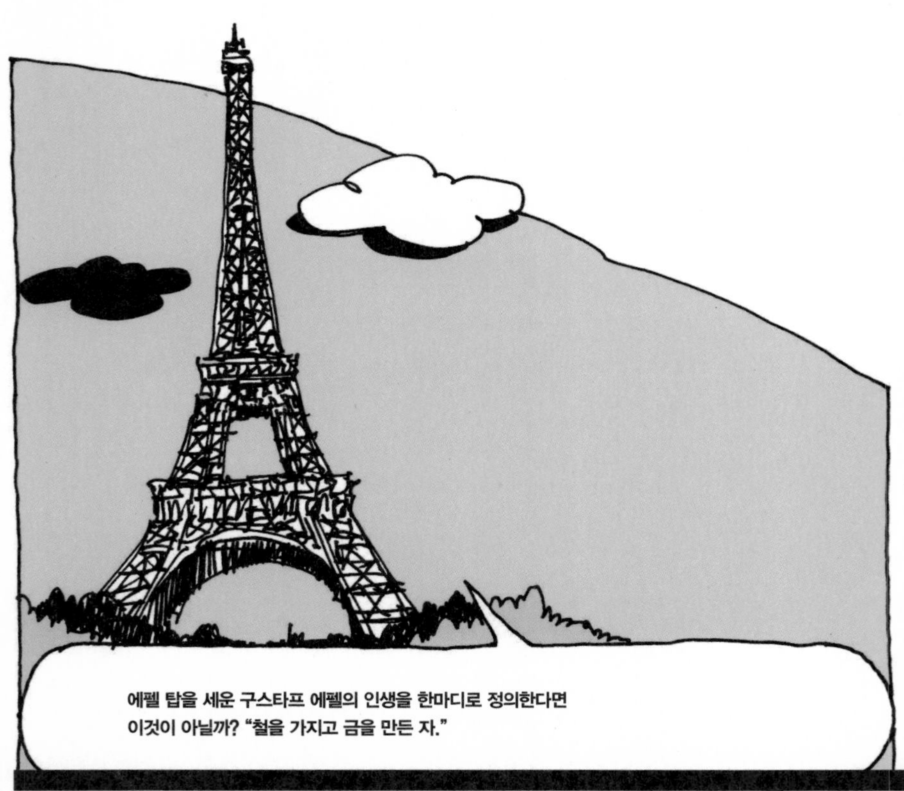

S

실체 없는 이상

제3인터내셔널 기념탑

400미터 높이의 철제 구조물이 세 개의 거대한 공간을 지탱하고 각각의 공간은 정해진 주기에 따라 독립적으로 회전한다. 20세기 초 아방가르드 문화예술 운동이었던 러시아 구축주의를 이끌었던 블라디미르 타틀린이 설계했던 이 기상천외한 건물은 설계도와 6미터짜리 모형 제작에 그치고 말았다.

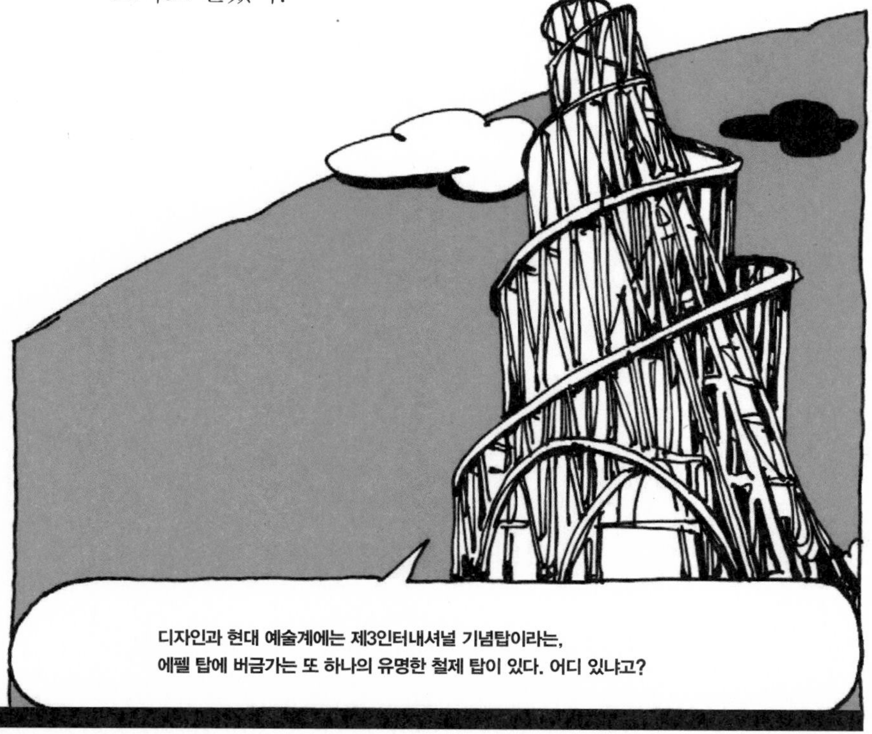

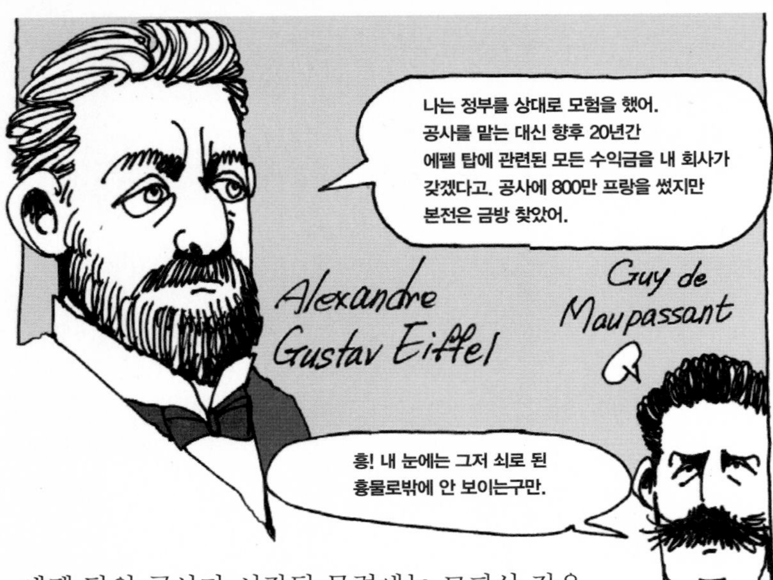

에펠 탑의 공사가 시작될 무렵에는 모파상 같은 저명한 문학가를 비롯한 많은 이들이 에펠의 설계를 비난했다. 그러나 완공된 탑의 위용을 본 사람들은 거의 다 찬사를 보냈고, 프랑스 사람들뿐만 아니라 전 세계인들이 동시대에 그토록 뛰어난 모뉴먼트를 얻은 기쁨을 누리게 되었다.
에펠은 집요한 근성과 함께 한 치의 오차도 허용하지 않는 치밀함도 갖춘 건축가였다. 덕분에 그 거대한 에펠 탑 공사 중에 단 한 건의 인명 사고도 발생하지 않았다고 한다.

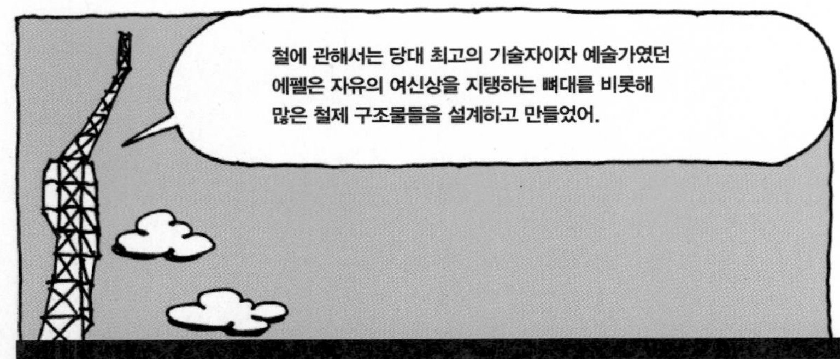

S

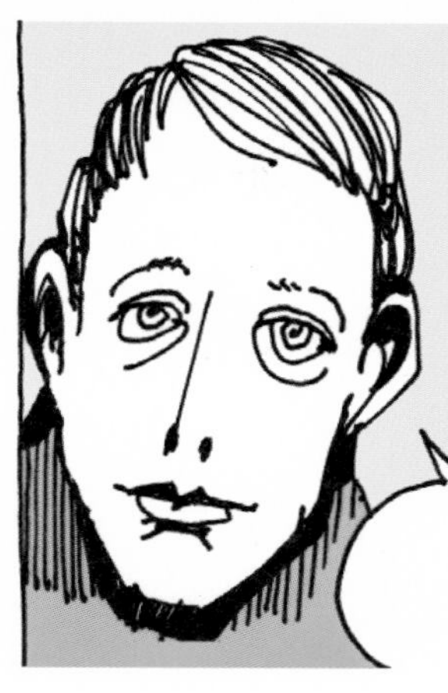

맨 위의 원기둥 모양 공간은 하루에 1회전하고 사회주의 선전을 위해 사용될 예정이었다. 2층의 피라미드형 공간은 한 달에 1회전하고 사회주의 인터내셔널 간부들이 사용할 공간으로 계획되었다. 마지막으로 1층의 입방체 공간은 1년에 1회전하며 인터내셔널 회의를 위한 공간이 될 것이었다.

하지만 이 전위적인 건물은 결국 지어지지 못했다.

사회주의 이념을 표상하는 건축이라면서 왠지 계급을 구분하는 도형 같지 않아? 더구나 당시 러시아에는 저걸 만들 철도 없었어.

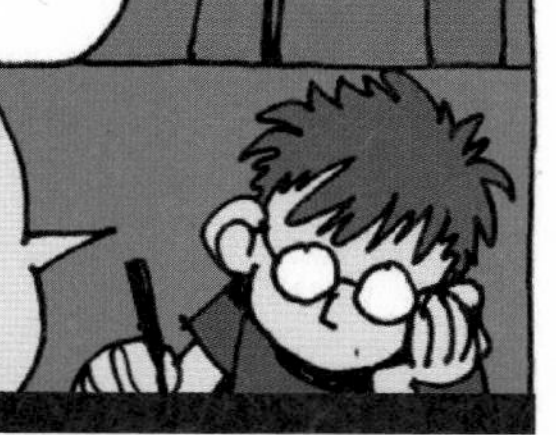

디자이너

스티브

V

수십 년 전 애플사의 개인용 컴퓨터 매킨토시가 나오기 전까지 컴퓨터 모니터 화면에는 파일 모양이나 휴지통 모양의 아이콘들이 없었고, 사람들은 단지 시퍼런 바탕색 위에 텍스트로 된 명령어들이 찍히는 것을 봐야 했다.
컴퓨터 사용에서 직관적인 문법체계를 확립한 스티브와 애플은 항상 전 세계 사용자들이 손쉽고 유쾌하게 다룰 수 있는 기계적 환경을 디자인하기를 꿈꾸었다. 그리고 실현했다.

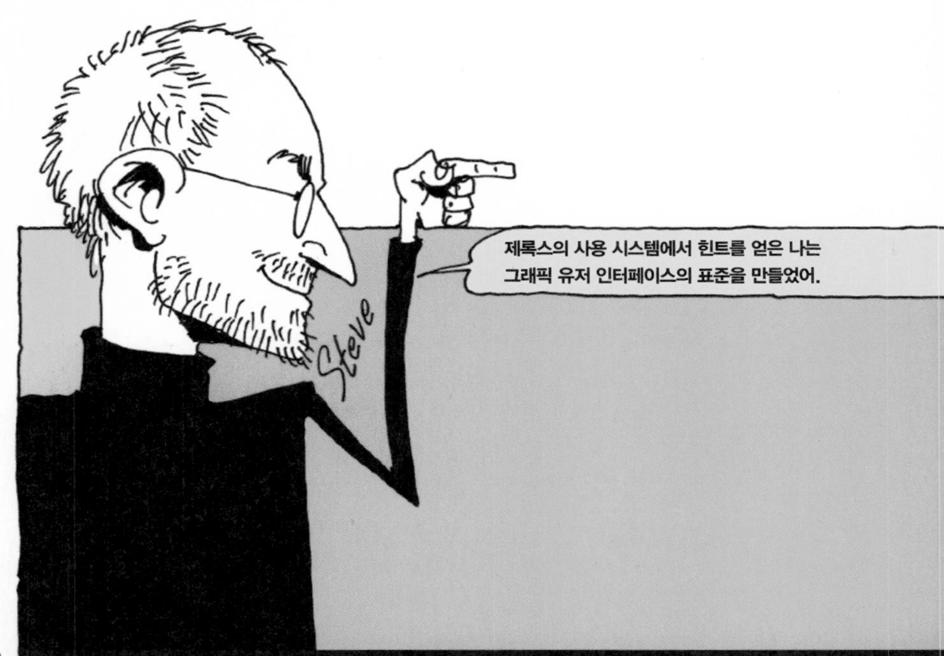

S

CEO

잡스

제품에 관한 아이디어를 직접 구상하고, 기술 개발뿐만 아니라 디자인을 총괄 감독하고, 신제품을 들고 직접 무대에 올라 멋진 쇼를 펼치고, 외부의 경쟁 상대들에 대항해 미디어를 통해 싸움을 하고, 또 끊임없이 혁신적인 아이디어를 찾아 헤매고, 그런 모든 역할들을 해당 분야의 어떤 전문가들보다 더 잘 수행한 사장님. 그런 사람이 잡스 말고 또 누가 있을까?

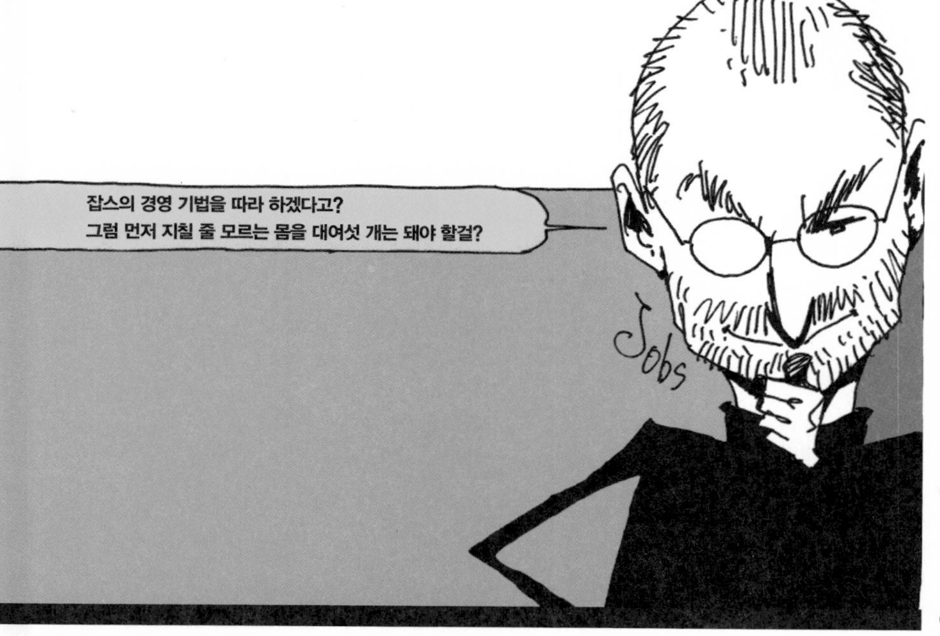

20년 혹은 30년 전에 시대를 앞서는 감각이 있다고 자부했던 사람들은 그들 나름대로 다가올 미래의 모습을 설계했다. 그러나 스티브 잡스가 디자인한 오늘날의 현실 앞에서 그 숱한 상상과 예측 들은 그저 고정관념이 되어버렸을 뿐이다.

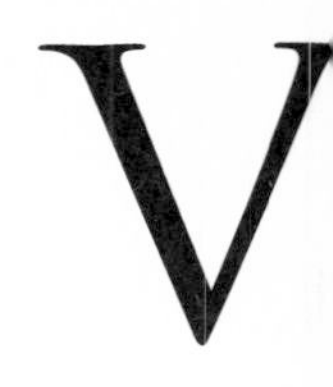

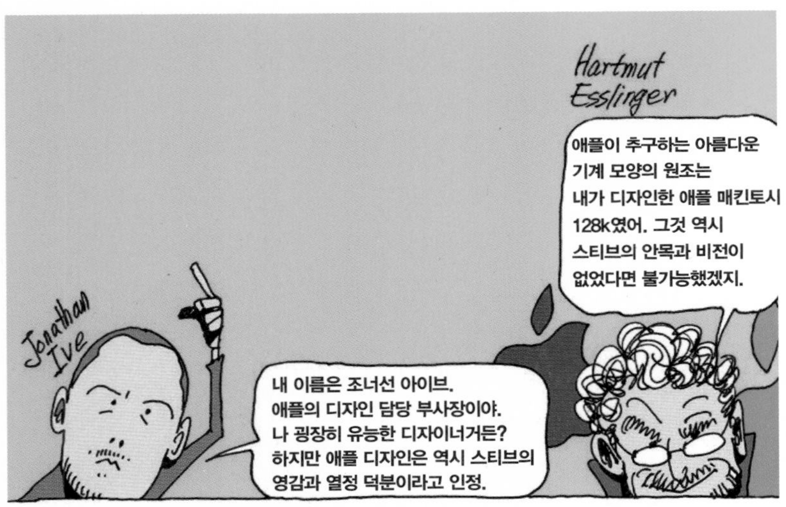

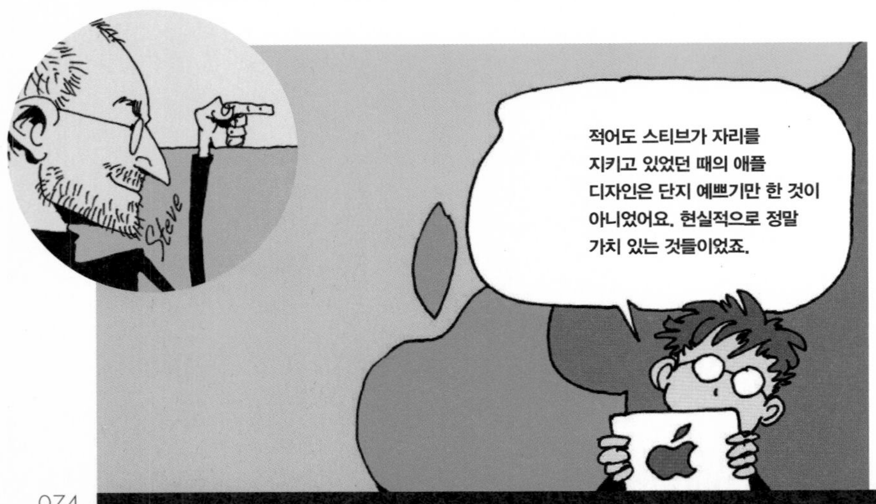

S

잡스는 애플 그 자체였고 애플은 곧 잡스였다. 그런 관계의 이미지는 이제까지는 확실히 애플에게 꿀이었다. 그런데 이제부터는 어떨지, 좀처럼 상상이 안 된다. 애플에 관한 상상은 역시 잡스의 몫이었을까?

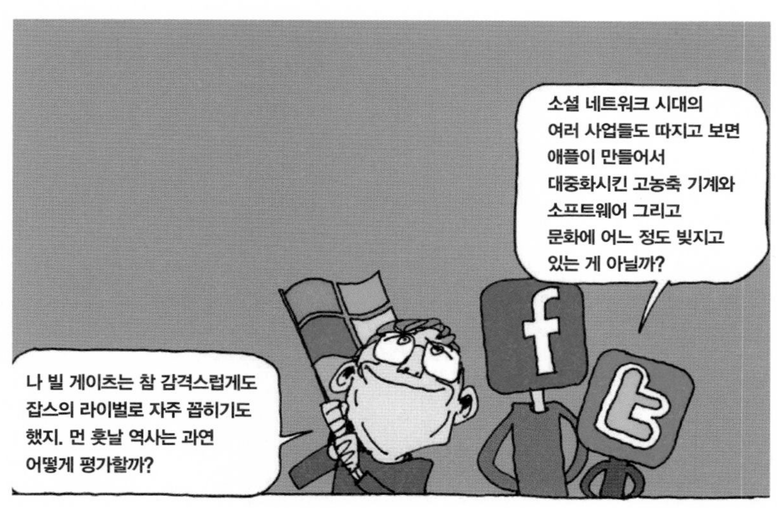

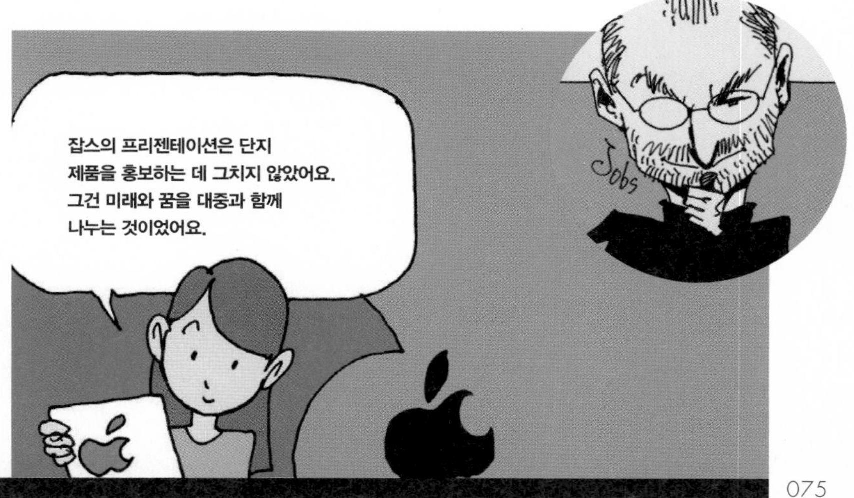

+ **plus talk**

대중이 선택한 반짝이는 보석, 아이콘

아이콘이란 게 뭔고 하니 주로 컴퓨팅 환경에서 마우스의 촉에 따라 우리의 시선을 인도하는 그림 기호이기도 하고, 옛 시절 유럽에서 글을 읽지 못하던 민중에게 그들이 경배해야 할 신을 이해시키기 위해 이미지로 그려놓거나 세워두었던 성상을 일컫는 말이기도 하다.

우리가 겪어온 모든 시대에는 그 시대를 대표하고 상징하는 각 분야의 아이콘, 즉 성상만큼 위대한 기호로 각인된 인물들이 있다. 특히 문화예술 분야에서 그런 아이콘적 인물들은 전설에 맞먹는 신비로운 이미지를 갖고 있다.

오래전에는 레오나르도 다 빈치, 모차르트, 셰익스피어 같은 아이콘들이 있었고 우리가 비교적 가까운 시대에 겪어보았거나 전해오는 기록과 정보를 통해 알고 있는 아이콘으로는 비틀스, 코코 샤넬, 메릴린 먼로, 마리아 칼라스, 파블로 피카소 등이 있다. 그들은 하나같이 같은 시대를 살았던 해당 분야의 어떤 이들과도 비교되지 않는 평가를 얻으면서 지금도 세상 모든 곳의 대중이 한눈에 바라볼 수 있을 정도로 지극히 높은 성채의 첨탑 위에 자신의 이름과 업적을 새겨넣은 성상으로 남아 있다.

아이콘이 된 인물들이 여타의 위인들과 다른 점은 구구절절 설명이 필요 없다는 것이다. 모니터 화면 위에서 마우스를 휘저으며 기계와 상호 소통할 때, 그림 기호들을 보면서 별다른 설명 없이도 단 하나의 이미지만으로 그 속에 함축된 정보를 다 알아차릴 수 있어야 그것이 아이콘으로서 기능을 다하는 것처럼, 우리가 한 사람의 인생을 대할 때 그에 관한 정보들을 검색하거나 전문가의 도움을 얻지 않고도 이름을 듣는 순간 모든 정보들이 함축적인 의미로 떠올라야만 비로소 그 위인은 아이콘이라는 칭호를 가질 자격이 있는 것이다.
이를테면 오페라에 이제 막 관심을 갖기 시작한 초심자에게 조앤 서덜랜드나 키르스텐 플라그스타트를 알려주기 위해 이런저런 정보와 설명을 덧붙여야 하는 것과는 달리, 마리아 칼라스는 단지 그녀의 이름만 알려주면 족하다. 바로 이런 것이 아이콘이다.
여기서 두 가지 궁금증이 생긴다. 그런 아이콘들이 활동했던 시절에 과연 그들과 필적할 만한 실력자들이 전혀 없었을까? 또 어떤 분야에서건 비슷한 여건에서 성실하게 자신의 기량을 연마하면서 돋보이기 위해 노력하는 많은 사람들이 있을진대 왜 유독 그들만이 기름 부음 받은 자의 명단을 기록하는 성상의 예배당에 이름을 올려놓을 수 있었을까? 어쩌면 그것은 정해진 운명일까? 신은 오직 그들에게만 아이콘의 자격을 부여한 것일까? 문화예술 분야에서 특히 아이콘이 된 인물들이 가진 공통점은 그들에게 천재라는 수식어가 어색하지 않으며 그 이름을 아이콘으로 인식하고 있는 대중 또한 별 거부감 없이 그들이 천재라는 사실을 수긍한다는 점이다. 바로 그러기에 위대한 예술과 드라마틱한 인생을 살았던 천재 예술가의 기록을 마주하면 신을 믿는 사람들이건 무신론자이건 영락없이 인간사를 주재하는 유일신의 계획을 믿는 입장이 되어 하늘이 선사한 재능에 대해 매우 관대해진다는 것이다. 어떻게 이런 일이 가능할까?

따지고 보면 모두가 똑같은 사람들이 아닌가? 자신이 속한 영역에서 경쟁자들과 우열을 다투면서 때로는 이기기도 하고 지기도 하면서 조금씩 주변에서 받는 칭찬과 보상을 쌓아가는 우리와 똑같은 인간들이지 않은가 말이다. 그럼에도 동서고금을 막론하고 천재를 불신하고 천재의 전설에 비판적인 사람을 찾기가 어쩜 이렇게도 어려울까? 대체 천재가 뭐기에?

이 대목에서 만화영화 하나를 떠올려보자. 천부적인 재능을 가지고 태어났지만 불우한 환경 탓에 재능을 크게 꽃피우지 못하고 어린 나이에 숨을 거둔 한 천재 소년의 인생을 그린 만화영화다. 바로 「플란다스의 개」. 그 만화영화 시리즈를 어린 시절에 TV로 시청했던 모든 이들은 네로라는 소년의 재능이 온 세상에서 칭송받아야 마땅하다고 마지막 회까지 굳게 믿었으며 끝내 그의 천재성이 묵살되는 부당한 광경을 보면서 눈물을 흘리거나 치를 떨었을 것이다.

그런데 돌이켜보면 '네로는 분명히 천재였음'이라는 판정에 대해 보편적인 공감이 가능했던 이유는 그 만화영화의 줄거리가 기가 막히게도 실제 천재들의 인생을 기록한 서사들에 공통적으로 나타나는 이야기 구조를 따랐기 때문이다. 「플란다스의 개」는 고대와 르네상스 시대에 나타났던 여러 예술 천재들의 신화적 전기에 늘 사용되었던 전형적인 플롯을 바탕으로 만들어진 만화영화다.

역사와 대중이 진심으로 한 인간을 위대한 천재 예술가로 추대하기 위해서 그의 뛰어난 실력이나 예술작품의 진면목 외에도 어떤 사회적 조건이 필요한지에 대해 많은 학자들이 연구했겠지만, 그중에서도 에른스트 크리스와 오토 쿠르츠라는 미술사학자들이 쓴 『예술가의 전설』이라는 책이 매우 흥미롭다. 그 책의 지은이들이 이야기하는 바, 작품의 수명을 뛰어넘어 전설의 이름을 얻은 예술가들의 전기는 대체로 이야기 구조가 유사하다는 것이다.

크게 세 가지로 요약하자면 이렇다. 불우하거나 하찮은 출신 성분, 독학, 그리고 발탁. 이 항목들을 네로의 경우와 비교해보면 이렇다.

고대의 전기들에서 이름난 예술가들은 유년기에 대부분 목동이었다.

「플란다스의 개」에서 네로는 어린 낙농업 보조였다.

천재들은 누구의 도움이나 교육을 통해 기량을 전수받은 자들이 아니라 운명적으로 타고난 천재를 스스로 발굴하는 자들이었다.

네로도 그랬다. 외로움을 달래면서 들판에서 그린 그림들은 그 실력이 출중했다.
고대와 르네상스의 천재들은 어느 날 우연히 지나던 당대의 거장 예술가 혹은 예술인 식별 전문가에게 발탁되는 기회를 얻는다. 조토에게 치마부에가 있었고, 뒤러도 그러했던 것처럼. 네로도 그랬다. 그리고 결국엔 대체로 감동적인 비극, 가끔은 해피엔드로 끝이 나는데, 네로의 경우는 비극이었다.

물론 천재에 관한 대부분의 연구에는 정신분석학적인 내용이 포함되어 있지만 그런 내밀한 분석을 빼고 보면, 대중이 위대한 예술가라는 아이콘에 필수적으로 포함시키기를 원하는 독특하고 드라마틱한 서사가 있다는 점만은 분명하다. 바로 거기에 평범한 인간들과는 확연하게 다른 존재로서 천재를 의구심 없이 용인하는 우리들의 감성이 있는 것이다. 말하자면 천재들이 우리에게 뚜렷한 감동을 준다는 것의 의미는 어찌 보면 우리들이 감동적인 이야기에 가장 잘 어울리는 천재를 갈망한다는 뜻이기도 하다. 인간의 삶과 역사가 지루해지지 않기 위해서는 그 시대를 사는 사람들이 원하는 환상적인 이야기가 현실 속에서 펼쳐져야 하기에 천재들은 언제나 시대의 대중을 위해 삶을 산화한 이들이기도 하다. 결국 천재는 사회와 대중이 이루어낸 희망과 유희의 성과들인 셈이며, 천재의 전기는 하늘에서 사명을 받은 자가 전하는 감동 앞에 대중이 속절없이 무릎 꿇는 이야기가 아니라, 대중과 사회가 선택하고 마지막까지 정성스레 다듬는 보석이자 시대의 아이콘이다.

우리는 20세기 천재들의 삶이 전설이 되는 과정을 비교적 가까운 곳에서 목격하기도 했고 그러면서 수많은 실력자들 중에서 몇몇의 인생을 특별한 전설로 완성시키는 데 동참했다. 아마 과거의 대중 또한 우리와 비슷한 전설 제작의 문법에 따라 그렇게 했을 것이다. 그리고 다음에 오는 시대에도 대중은 어김없이 빛나는 것들 중에서 가장 인상적이고 극적인 이야기를 담은 보석을 취사선택하게 될 것이다. 물론 지극히 아름다운 감동을 함께 나누면서.

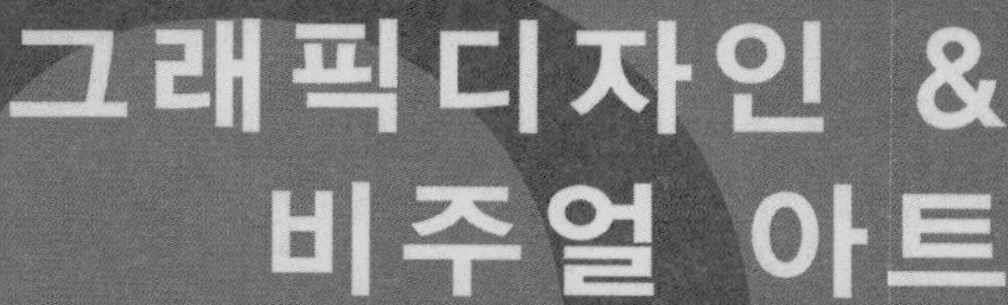

그래픽디자인 &
비주얼 아트

힘과 속도에 대한 찬미

이탈리아 미래주의

V

이탈리아의 시인 필리포 마리네티의 「미래주의 선언」은 전쟁을 찬미하고 애국주의를 선동하는 과격한 내용을 담고 있었지만 기계 문명의 역동적인 힘과 속도를 향한 패티시적 열망에 한껏 고무되어 있던 많은 예술가들이 그 운동에 동참했다.

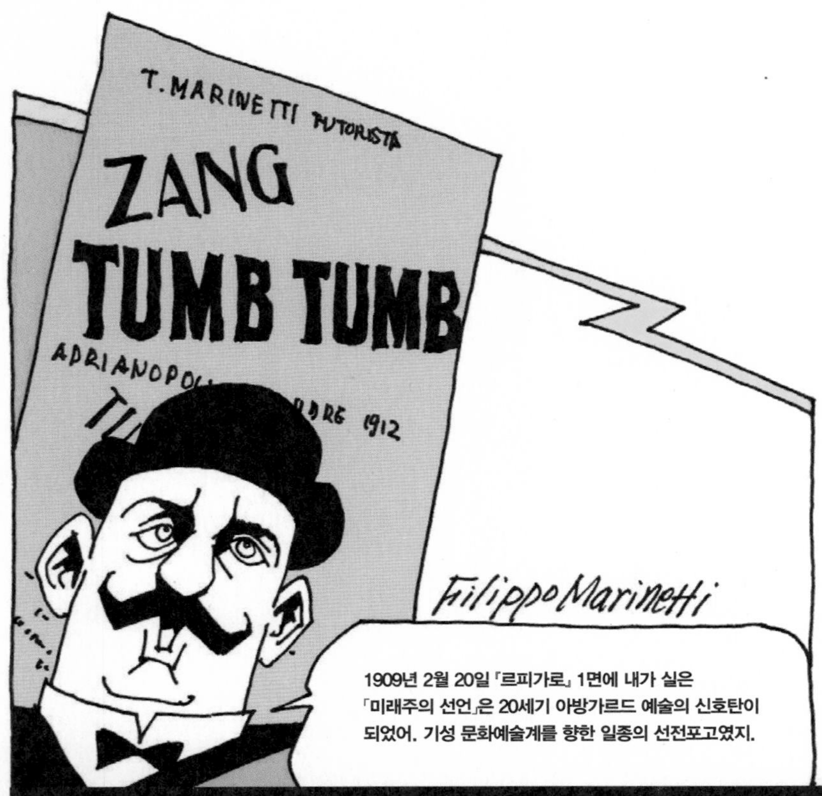

S

시각예술의 새 문법

러시아 구축주의

모더니즘 예술의 선봉에 있었던 또 한 무리, 러시아 구축주의자들이 세계의 의미를 전달하기 위해 채택한 새로운 문법은 극단적으로 단순한 기하 형태와 엄격하게 계산된 수학적 구도였다. 엘 리시츠키를 비롯한 구축주의자들의 실험은 현대 추상미술과 디자인 운동의 모태가 되었다.

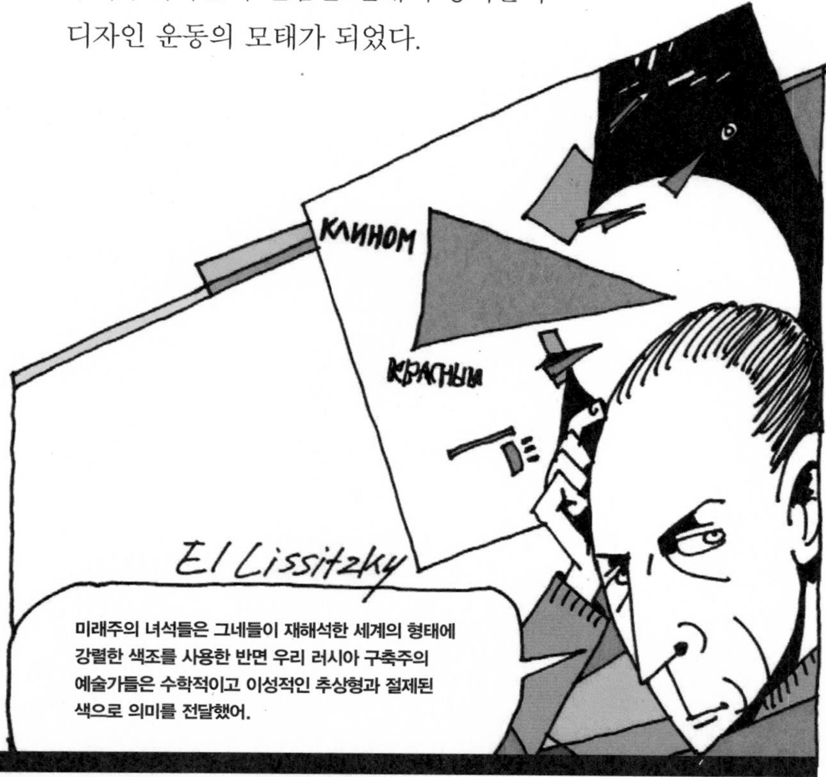

세계와 사물의 모습을 혁신적으로 해석하고 표현했던 미래주의 화가들은 이후 20세기 전위 예술가들에게 커다란 영향을 끼칠 정도로 현대 미술사에서 의미 있는 역할을 했다.

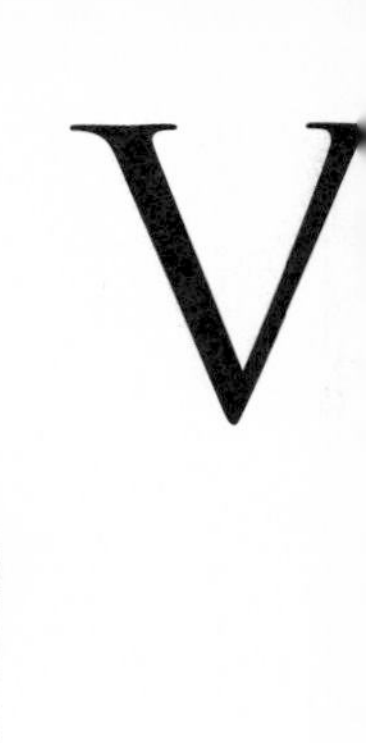

DINAMO-AZARI

F. Depero

U. Boccioni

G. Balla

우리 눈에는 입체주의 화가의 그림도 정적이고 지루해 보였어. 우린 과격한 남자들이니까.

미래주의 화가들의 생각이 무솔리니 정권의 이념과 궁합이 맞는 바람에 파시스트를 열렬히 찬양했다는 오점을 남기고 말았어요.

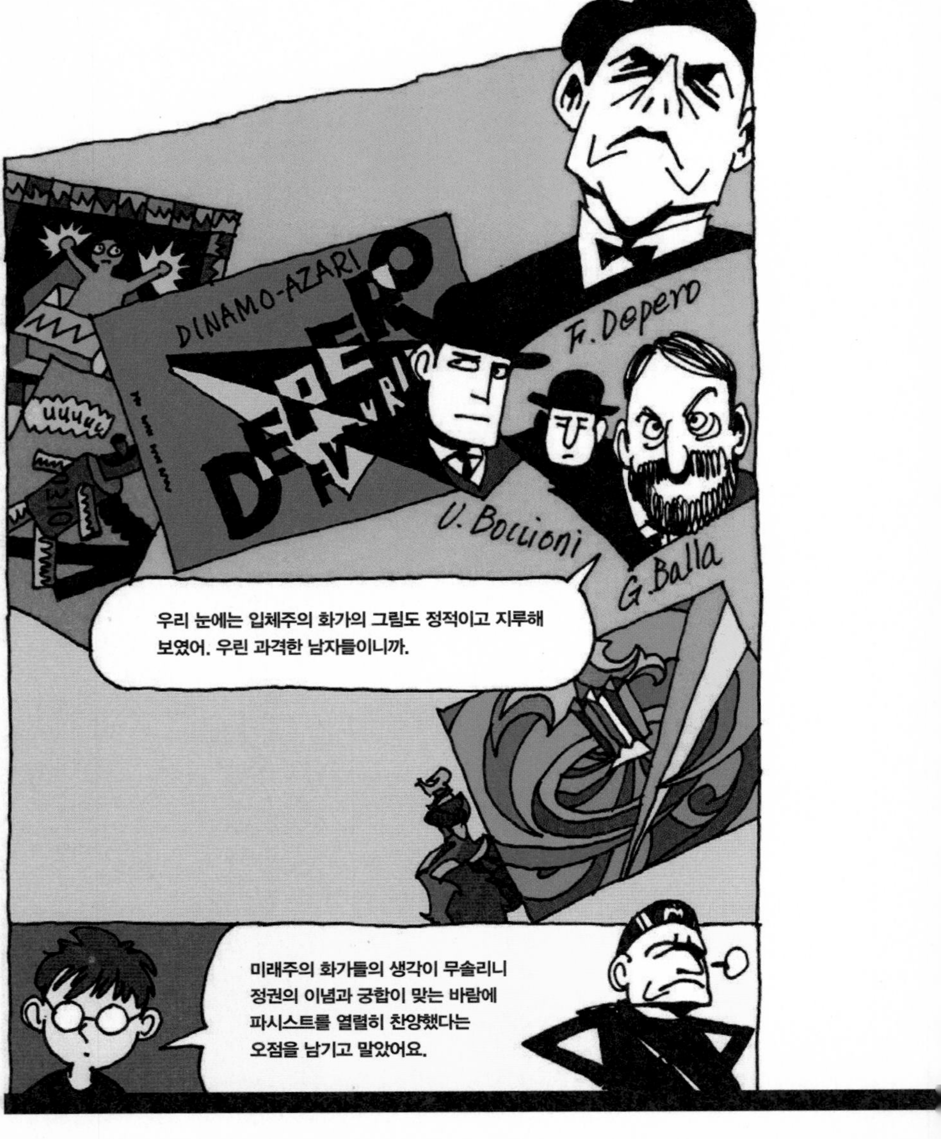

S

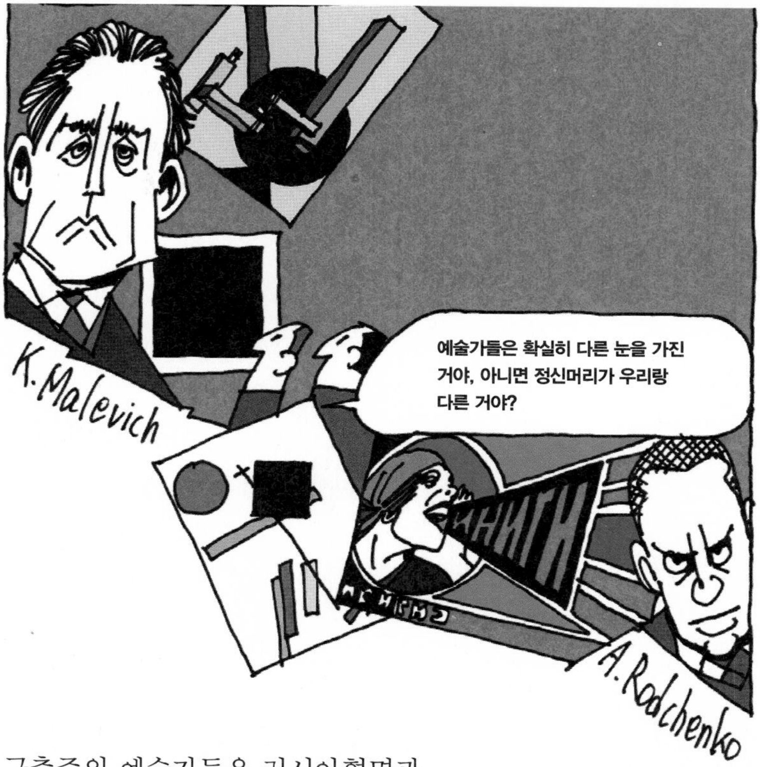

K. Malevich

예술가들은 확실히 다른 눈을 가진 거야, 아니면 정신머리가 우리랑 다른 거야?

A. Rodchenko

구축주의 예술가들은 러시아혁명과 사회주의의 이상을 효과적으로 선전하는 것을 자신들의 예술적 사명으로 삼기도 했었지만 정작 그들의 표현 방법을 적극적으로 수용하고 본격적인 무대를 마련해준 것은 오히려 서구 자본주의 사회의 문화예술계였다.

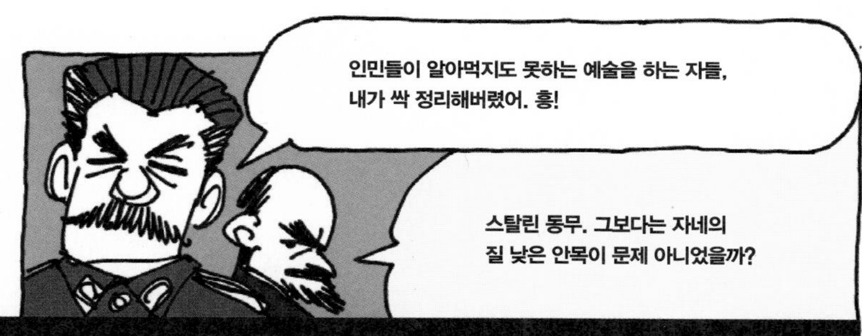

포스터의 아버지

V

쥘 셰레

새로운 근대문명의 상징으로 에펠탑이 세워지고 도시인들이 화려한 밤 문화를 향유하던 18세기 말엽 프랑스에서는 석판화 인쇄술이 발달했다. 그 기술을 홍보용 그림에 가장 잘 활용한 화가가 바로 쥘 셰레다.

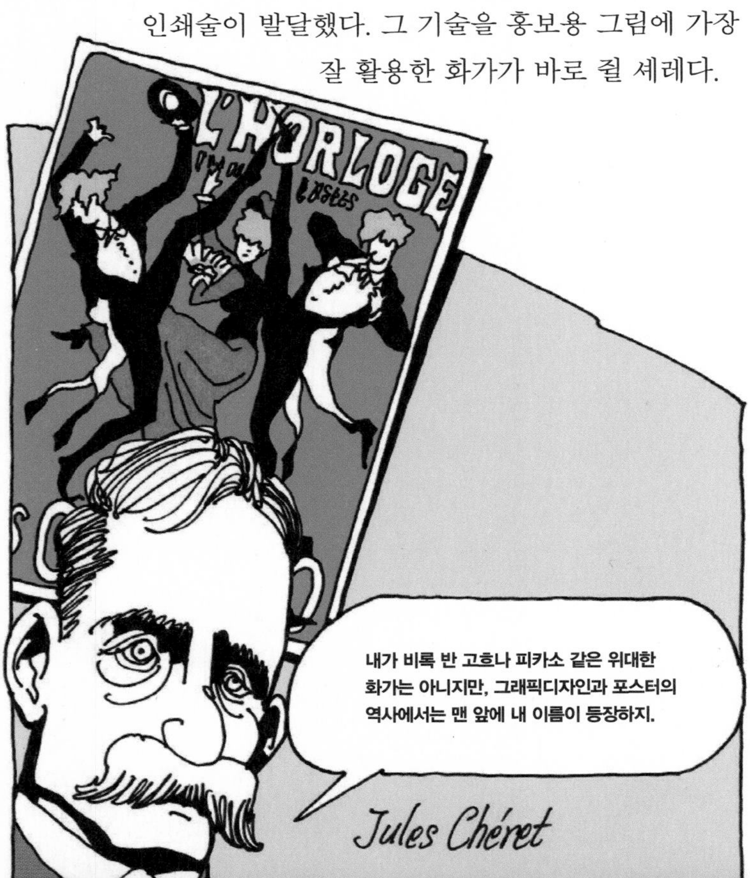

S

시대를 기록한 화가

앙리 드 툴루즈-로트레크

지체 높은 귀족 가문의 아들로 태어났지만 어려서부터 신체적 장애가 있었던 툴루즈-로트레크는 타인들이 살아가는 모습을 끝없이 관찰하면서 자신이 경험하고 느낀 바를 애정과 냉소를 담아 그림으로 표현했다.

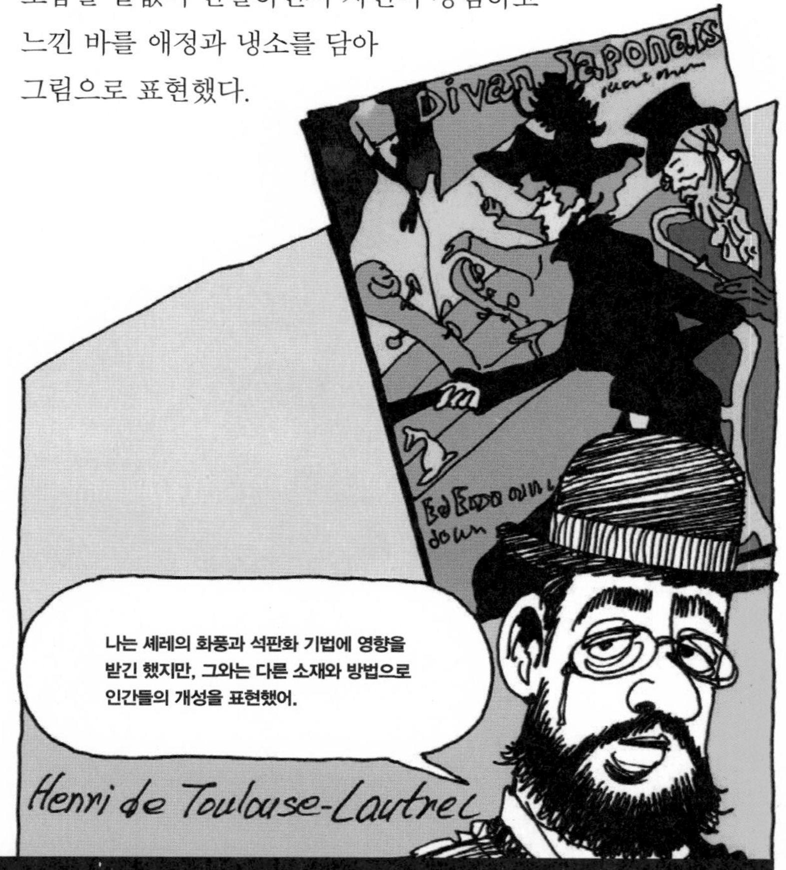

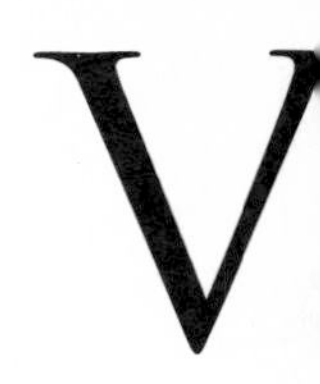

셰레는 화려하고 역동적인 광경을 단순한 드로잉으로 표현하고 거기에 다색 석판화 기법으로 색을 입혀 수많은 포스터를 제작했다. 그리고 광고의 선구자답게 매력적인 몸짓의 여성 모델을 화면의 주인공으로 등장시키는 것 또한 빼놓지 않았다.

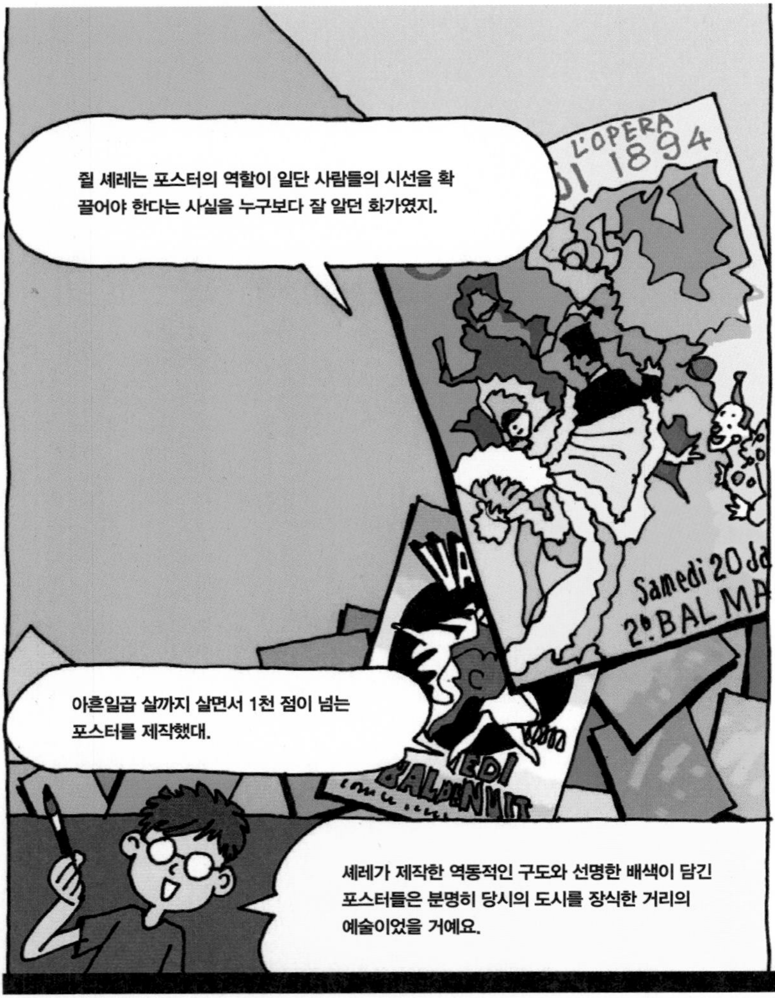

쥘 셰레는 포스터의 역할이 일단 사람들의 시선을 확 끌어야 한다는 사실을 누구보다 잘 알던 화가였지.

아흔일곱 살까지 살면서 1천 점이 넘는 포스터를 제작했대.

셰레가 제작한 역동적인 구도와 선명한 배색이 담긴 포스터들은 분명히 당시의 도시를 장식한 거리의 예술이었을 거예요.

S

인물의 특징을 보여주기 위해 외모뿐 아니라 그 사람의 모든 동작과 내면까지 파고들었던 툴루즈-로트레크는 카바레와 극장, 매음굴 등 다양한 처지의 사람들이 모여드는 도시의 여러 장소들을 전전하면서 동시대의 향락 문화를 회화와 포스터로 기록했다.

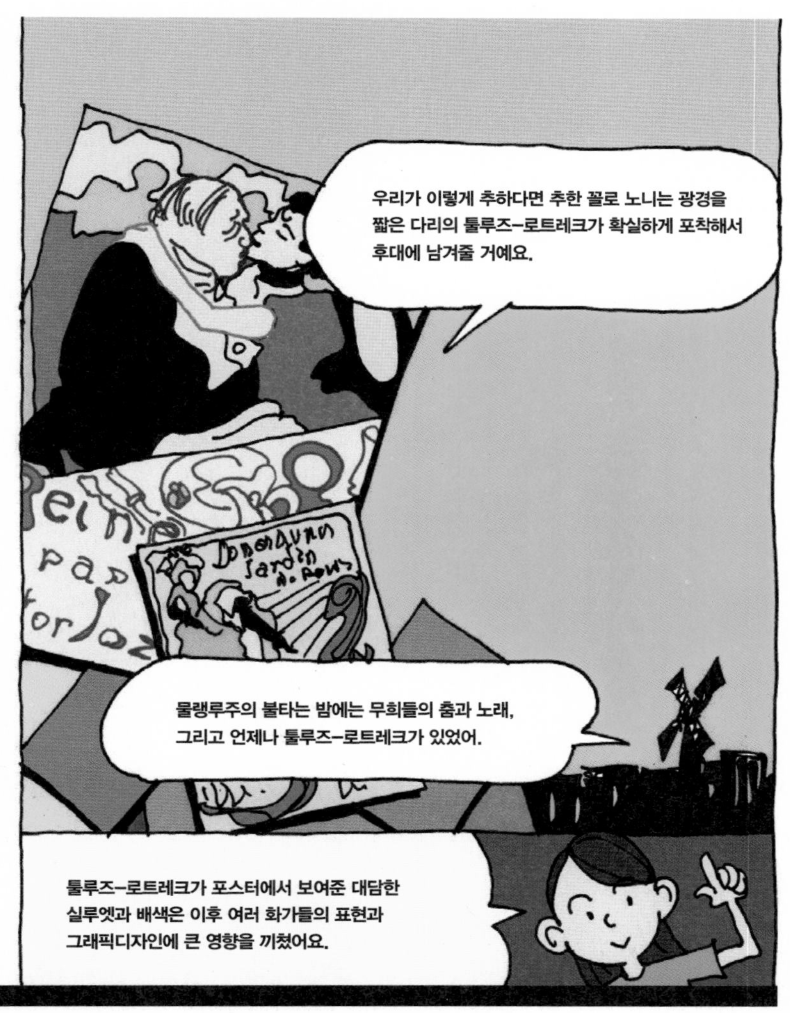

아르누보의 보배

알폰스 무하

V

셰레와 툴루즈-로트레크가 문을 연 19세기 말 유럽 포스터의 황금시대를 가장 화려하고 왕성하게 장식했던 화가는 보헤미아 지방 출신의 알폰스 무하였다. 그는 예쁘고 아름다운 것이 시선을 끈다는 기본 원칙에 가장 충실한 그림을 그렸다.

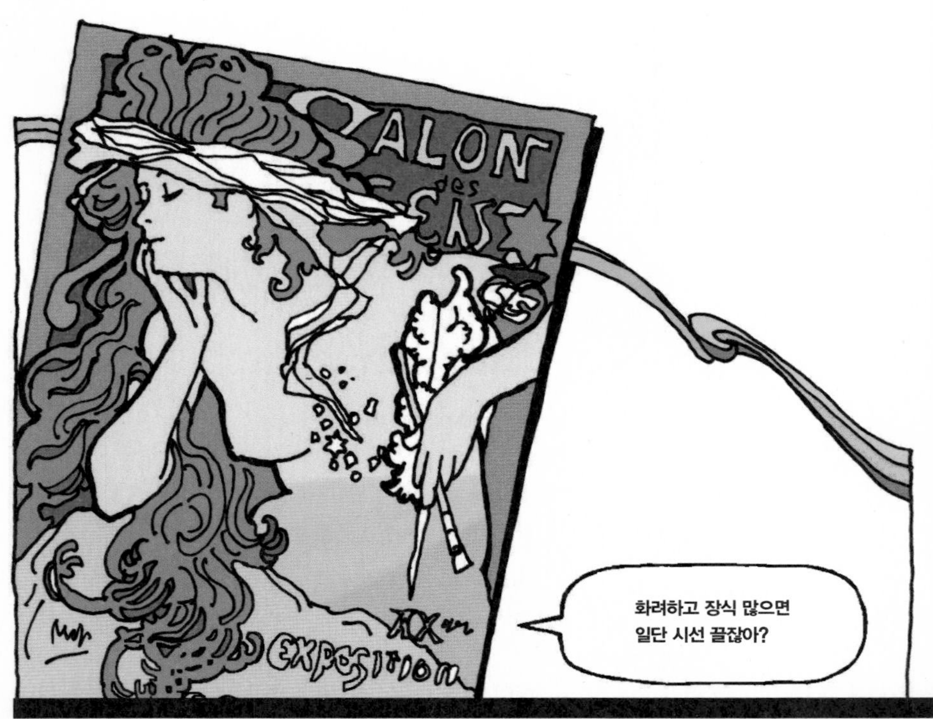

S

세기말의 꽃

오브리 비어즐리

동양적인 선과 여백의 미, 극단적인 흑백 대비로 표현하는 밀도 높은 장식, 아름다움과 충격이 동시에 느껴지는 표현…… 그런 독특한 그림으로 아르누보의 또 다른 모습을 보여줬던 신동이 영국 출신의 오브리 비어즐리였다.

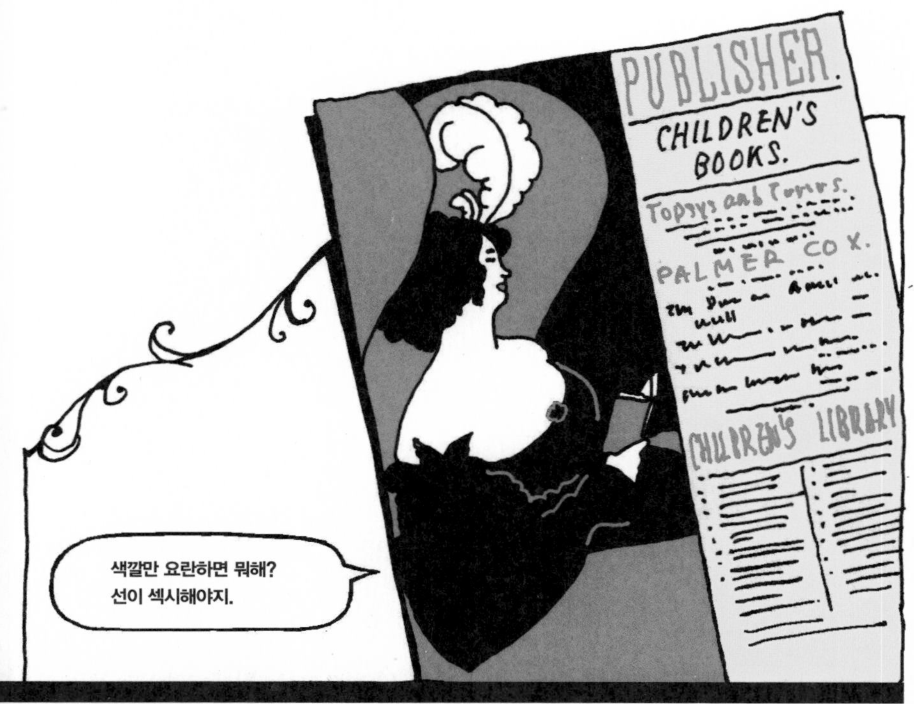

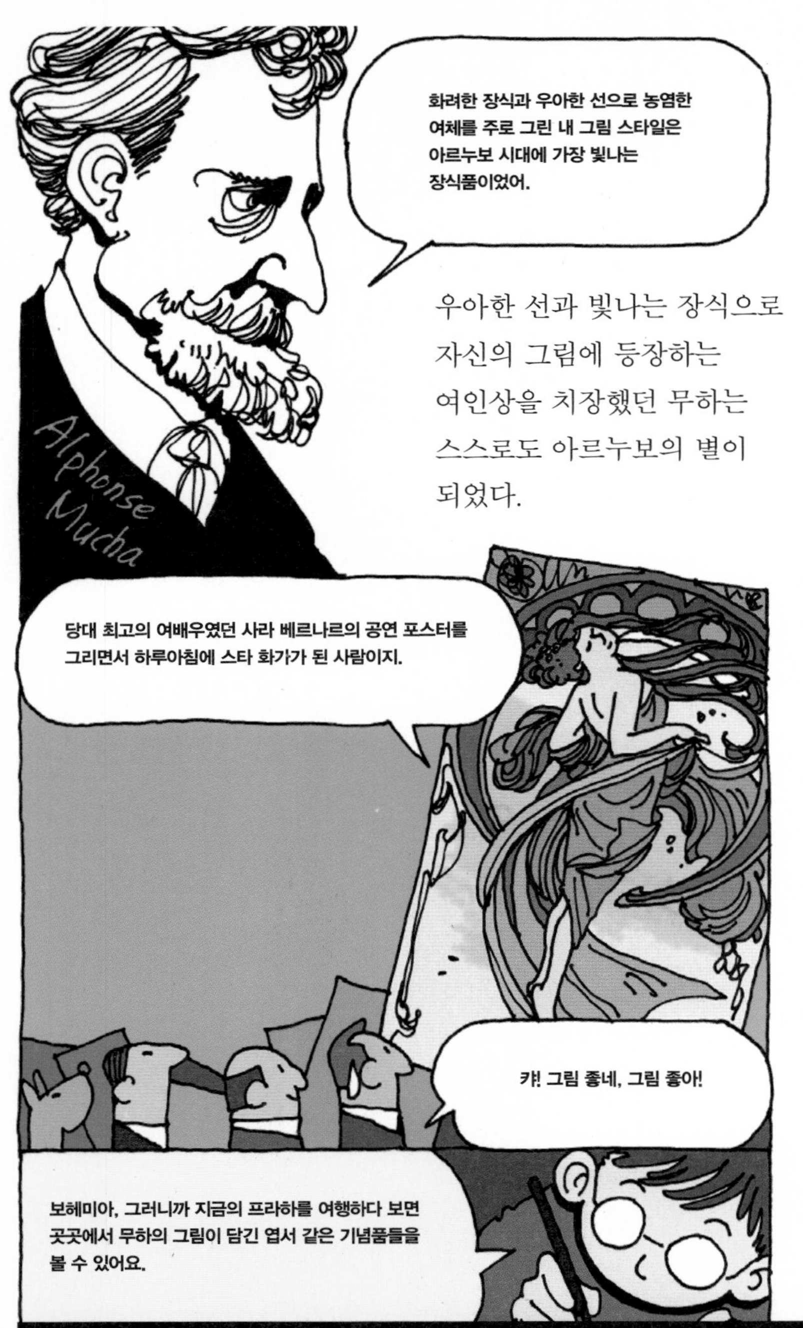

우아한 선과 빛나는 장식으로 자신의 그림에 등장하는 여인상을 치장했던 무하는 스스로도 아르누보의 별이 되었다.

S

나는 강렬한 흑백 대비와 독창적인 선묘로
세기말의 아름다우면서도 퇴폐적인 풍경과
인간의 심리를 그림에 담았어.

비어즐리는 스물다섯 살 꽃다운
나이에 생을 마감할 때까지 당시의
어느 화가들보다 독창적인 그림을 그리면서
자신의 삶과 시대의 모습을 남겼다.

Aubrey Beardsley

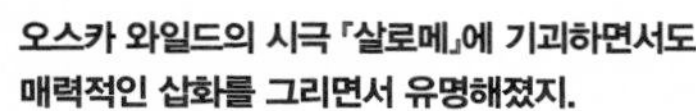

난 그의 삽화를 보고 '죄의 꽃'이라고
했지. 칭찬일까, 욕일까?

Oscar Wilde

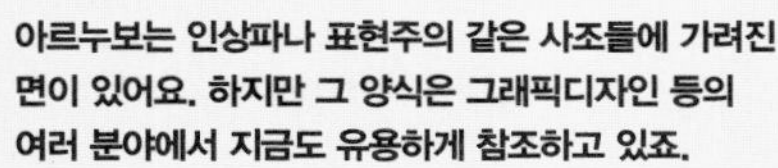

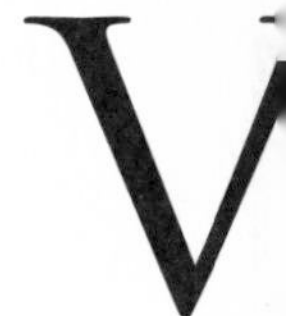

포스터 황금시대

아르누보 화가들

19세기 후반 쥘 셰레와 툴루즈-로트레크를 거쳐 무하, 비어즐리 같은 아르누보의 귀재들이 꽃피운 포스터가 대유행하면서 예술문화의 중심지 파리의 거리를 형형색색으로 수놓았다.

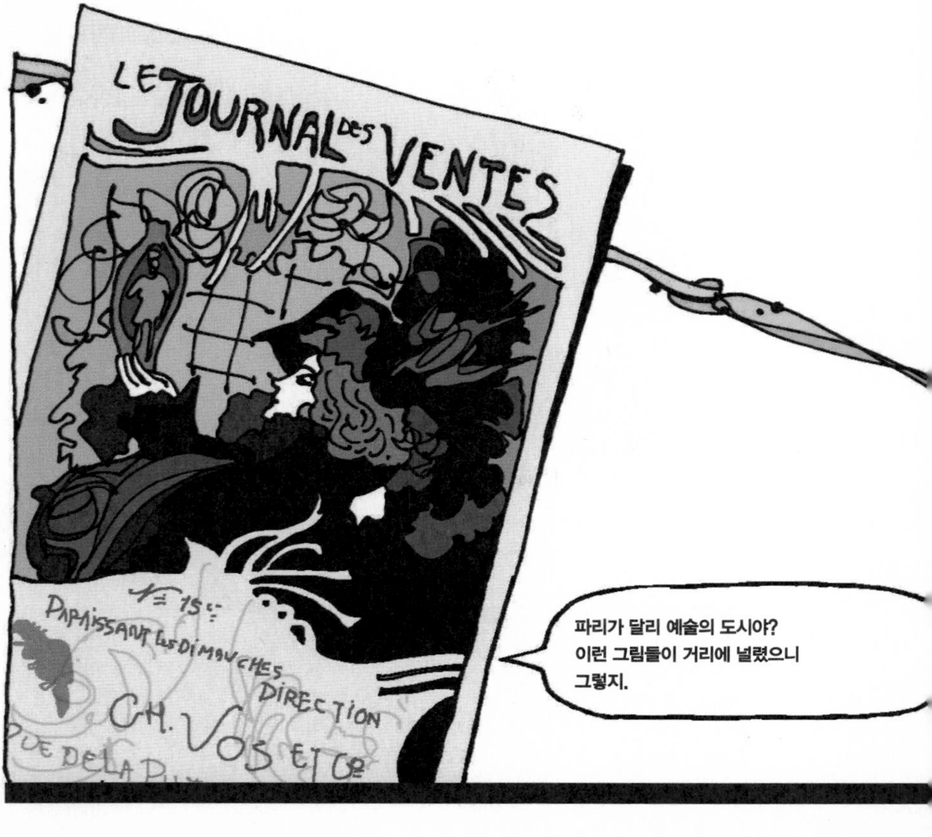

파리가 달리 예술의 도시야?
이런 그림들이 거리에 널렸으니
그렇지.

S

포스터의 새 시대

베가스태프 브라더스

장식적인 아르누보가 대세였던 때에 단순하면서도 파격적인 스타일의 새로운 그림이 등장했다. 종이를 오려서 찍어내는 방식의 그 포스터들을 제작한 작가의 이름은 베가스태프 브라더스였다. 처남, 매부 사이였던 제임스 프라이드와 윌리엄 니콜슨은 '베가스태프 브라더스'라는 이름을 걸고 함께 작업했다.

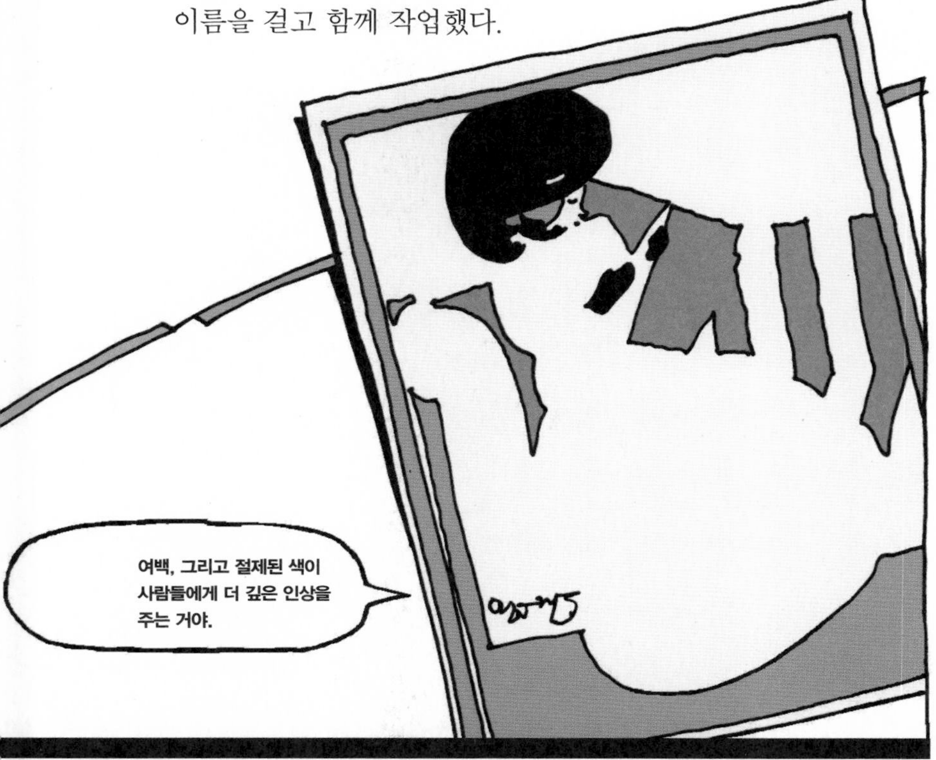

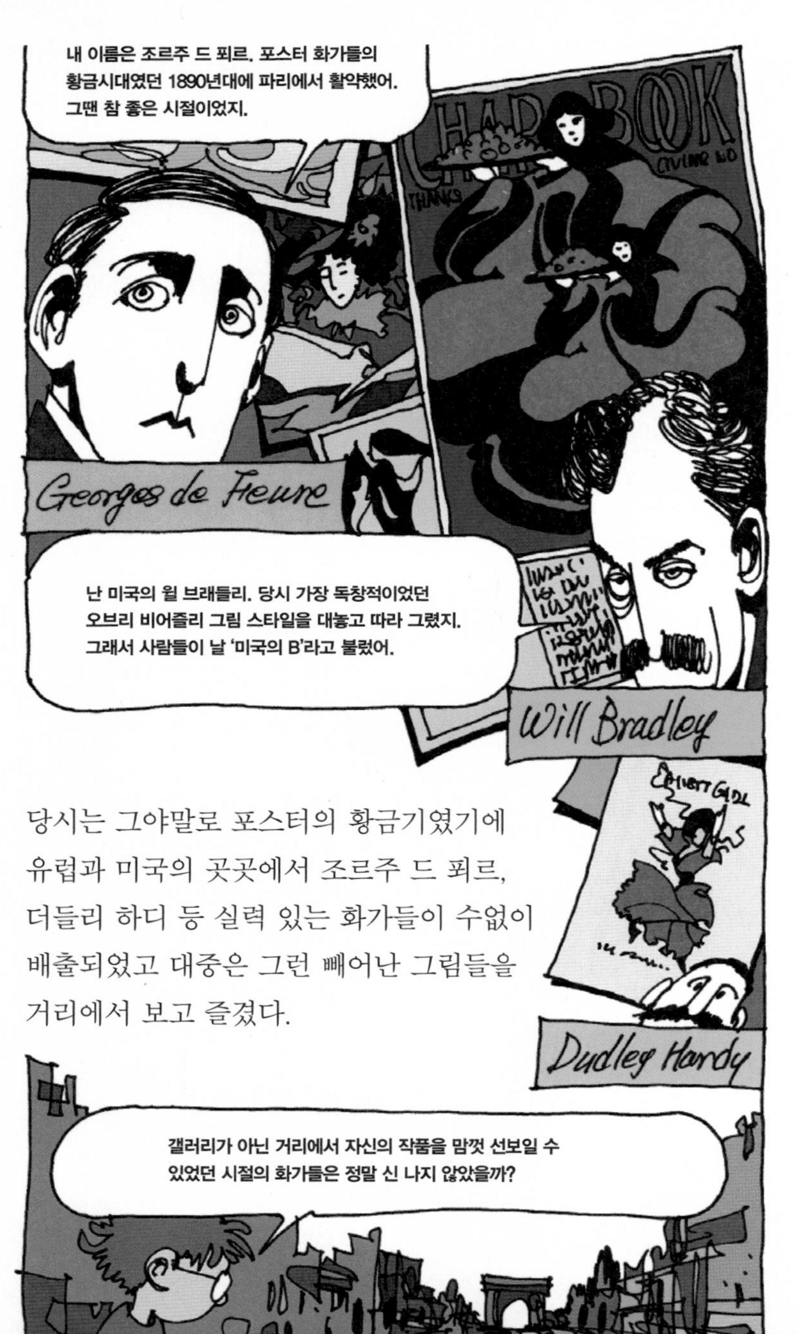

당시는 그야말로 포스터의 황금기였기에 유럽과 미국의 곳곳에서 조르주 드 푀르, 더들리 하디 등 실력 있는 화가들이 수없이 배출되었고 대중은 그런 빼어난 그림들을 거리에서 보고 즐겼다.

S

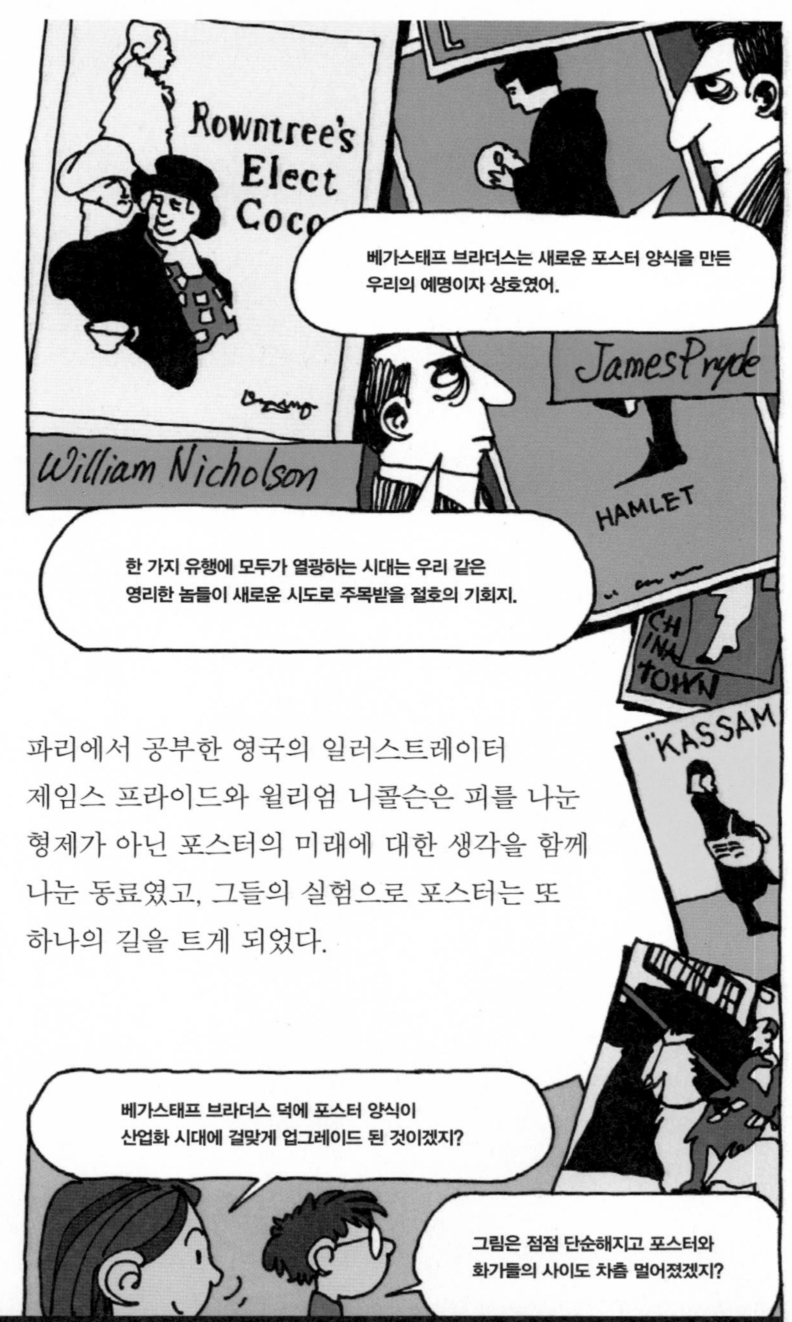

파리에서 공부한 영국의 일러스트레이터 제임스 프라이드와 윌리엄 니콜슨은 피를 나눈 형제가 아닌 포스터의 미래에 대한 생각을 함께 나눈 동료였고, 그들의 실험으로 포스터는 또 하나의 길을 트게 되었다.

포스터 디자인의 거장

루치안 베른하르트

V

제1차 세계대전을 전후로 독일에서는 그래픽디자인사에 커다란 획을 그었던 유명한 스타일의 포스터가 성행했다. 아르누보의 독일식 버전인 유겐트슈틸의 영향을 받았으나, 장식은 배제하고 대상의 이미지는 획기적으로 강조한 그 포스터를 '대상 포스터(object poster)'라는 의미로 '자흐플라카트(Sachplakat)'라고 불렀다.

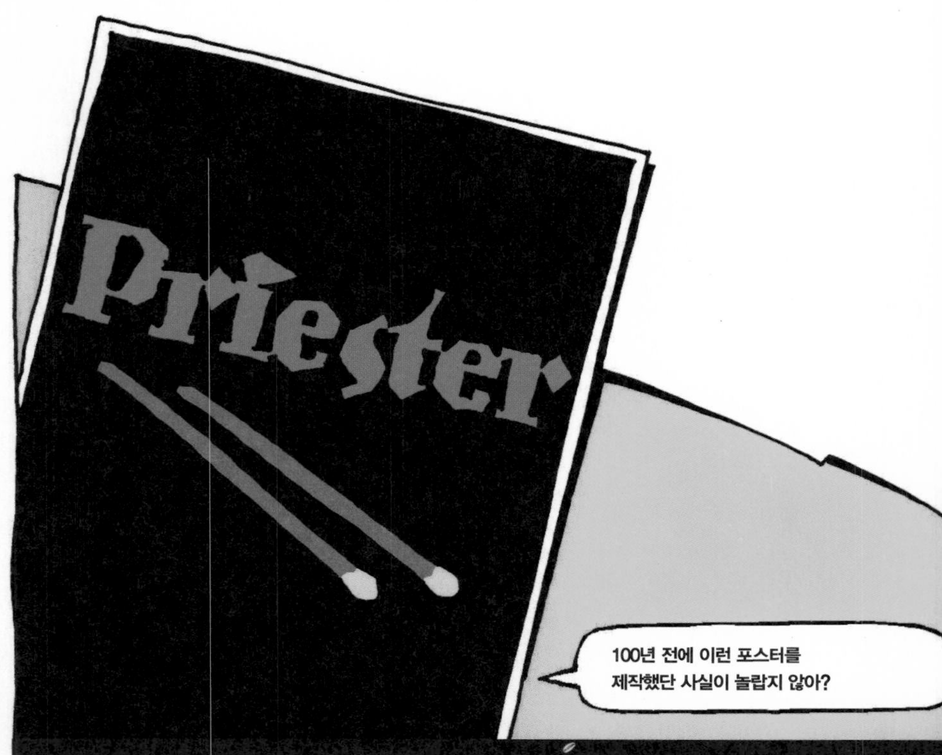

S

실력파 포스터 디자이너

루트비히 홀바인

루트비히 홀바인은 대상을 주인공으로 세우는 자흐플라카트의 공식을 따르면서도 묘사에 뛰어난 자신의 장점 또한 잘 살린 작가였다. 음영의 대비를 이용해 사물이나 인물을 입체적으로 강조했고, 단순한 배색과 함께 직물의 패턴이나 질감을 활용해서 시각적인 효과를 나타냈다.

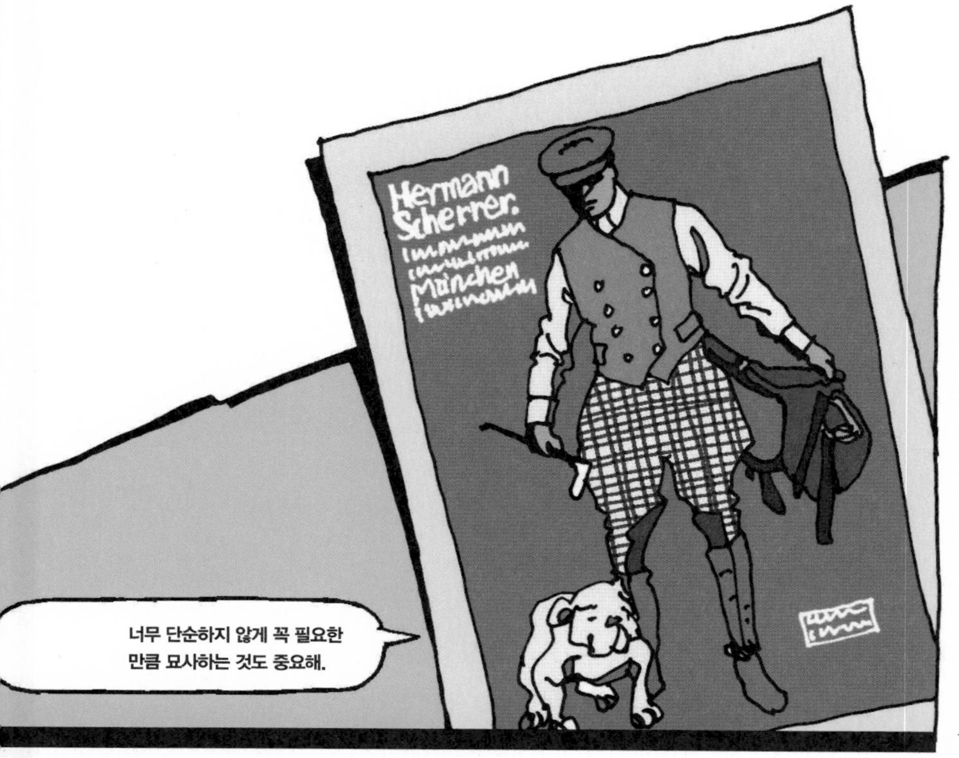

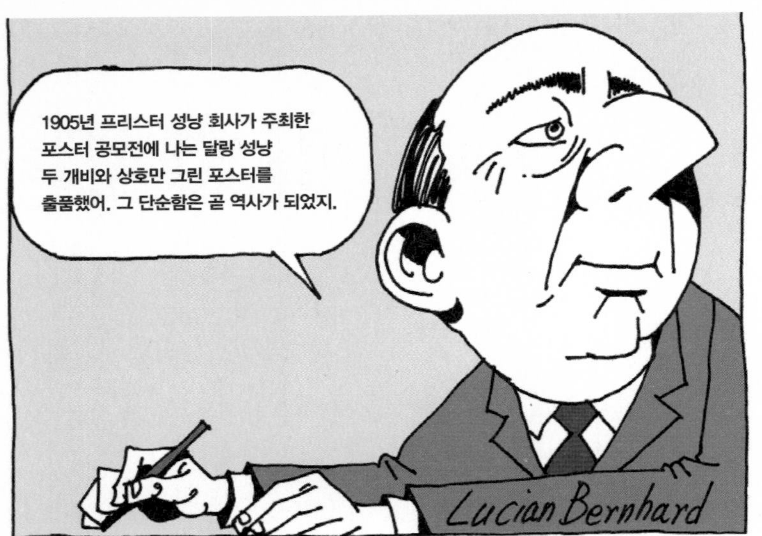

보여주고자 하는 대상만을 확실히 표현하는 자흐플라카트는 제품을 효과적으로 알리려는 상업 분야에서 크게 각광받았고 그 표현 방식은 지금까지도 디자인 분야에서 응용되고 있다.

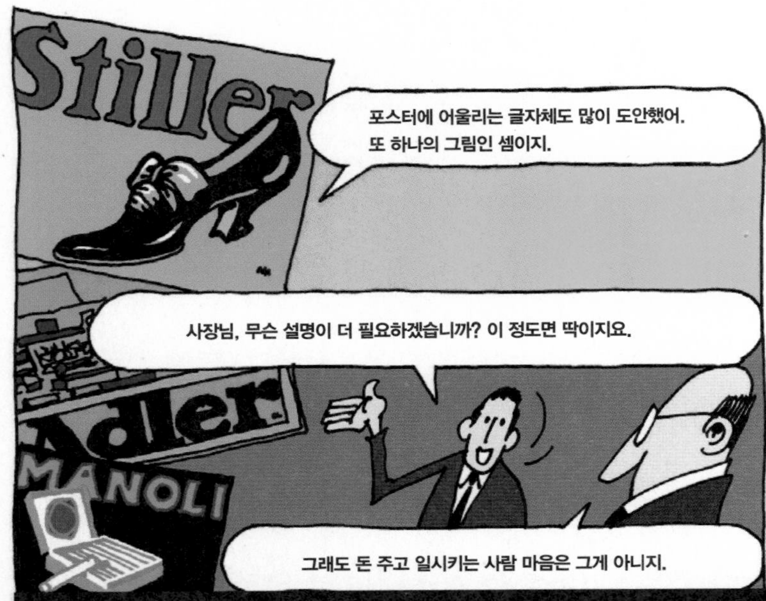

S

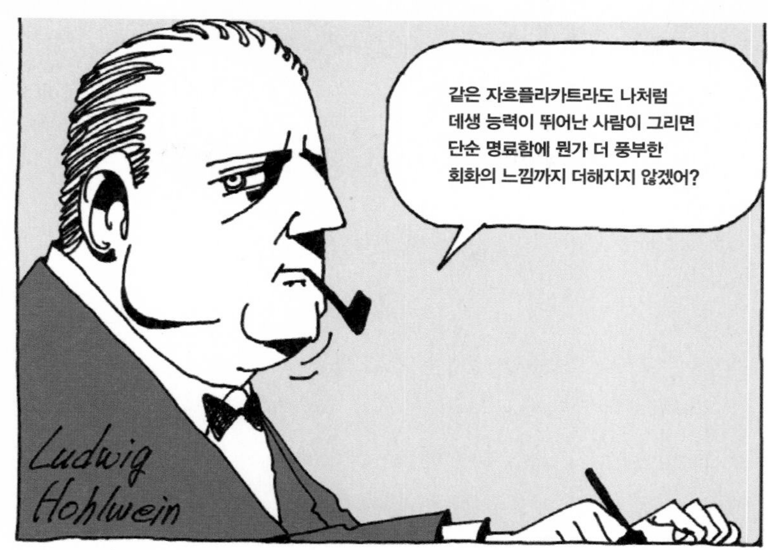

그림을 잘 그리는 사람일수록 대상을 단순하게 표현하기를 거리끼는 경향이 있다. 자신의 기량을 마음껏 보여주지 못하는 아쉬움 때문일 것이다. 홀바인은 그런 창작 욕구를 포스터의 문법에 잘 적용시킨 화가였다.

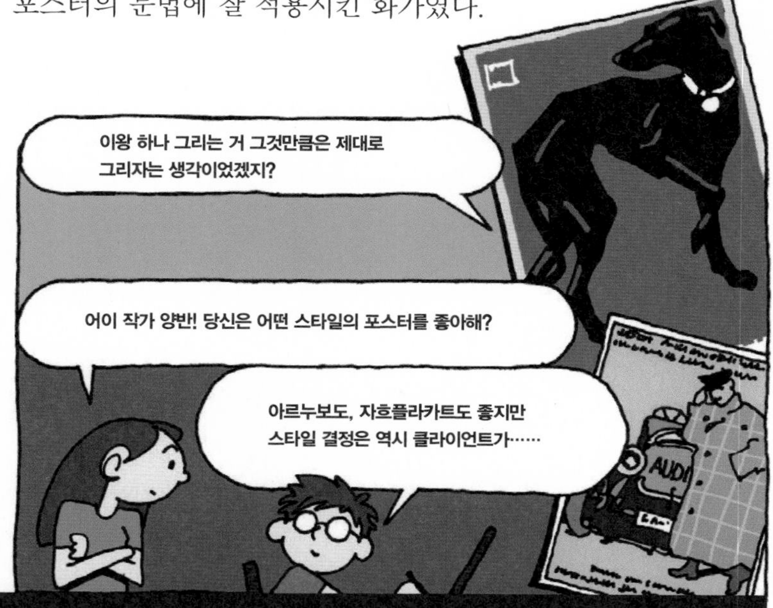

예술가의 사랑

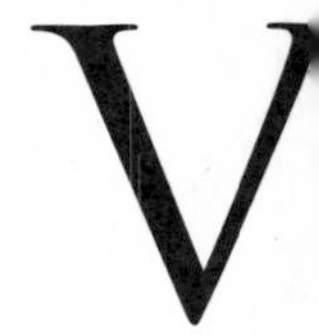

로버트 인디애나

‘사랑’은 어디에 있을까? 그건 뉴욕에도 있고, 필라델피아에도 있고, 홍콩에도 있고, 도쿄에도 있고, 싱가포르에도 있고 그리고 서울에도 있다. 분명한 언어에 빨간색과 파란색의 선명한 색상을 입힌 모양을 한 ‘사랑’은 오늘날 대도시 어디에나 버젓이 있다. 사랑이라는 감정을 설명하기 위해 우리는 온갖 미사여구를 동원해 다양한 방법으로 표현한다. 그러나 미국의 팝아티스트 로버트 인디애나는 단순하게 ‘LOVE’라고 쓰고 그걸 입체 조형물로 만들었다. 식상할 정도로 평범하고 익숙한 것을 작품의 소재로 삼는 팝아트의 문법에 가장 충실했던 이 작품은 인디애나를 단번에 손꼽히는 팝아티스트 반열에 올려주었다.

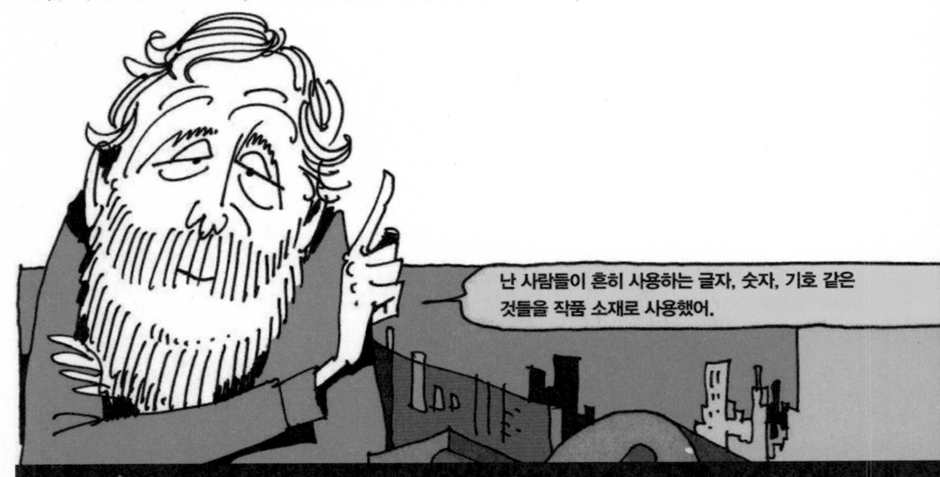

S

디자이너의 마음

밀턴 글레이저

미국뿐만 아니라 전 세계 그래픽디자이너에게 존경받는 밀턴 글레이저는 한마디로 마음씨 착한 디자이너다. 그는 1970년대 재정난과 실업난에 허덕이던 뉴욕 주의 시민들에게 희망과 사랑을 듬뿍 담은 예쁜 도안을 선물했다. 'I ♥ NY'. 뉴욕을 대표하는 아이콘이 되어 전 세계인들이 누리게 된 이 도안은 지금까지 공공 분야에서 이뤄진 모든 디자인들 중에서 가장 성공한 사례로 꼽힌다.

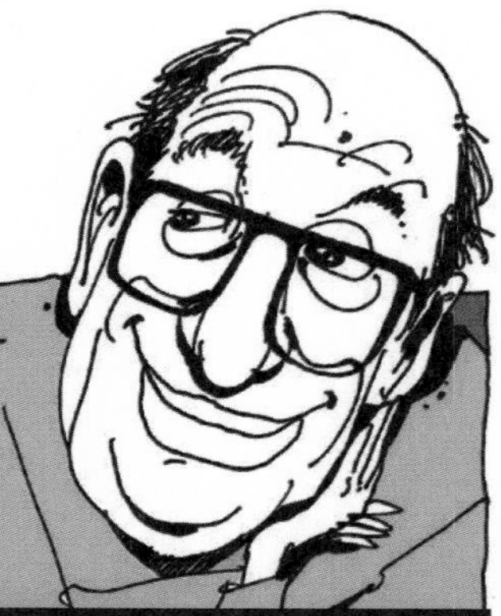

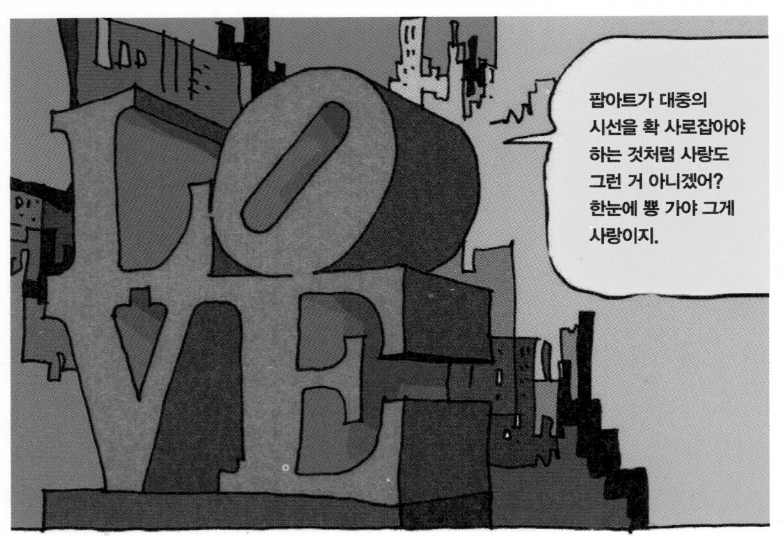

마음씨 착한 디자이너와 그 마음을 알아주고 공감하는 도시 행정이 있다면 사람들의 기분이 좋아지는 많은 일들이 생길 것이다.

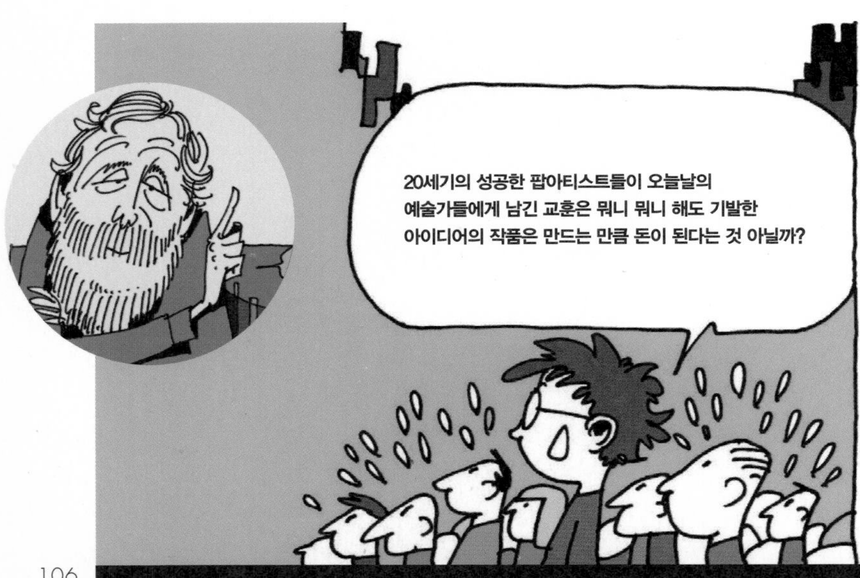

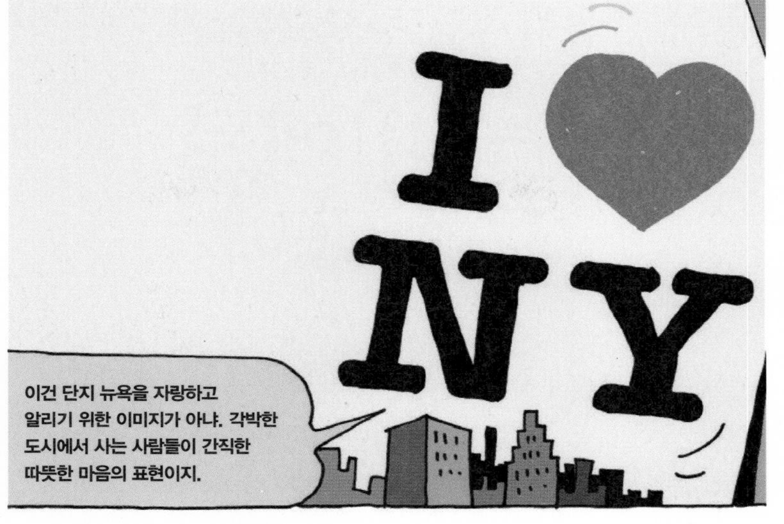

그런데 우리 도시의 시민들이 좀처럼 행복하지 않은 것은 무엇이 부족하기 때문일까?

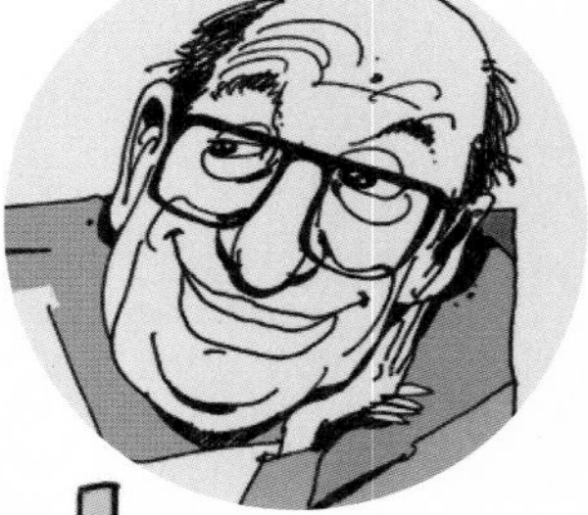

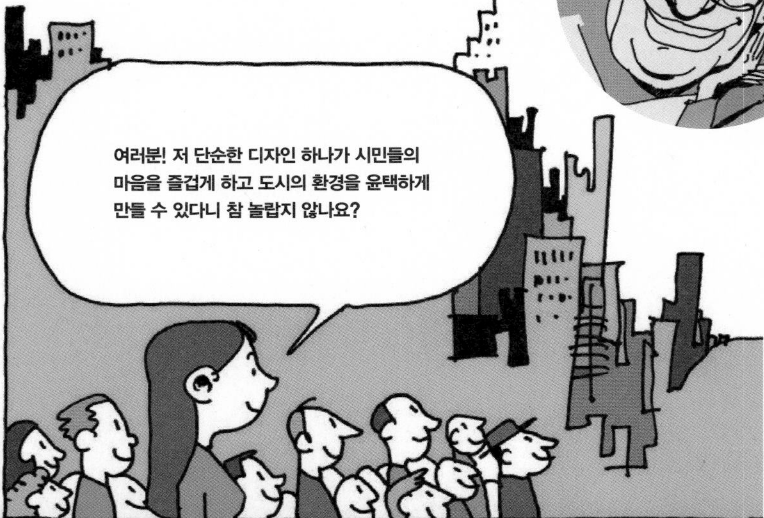

여러분! 저 단순한 디자인 하나가 시민들의 마음을 즐겁게 하고 도시의 환경을 윤택하게 만들 수 있다니 참 놀랍지 않나요?

충격적인 광고 전략가

올리비에로 토스카니

광고라는 게 뭔가? 기업의 제품과 관련된 내용을 널리 알리는 것 아닌가? 그런데 이탈리아의 의류회사 베네통의 광고 디렉터였던 올리비에로 토스카니는 회사의 업종과는 무관하게 인종차별, 에이즈, 전쟁 등과 같은 심각한 사회문제를 표현하는 사진들로 회사 광고물을 제작했다.

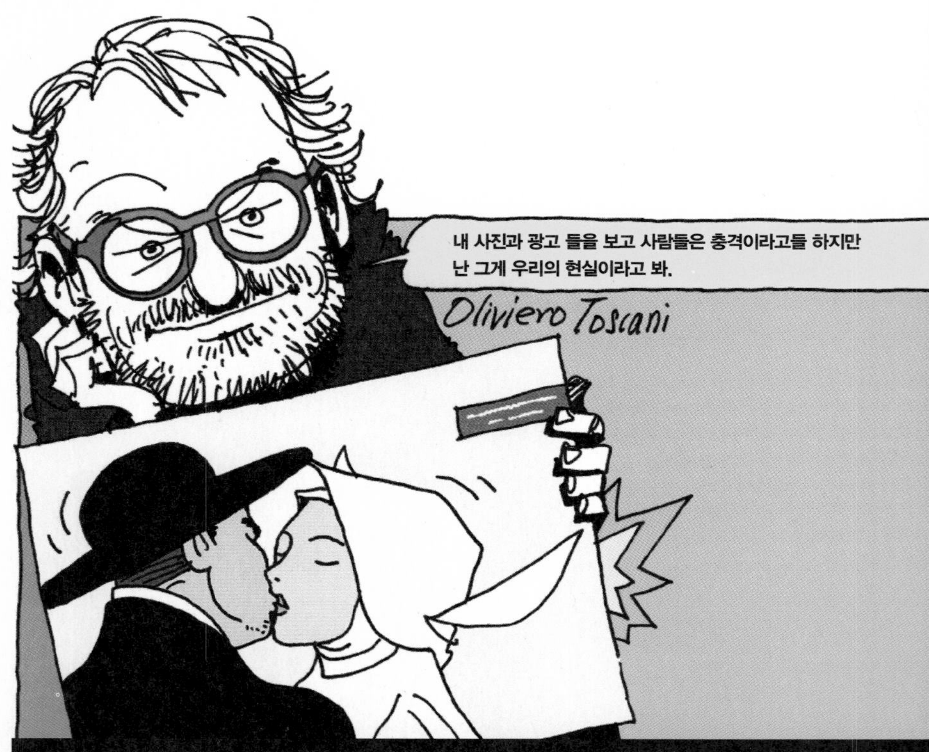

S

반골 디자이너
티보 칼맨

베네통은 한 술 더 떠서 그런 문제적 내용들을 담은 잡지를 만들기도 했는데, 그 잡지가 바로 1990년대 젊은 세대의 이목을 사로잡았던 『컬러스』다. 그리고 자율성이라는 혜택을 누리면서 이 잡지에서 특별한 재능을 마음껏 발휘했던 디자이너가 1990년부터 5년간 편집장 겸 아트디렉터를 맡았던 티보 칼맨이었다.

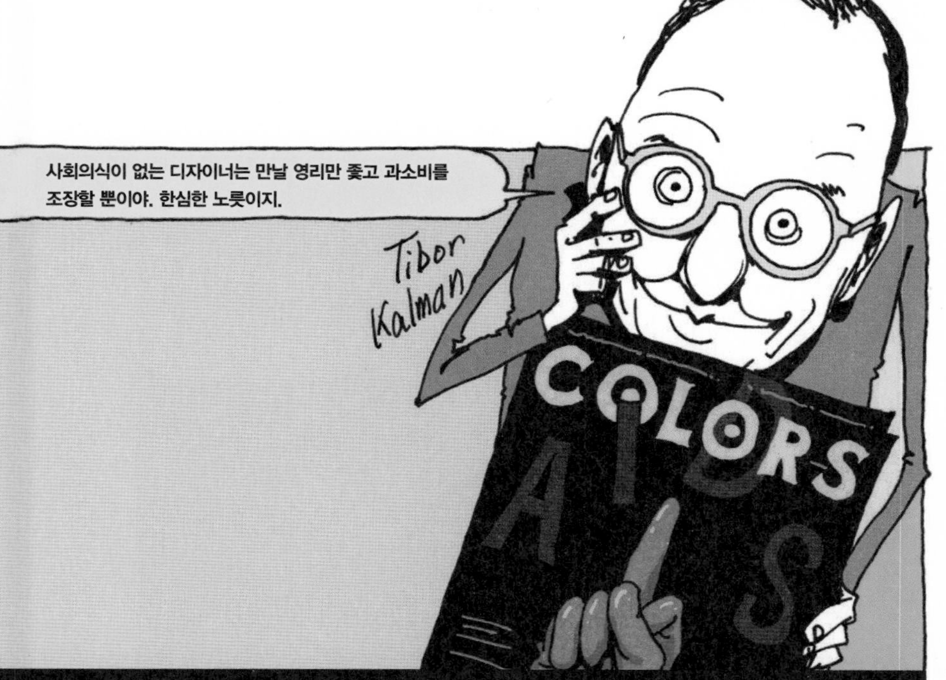

『컬러스』는 다국적 기업인 베네통의 후원으로 발간되었지만 회사는 내용과 편집에 관한 어떠한 명령이나 요구도 하지 않았다.

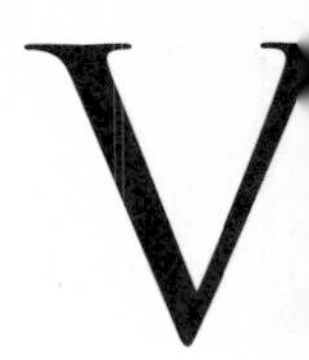

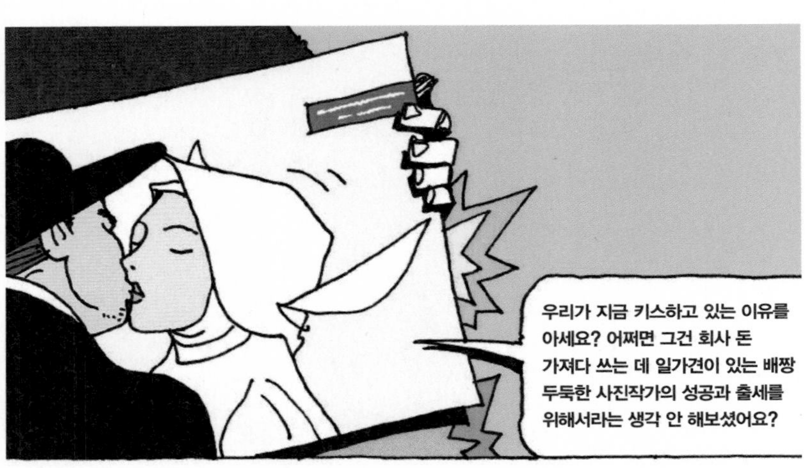

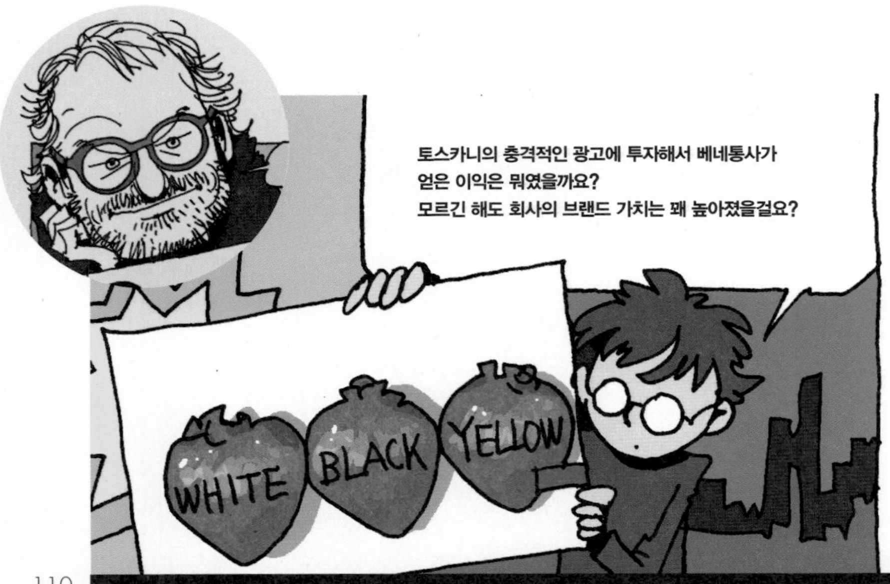

S

평소 사회와 현실에 유익한 참된 디자이너 상을 강조한 칼맨의 문제의식과 실험은 이 특별한 잡지가 지닌 이미지의 기원이 되었다.

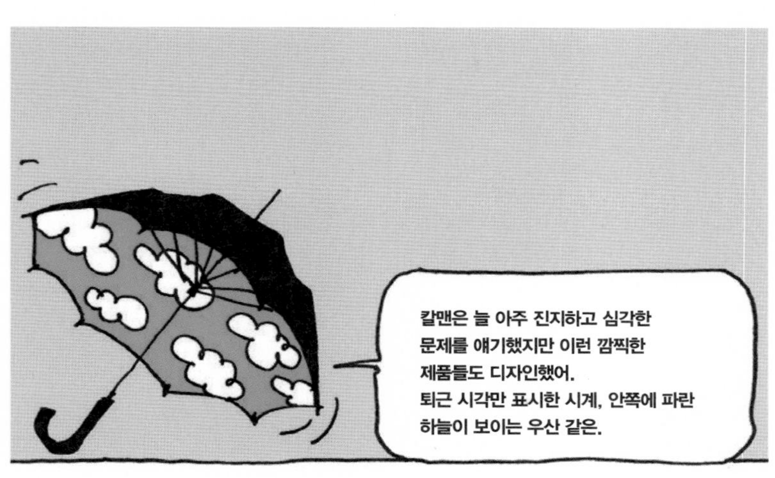

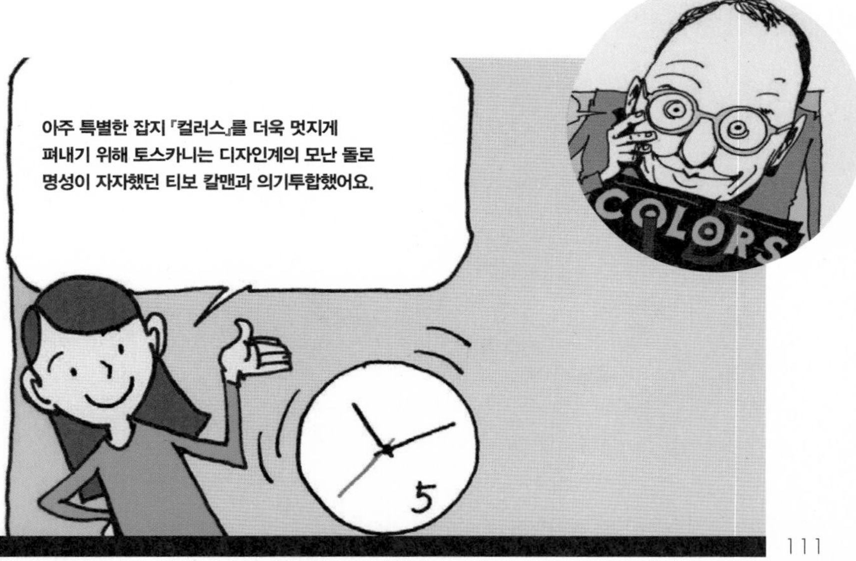

CI 디자인의 아버지

폴 랜드

V

디자이너들에게도 순수 예술가들처럼 자신의 업적을 대변해주는 대표작이란 게 있는데 주로 큰 회사에서 의뢰 받은 기업 이미지 디자인을 자신의 대표작으로 꼽는다. 물론 그런 작품에는 작가의 친필 사인 같은 건 없다. CI 디자인은 기업을 나타내는 심벌이나 각종 이미지 양식을 설계하고 만드는 매우 큰 규모의 디자인 프로젝트다. 현대 그래픽디자인계가 영원한 스승으로 모시는 폴 랜드는 오늘날 우리가 익히 알고 있는 웬만한 기업들의 이미지를 도맡아서 디자인했으며 기업 이미지 디자인에 관한 방법과 체계를 세웠다.

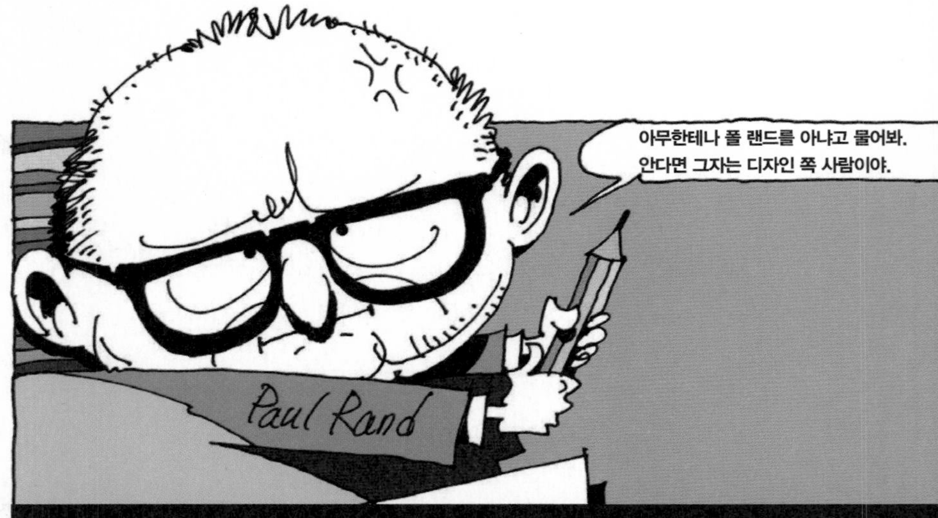

S

영상 디자인의 개척자

솔 바스

솔 바스는 전통적인 그래픽디자인보다 영상 디자인이라는 신세계를 개척한 업적으로 더 유명한 디자이너다. 그는 영화 시작 부분에 해당하는 타이틀 시퀀스와 포스터 디자인에 작품성과 미학을 도입해 이후 영화 산업에서 디자인이 확실하게 자리매김하도록 선도했다. 하지만 그가 손을 댄 CI 디자인도 양적으로나 질적으로나 폴 랜드에 뒤지지 않는다. 그의 다재다능한 열정에 오늘날 디자인계가 빚진 바가 실로 크다.

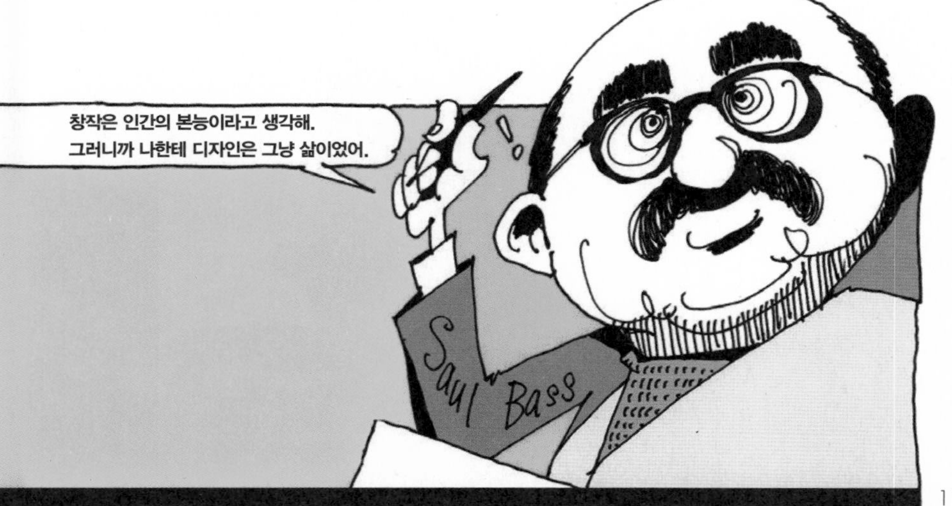

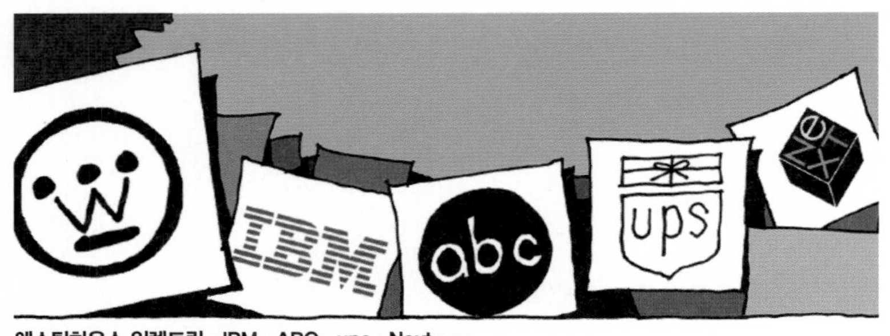

웨스팅하우스 일렉트릭 · IBM · ABC · ups · Next ……

만일 CI 디자이너들의 세계에 유학에서처럼 학문의 종주를 모시는 문묘가 있다면 폴 랜드는 아마 맨 앞줄에 종사되었을 것이다.

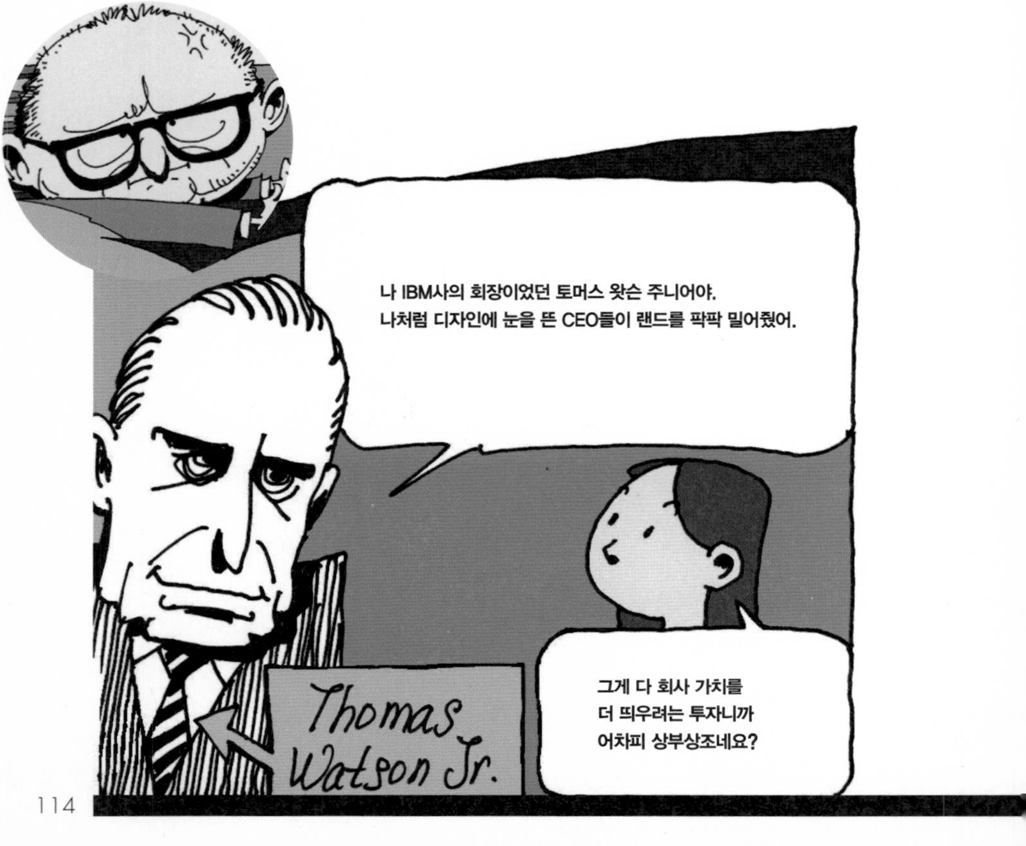

나 IBM사의 회장이었던 토머스 왓슨 주니어야.
나처럼 디자인에 눈을 뜬 CEO들이 랜드를 팍팍 밀어줬어.

Thomas Watson Jr.

그게 다 회사 가치를
더 띄우려는 투자니까
어차피 상부상조네요?

S

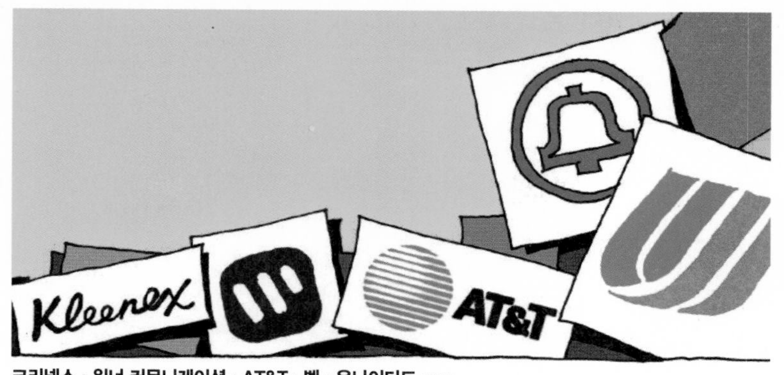

크리넥스 · 워너 커뮤니케이션 · AT&T · 벨 · 유나이티드 ……

폴 랜드와 솔 바스를 비롯한 걸출한 디자이너들이 CI 디자인을 만들어내던 당시의 미국은 제1차 세계대전 후 침체에 빠졌던 유럽과 달리 호황을 누리며 기업들이 승승장구하던 시절이었다. 디자인과 돈의 관계를 한 단어로 정의한다면 '동행'이 아닐까?

나 영화감독 앨프리드 히치콕이야.
솔 바스는 만날 우리 영화감독들이랑 어울리면서 영화 일 많이 했는데 언제 또 저런 CI 디자인도 했을까 몰라?

능력 되고 오지랖 넓은데
돈 되는 일 마다하는 사람 보셨어요?

Alfred Hitchcock

V

브랜드 컨설팅 분야의 선구자

랜도 어소시에이츠

"제품은 공장에서 만들어지지만 브랜드는 마음에서 나온다." 미국에서 활동한 독일 출신 디자이너 월터 랜도가 한 말이다. 1941년 샌프란시스코에 랜도 어소시에이츠를 설립한 월터 랜도는 브랜드 컨설팅 분야에 관심을 갖고 선구적인 역할을 한 디자이너다.

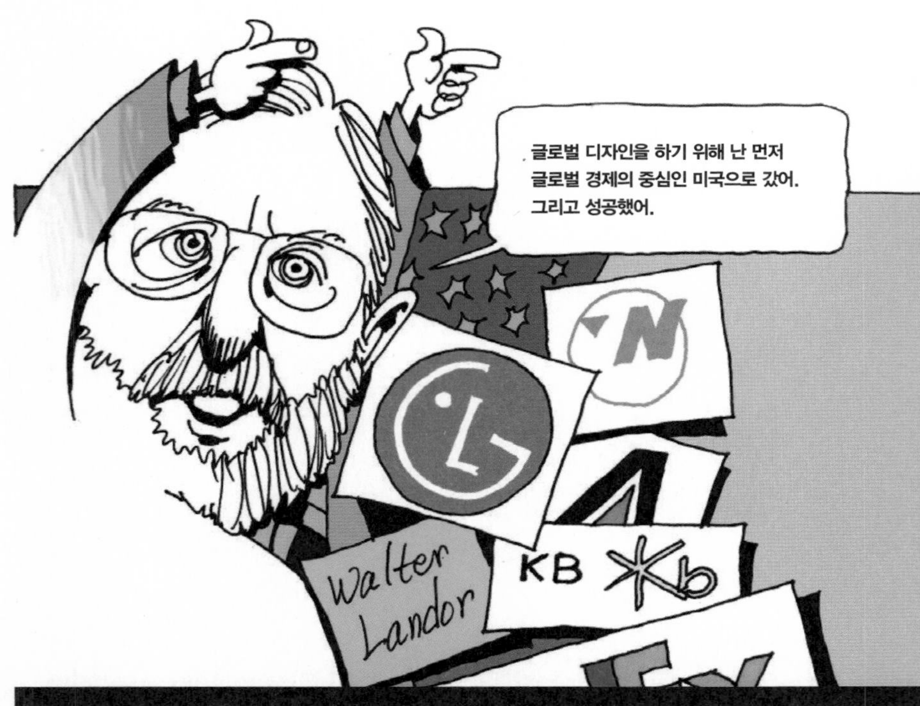

S

최고의 관록과 기술력 그리고 업적

체르마예프 & 가이스마

예일대를 함께 다녔던 아이반 체르마예프와 톰 가이스마가 설립해 공동 운영하고 있는 체르마예프 & 가이스마는 최고의 관록과 기술력, 그리고 업적을 보유한 그래픽디자인 회사다. 우리는 의식하지 않아도 이 회사가 만든 기업 심벌을 적어도 하루에 한 개 이상은 접할 수밖에 없다.

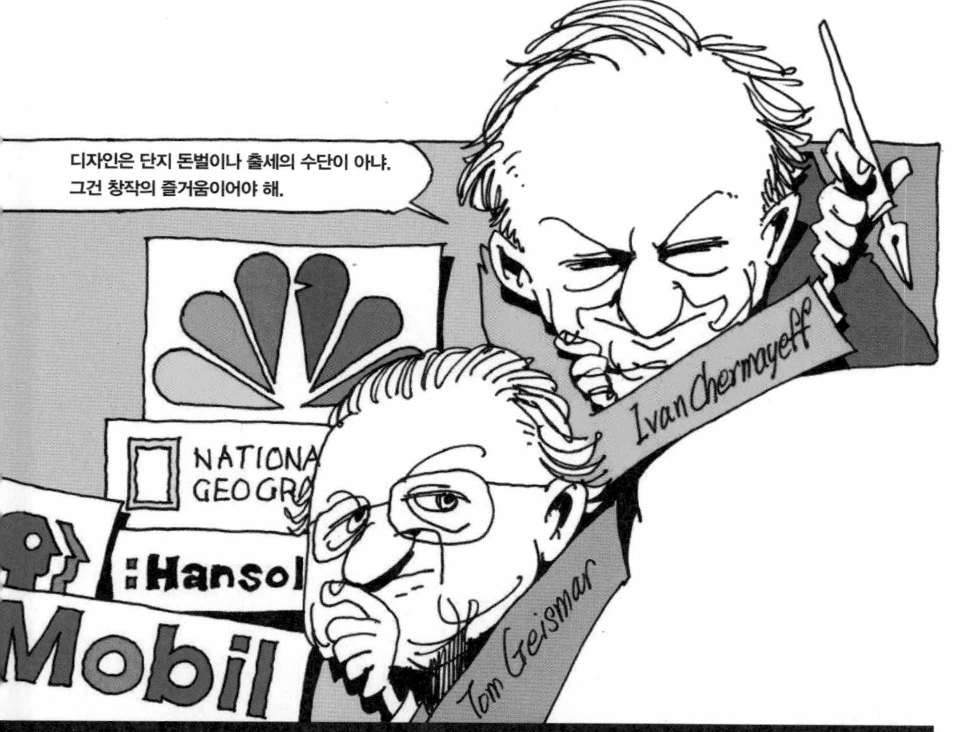

더 넓은 세상에서 더 많은 사람들에게 호감을 얻기 위해 우리는 맨 먼저 얼굴과 옷맵시를 챙긴다. 기업도 마찬가지. 글로벌 기업으로 도약을 꿈꾸는 회사들은 브랜드 이미지를 새로 단장하기 위해 디자인 회사를 찾는다. 랜도 어소시에이츠는 특히 1990년대부터 우리나라 기업들의 브랜드 디자인을 많이 한 회사로도 유명하다.

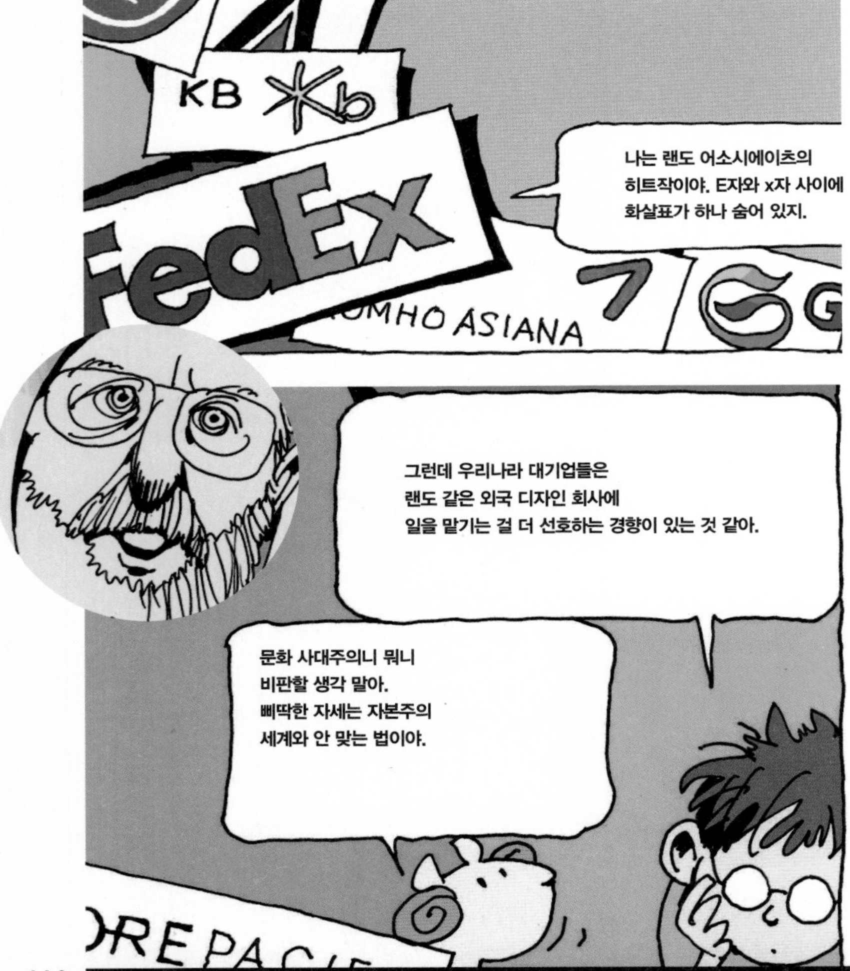

S 기업에게 심벌, 로고 같은 선명한 브랜드 이미지가 꼭 필요한 이유는 글로벌 경제 환경이 그야말로 전쟁터이기 때문이다. 치열했던 전국시대의 전장에서 장수와 가문 들이 자기 진영을 나타내는 문장과 기호를 깃발에 새겼던 것처럼.

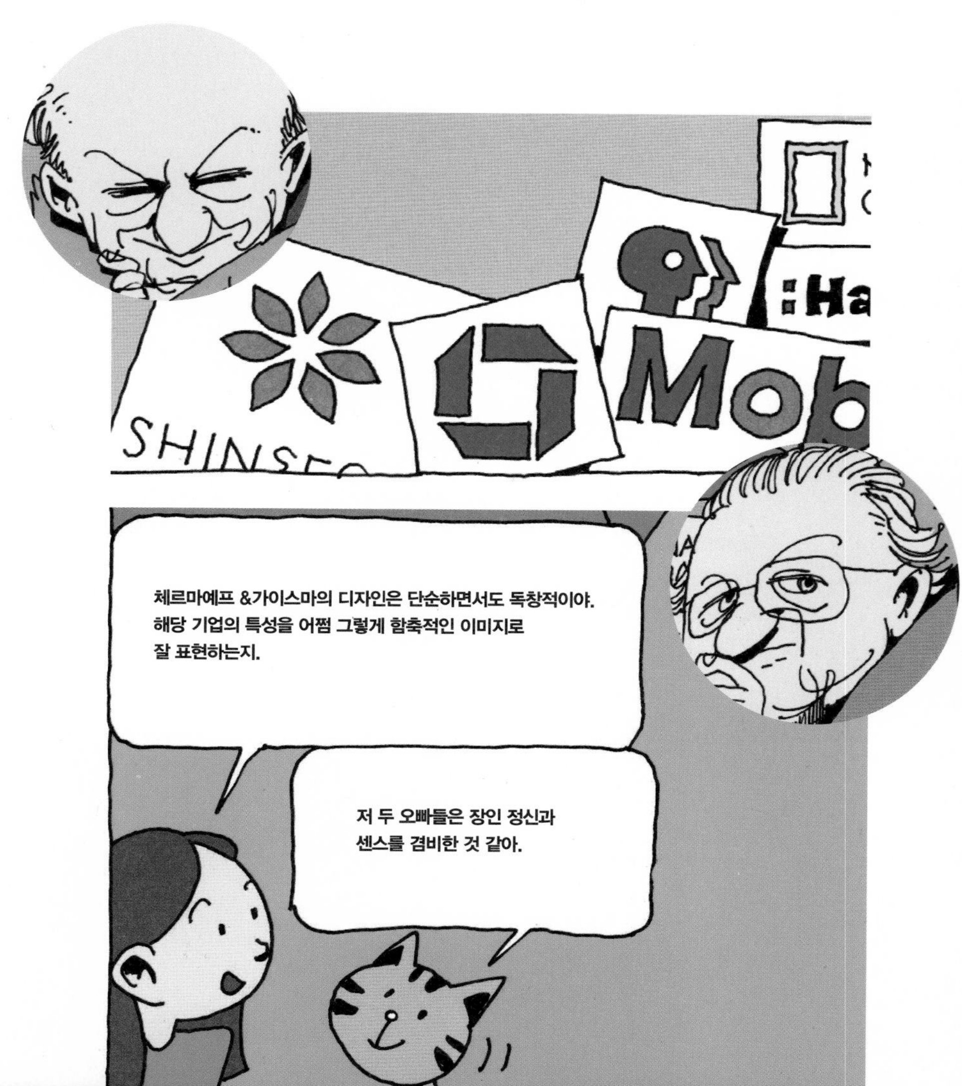

숭고한 정신으로 올림픽을 디자인하다

V

1972 뮌헨 올림픽

디자인을 도입해서 통합된 이미지 체계를 최초로 선보인 올림픽은 1972년 독일 뮌헨에서 열렸다. 포스터에서 픽토그램까지 행사 전반에 걸친 창조적인 성과는 한 명의 위대한 디자이너에게서 나온 것이었다.
운동하는 사람의 동작을 단순하게 표현한 올림픽 픽토그램의 체계를 세운 오틀 아이허는 디자인 역사에 큰 획을 그은 선구자였다.

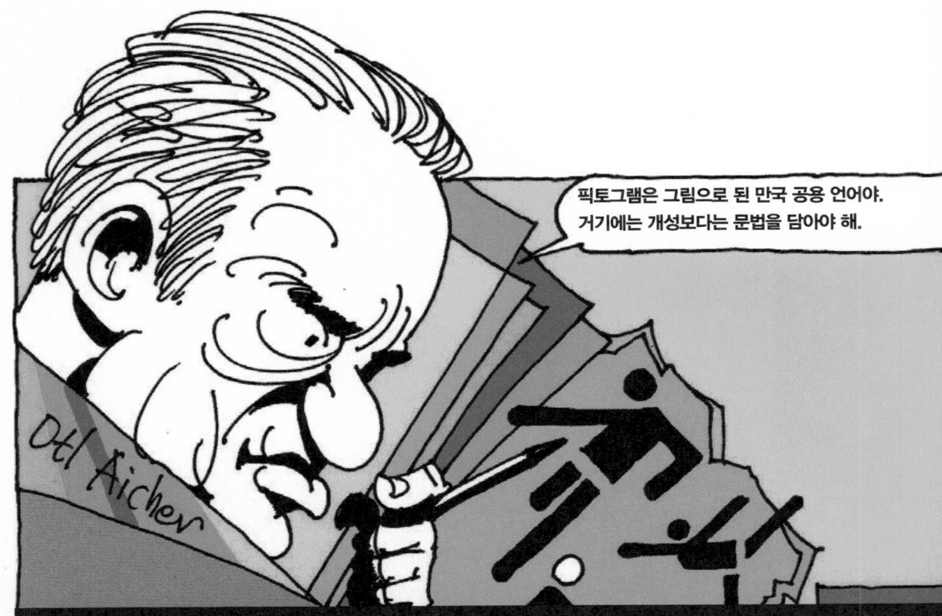

S

기능과 문법은 기울고 예술이 뜨다

21세기 올림픽

오틀 아이허가 마련한 보편언어의 체계는 조금씩 변화를 보이기는 했지만 오래도록 큰 틀을 유지했다. 그러다가 1992년 알베르빌 동계 올림픽과 함께, 같은 해 개최된 바르셀로나 올림픽 때부터 커다란 변화를 맞이했다. 정보 전달과 의사소통 기능보다는 멋과 개성을 앞세워 개최국의 고유 문화와 예술 역량을 과시하는 선전용 픽토그램들이 주종을 이루게 된 것이다.

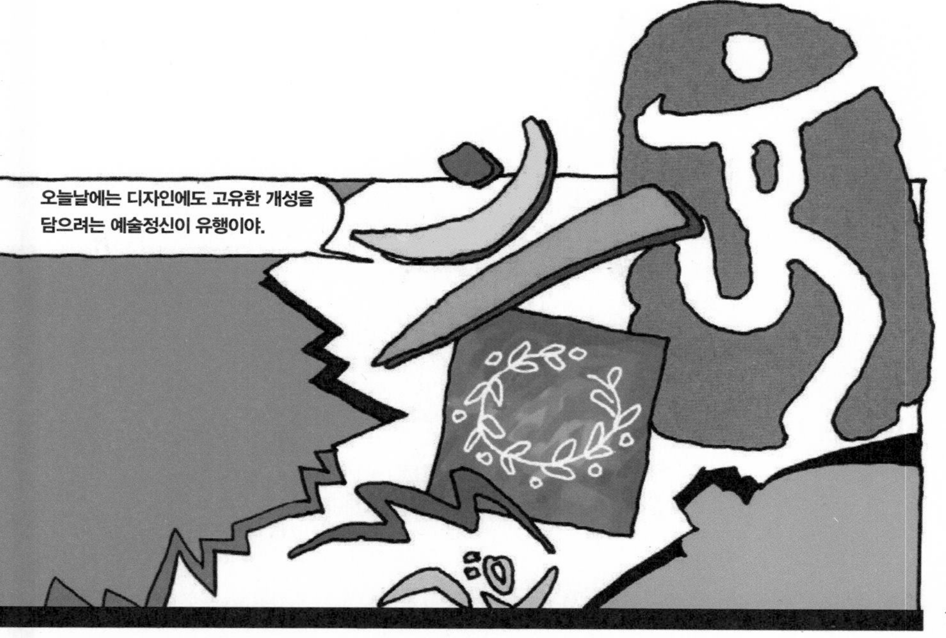

아이허는 인종이나 지역, 계층에 상관없이 모든 사람들이 공감하고 교감할 수 있는 보편적인 이미지를 마련해야 한다는 사명감을 실천에 옮겼다.
그런 의지와 노력으로 일군 뮌헨 올림픽의 디자인 업적은 이후에 열린 올림픽뿐만 아니라 모든 정보 디자인 분야에 모범이 되고 있다.

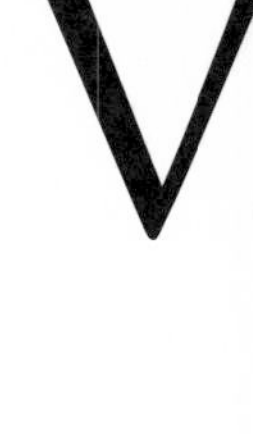

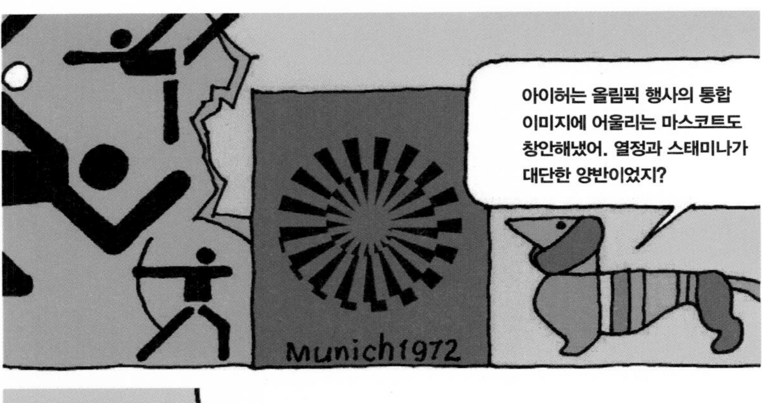

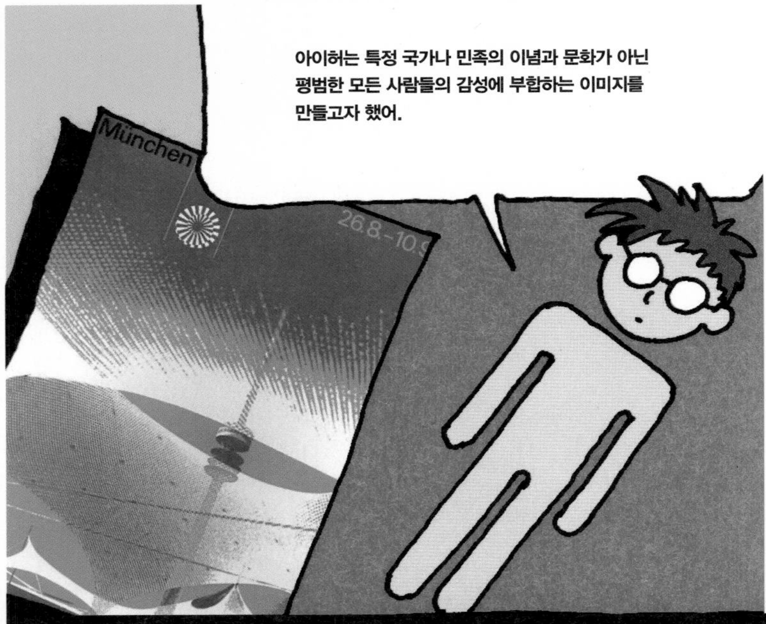

S

갈수록 과감하게 틀을 깨는 형태의 픽토그램들이 등장하지만 그래도 사람들은 여전히 기호에 담긴 의미를 알아챈다. 왜일까? 어쩌면 아이허가 만든 픽토그램이 오랫동안 사람들에게 심어준 학습효과 때문은 아닐까?

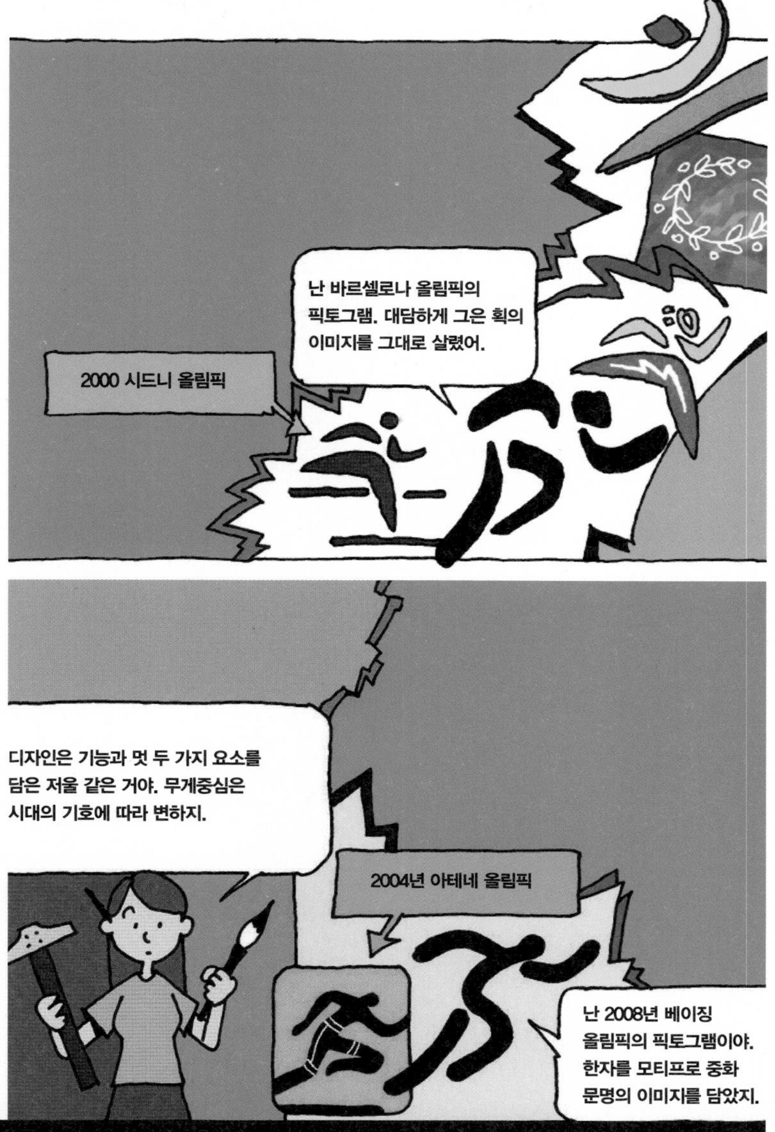

1992 알베르빌 올림픽

디자인계의 악동으로 통하는 프랑스 출신 디자이너 필리프 스탁은 1992년 알베르빌 동계 올림픽을 위한 성화 봉 디자인을 의뢰 받았다. 기발하고 엉뚱한 디자인을 하기로 유명한 그는 범세계적 이벤트인 올림픽의 권위에 전혀 위축되지 않고 이전까지 어느 올림픽에서도 보지 못했던 희한한 모양을 만들어냈다.

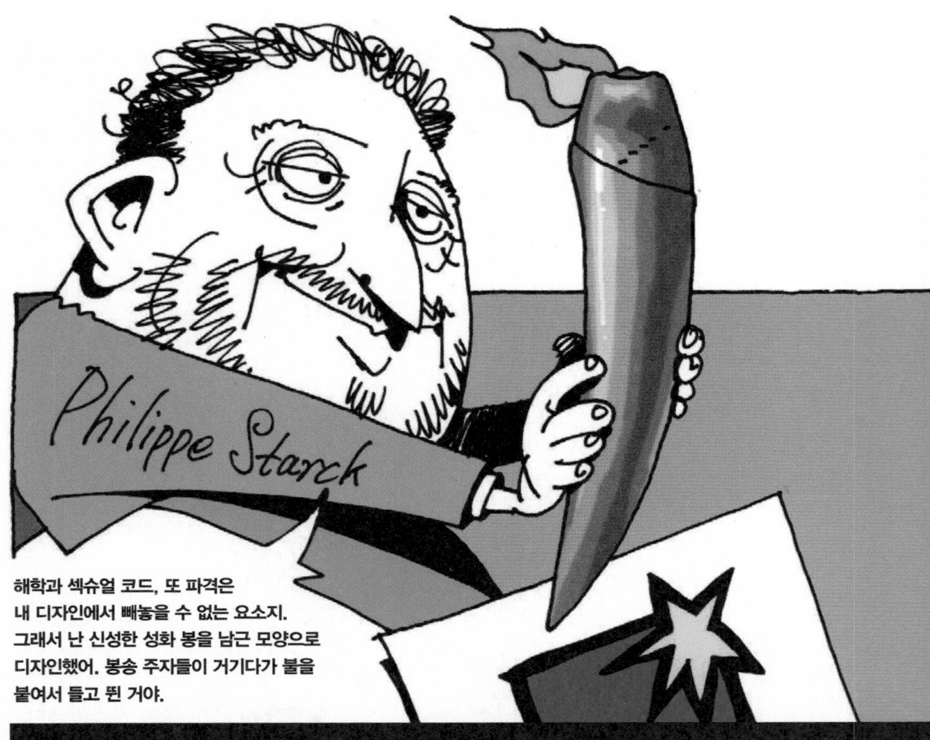

S

올림픽도 명품 디자인처럼

2006 토리노 올림픽

예술과 디자인 하면 프랑스에 못지않다고 자부하는 나라가 이탈리아다. 2006년 토리노 동계 올림픽을 유치한 그들은 알베르빌이 선도해서 훨씬 다양해진 올림픽 디자인의 물결 속에서 좀 더 미래적인 모습을 표현하려고 했고 괄목할 만한 혁신은 없었지만 무난한 성과는 거두었다. 이탈리아 자동차 디자인의 명가 피닌파리나의 자손은 자기네 나라 사람들의 높은 콧대만큼 인상적인 올림픽 성화봉을 만드는 일에 재주를 더했다.

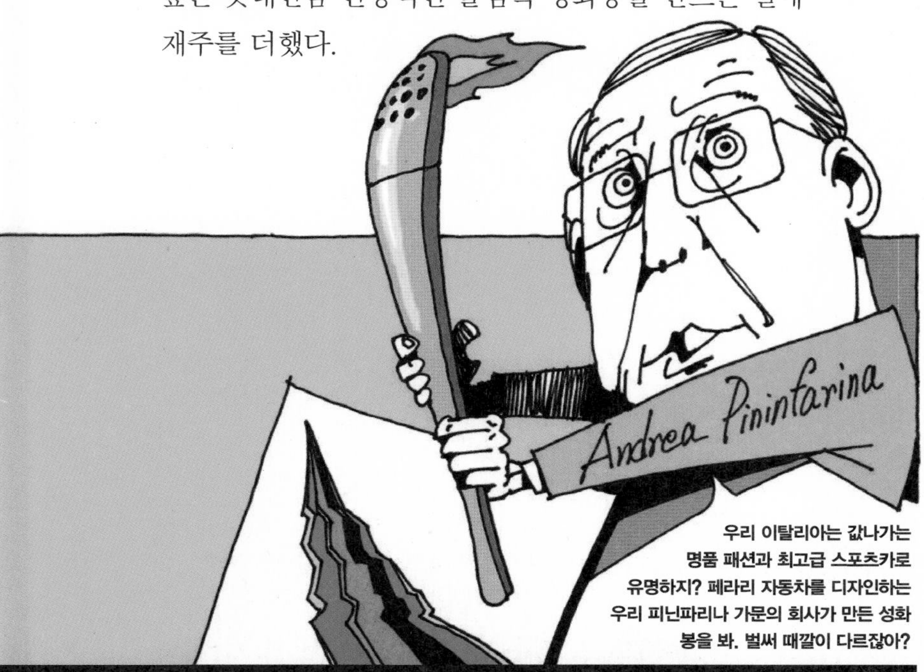

우리 이탈리아는 값나가는 명품 패션과 최고급 스포츠카로 유명하지? 페라리 자동차를 디자인하는 우리 피닌파리나 가문의 회사가 만든 성화봉을 봐. 벌써 때깔이 다르잖아?

알베르빌 동계 올림픽은 성화 봉 외에도 행사를 위한 모든 부분에서 그야말로 시각 혁명을 이룩했다. 일필휘지로 날린 공식 포스터에서 기존 형식의 틀을 깬 픽토그램까지, 프랑스인들이 자기네의 예술적 감성과 실험 정신으로 올림픽을 도배해버리자고 작심을 한 것 같았다.

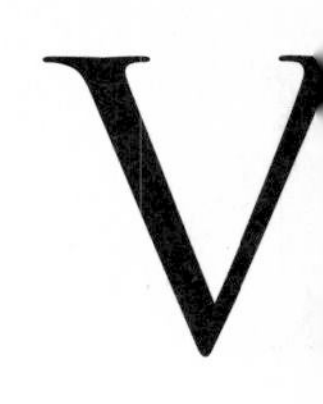

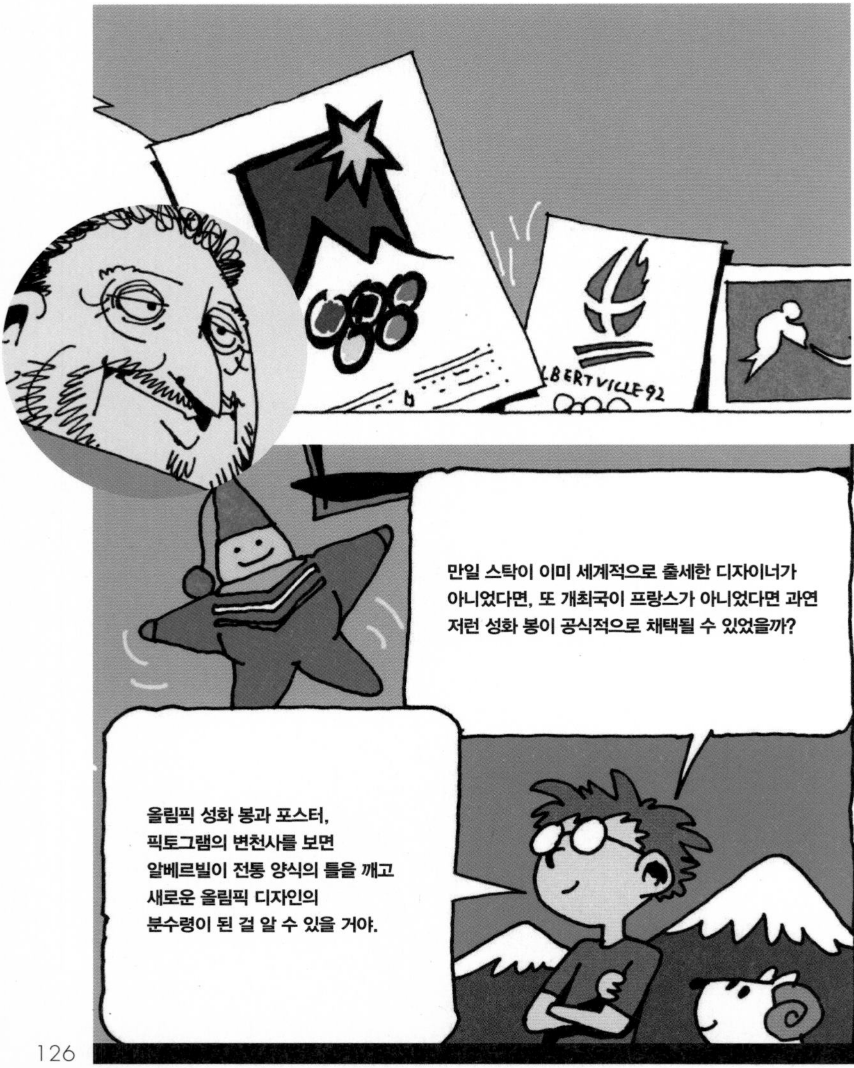

만일 스탁이 이미 세계적으로 출세한 디자이너가 아니었다면, 또 개최국이 프랑스가 아니었다면 과연 저런 성화 봉이 공식적으로 채택될 수 있었을까?

올림픽 성화 봉과 포스터, 픽토그램의 변천사를 보면 알베르빌이 전통 양식의 틀을 깨고 새로운 올림픽 디자인의 분수령이 된 걸 알 수 있을 거야.

S 2018년 평창 유치가 결정이 났으니, 이왕이면 우리가 가진 멋을 이 참에 잘 선보였으면 하는 바람이다. 그러기 위해서는 중책을 맡게 될 분들이 지나치게 경직되거나 과욕을 부리지 않고 편한 마음으로 일을 즐겨야 하지 않을까?
김홍도의 그림에서 느껴지는 활달하고도 친근한 붓 놀림처럼.

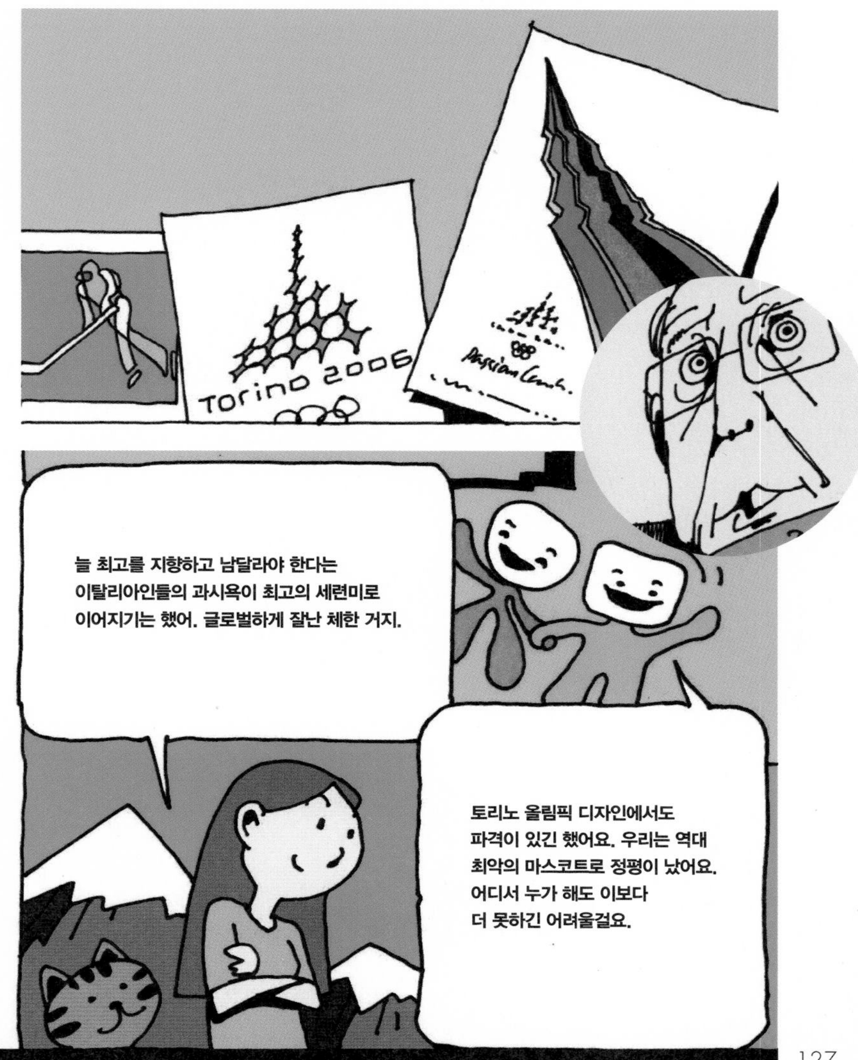

1세대 엘리트 디자이너

조영제

V

'새벽종이 울렸네~' 하는 노랫소리가 온 동네에 울려 퍼지던 1970년대는 우리나라에서 디자인이라는 용어조차 생소했던 시절이었다. 서양과 일본에서는 이미 오래전부터 발달한 분야인 그래픽디자인이란 것을 우리나라 산업에 도입하기 위해 갖은 애를 썼던 1세대 디자이너들은 어떤 일을 했을까? 서울대 교수였던 조영제는 우리나라의 산업화 초기 그래픽디자인 분야에서 개척자 역할을 했다. 그래서인지 그의 경력에는 한국 최초라는 단어가 자주 등장한다.

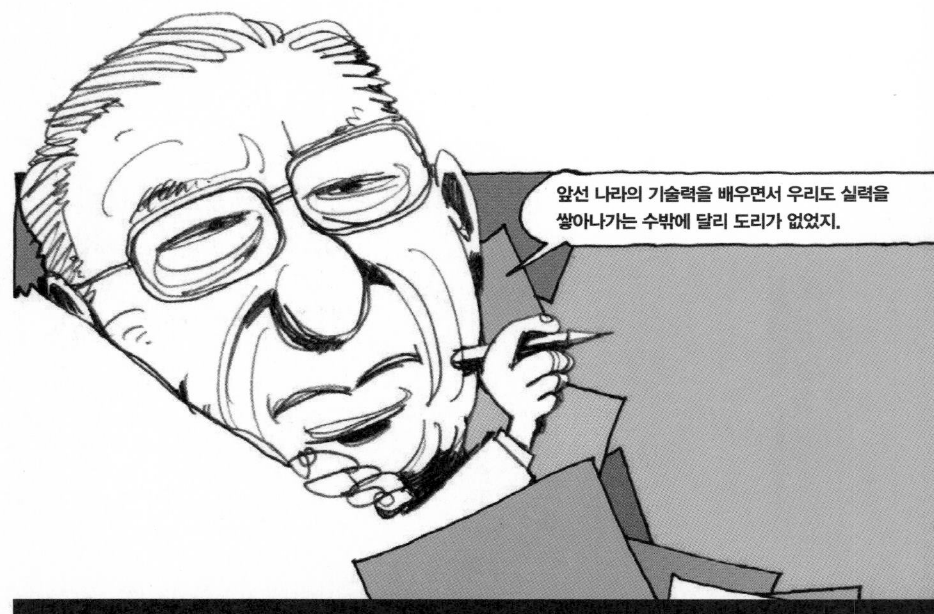

S

한국 디자인계의 장인

권명광

예나 지금이나 잘나가는 디자이너들의 공통점은 일 욕심이 많다는 것. 우리나라 1세대 대표 디자이너이며 기업 이미지 디자인의 초석을 다졌던 권명광 또한 대단한 워커홀릭이었나 보다. 우리나라에서 심벌, 로고 같은 이미지가 등장하던 시절부터 웬만한 기업과 브랜드 디자인은 모두 그의 손을 거쳤으니 말이다. 그러면서 홍익대학교에서 후진을 양성하며 총장까지 역임했고 그동안 한국 디자인 리더들을 배출하는 산실 역할을 했다.

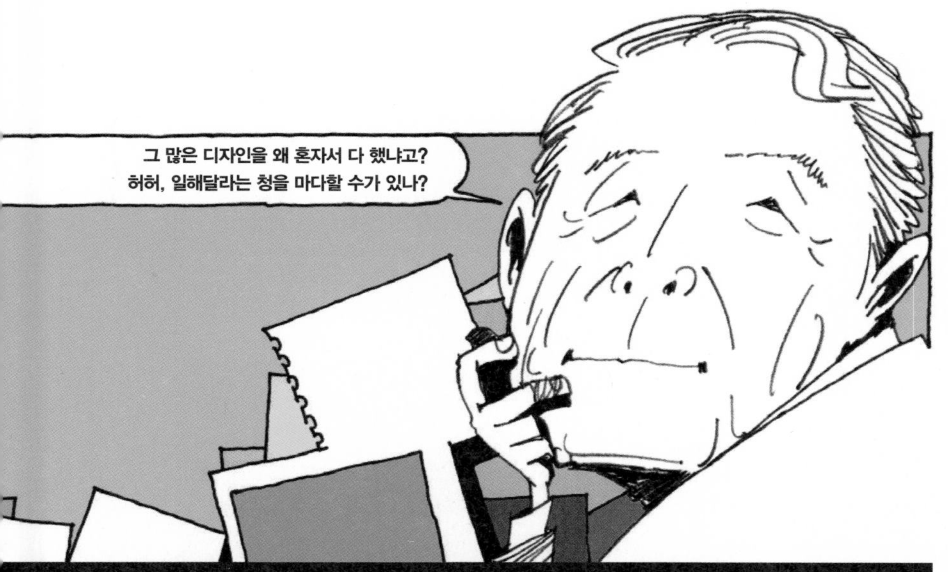

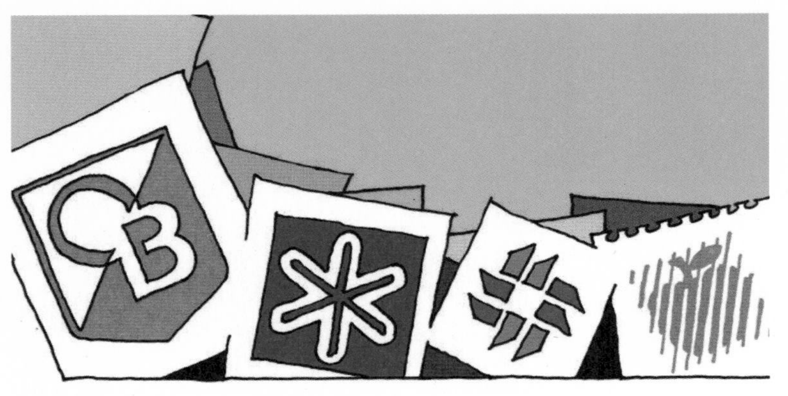

현대적 의미의 기업 이미지 심벌인 OB 맥주 로고가 조영제의 디자인 작업이다. 한국 디자인 역사에서 처음으로 전문가가 만든 기업 로고다. 조영제는 1988년 서울 올림픽에서는 디자인 전문 위원장을 맡아, 글로벌 공공 디자인을 수행한 경험을 한국 디자인계에 발자취로 남겼다.

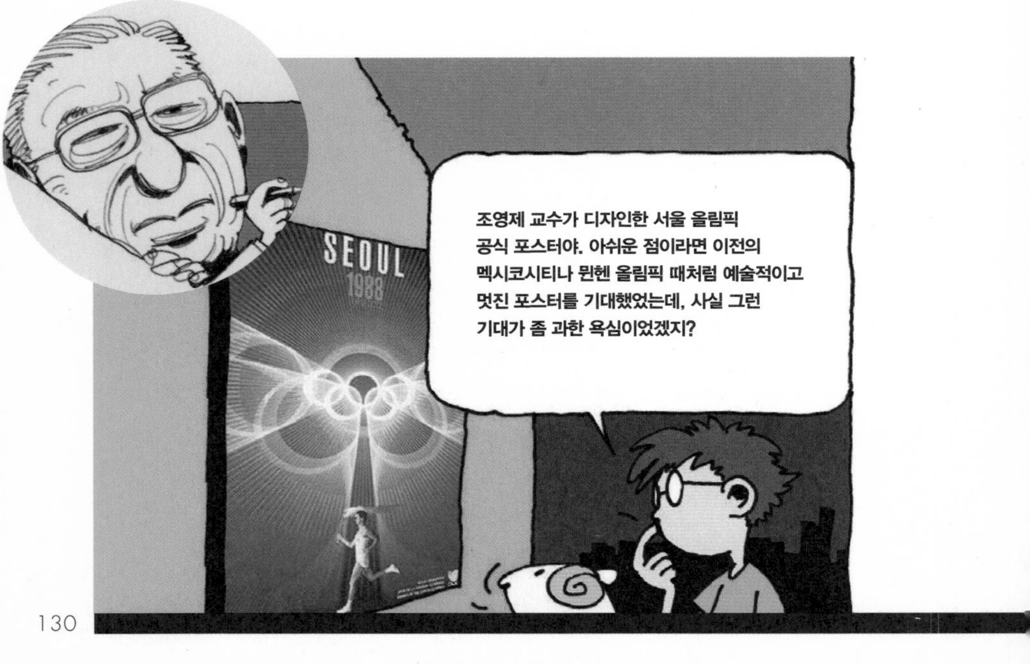

S

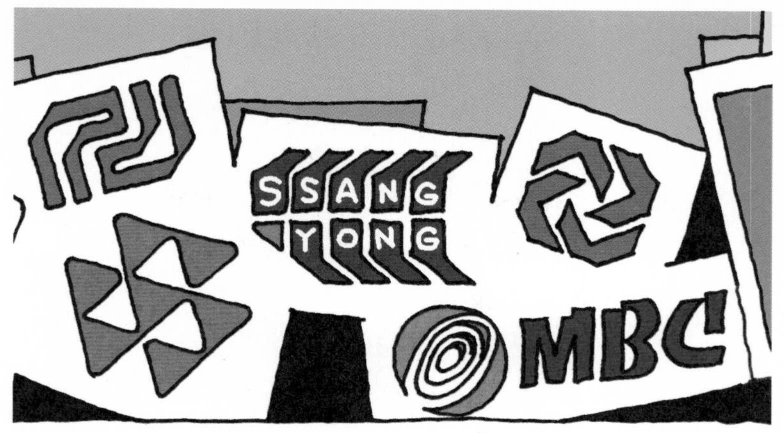

그 무렵의 우리나라 디자인에 대해 미국과 서양, 그리고 일본 디자인의 영향권에 지나치게 머물렀다는 비판적인 지적들도 있긴 하다. 그러나 매사가 그렇듯 학습 과정을 겪지 않고 무에서 하는 창조가 세상 어디에 있겠는가? 이제부터 더 잘하면 되는 거지.

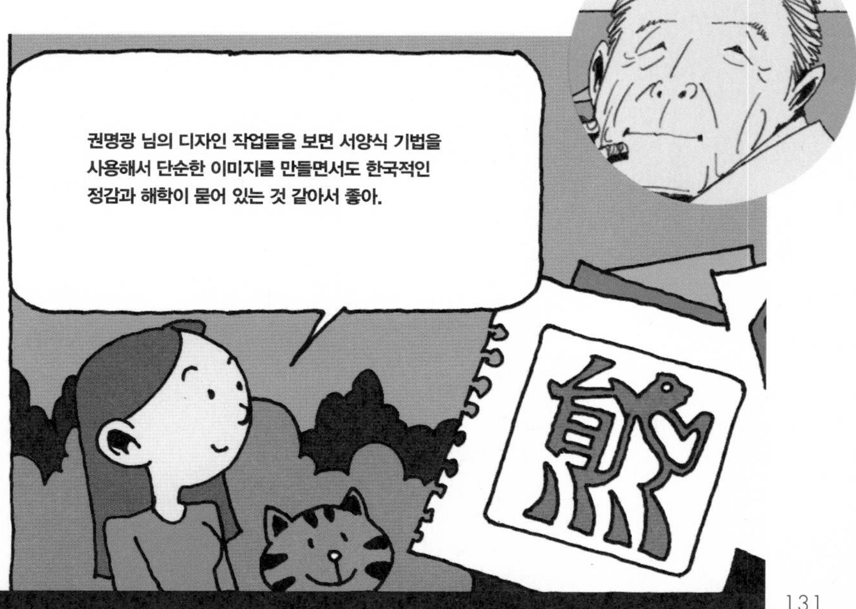

바탕을 다지다

V

최정호

요즘처럼 소셜 네크워크를 통해 의사소통을 하다 보면 새삼 진심 어린 감사의 마음을 표하고 싶은 분이 바로 세종대왕님이다. 그리고 또 고마운 사람들은, 활자 인쇄에서 디지털 기기에 이르기까지 각종 매체에서 한글의 진가가 빛날 수 있도록 사용 환경과 모양을 다듬어준 글꼴 디자이너들이다. 우리나라의 그래픽디자이너와 서체 디자이너라면 현대의 한글 디자인에 가장 크게 기여한 사람이 누구냐는 질문에 입을 모아 한 사람의 이름을 댈 것이다. 최정호. 그는 한글 글씨체의 멋과 기능성이 인쇄 환경에서도 잘 발휘될 수 있도록 다듬는 일에 평생을 바쳤다.

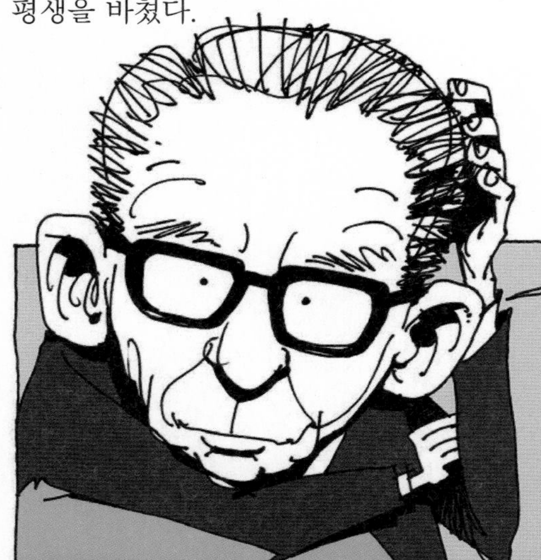

S

혁신을 일구다

안상수

모던 디자인의 이념에 한창 경도되어 있던 1980년대 우리나라 그래픽디자인계에서 가장 빼어난 실험가는 아마도 안상수였을 것이다. 그는 기하학적인 원, 직각으로만 교차하는 직선들이라는 단순한 모듈을 가지고 한글의 창제 원리에 입각해 디지털 시대가 요구하는 새로운 한글 서체를 제안했다. 이전까지 네모 틀 안에 완성된 모양으로 쓰여 있던 한글의 전형적인 모습을 깨트린 그의 스타일 혁신은 가독성이 떨어진다는 단점에도 불구하고 다양한 디자인 영역에서 널리 쓰이게 되었다. 그는 한글의 잠재력을 발굴한 선구자였다.

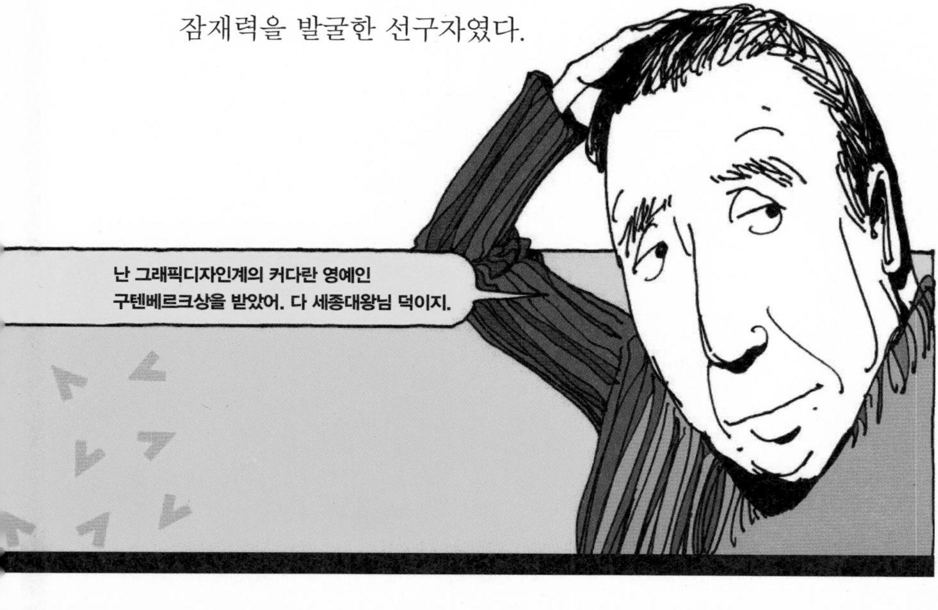

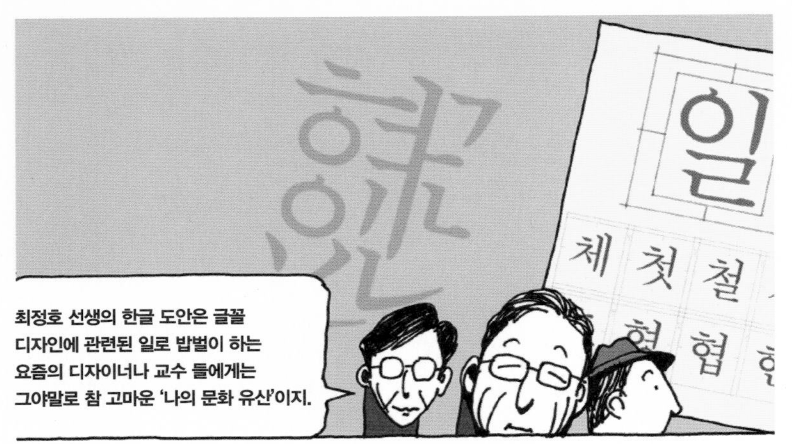

1950년대 활자 인쇄에서 이후 사진식자 인쇄에까지 그가 직접 손으로 그려서 만든 수많은 완성형 한글 도안들은 가지런하고 읽기 편한 본문용 서체의 바탕이 되었다.

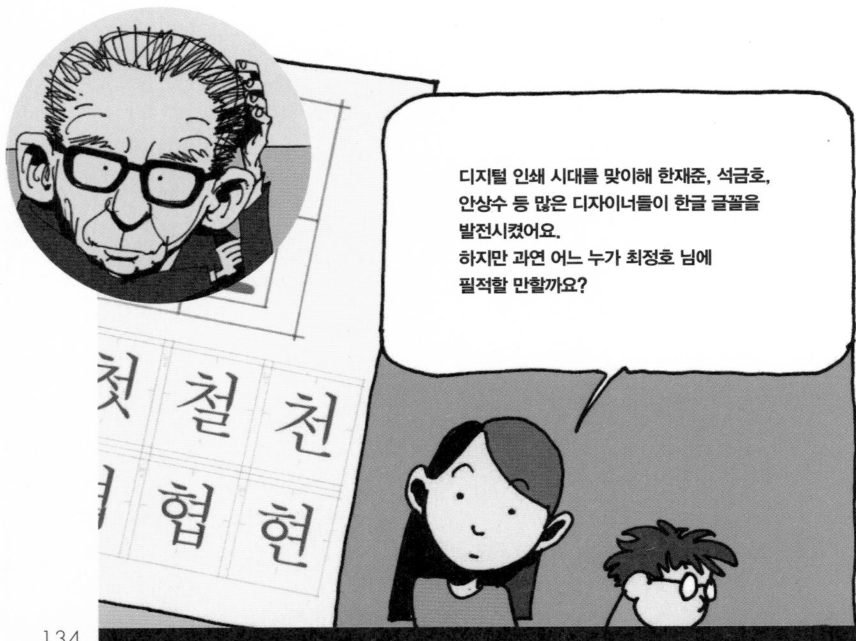

S

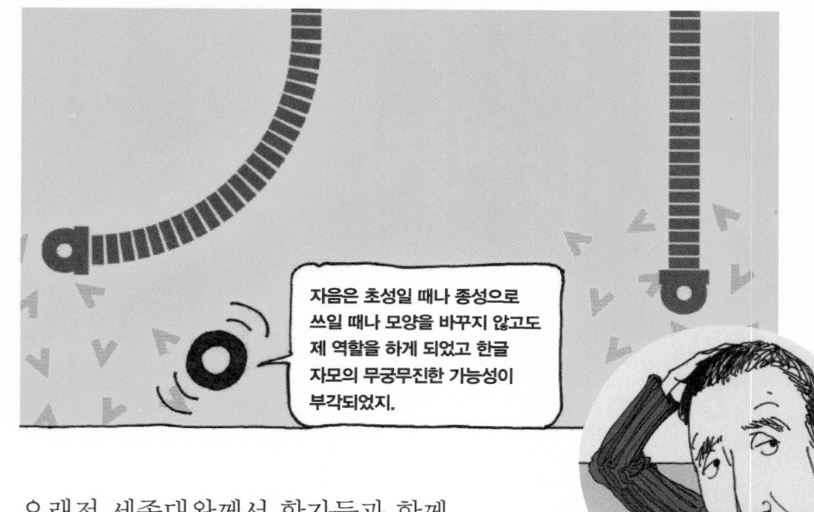

오래전 세종대왕께서 학자들과 함께
민중을 위해 글자를 연구했던 집현전의 열정은
결코 역사 속 과거의 것이 아니다. 그 고마운 글자에
아로새겨진 잠재력과 미학적 가치는 지금도 많은 디자이너들의
연구실과 작업실에서 계속 재발견되고 있다.

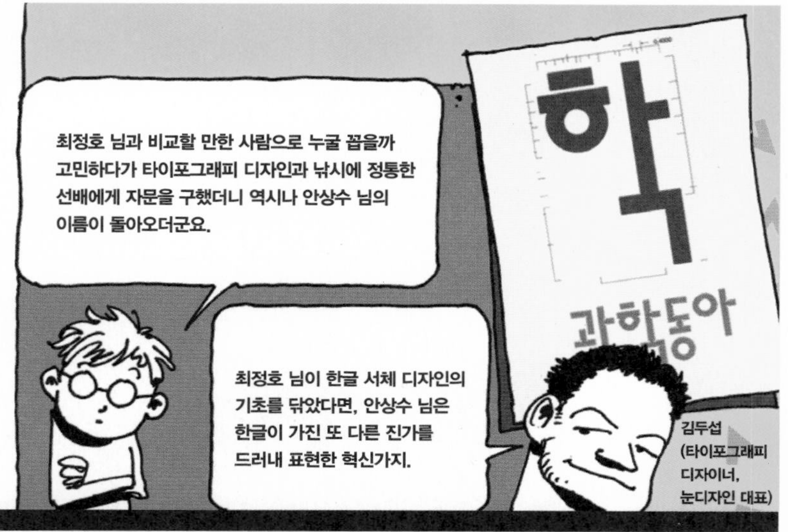

학문으로 한글을 디자인하다

V

한재준

1983년부터 지금까지 우리나라의 타자기 글자판 표준은 자음 한 벌, 모음 한 벌인 두벌식이다. 그러나 한글의 창제 원리를 흠모하는 글꼴 디자이너들은 세벌식 글자판 원리야말로 한글의 기능과 멋을 더욱 살릴 수 있는 희망이라고 생각한다.
우리나라 타이포그래피 디자이너들에게 좋은 선배이자 친절한 스승인 한재준은 대학 시절부터 한글의 모양과 기능에 대한 깊은 사색과 고민을 한 끝에 1989년 매우 의미 있는 한 가지 글꼴이 결실을 맺었다. 바로 공한체다.

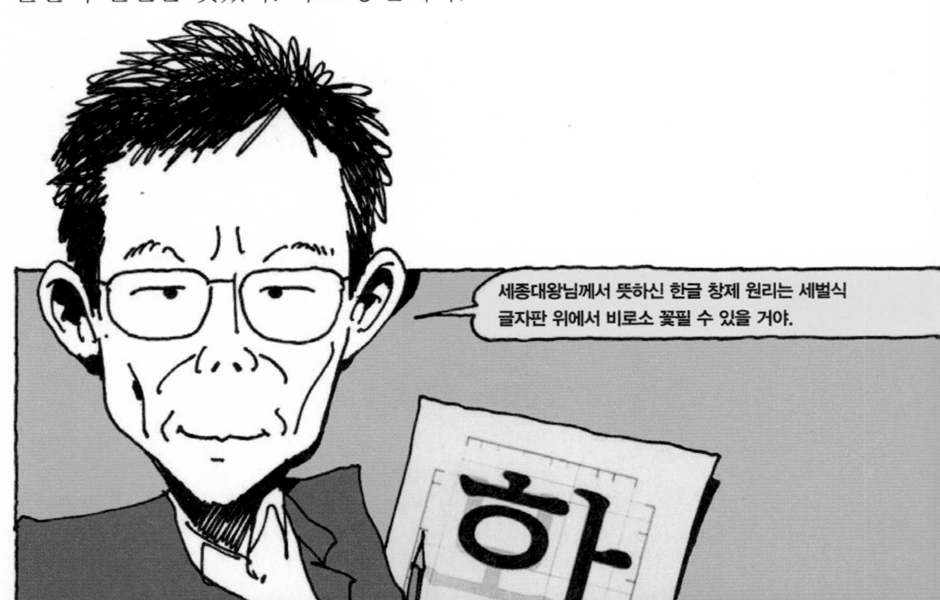

S

글꼴 디자인으로 사업을 벌이다

석금호

엄청난 연구와 노력을 해야 하는 것이 한글 글꼴 디자인인데다가 지적 재산권에 대한 인식이 우리 사회에서 자리를 잡은 것도 최근의 일이다 보니, 1980년대에 누가 과연 글꼴을 만들어서 파는 사업을 하려고 마음먹을 수 있었을까? 총대를 멘 사람은 1984년에 산돌 커뮤니케이션이라는 회사를 차린 석금호였다. 우리가 오늘날 편리하게 다양한 모양의 한글을 쓸 수 있는 것은 글꼴 개발 사업을 향한 그의 열정과 집념 덕분이기도 하다.

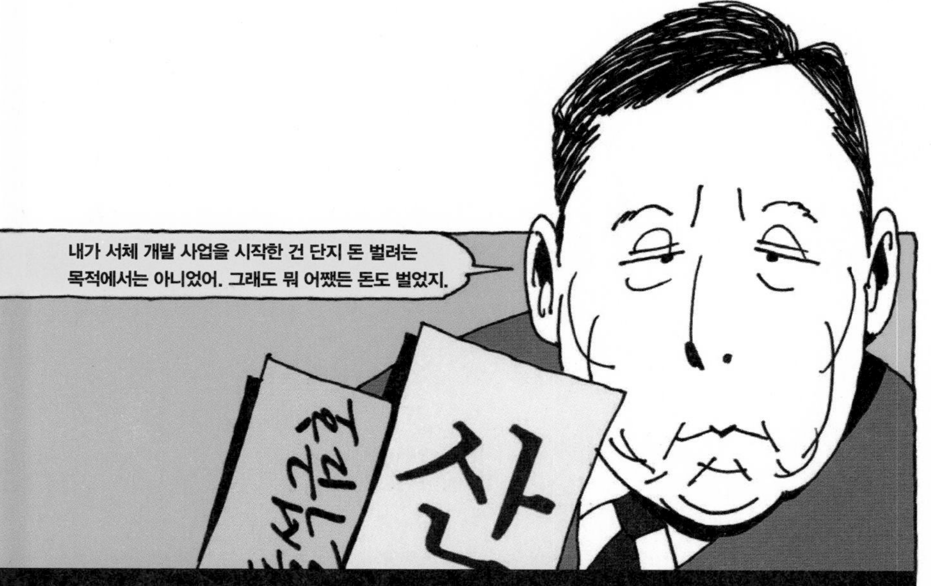

이 아름다운 한글 서체는 앞서 소개한 바 있는 안상수의 혁신적인 글꼴과 마찬가지로 자음, 모음, 받침의 세 가지 요소를 모아서 한 음절을 만드는 한글의 조형 원리를 충실히 담았다.

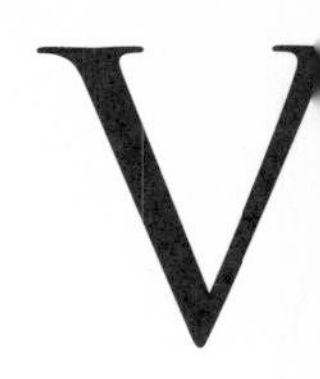

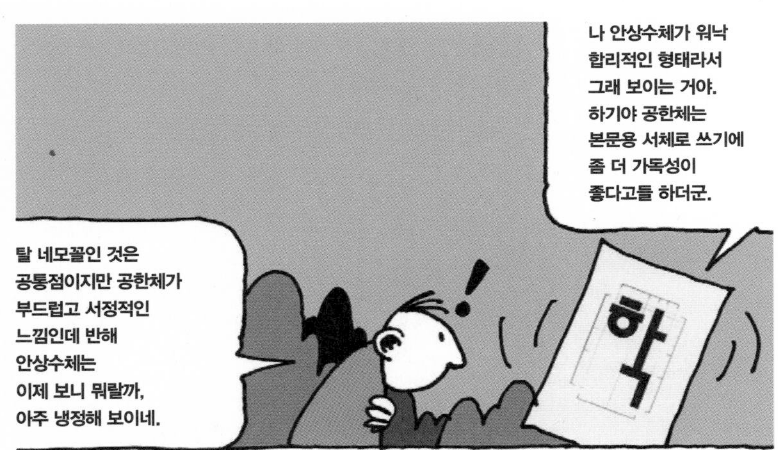

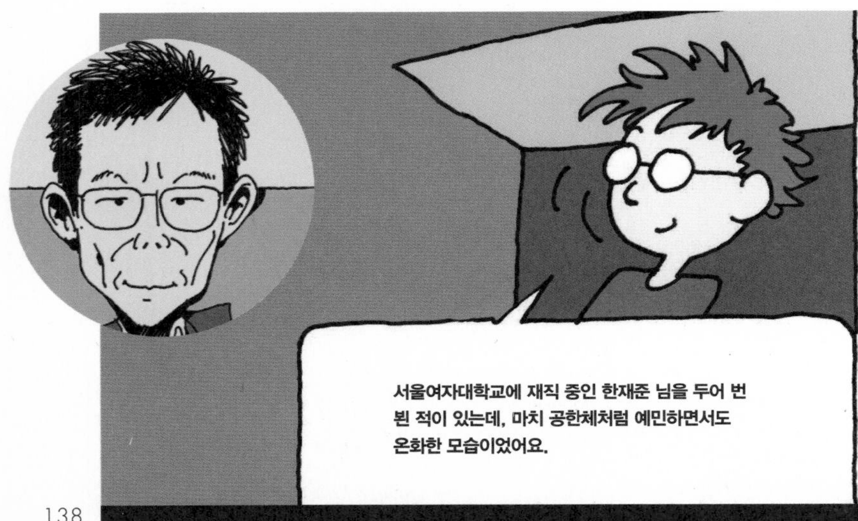

S

알파벳 대소문자 52개만 만들면 되는 영문 서체 개발과 달리 한글 서체를 개발하려면 2,000개가 넘는 글꼴을 만들어야 한다. 그런 까다롭고 힘든 과정을 겪으면서도 더 나은 한글 글꼴을 만들려고 애쓰는 디자이너들은 좋은 사람들임이 분명하다.

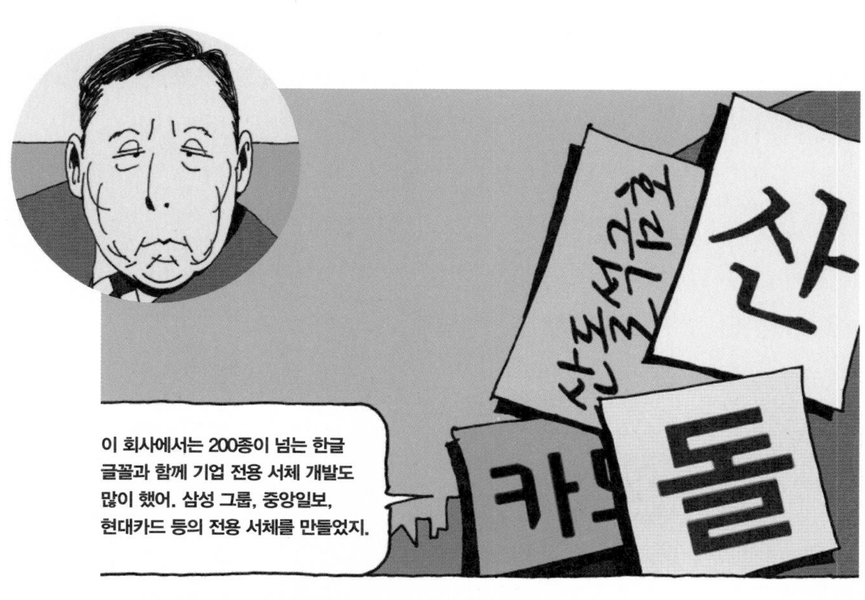

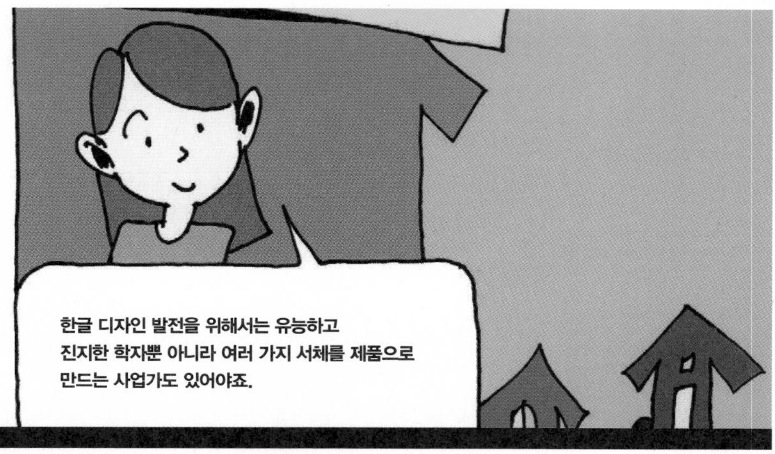

붓으로 그린 글자

강병인

V

마음과 정성을 담아 손으로 글자를 쓰는 것을 서예라고 하는데, 서양에서는 오래전 필사본을 만들던 시절부터 그런 손글씨를 캘리그래피라고 불러왔다. 우리나라에서도 최근 붓글씨의 멋을 상업 디자인에 활용하는 경우가 많아졌다. 이른바 붓을 든 캘리그래퍼.

강병인은 긴 세월 동안 붓과 먹을 가지고 빼어난 글씨를 쓰기 위해 무척이나 애를 써온 글자 그리는 사람, 캘리그래퍼다. 그는 특히 한글이 붓으로 그린 캘리그래피를 통해 얼마나 아름다운 조형미를 보여줄 수 있는지를 증명해가고 있다.

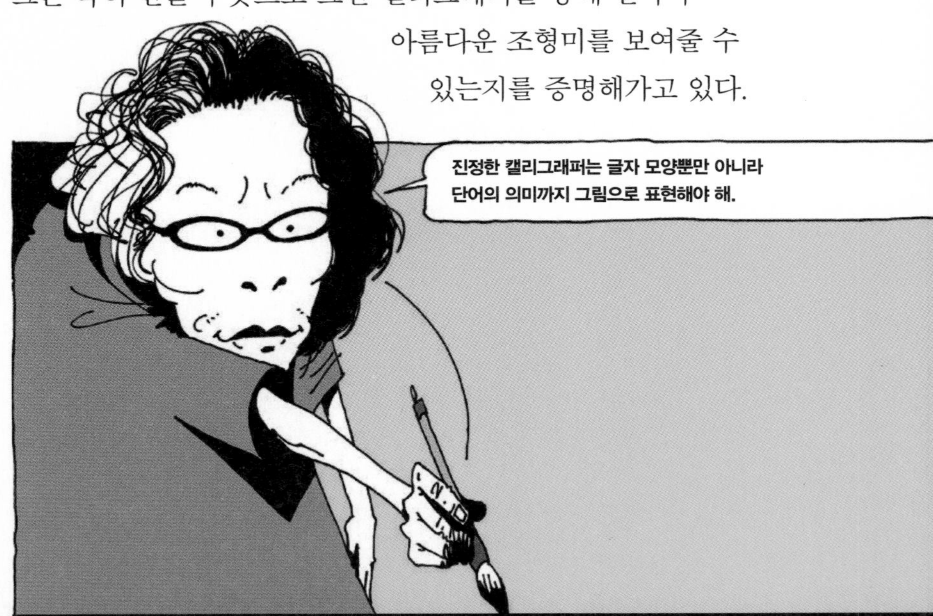

S

가슴에 새긴 글자

정병례

고암 정병례는 도장 파는 일에 뛰어난 재주를 가져 그 일을 업으로 삼다가 전각의 세계에 눈을 뜨고 글자와 그림, 추상적인 이미지 등 눈으로 보고 마음으로 겪는 모든 것들을 혼신을 다해 새겨넣었다. 그의 칼이 지나간 자리에서 기운생동 하며 살아나는 글씨를 보면 전각 서예를 넘어 인간과 노동, 그리고 세월의 호방함을 음미하게 된다.

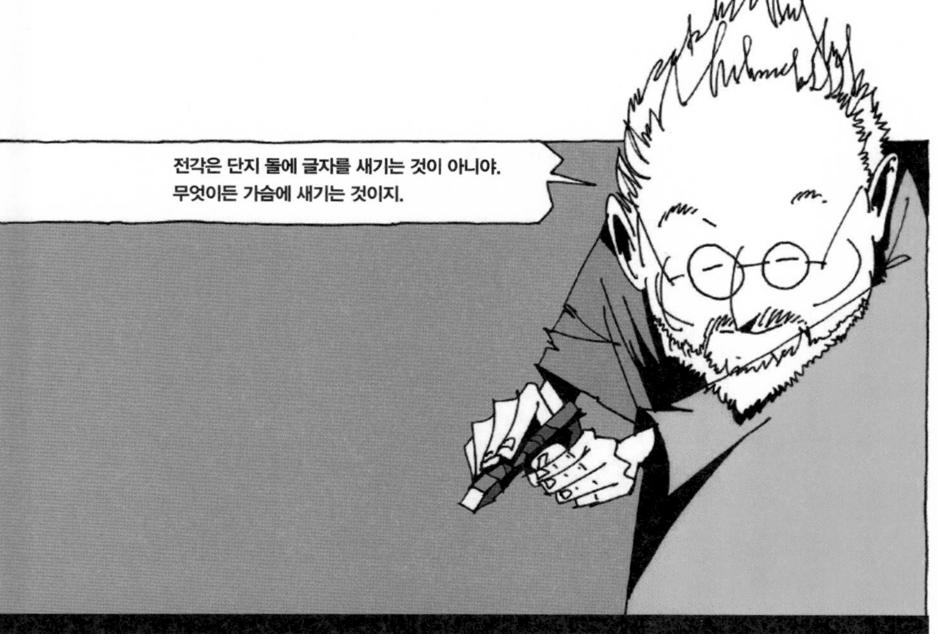

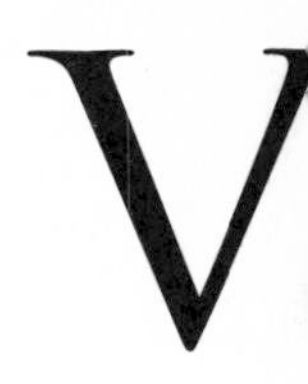

한글은 표음문자라서 낱글자에는 뜻이 없다고 여길지 모르나, 서예가는 하늘과 자연과 인간의 의미를 담아 창제된 한글의 내면을 그냥 지나쳐 보지 않는다. 요즘 들어 강병인의 정성스레 가꾼 손글씨는 수많은 인쇄 광고와 매체 등에서 만날 수 있다.

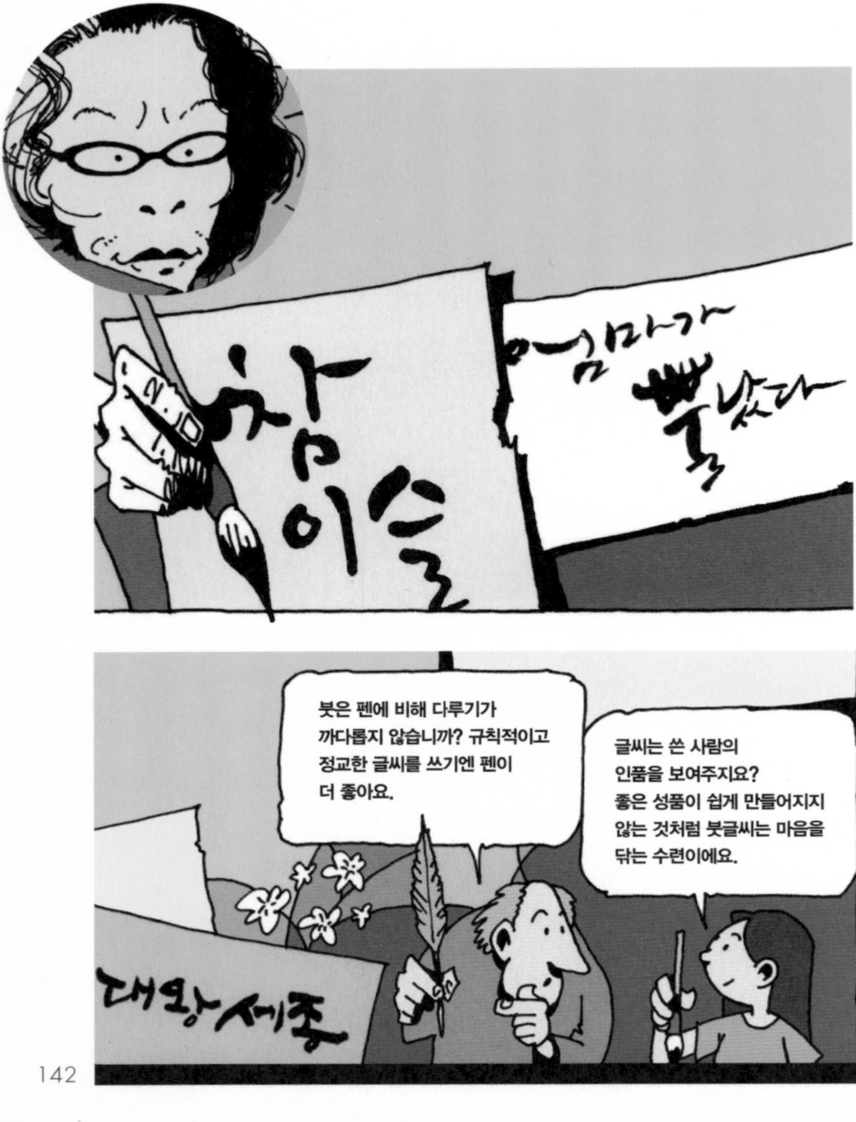

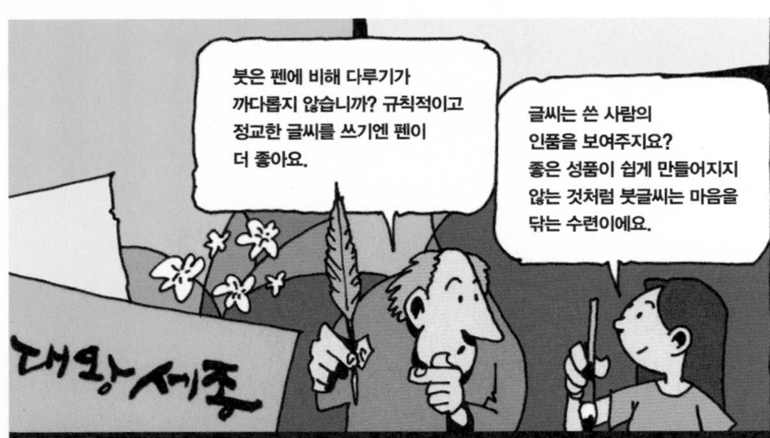

S

돌에 숨어 있던 오랜 세월의 의미가 새겨지는 글자와 함께 세상에 모습을 드러내는 정병례의 전각은 그야말로 장엄한 예술혼을 느낄 수 있는 것이기에 어느 하나도 가벼이 느껴지지 않는다. 이처럼 특별한 예술가들의 손을 통해 한글은 더욱 멋을 발하리라.

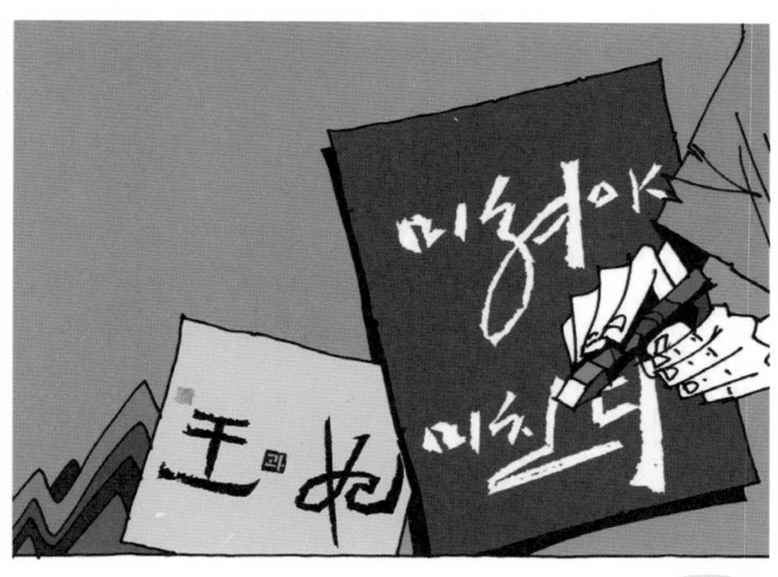

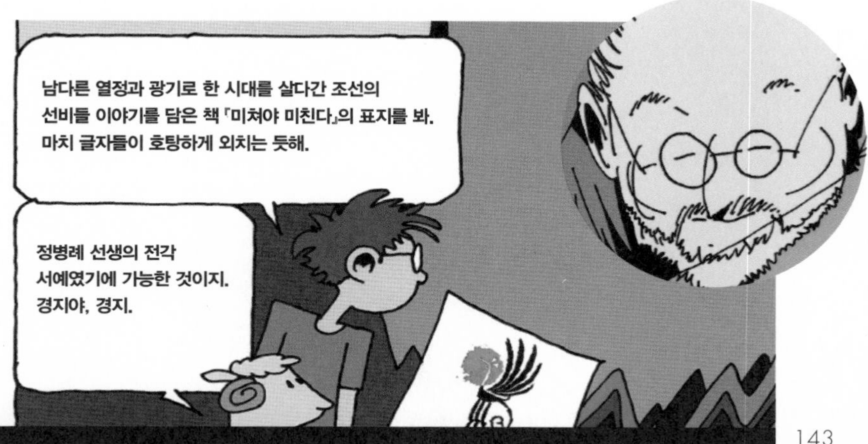

예술이 된 만화

로이 릭턴스타인

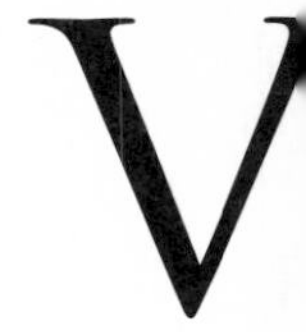

팝아티스트들은 자신들의 작품을 위해 조금이라도 더 평범하고 더 하잘 것 없는 사물과 이미지를 찾아 헤맸던 것 같다.
앤디 워홀은 수프 깡통을, 올덴버그는 공구들을 찾아냈지만 릭턴스타인의 선택이 가장 탁월하지 않았을까? 바로 만화책이다.
미국 팝아트의 거장 로이 릭턴스타인이 만화책의 장면을 예술의 소재로 삼은 것을 두고 하찮은 이미지조차 예술가의 식견과 손을 거쳐 위대한 예술로 변모했다고 평하곤 한다.

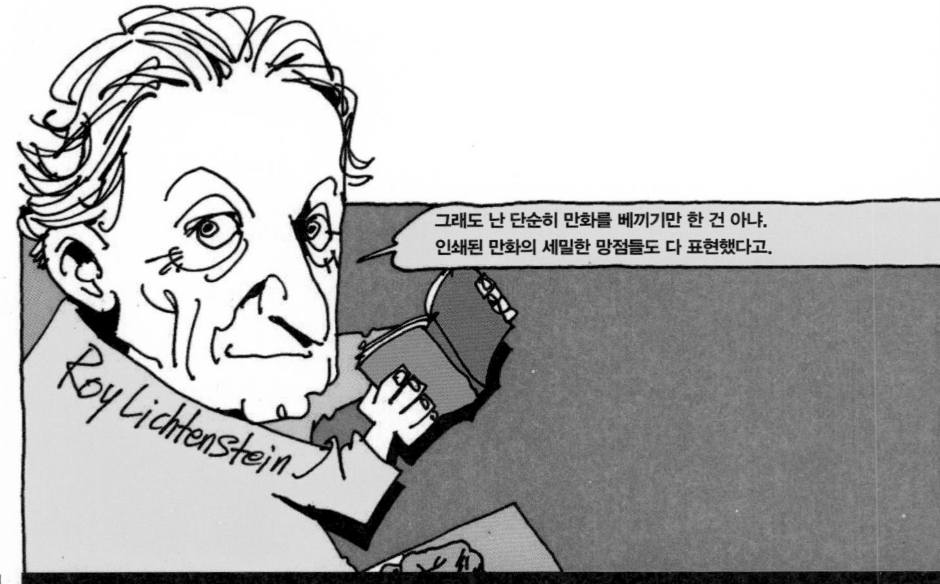

S

예술보다 더 예술적인 만화

에드몽 보두앵

만화를 제9의 예술로 분류하기도 한다. 그런데 모든 만화가 다 예술적이고 독창적인 면모를 갖춘 것은 아니다. 그림으로 보나 내용의 깊이로 보나 거리낌 없이 예술이라고 평할 만한 만화가 어떤 것인지 알려면, 마치 수묵화를 그리듯 유려한 필력으로 그림을 그리는 프랑스의 만화가 에드몽 보두앵의 만화책을 보면 된다.

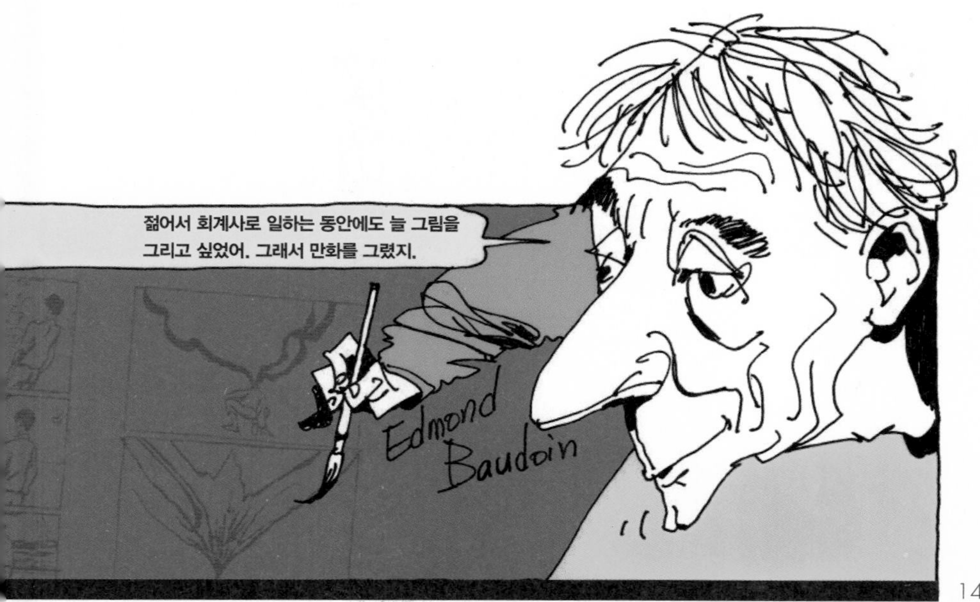

릭턴스타인의 작품에 대한 세간의 평가는 팝아트에 대한 설명으로는 적합하지만 만화 입장에서는 좀 부당한 듯하다. 만화는 원래 시각적으로 대비가 강한 선과 여백 등 조형적인 요소들을 많이 담고 있다. 어쩌면 릭턴스타인이 만화에 내재한 예술성의 덕을 본 것이 아닐까?

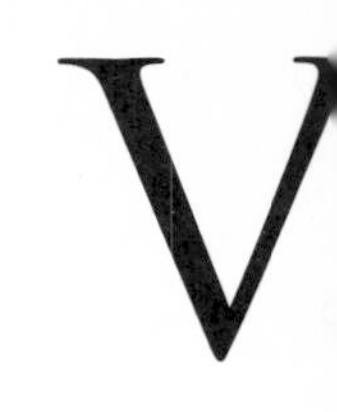

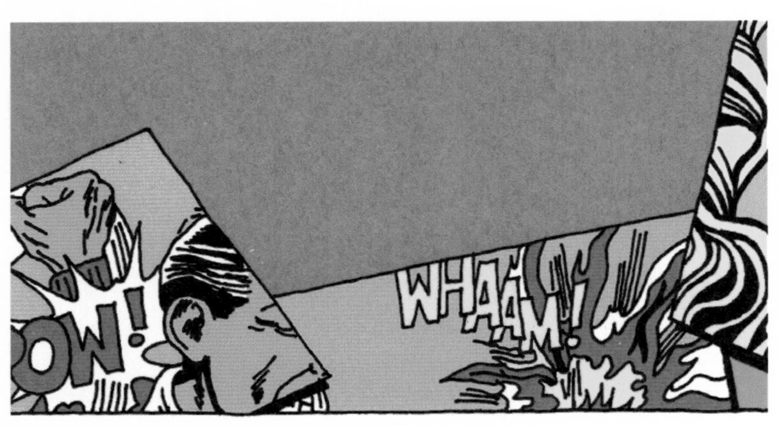

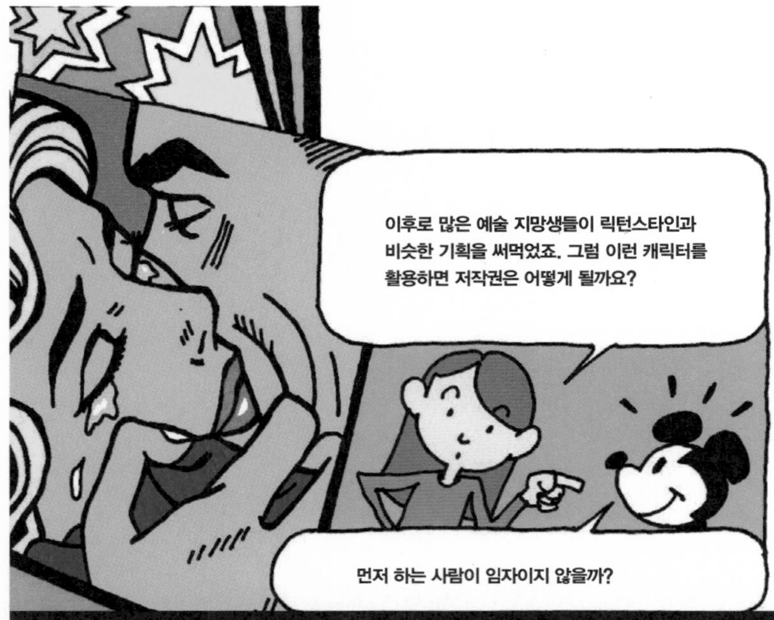

S 그림을 그려본 사람들은 알겠지만 붓을 가지고 그림의 윤곽선을 단번에 그리려면 대단한 용기와 관록이 있어야 한다. 그런 점에서 보두앵은 단지 서양인의 이색적인 붓질 정도를 넘어서는 자신만의 필력을 가진 만화가다.

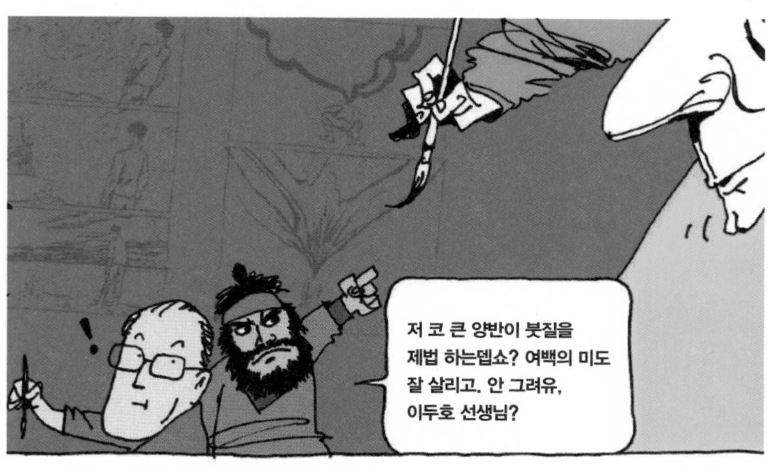

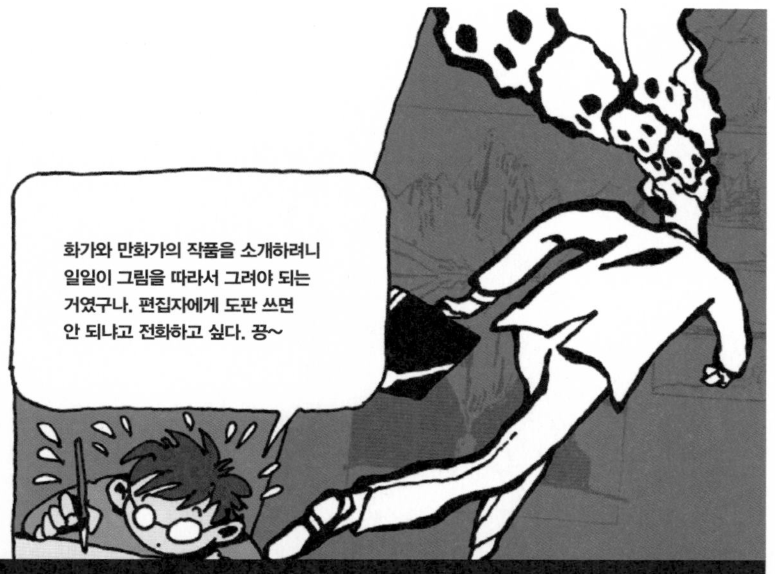

낯선 크기가 예술이다

V

클래스 올덴버그

집에서 쓰는 옷핀, 빨래집게, 망치 같은 일상적인 물건들이 어느 날 집채만 한 크기로 변한다면 어떨까? 달라진 크기로 인해 그 물건은 더 이상 제 구실을 못할 것이다.
하지만 그 기괴한 오브제는 그때부터 예술이 되어버린다.

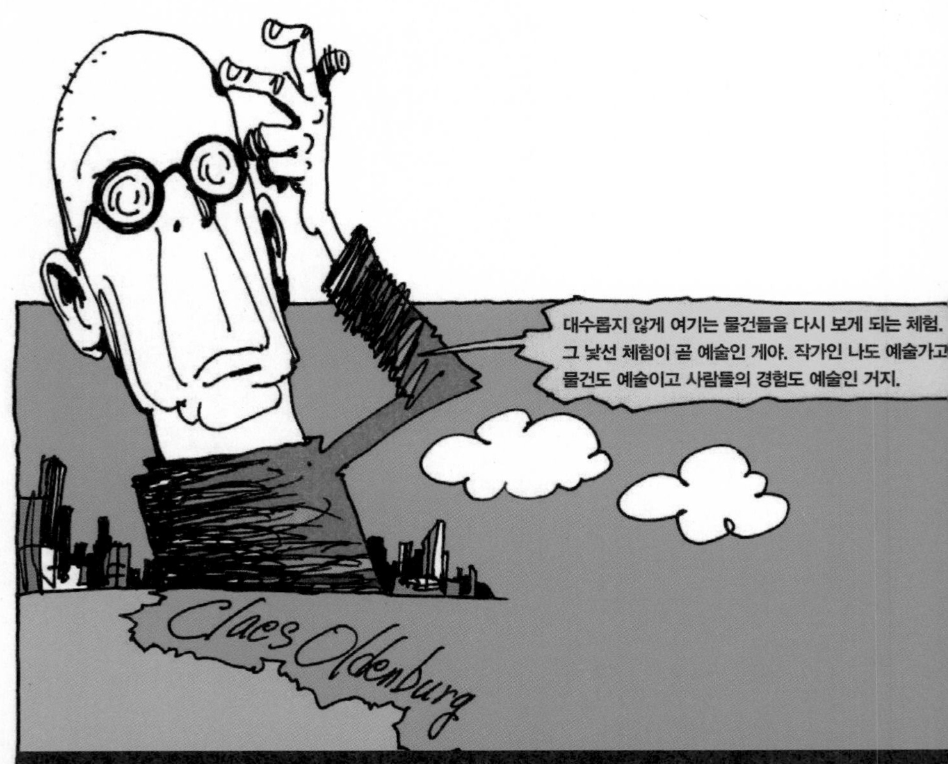

S

반짝이는 것은 비싸다

제프 쿤스

현대미술가 제프 쿤스가 주목한 것은 선물 포장이나 풍선 같은, 흔하지만 특별한 물건의 질감과 형태다. 쿤스는 보기만 해도 기분이 좋아지는 물건들의 유쾌한 느낌을 더 강화시킴으로써 소비문화와 현대 도시에 딱 어울리는 신제품을 만드는 데 성공했다.

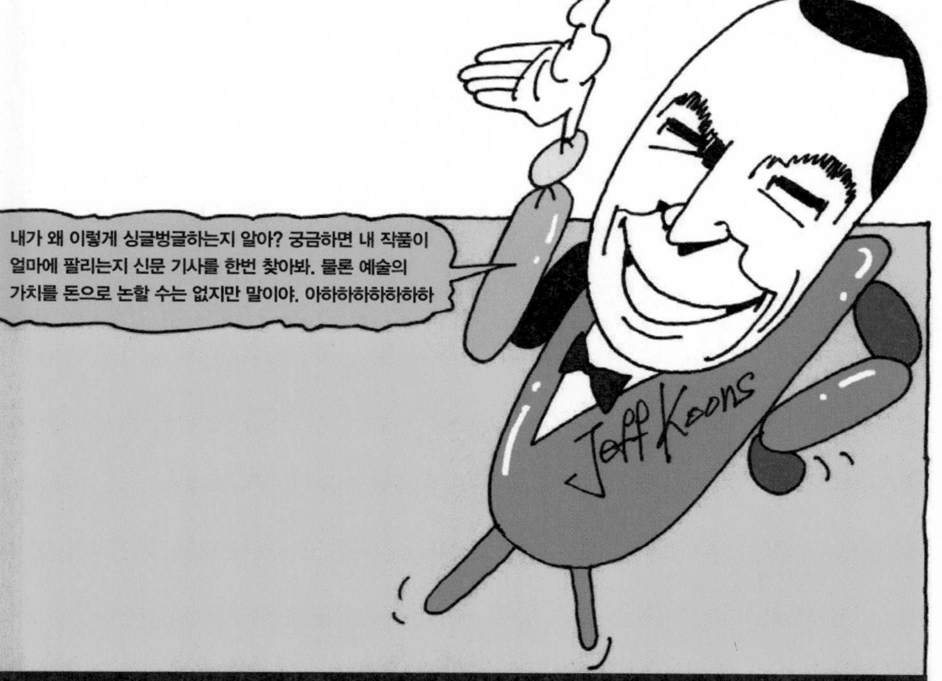

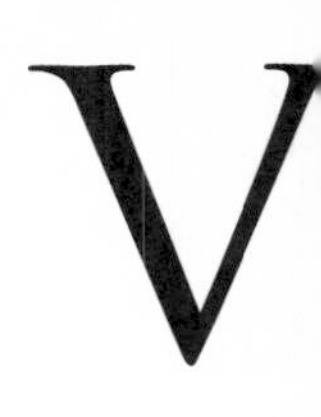

셔틀콕이 잔디밭에 떨어져 있는데 그 높이가 무려 9미터에 달한다. 대체 어디서 날아온 것일까? 20세기를 대표하는 팝아티스트 중의 한 명인 클래스 올덴버그가 만들어 설치한 조각 작품이다. 그는 우리가 일상에서 흔히 대하는 사물의 크기를 변형함으로써 그 사물의 본질마저 변형시킨 예술가다.

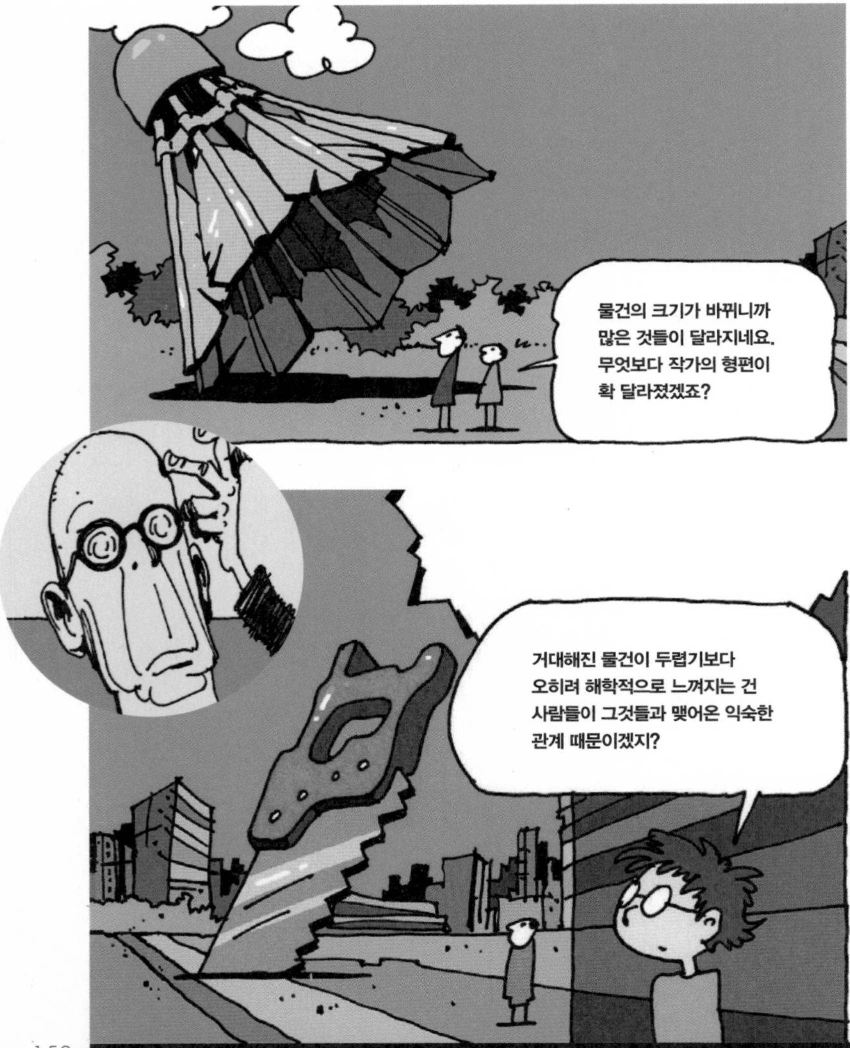

물건의 크기가 바뀌니까 많은 것들이 달라지네요. 무엇보다 작가의 형편이 확 달라졌겠죠?

거대해진 물건이 두렵기보다 오히려 해학적으로 느껴지는 건 사람들이 그것들과 맺어온 익숙한 관계 때문이겠지?

S 쿤스의 예술을 두고 전위적이라든지, 키치 문화와 고급 예술의 관계에 대한 탐구라고 하는 설명도 있지만, 잘 알려진 그의 작품만 놓고 본다면 그저 가볍고 발랄하고 제작이 편리한 팝아트의 연장으로 봐도 무방할 듯싶다.

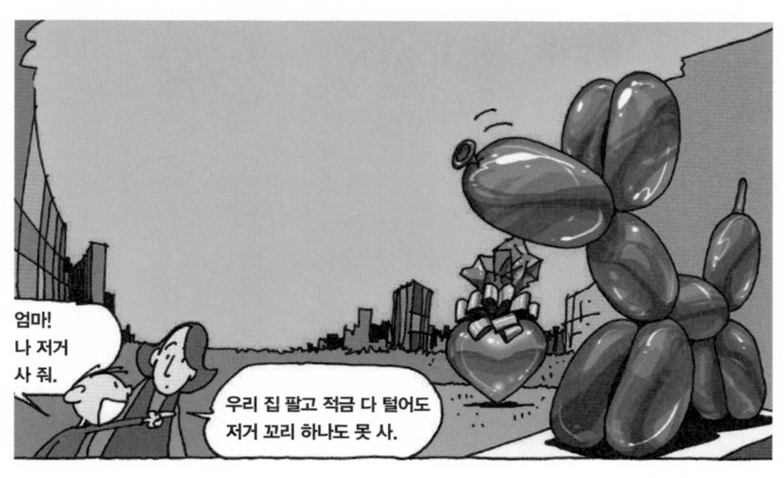

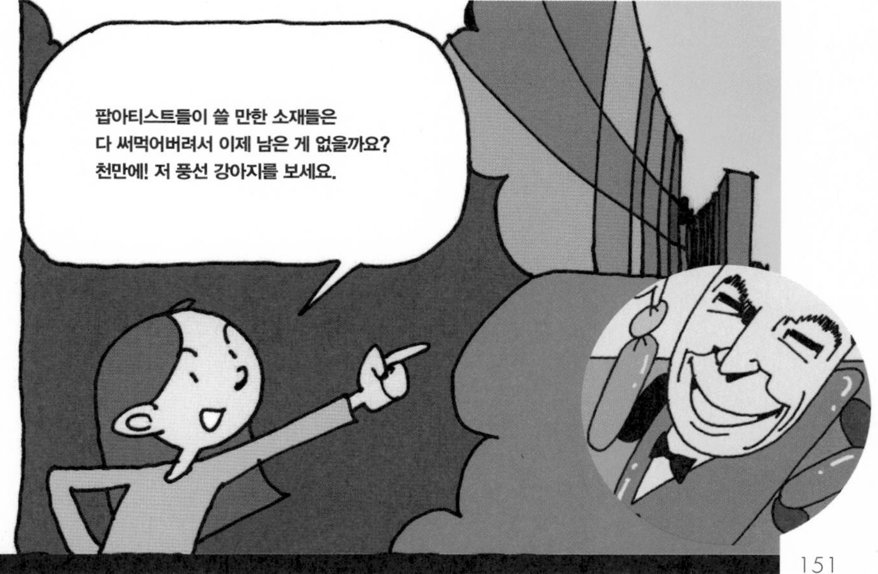

+ **plus talk**

기업의 페르소나, 심벌을 생각하다

파란색 타원이 조금 기울어진 채로 있고 그 속에 산세리프 서체의 영문 상호명이 반듯하게 놓여 있다. 그 심벌이 어느 회사의 상징인지 한눈에 알아볼 수 있는 사람들의 숫자는 아시아나 유럽 혹은 아메리카 등 적어도 어느 한 대륙의 인구수는 가뿐히 넘길 것이다. 글로벌 기업들 중에서도 상위 몇 위 안에 드는 대기업 삼성의 심벌이기 때문이다. 물론 이 식별 과정에서 기업 윤리나 사회 공헌도 같은 요소가 판별의 척도로 작용하지는 않겠지만 말이다.
이 심벌을 디자인한 회사 또한 CI 디자인 분야에서는 꽤 이름난 L&M이니까 삼성은 아마 이것을 제작하는 데에 적잖은 돈도 들였을 것이다. 그렇다면 디자인은 얼마나 잘된 것일까?
이 물음에 대해서는 디자인 분야 종사자라 하더라도 선뜻 자신 있게 객관적이고 정확한 점수를 매기기는 힘들 텐데, 왜냐하면 심벌의 가치는 단지 이미지를 고안하고 다듬는 기술이나 미학적인 면만으로 평가할 수 없는 문제인 데다가, 삼성의 심벌은 어쨌거나 기업의 이미지를 각인시키는 것으로는 이미 어마어마하게 성공한 사례에 속하기 때문이다. 그리고 이제 와서 보면 그 심벌이 브랜드 디자인의 걸작이라고 정평이 난 웨스팅하우스나 루프트한자 같은 회사의 심벌과 섞여 있을 때에도 그리 유치하거나 촌스러워 보이지 않는다. 신기하게도 말이다.
하지만 이 사안을 재미 삼아 다뤄보면서 기업의 경영 실적과 심벌의 기능이 어떤 연관이 있는지 알아볼 수는 있다.
만일 상호를 나타내는 일곱 개의 문자 영역에 SAMSUNG이 아닌 다른 글자들을 올려놓으면 어떨까? 예를 들어 오래전 느닷없이 식품 제조업계에 혜성처럼 나타나 라면도 만들고 프로 야구단도 가졌던 '청보'라는 회사의 이름을 영문으로 그 자리에 한번 올려보자. CHUNGBO도 일곱 글자니까 모양을 많이 바꿀 필요도 없다. 자! 눈앞에 이미지가 떠오르는가? 이런 경우라면 제아무리 거금을 들여 손꼽히는 디자인 회사가 만든 심벌이라 할지라도 결과는 분명 달랐을 거다.
이런 추측이 어처구니없다고 한다면 다른 비교를 해볼 수도 있다. 스티브 잡스가 애플을 나와서 창업했던 회사 중에 넥스트라는 컴퓨터 회사가 있다. 그리고 그 회사의 심벌은 다름 아닌 그래픽디자인계의 신화이자 브랜드 디자인의 아버지라 불리는 폴 랜드가 디자인한 것이다. 잡스와 폴 랜드라는 업계 최고가 만나 시너지 궁합으로 탄생한 그 역사적인 작품을 시내에서 만나는 아무에게나 보여줬을 때 압도적으로 완성도가 높은 심벌 이미지라고 경탄하는 시민들은 과연 몇이나 될까? 그것이 잡스와 관련이 있다는 걸 모르거나 폴 랜드를 알지 못하는 사람들에게는 그냥 예쁘네, 또는 재미있네 하는 정도의 호평을 듣는 수준일 게다.
결국 회사의 경영 실적과 심벌의 가치는 상호적이다. 그래서 경제

권력을 많이 가진 회사일수록 브랜드의 이미지를 성공시키기에 더욱 유리한 지점에 서 있을 수 있으며, 기업과 브랜드의 이미지를 제작하는 디자이너는 자신이 수행하는 프로젝트에 대한 향후 평가가 어떤 자본에 의뢰받는지에 따라 달라질 수 있다는 억견을 충분히 가질 만하다. 물론 여기에 폴 랜드나 솔 바스, 그리고 어느 누구보다 존경해 마지않는 오틀 아이허 같은 거장들의 업적을 폄하하려는 의도가 있는 것은 아니다. 랜드가 디자인한 아이비엠, 유피에스 심벌, 바스의 노스웨스트 심벌과 영상 디자인들, 그리고 아이허가 총감독했던 뮌헨 올림픽의 그래픽은 모두 그 자체로 걸작이라는 평가를 받아야 한다는 데 한 치의 의구심이 없다. 하지만 요즘처럼 브랜드 이미지나 심벌이라는 페르소나를 내세워 제품의 성능이나 실제 가치보다 이미지를 덧씌워서 무형의 가치를 더 강화함으로써 소비자들을 현혹하는 이미지 홍수의 시대에, 심벌이나 로고가 갖는 의미는 근대화 초기나 20세기 기업들이 그 함축적인 도상으로 나름의 자부심을 표현했던 것과는 사뭇 달라 보인다. 또한 심벌의 기능은 여러 각도에서 보는 실제 모습을 종합적으로 표현하는 것이어서 원래대로라면 심벌로 보이는 실루엣을 통해 내용물의 진상을 파악할 수 있어야 하지만 그런 도상 해석의 원칙은 오늘날 기업 이미지 홍보 시장에서 사라진 지 오래다. 세계화 시대, 신자유주의 시대, 이른바 무한경쟁의 시대에 기업들이 펼치는 이미지 전쟁에서 더 이상 육안으로는 진정성이나 윤리의 형상을 찾아보기가 힘들다. 갖은 수법으로 금융 질서를 농단하고 쉬지 않고 신제품을 팔아치우며 세계의 모든 서민들을 소비시장의 제품 소화기관으로 전락시키는 글로벌 기업들 간 패권 다툼의 전장에 등장하는 심벌 이미지들보다는, 차라리 오래전 봉건시대의 전쟁터에서 사용했던 피아 식별용 깃발이나 가문 표식 문장에서 더 솔직하고 인간다운 면을 느낄 수 있을 정도다.

이런 현기증 나는 오늘날의 현실에서는 기업이나 단체 혹은 정당 들이 내세우는 심벌 혹은 프로파간다를 실제 모습과 따로 분리해서 보는 것이 더 현명한 방법일 수도 있다. 심벌은 실제 기업과는 하등 상관없이 그냥 그대로의 모양으로 멋이 있는지 없는지, 예쁜지 안 예쁜지, 싫증이 날지 안 날지 정도로만 보고 즐기는 방법으로 말이다.

큰 기업의 CI를 개발하는 디자이너들도 해당 기업의 진짜 모습을 심벌에 담으려고 굳이 애쓰기보다는 그저 어떻게 하면 창의적이면서도 아름다운 겉모양을 만들 수 있을까에 치중하는 것이 나을 수도 있다. 어쩌면 의뢰받은 디자인으로 평소 부러워했던 현대미술가들처럼 파격적인 실험을 해볼 수 있는 기회일지도 모르니까. 이미 그렇게들 하고 있는 건가?

어쨌든 바야흐로 심벌 낭만주의 시대, 심벌을 위한 심벌 시대다.

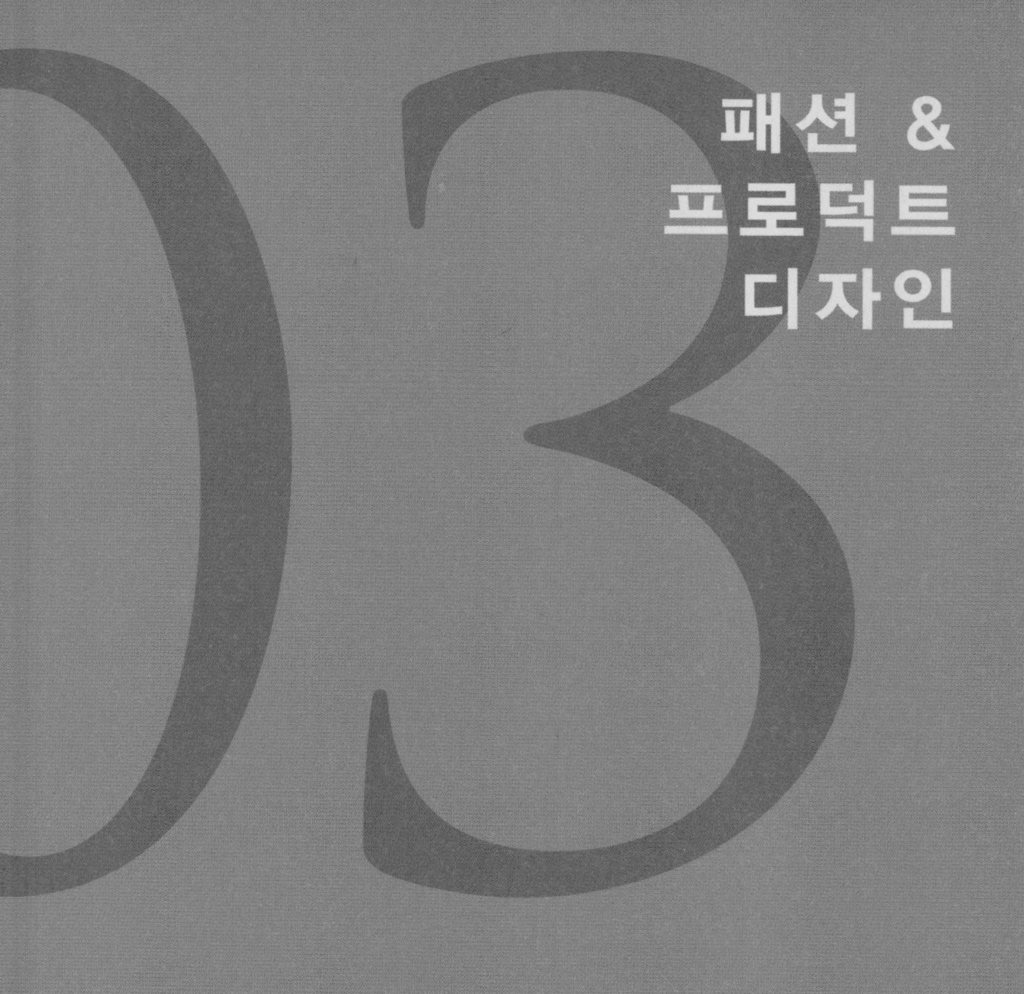

패션 & 프로덕트 디자인

애플의 언어를 디자인하다

수전 케어

V

수전 케어. 그녀가 박물관 큐레이터 일을 그만두고 새로운 도전과 창작의 꿈을 펼치기 위해 애플에 입사했을 당시, 스티브 잡스는 컴퓨터 운영 체계의 혁신에 필요한 그래픽 유저 인터페이스, 곧 GUI에 지대한 관심을 갖고 그것을 개발하고 있었다. 그녀에게 주어진 임무는 사람들이 좀 더 컴퓨터의 작동을 직관적으로 이해할 수 있도록 그림 언어를 디자인하는 것이었다.

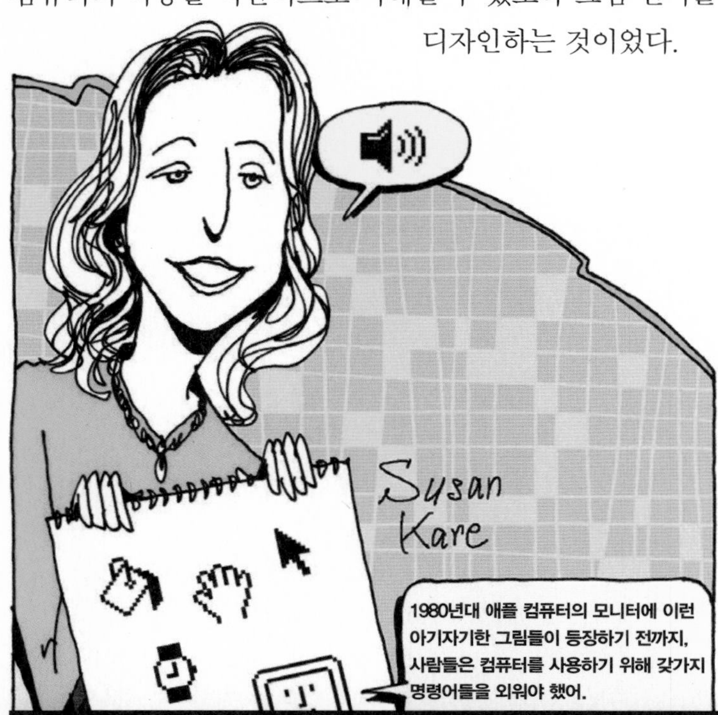

S

애플의 겉옷을 디자인하다

하르트무트 에슬링거

제품 디자인의 역사에서 언제나 한 페이지를 꼭 차지하는 걸출한 디자이너 하르트무트 에슬링거는 단지 편리한 기계를 넘어 빼어난 외모의 컴퓨터를 만들고자 했던 스티브 잡스와 애플을 위해 밝은 색상의 멋스러운 옷을 디자인했다.

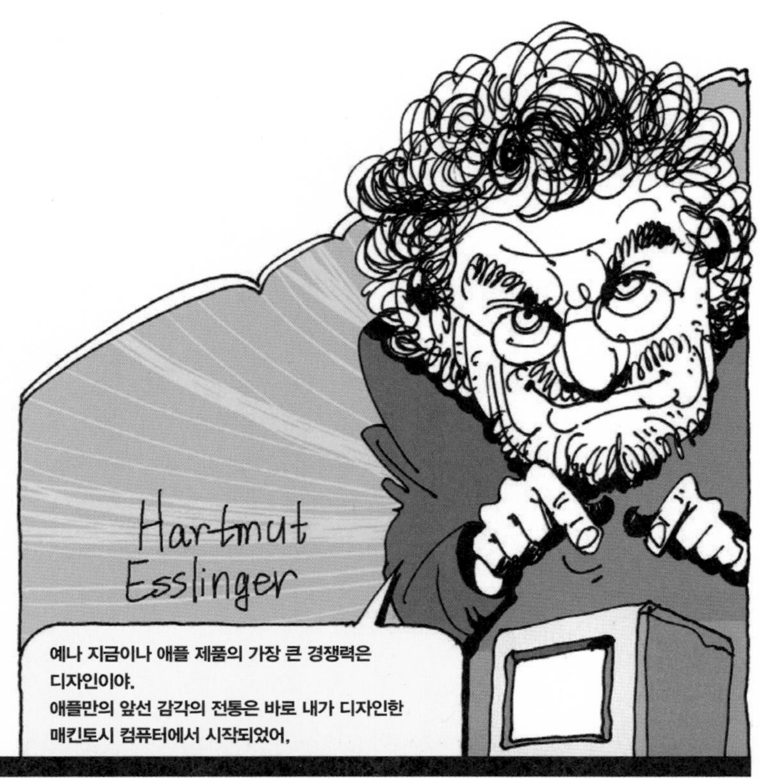

문자가 생겨나기 전부터 인간은 그림으로 의사소통했다.
수전 케어는 그 원초적인 표현 수단을 간략하게 다듬어서 첨단 기계와 사람들을 이어주는 미래의 문법을 디자인한 것이다.

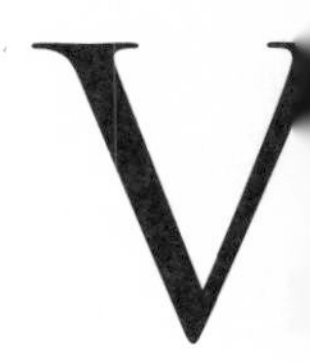

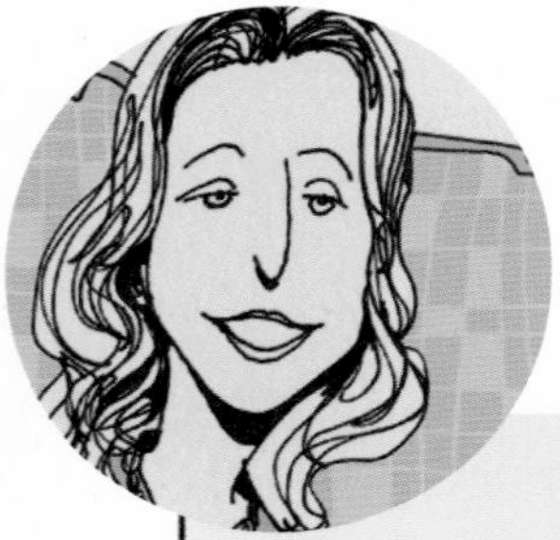

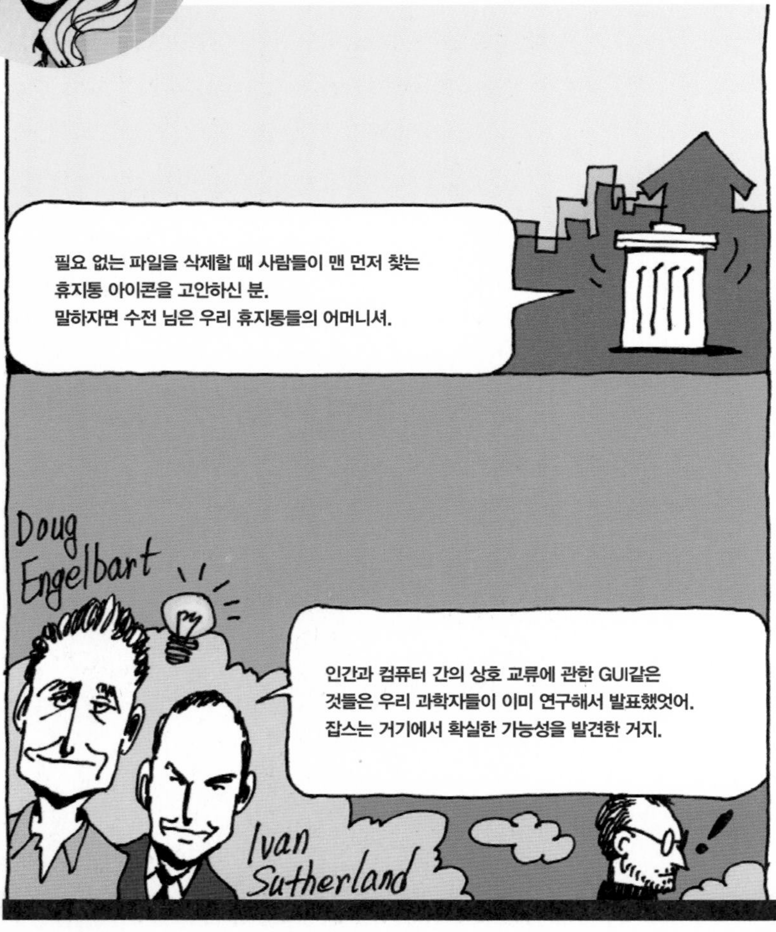

필요 없는 파일을 삭제할 때 사람들이 맨 먼저 찾는
휴지통 아이콘을 고안하신 분.
말하자면 수전 님은 우리 휴지통들의 어머니셔.

Doug Engelbart

인간과 컴퓨터 간의 상호 교류에 관한 GUI같은
것들은 우리 과학자들이 이미 연구해서 발표했었어.
잡스는 거기에서 확실한 가능성을 발견한 거지.

Ivan Sutherland

S

1984년에 선보인 매킨토시 128k는 확실히 시대를 앞선 디자인이었고 그 이후 지금까지 애플에서 출시하는 모든 제품들은 그때의 감성과 이미지를 입고 세상에 나오고 있다.

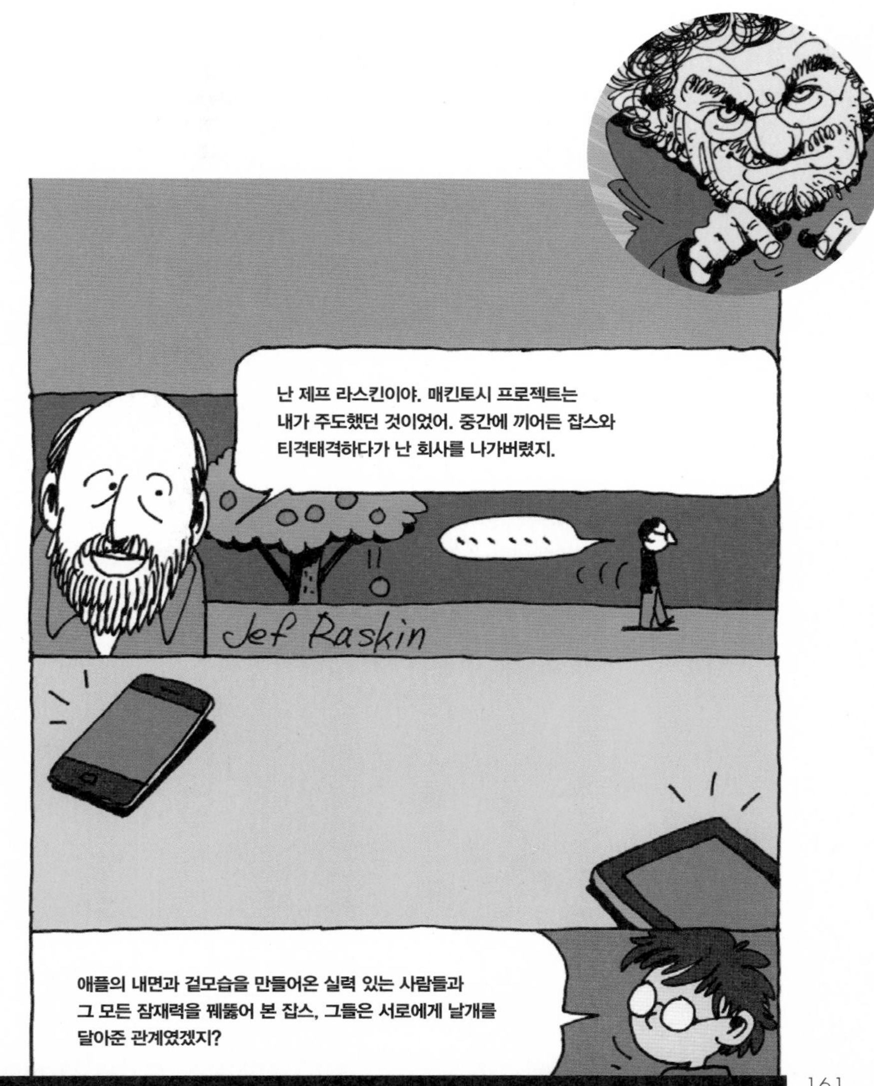

투혼을 부르는 삼선

아디다스

당신이 아무리 뛰어난 품질의 운동화를 만들어서 야심 차게 사업을 시작하더라도 그 운동화에 줄무늬 세 개를 그어서는 안 된다. 왜냐하면 그 세 개의 줄은 아디다스의 것이기 때문이다. 법적인 문제가 아니더라도 사람들 사이에서 그 삼선의 주인은 오래전부터 정해져 있었다. 아돌프 다슬러와 그의 형 루돌프는 1924년에 신발 제조 사업을 시작해 큰돈을 벌었지만 후에 사이가 틀어져 따로 사업을 벌여나갔다.

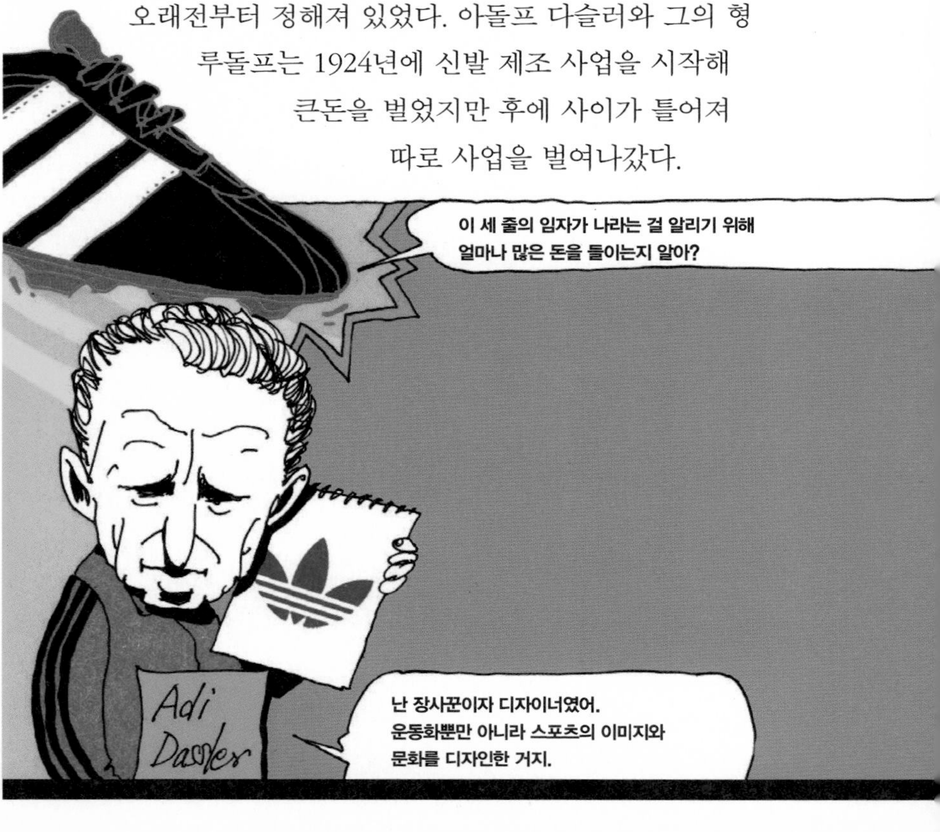

S

승리의 한 획

나이키

오리건 대학의 육상 선수였던 필립 나이트는 1964년에 스포츠 용품 유통회사를 차리고 그의 코치였던 빌 바워만도 사업에 끌어들였다. 달리기 전문가였던 그들의 아이디어와 제품 개발 덕에 사업은 번창했다. 승리의 여신 이름에서 따온 '나이키'라는 브랜드 명과 더불어 무엇보다 그들의 사업에 가장 크게 공헌한 것은 날렵한 이미지의 심벌이지 않을까?

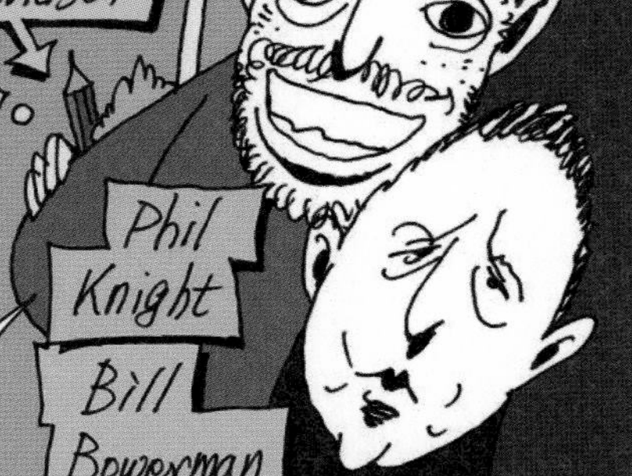

그래서 1949년부터 아돌프는 자신의 애칭인 '아디'와 성 '다슬러'를 합성해 '아디다스'라는 이름의 스포츠 브랜드를 탄생시켰다. 의욕 넘치고 확실한 비전을 가졌던 그는 1972년에 회사의 심벌도 직접 도안했는데 세 개의 잎에 세 개의 줄이 그어진 마크는 아디다스를 상징하는 삼선과 함께 스포츠계에서 가장 유명한 이미지가 되었다.

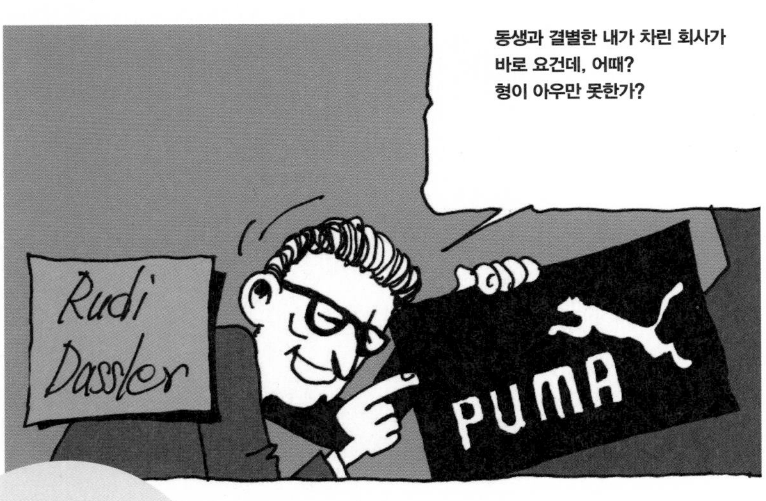

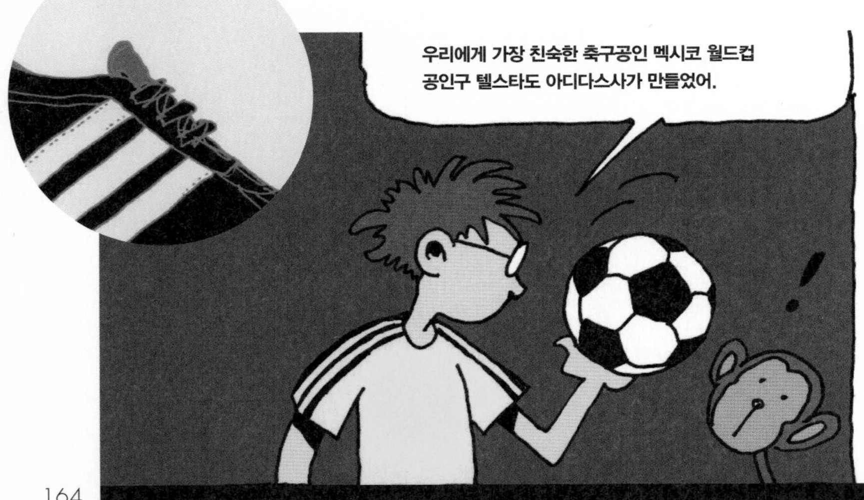

S 아디다스와 나이키 심벌의 장점은 누구나 한 번만 보고도 금세 인지할 수 있다는 것이다. 그렇다고 해서 그런 심벌을 가진 회사는 장사하기 참 편할 것이라고 속단해서는 안 된다. 그 단순한 이미지를 대중에게 알리기 위해서는 엄청난 노력과 돈을 지속적으로 쏟아부어야 하기 때문이다. 단순한 것은 친해지기도 쉽지만 잊히기도 쉬우니까.

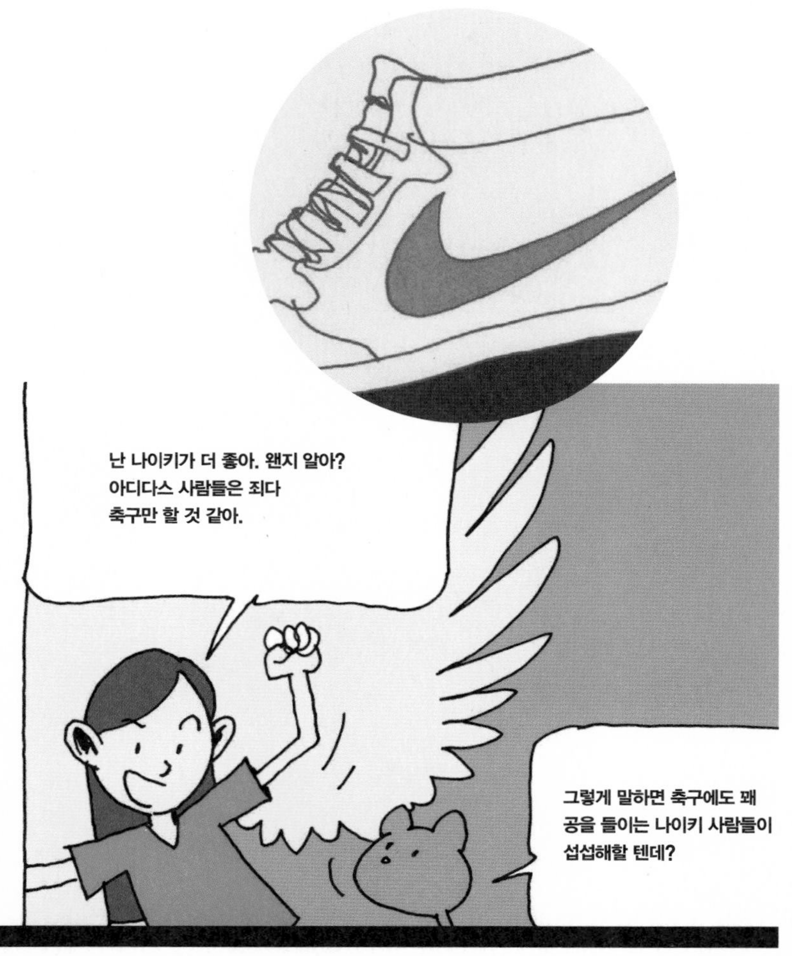

여성복을 혁명하다

샤넬

V

가브리엘 샤넬. 현대적 의미의 여성 의복을 탄생시켰으며 멋은 상류층의 전유물이라는 구습을 깨고 파격을 선도했던 그녀는 현대 문화사에 금자탑을 세운 여성 전사였으며 혁명가였다. '샤넬은 아무나 누릴 수 없는 값비싼 특권이다'라는 오늘날 시장의 평가에 대해, 그 이름의 진짜 주인인 가브리엘 샤넬 여사께서는 과연 흐뭇해하실까? 아마도 치솟는 가격만큼이나 그 이름에 담긴 정신은 갈수록 추락하고 있다고 씁쓸해하실지도 모른다.

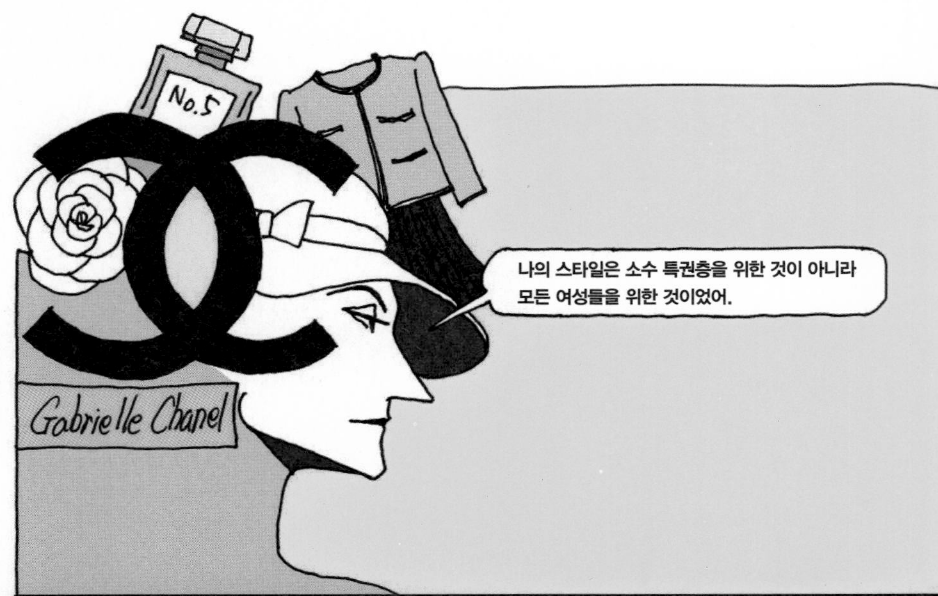

S

예술을 입히다

이브 생로랑

샤넬이 전통과 고정관념에 맞서 투쟁하며 패션 디자인의 길을 닦았다면 이브 생로랑은 보다 예술적인 옷의 이미지를 떠올리기 위해 끊임없이 사색한 디자이너였다.
샤넬 이후 나름 뛰어난 활약을 펼친 여러 디자이너들 중 유독 이브 생로랑에게 관심이 가는 이유는, 그의 디자인에는 추상화가 몬드리안의 조형과 색상을 드레스에 응용한 사례처럼 단지 이윤 추구만이 아닌 예술가로서의 실험 정신이 깃들어 있기 때문이다.

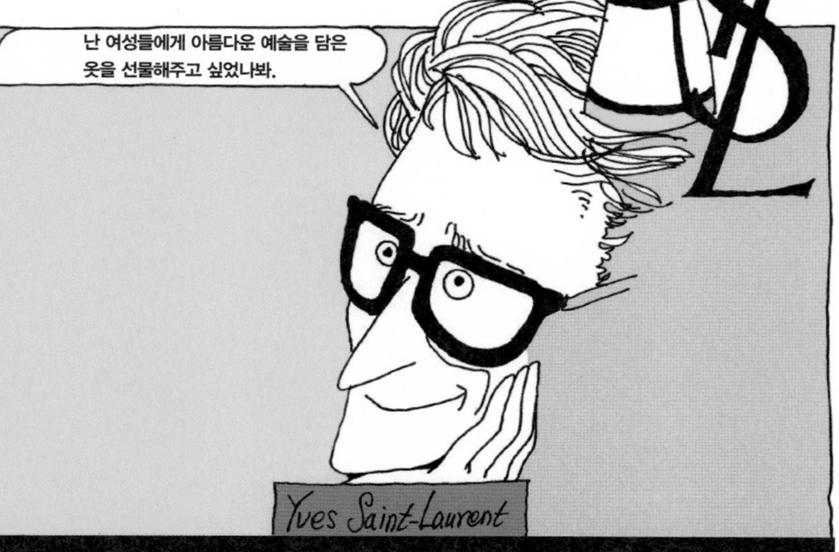

오늘날 샤넬의 수석 디자이너인 칼 라거펠트의 영리한 비즈니스 감각과 센스에 힘입어 샤넬은 자본주의 시대에 걸맞게 변모했고 대중의 곁을 떠나 영영 닿을 수 없는 높은 곳을 향해 날아가고 있다.

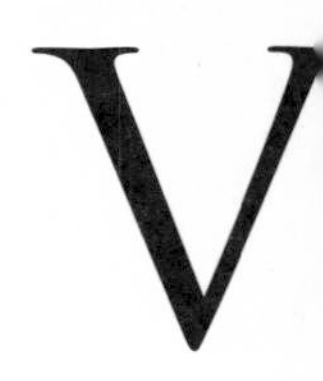

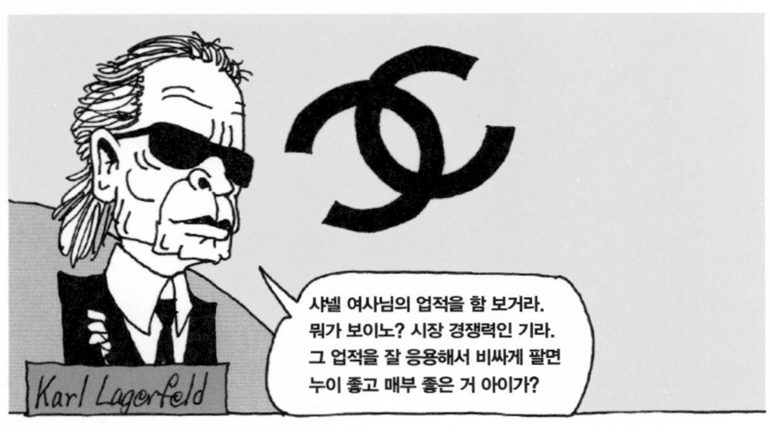

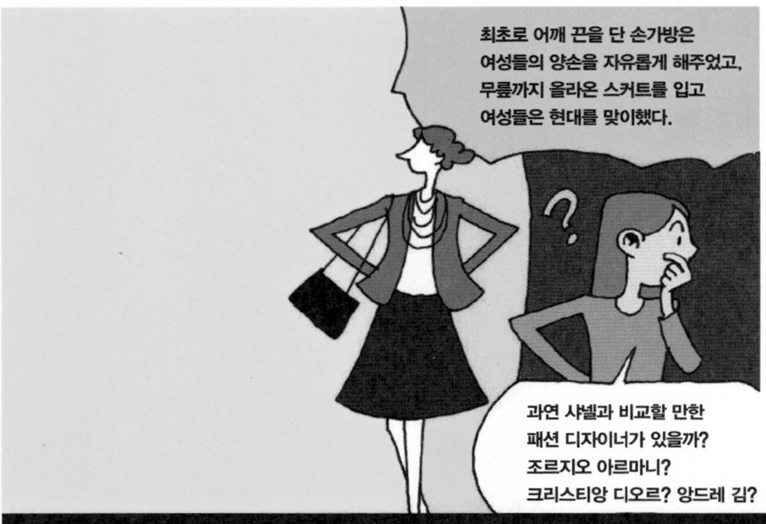

S 세 개의 알파벳으로 이뤄진 우아하면서도 모던한 이브 생로랑의 로고는 그래픽디자인계의 슈퍼스타인 카상드르의 도안이기에 더욱 빛을 발한다.

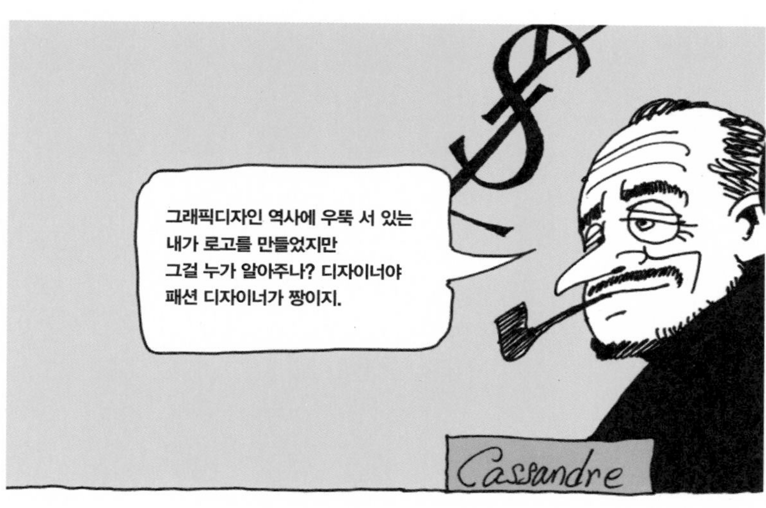

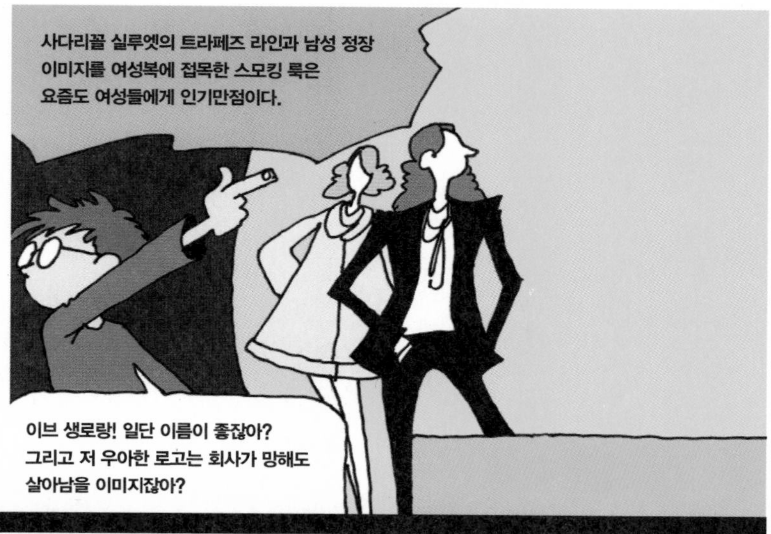

참호 속 군인들을 위해!

버버리

포목상이었던 토머스 버버리는 1897년에 영국의 궂은 날씨에 견딜 수 있는 질기고 방수성이 뛰어난 개버딘 원단을 개발해 레인 코트를 만들어 팔았는데 그것은 일명 '트렌치 코트'라고 불렸다(트렌치는 참호라는 뜻이다). 트렌치 코트를 만든 것은 제1차 세계대전에 참전한 영국군 장교들을 위해서였다.

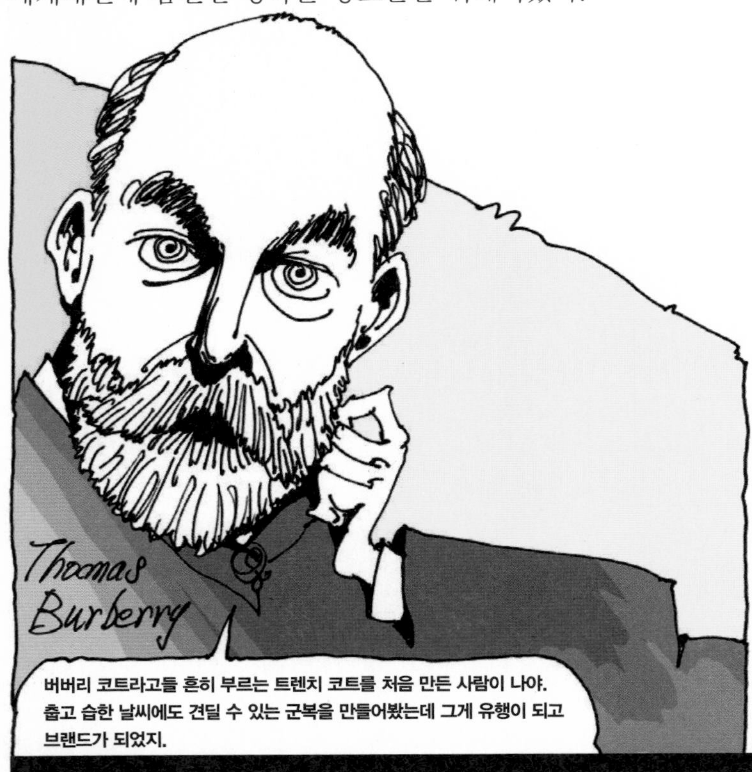

S

악당들에게 멋을!

휴고 보스

현대 전쟁에 등장했던 군복들 중에서 가장 강렬한 인상을 남긴 독일 나치 친위대의 검은색 제복을 디자인한 사람들은 카를 디비치라는 교수와 그래픽디자이너 발터 헥이었다. 그리고 후고 보스가 설립한 회사에서 그 군복들을 제작해 납품했다.

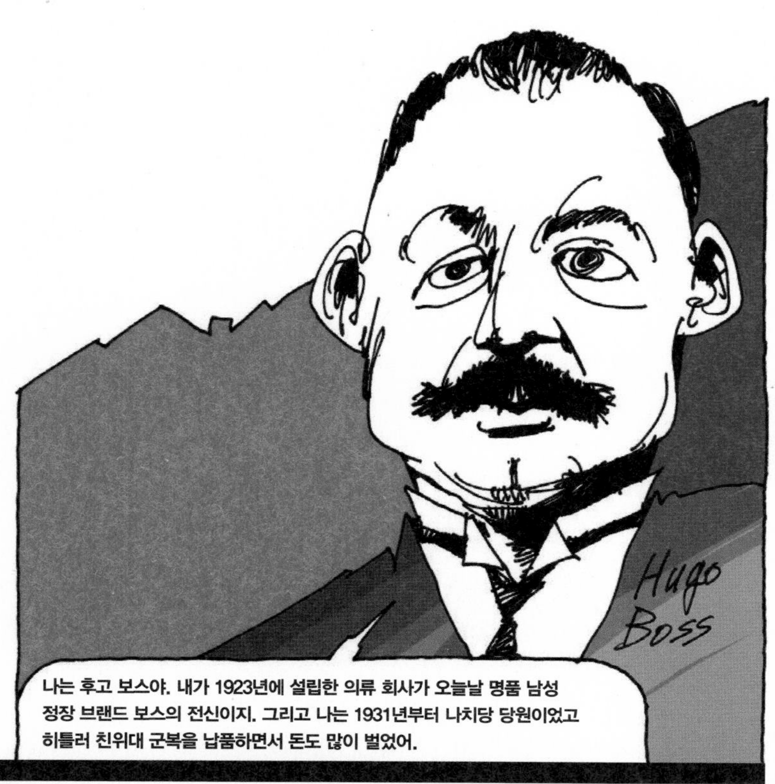

트렌치 코트는 군복에서 유래한 옷이지만 우수한 기능과 착용했을 때 웬만큼 자유로우면서도 격이 있는 모습 덕분에 널리 사랑받는 패션 아이템이 되었다.

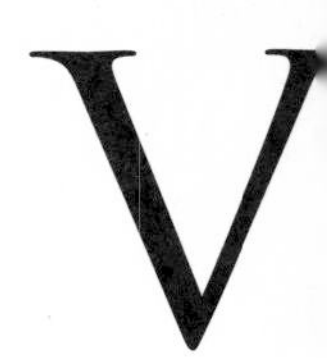

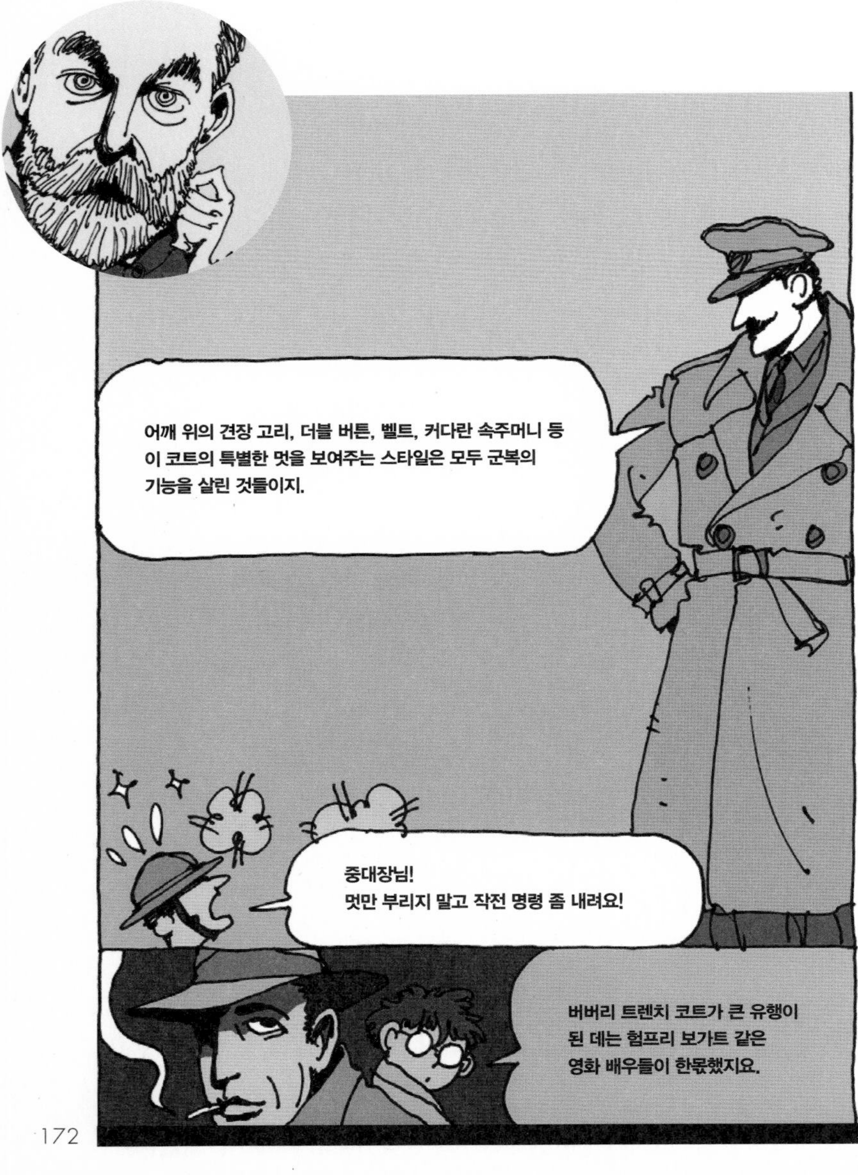

어깨 위의 견장 고리, 더블 버튼, 벨트, 커다란 속주머니 등 이 코트의 특별한 멋을 보여주는 스타일은 모두 군복의 기능을 살린 것들이지.

중대장님!
멋만 부리지 말고 작전 명령 좀 내려요!

버버리 트렌치 코트가 큰 유행이 된 데는 험프리 보가트 같은 영화 배우들이 한몫했지요.

S

독일군의 제복이 그들의 탁월한 손재주와 합리적인 미감으로 아무리 빼어난 멋을 선보인다 할지라도, 휴고 보스 정장의 각 잡힌 실루엣과 연결된 나치와의 악연은 영영 끊지 못할 것이다.

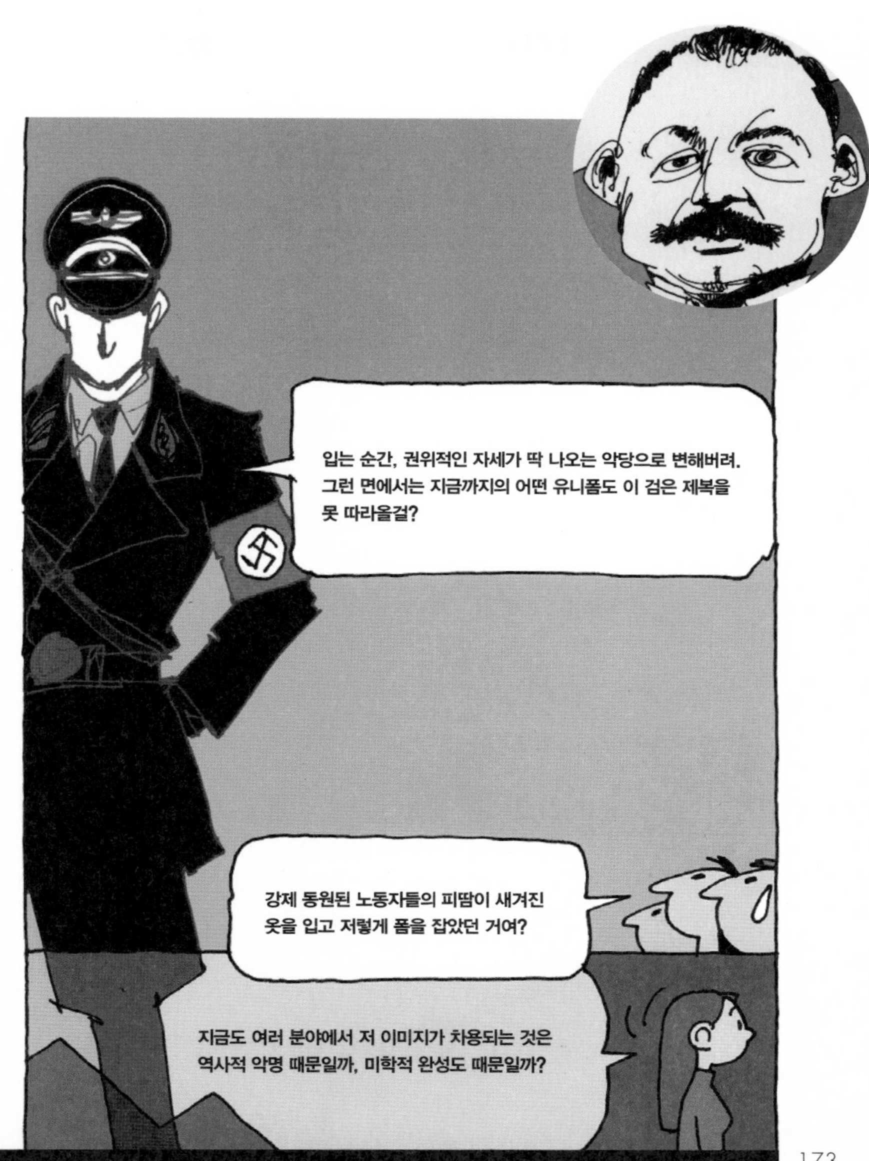

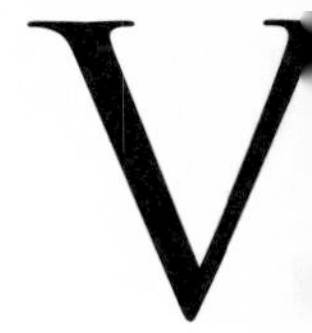

가장 높은 곳의 별

메르세데스 벤츠

메르세데스 벤츠는 자동차 역사상 이미지 마케팅에서 가장 성공한 브랜드다. 세상의 모든 회사 심벌들 중에서 가장 눈에 띄게 반짝이는 선명한 상징은 단연 메르세데스 벤츠의 것이다. 그런데 그것은 전문 디자이너의 손이 아닌 창업자의 꿈으로 그려낸 것이다.

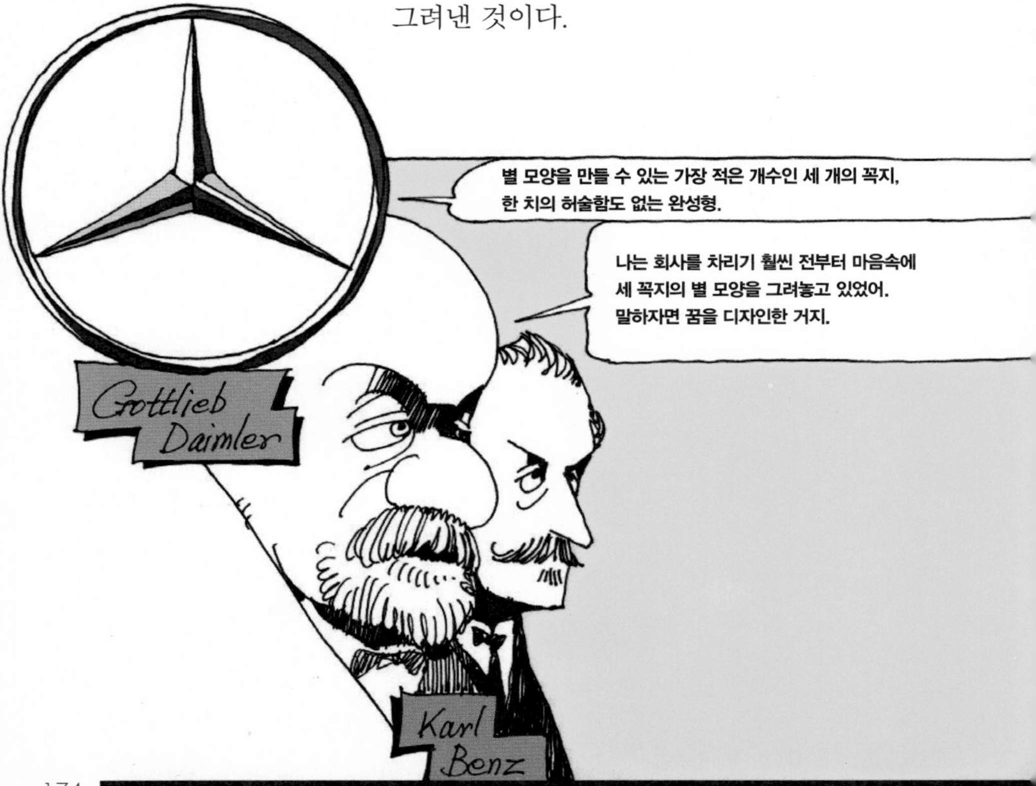

S

아주 특별한 2위

BMW

BMW의 전신이었던 회사를 창업한 사람들은 원래 항공기 사업에 주력했다. 자동차 업계에 한참 뒤늦게 합류한 BMW는 단지 1등을 쫓아가기에 급급한 빤한 2등의 길이 아닌 자신들의 장점과 개성을 발휘할 수 있는 새로운 길을 찾았다.

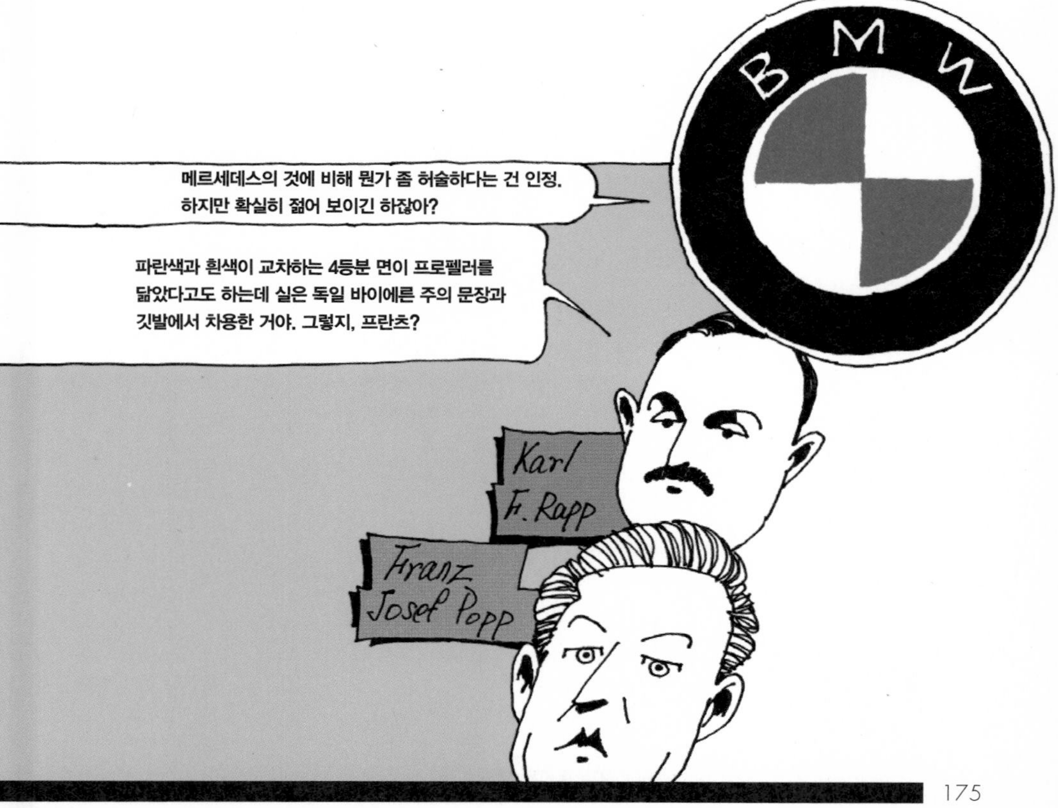

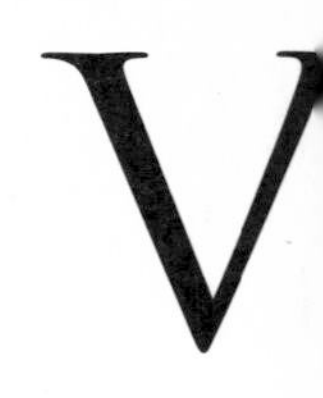

일찍이 최초의 가솔린 기관 차량을 개발한 카를 벤츠와 경쟁하며 자동차 산업의 기초를 마련했던 고틀리프 다임러는 하늘과 땅과 대양을 향한 큰 포부를 세 개의 꼭지점을 지닌 별의 형상에 담아두었고 사업을 이어받은 후손들은 그의 의지를 계승했다.

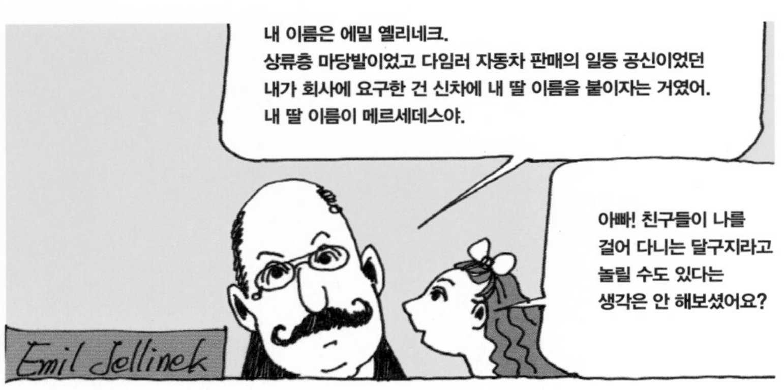

메르세데스 벤츠의 심벌 이미지는 어떤 솜씨 좋은 디자이너의 창작물보다 큰 미학적 가치와 상업적 위력을 가졌다. 왜? 돈 받고 일하는 전문가의 기술을 능가하는 창업자의 열정과 애정이 담겼기 때문이다.

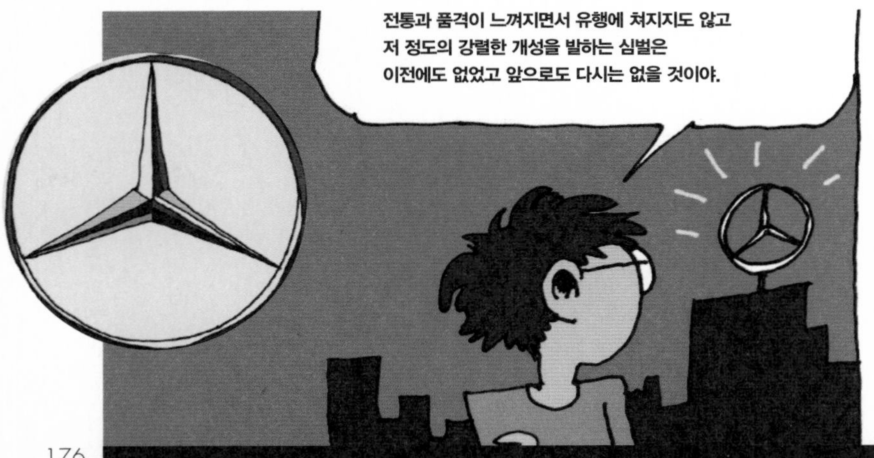

S

BMW가 자동차 업계에서 메르세데스를 앞지르고 최고의 이미지로 등극한 적은 없지만, 창업자를 비롯한 원년 기술자들은 언제나 자신들만의 독보적인 기술력을 발휘하려고 애써왔다. 이 전통은 BMW 운전자들만이 누릴 수 있다는 성능에 대한 자부심으로 이어져오고 있으며, 바로 그런 자부심이 BMW가 개성 있는 멋과 문화로서 메르세데스라는 거대한 산과 맞상대할 수 있게 하는 원동력이다.

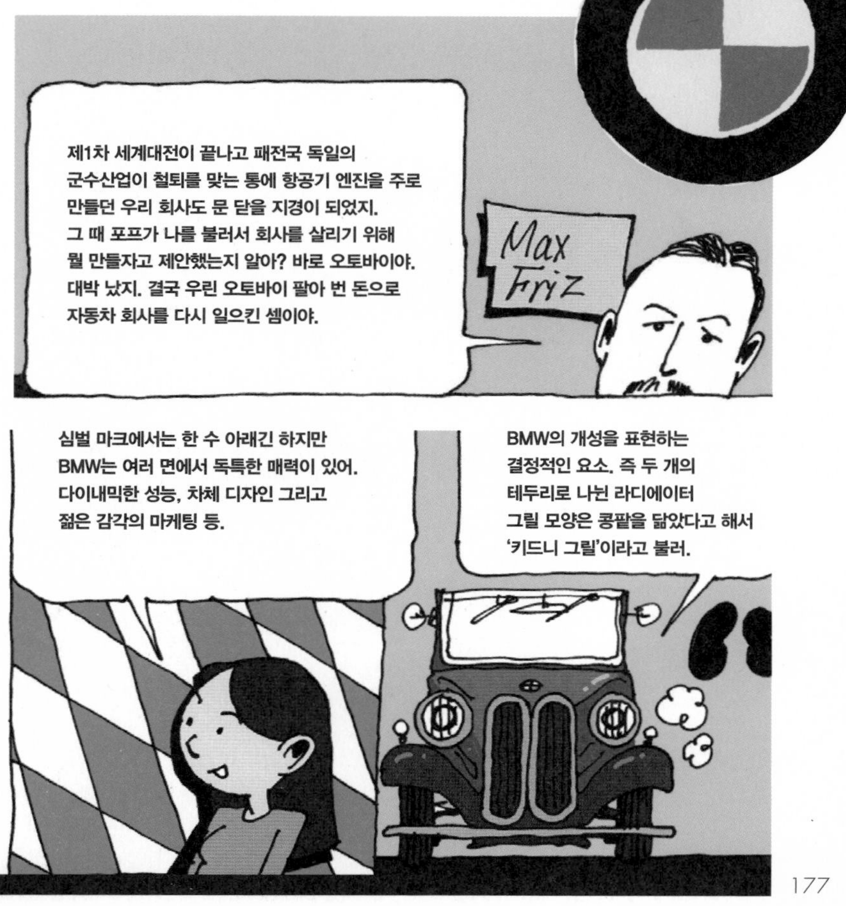

평등을 거부하는 자들을 위한 차

롤스로이스

V

영국의 전기 기술자 출신 자동차 엔지니어 헨리 로이스와 레이서였던 찰스 롤스는 1906년에 특별한 자동차 회사를 설립했다. 그들은 신분을 과시하기 위해서 돈을 아끼지 않는 아주 특별한 주문자들을 위해 사람의 손으로 직접 제작하는 최고급 자동차를 만들어 팔았다.

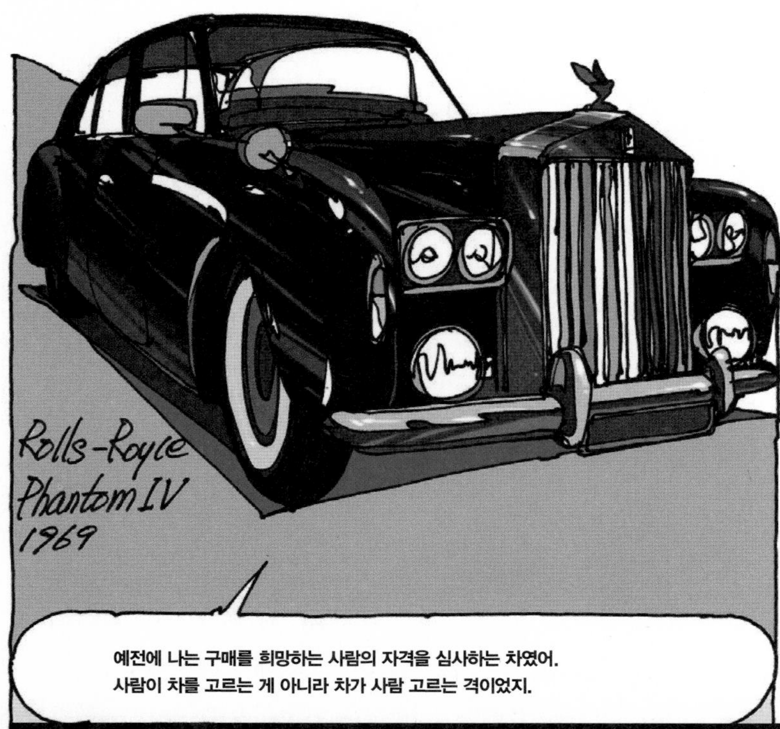

S

허장성세의 극치

캐딜락 엘도라도

캐딜락은 미국인들에게 가장 오랫동안 최고급 세단으로 사랑받은 브랜드다. 뒷자리에 앉아 지체 높은 신분을 은근히 과시하기보다 부러워하는 타인들의 시선을 즐기면서 대놓고 맘껏 허세를 부리길 원하는 사람이라면, 캐딜락의 운전대를 잡거나 미끈하게 빠진 차체에 비스듬히 기대어 서 있을지어다.

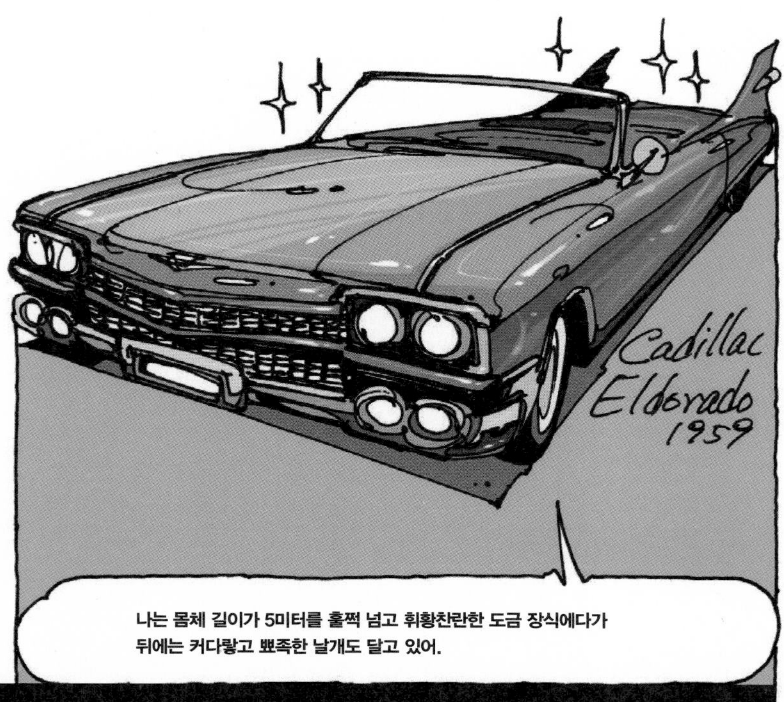

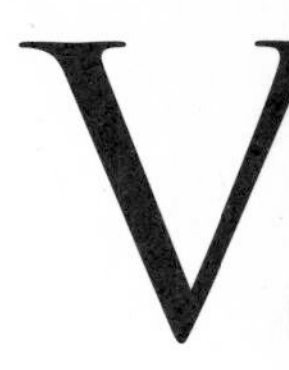

롤스로이스가 만든 것은 단지 사람과 물건을 나르는 운송수단으로서의 자동차가 아니었다.
그것은 평범한 사람들과 섞이길 싫어하는 부유한 현대판 귀족들의 신분을 표시하는 기호였다.

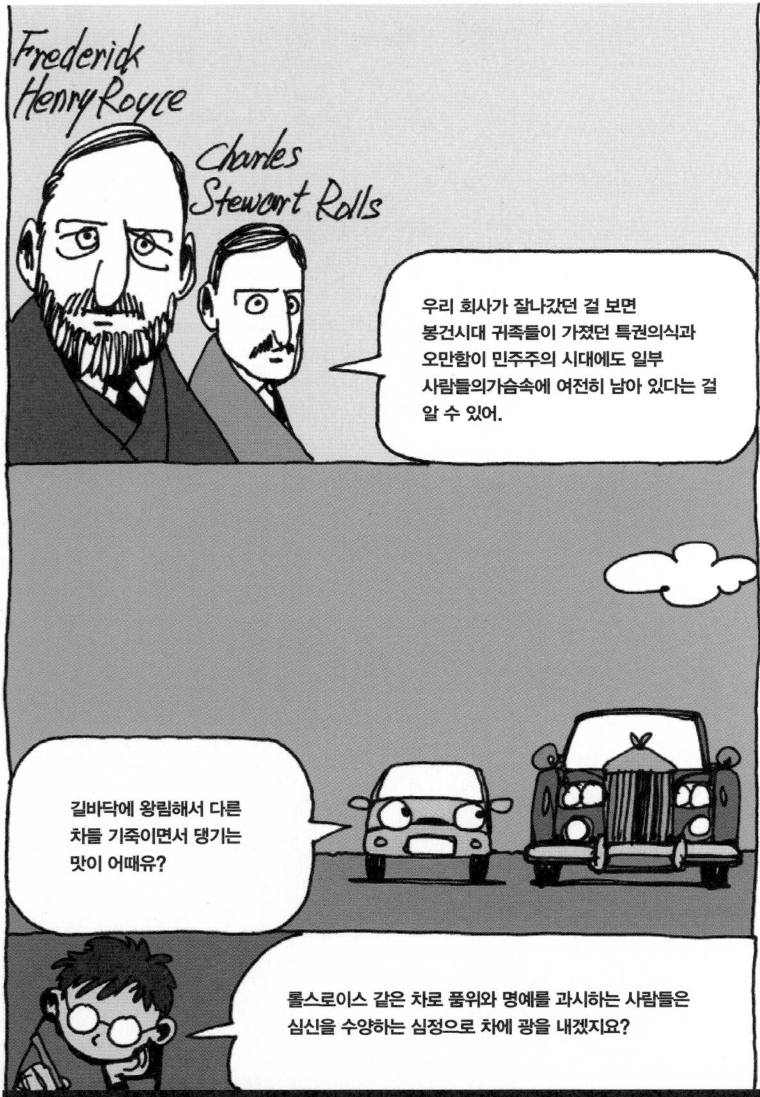

Frederick Henry Royce

Charles Stewart Rolls

우리 회사가 잘나갔던 걸 보면 봉건시대 귀족들이 가졌던 특권의식과 오만함이 민주주의 시대에도 일부 사람들의가슴속에 여전히 남아 있다는 걸 알 수 있어.

길바닥에 왕림해서 다른 차들 기죽이면서 댕기는 맛이 어때유?

롤스로이스 같은 차로 품위와 명예를 과시하는 사람들은 심신을 수양하는 심정으로 차에 광을 내겠지요?

S 허영심조차 거리낌 없이 드러내는 전후 세대 미국인들의 정서와 닮은 캐딜락, 그중에서도 1959년형 캐딜락 엘도라도는 '황금의 땅'이라는 이름처럼 유혹과 욕망, 그리고 과시에 관한 판타지의 최고봉이었다.

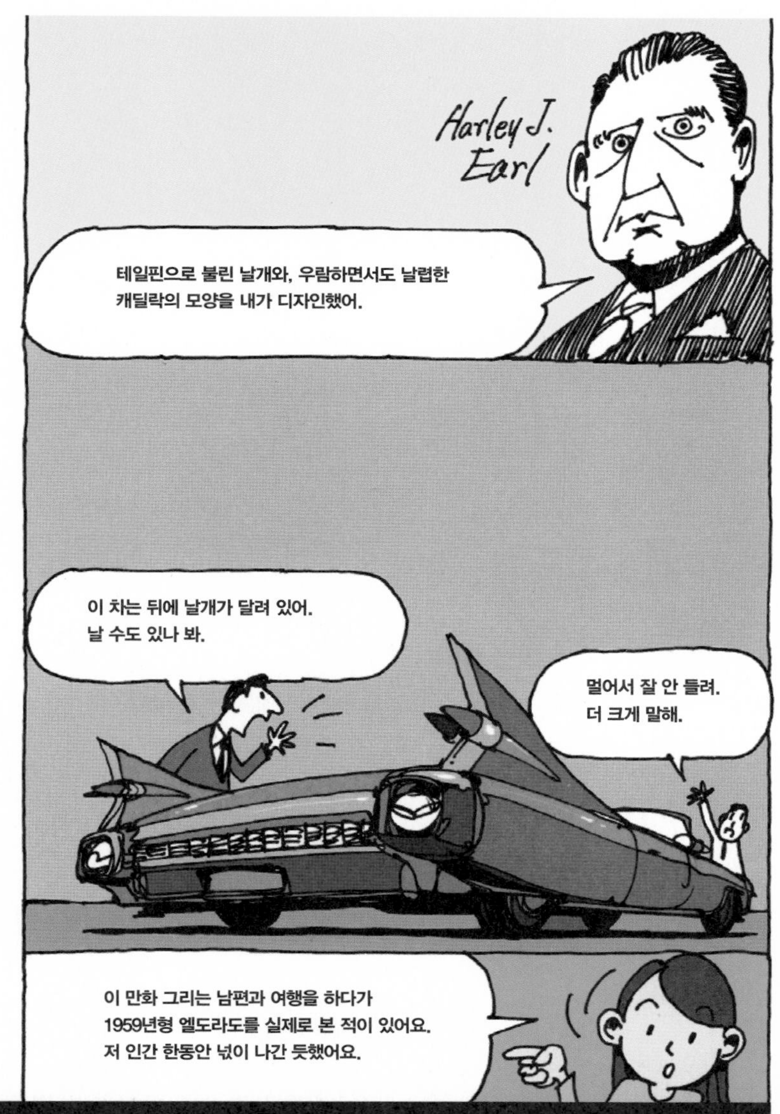

전장을 누빈 다목적 차량

퀴벨바겐

V

제2차 세계대전 당시의 기록 사진을 보면 장교와 군인 두세 명을 태운 매우 인상적인 작은 차량을 자주 보게 된다. 20세기 최고의 자동차 명인 포르셰 박사가 히틀러 정권에서 주문을 받아 설계한 다목적 차량으로 그 이름은 퀴벨바겐이었다.

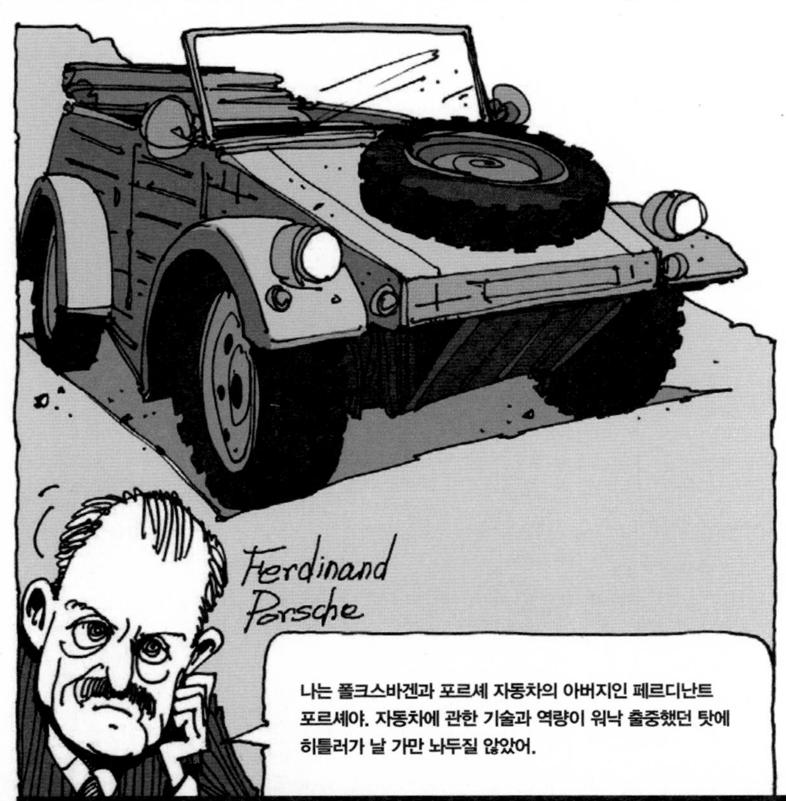

S

4륜구동 차량의 원형

윌리스 지프

전쟁 초기에 독일군의 퀴벨바겐 같은 차량의 기동력에 밀렸던 연합군 측은 작전 지휘를 효과적으로 수행할 차량이 필요하다는 결론을 내렸고, 미군은 윌리스 오버랜드사가 제출한 윌리스MB의 설계와 개발 의향서를 채택했다.

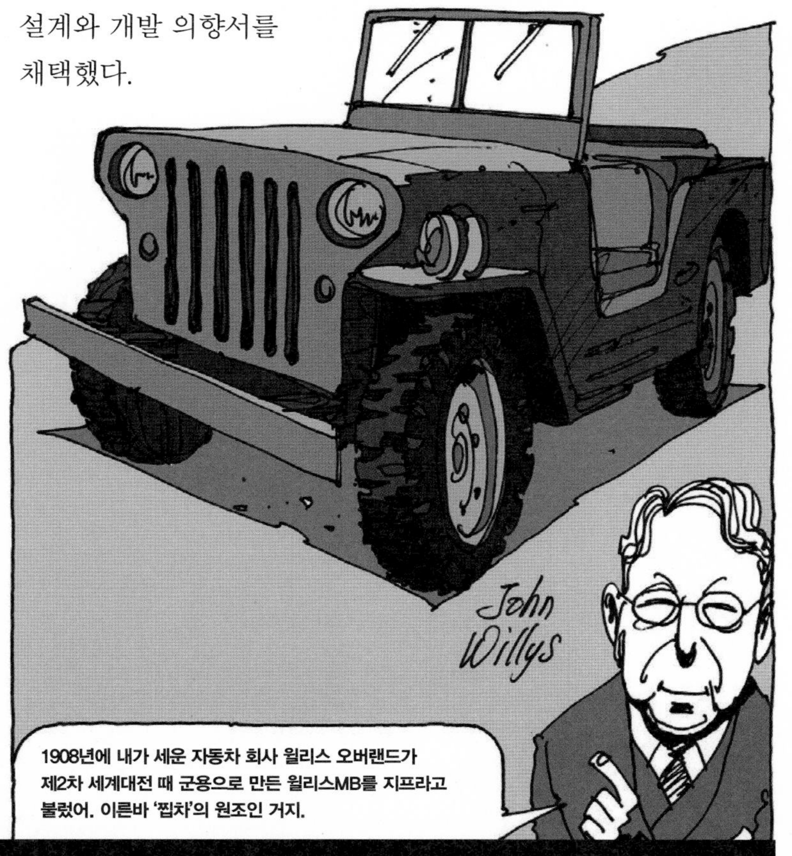

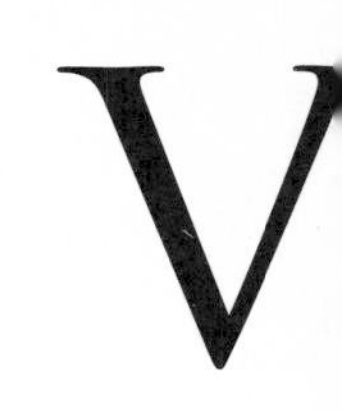

퀴벨바겐은 험난한 전장을 누비면서 전투 지휘용 차량으로서 면모를 유감없이 발휘했고 이후 4륜 구동 다목적 자동차 개발의 모델이 되었다. 20세기 자동차 분야 기술을 진일보시켰던 것만큼은 분명한 포르셰 박사가 악명 높은 히틀러 권력을 위해 부역하지 않았더라면 하는 아쉬움이 있기는 하지만 어쨌든 모든 선택에 대한 책임은 자신이 져야 하는 것이니까.

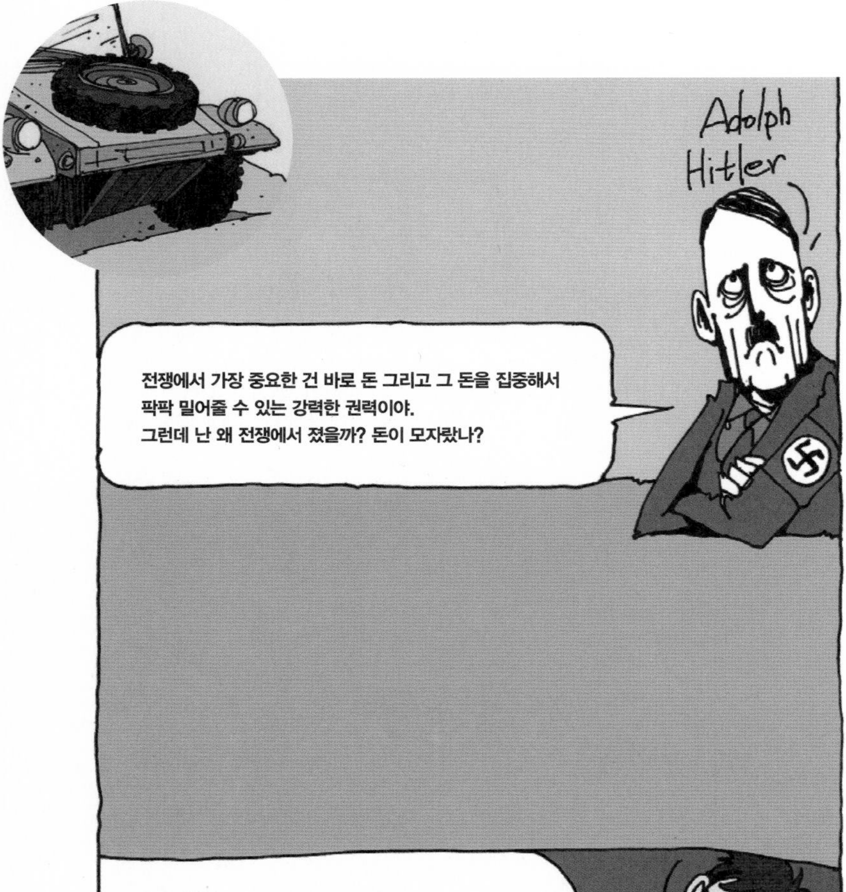

Adolph Hitler

전쟁에서 가장 중요한 건 바로 돈 그리고 그 돈을 집중해서
팍팍 밀어줄 수 있는 강력한 권력이야.
그런데 난 왜 전쟁에서 졌을까? 돈이 모자랐나?

전쟁을 통해 여러 분야의 기술과 디자인이
단번에 진보했다는 역사의 아이러니를 어떻게
받아들여야 할까요?

S

아이젠하워 장군의 말처럼 지프는 모든 장교들과 군인들에게 쓰임새를 확실히 인정받았고 전쟁이 끝난 이후에도 민간용 차량으로 제작되어 오랫동안 인기를 누렸다. 오죽하면 지프라는 말을 아직도 많은 사람들이 쓰고 있지 않은가?

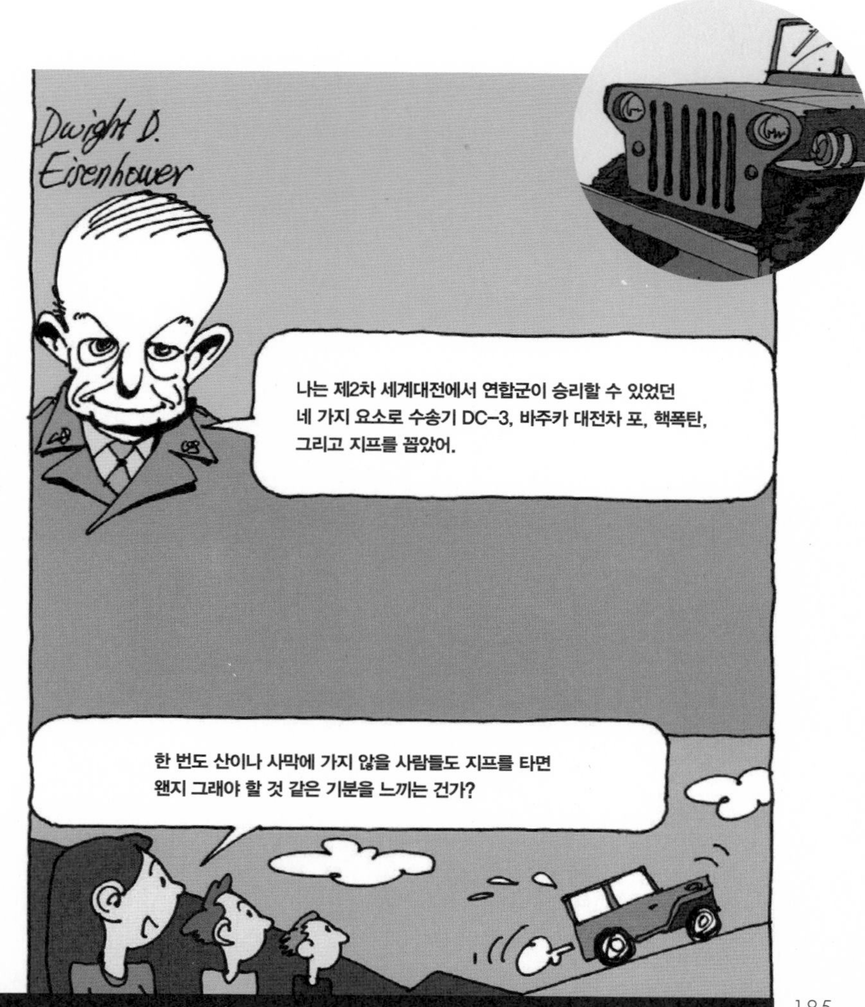

V

독일 국민의 차

비틀

독일 자동차 역사에서 빼놓을 수 없는 명장 엔지니어 페르디난트 포르셰는 1930년대 중반에 나치 정권에게서 국민차를 설계하라는 특명을 받고 1938년, 전에 본 적 없는 매우 특별한 모양의 작은 차를 완성했다.

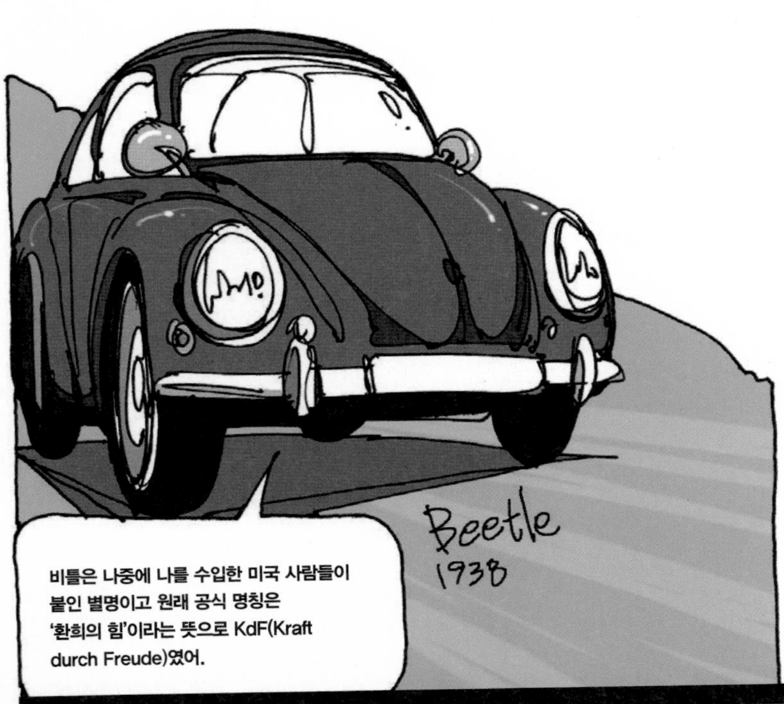

S

영국 대중의 차
미니

1959년 영국에서 작지만 멋스러운 차, 실용적인 경차의 새로운 이정표를 세운 자동차가 탄생했다. 터키 출신의 자동차 디자이너 알렉 이시고니스가 설계한 미니는 가장 성공적인 경차의 롤 모델이 되었다.

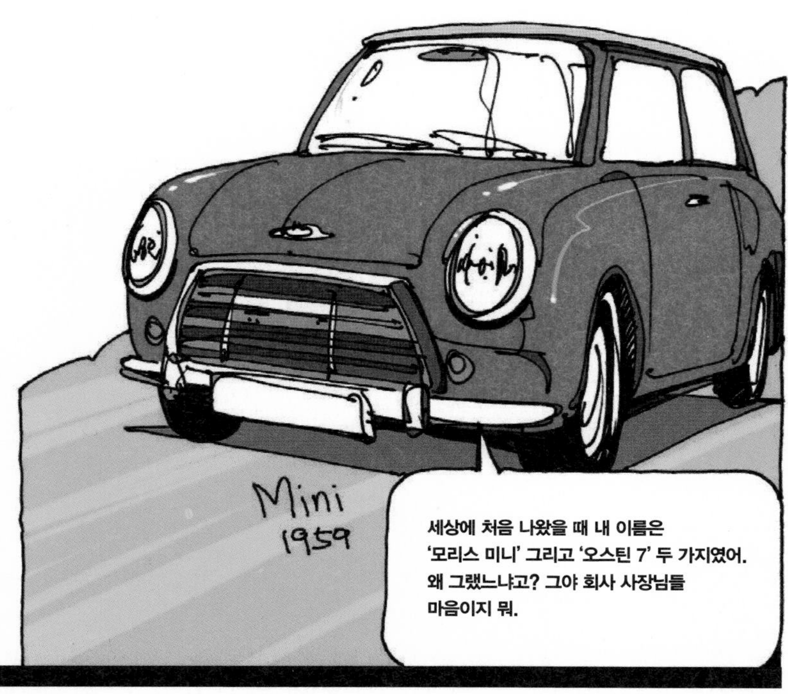

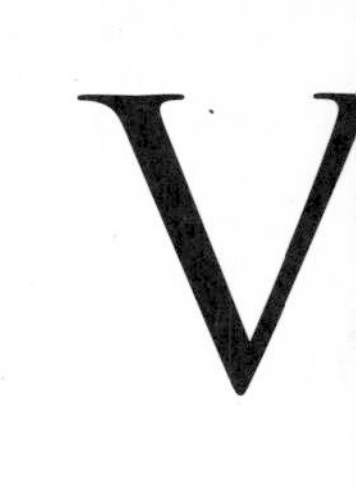

제2차 세계대전 후 우여곡절 끝에 다시 생산에 들어가 미국으로 수출되면서 인기를 얻게 된 비틀은 친근하고 실용적인 디자인 덕에 많은 사람들에게 사랑받은 차였지만, 그럼에도 히틀러가 구상한 프로젝트였다는 오명은 지울 수가 없다.

Ferdinand Porsche

생산 준비를 다 끝내고 30만 대의 주문도 받았지만 제2차 세계대전이 발발하는 바람에 정작 국민들은 이 차를 탈 수 없었어. 그리고 전쟁이 끝난 후 나는 전범재판을 받고 옥살이도 했지.

1933년 베를린의 한 호텔에서 내가 스케치를 했는데 그게 훗날 비틀의 모양과 아주 닮았지.

요즘 잘나가는 독일 자동차 회사치고 제2차 세계대전 때 군수기계 생산한 전력이 없는 회사가 어디 있겠어?

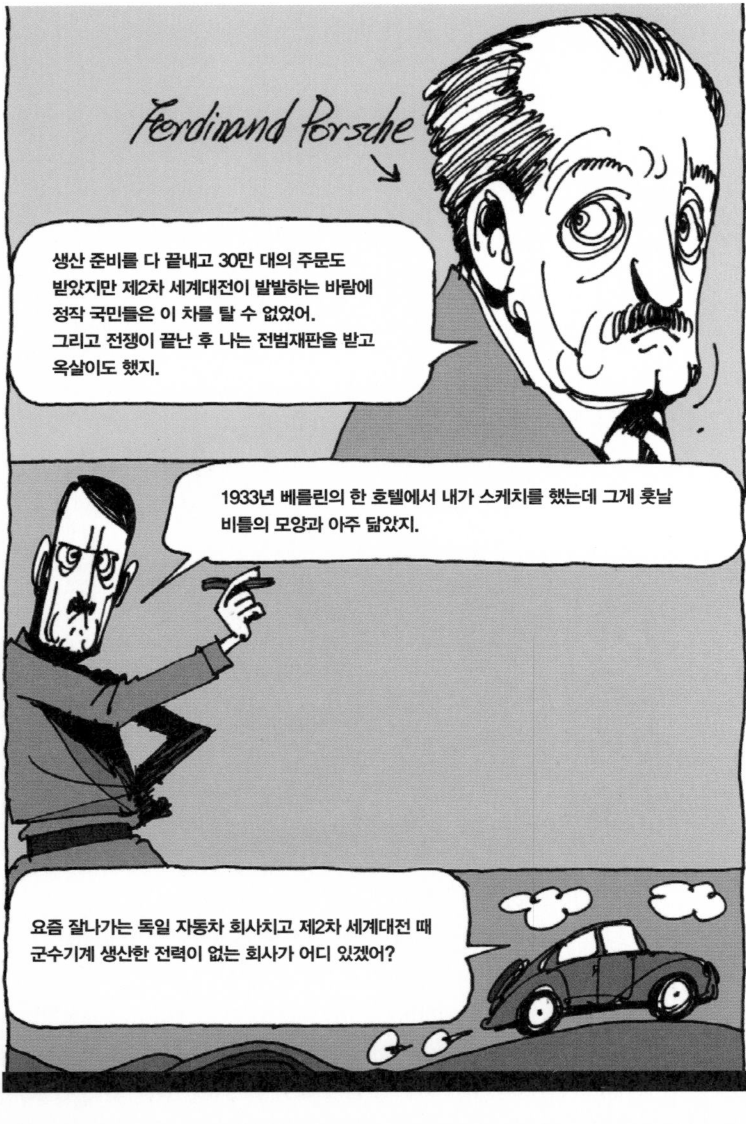

S

BMC의 회장 레너드 로드 경이 경차를 만들기로 결심한 것은 당시 원유 수입 경로였던 수에즈 운하를 이집트에서 봉쇄하는 바람에 석유 배급제가 실시되면서 기름이 적게 드는 차가 필요했기 때문이었다.

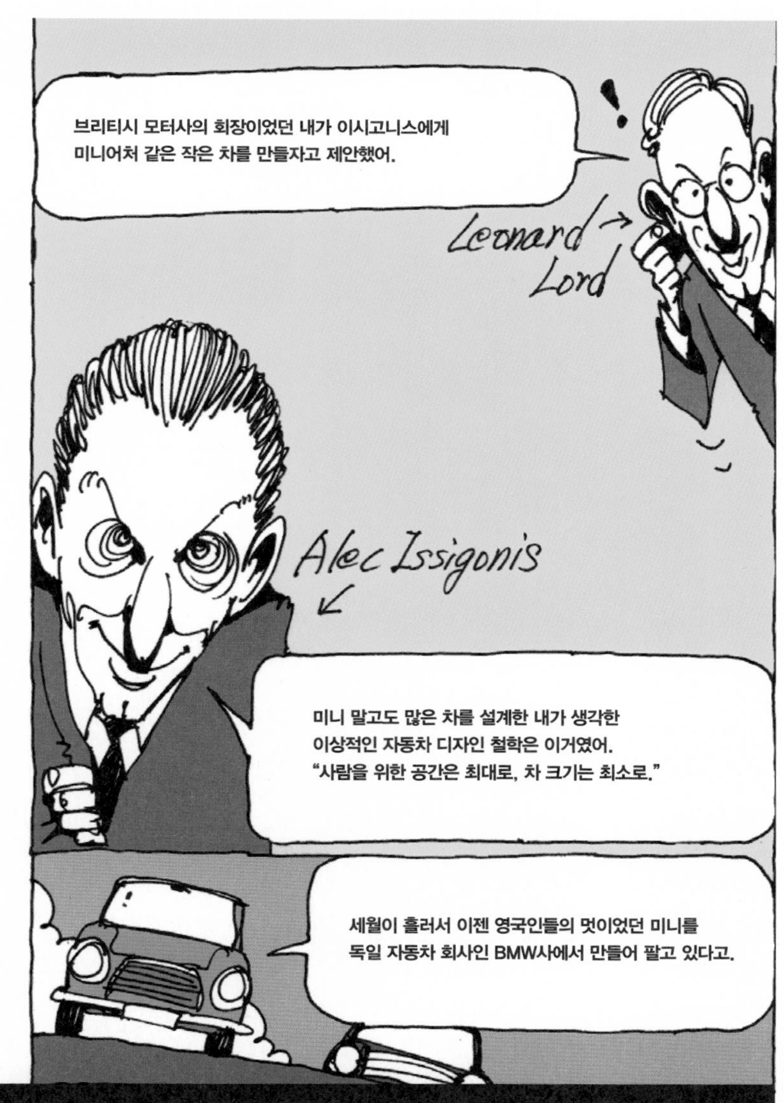

V

럭셔리 자동차 디자인의 아버지

바티스타 파리나

사치스럽고 허세 부리기를 좋아하는 사람들은 아마도 이탈리아 자동차 디자인의 명인이었던 바티스타 파리나에게 두고두고 감사해야 할 것이다. 최고급 슈퍼카인 페라리를 비롯해 과시용으로 소장하는, 예술적인 자동차의 유려한 외형을 확립한 디자이너가 바로 그이기 때문이다.

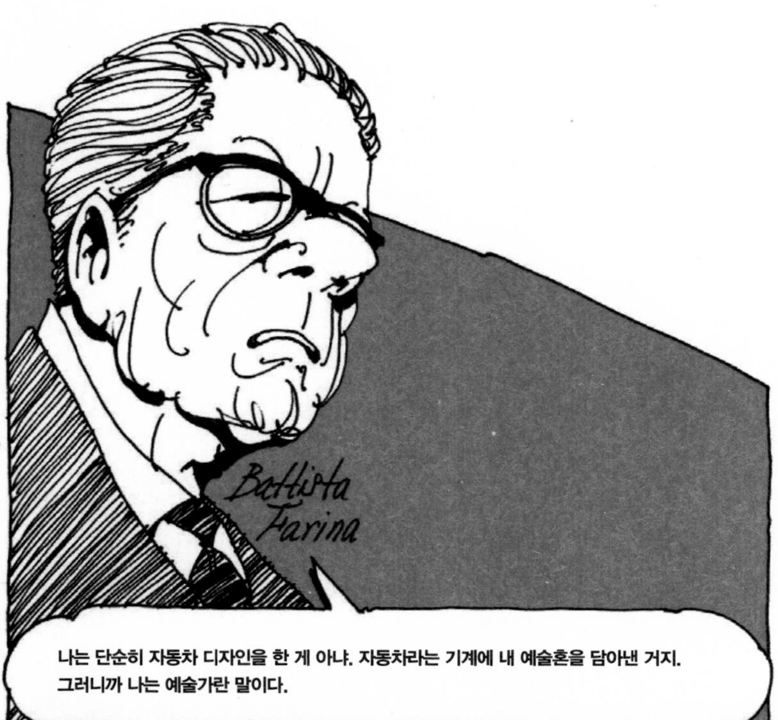

S

대중을 위한 자동차 디자이너

조르제토 주지아로

현대 자동차의 첫 고유 모델이자 한국 자동차 역사의 분기점이었던 포니를 디자인했고 피아트 판다, 폴크스바겐 골프 등 실용적인 자동차의 원형을 만든 조르제토 주지아로에게 '20세기의 가장 걸출한 자동차 디자이너'라는 칭송은 결코 과하지 않다.

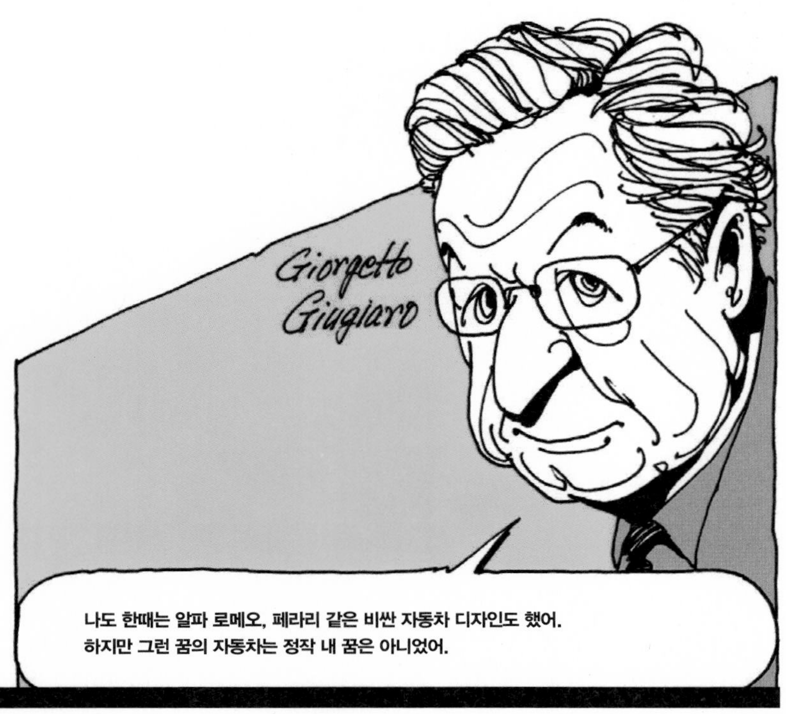

피닌파리나는 치시탈리아라는 자동차 디자인으로
고급 자동차 디자인의 이정표를 세웠고 이후 페라리를 설립한
엔초 페라리에게 낙점되어 명품 자동차 디자이너로서
자존심과 위상을 굳게 다졌다.

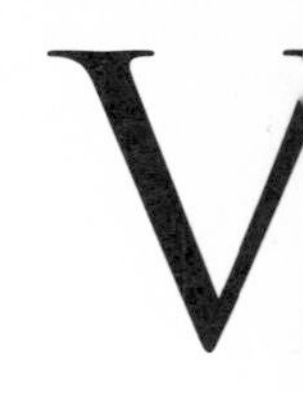

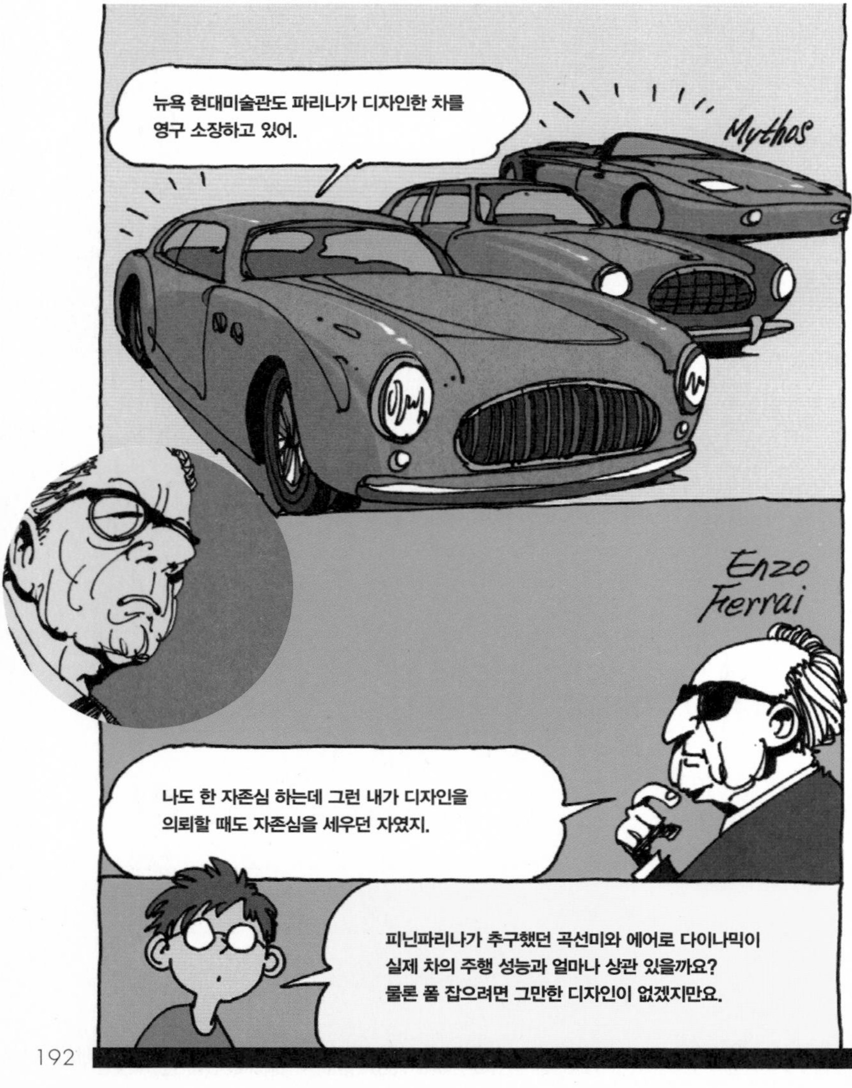

뉴욕 현대미술관도 파리나가 디자인한 차를 영구 소장하고 있어.

Mythos

Enzo Ferrai

나도 한 자존심 하는데 그런 내가 디자인을 의뢰할 때도 자존심을 세우던 자였지.

피닌파리나가 추구했던 곡선미와 에어로 다이나믹이 실제 차의 주행 성능과 얼마나 상관 있을까요? 물론 폼 잡으려면 그만한 디자인이 없겠지만요.

S

주지아로는 자동차라는 기계의 진짜 용도가 무엇인가에 대해 늘 고민했고 자신의 재능과 노력으로 빚은 제품을 좀 더 많은 사람들이 편리하게 사용할 수 있기를 바랐다. 그는 디자인이라는 행위를 실력을 과시하기 위한 수단이 아니라 산업화 시대에 자신이 맡은 역할이자 사명으로 여겼다.

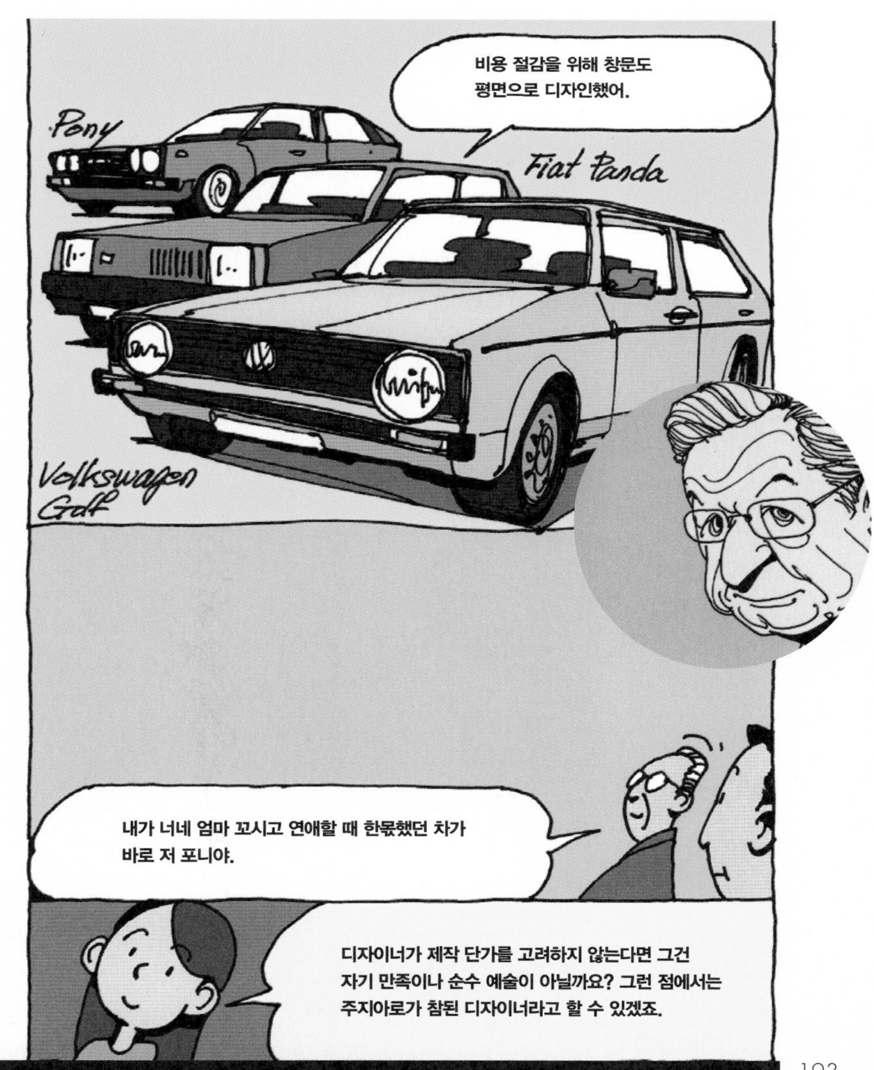

V

실용적인 명품 의자 디자이너

아르네 야콥센

구내 식당 같은 공공장소에 세련된 미감을 충족시키면서도 기능적으로 뛰어난 의자를 비치해두고 싶다면? 고민할 것도 없이 선택은 아르네 야콥센이 디자인한 개미 의자다. 값싼 재료인 합판을 휘어서 세 개의 금속 다리와 결합한 단순한 모양은 군더더기 없는 모던 디자인의 전형을 보여주는 실용적인 명품의 좋은 사례다.

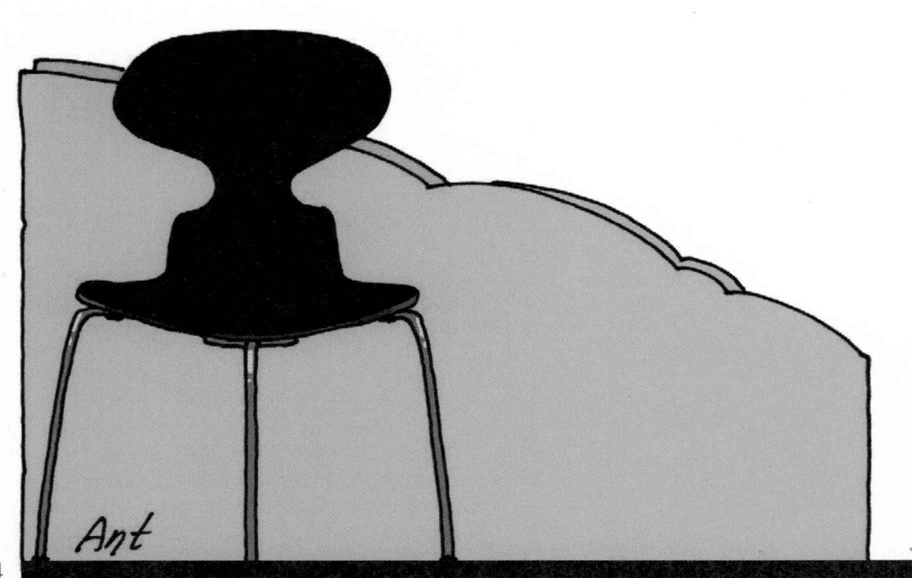

S

가구 조각가

핀 율

덴마크의 보석 같은 가구 디자이너 핀 율이 디자인한 오리지널 의자를 소장하려면 아마 보물찾기를 하는 심정으로 진품을 찾는 힘든 여정을 감수해야 할 것이다. 거기에는 그럴 만한 사정이 있다. 핀 율은 의자를 기능적으로 설계했다기보다 원목과 가죽, 천 같은 재료가 지닌 미감을 살려서 조각처럼 빚어낸 예술가다. 이를테면 '의자의 이데아'가 그의 심상에는 좀 더 다른 모습으로 내려앉았을 테다.

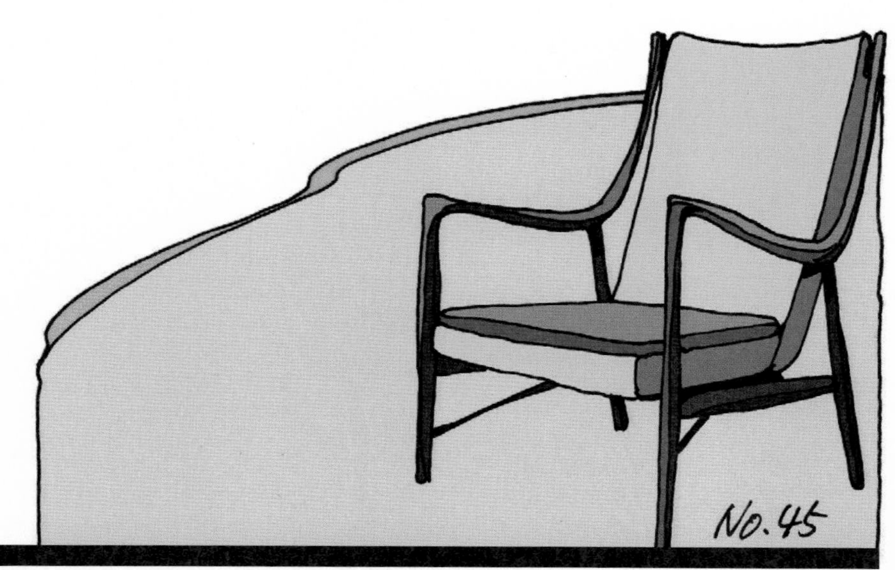

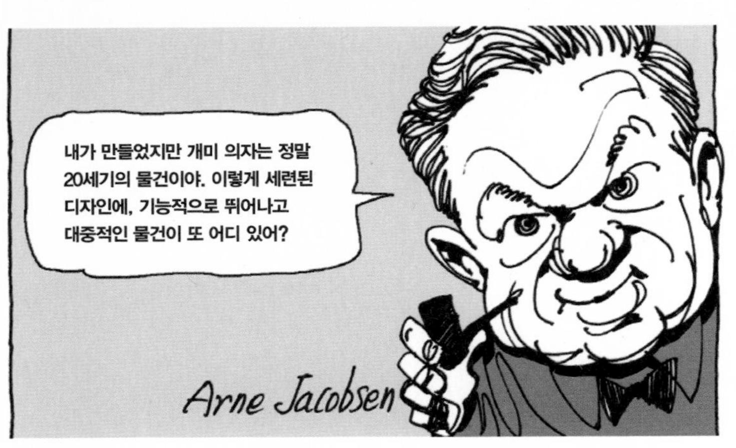

야콥센의 디자인 의자는 단순한 모양 때문인지 많은 업자들이 모방 제품을 만들어 팔기도 한다. 하지만 무릇 단순한 것일수록 제대로 만들기가 더 어려운 법. 그래서 짝퉁을 구매한 사람들은 쓰다가 후회도 많이 할 테다.

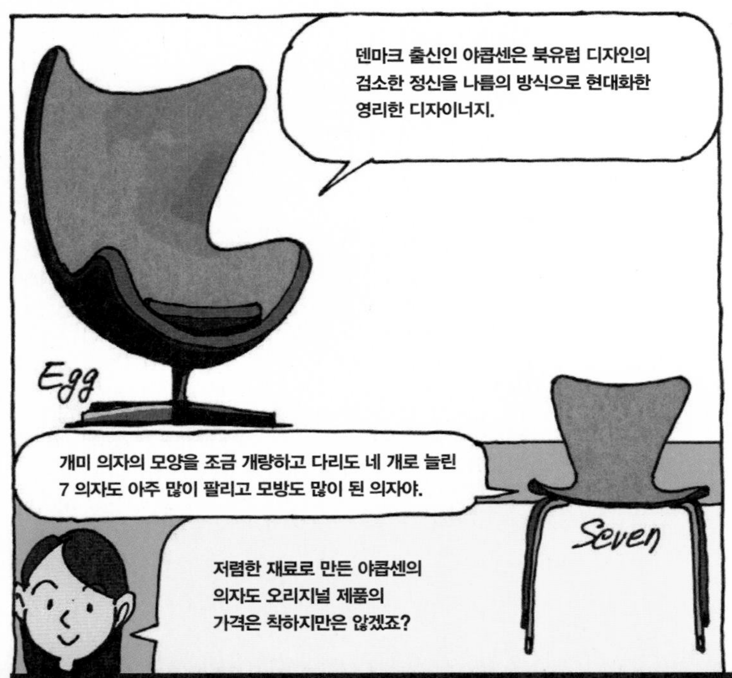

S

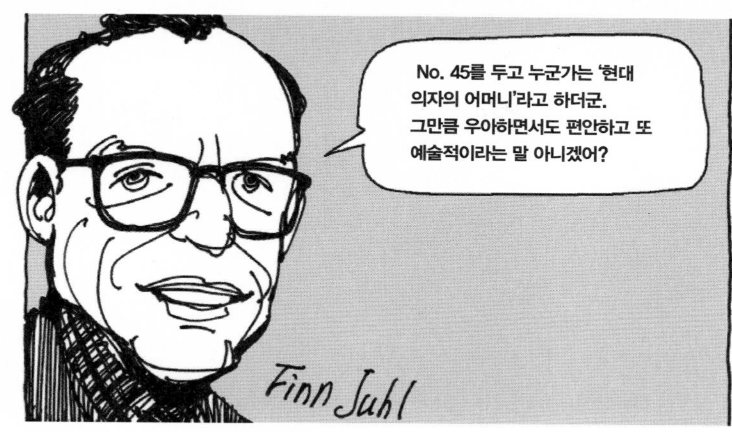

전통적인 북유럽 가구 디자인은 실용성과 내구성을 중시하는데, 도제식 교육을 받지 않았던 핀 율은 자신만의 예술적인 감성으로 정성스레 아름다운 의자를 그려냈다.

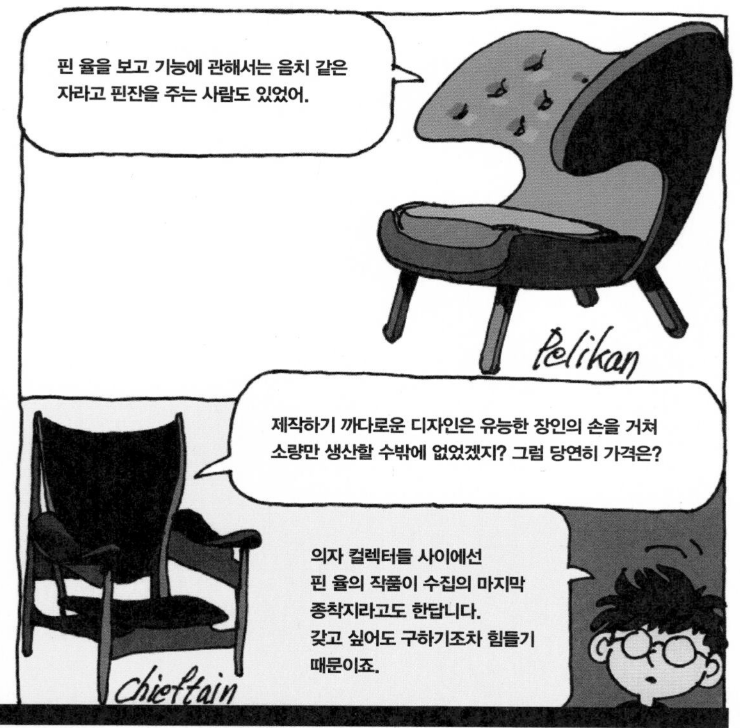

전통에 기능을 더한 멋

슈퍼레게라

V

이탈리아 사람들이 매사에 멋만 부리고 내실이 없다는 생각은 슈퍼레게라에 한 번만 앉아보면 편견이라는 걸 알게 된다. 군더더기 없이 절제된 아름다움에 우수한 기능까지 더한 이 의자는 1957년 건축 디자이너이자 탁월한 미학 이론가였던 지오 폰티에 의해 만들어졌다.

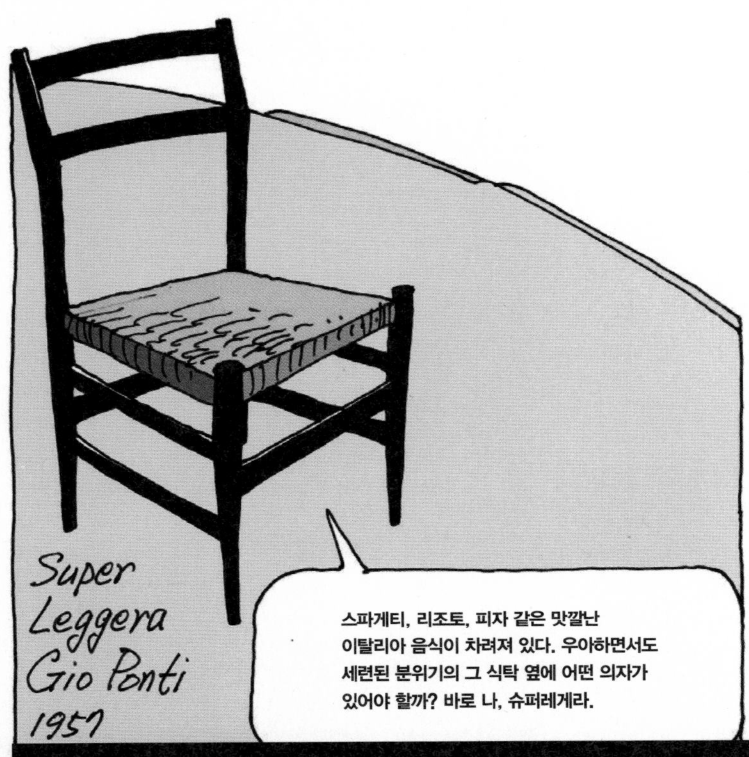

S

기능에 대한 풍자

메차드로

기능 명품 의자 슈퍼레게라가 탄생한 같은 해에 기상천외한 의자 하나가 세상에 등장했다. 트랙터의 시트를 떼어다 금속 프레임 위에 고정시키고 뒷부분에는 나무 받침대를 댄 이름 하여 메차드로. 아킬레 카스틸리오니라는 재능 많은 디자이너가 자신의 형 피에르 자코모와 함께 만들어서 20세기 아방가르드 디자인의 걸작으로 이름을 남긴 의자다.

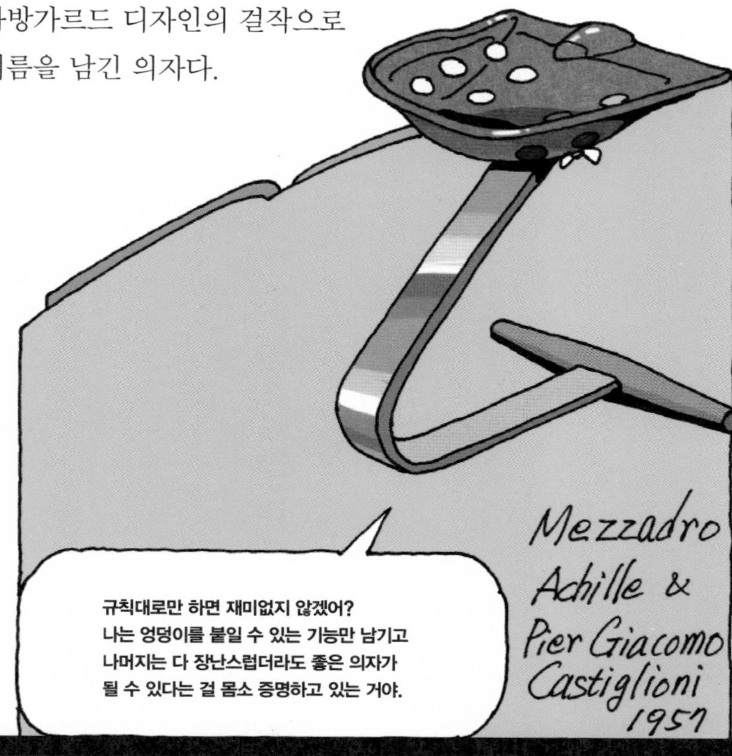

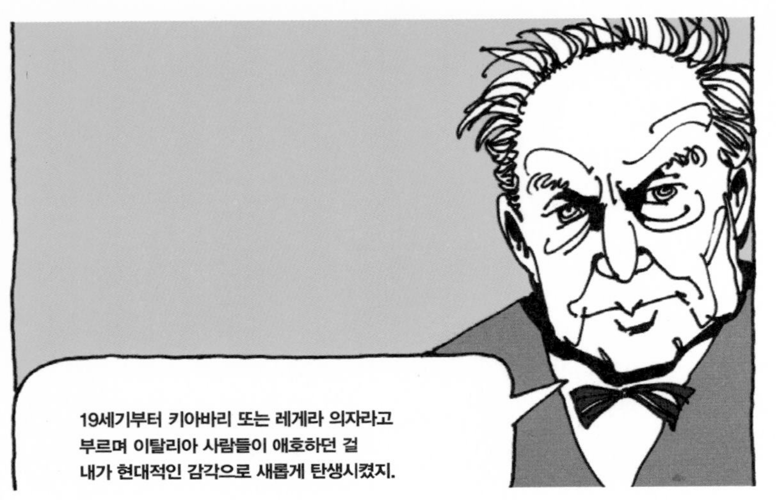

슈퍼레게라의 원형인 키아바리는 투박한 목재 원기둥 다리들을 각목으로 연결시키고 그 위에 등나무 좌판을 얹은 형태여서 아주 튼튼했지만 오래 앉아 여유를 즐기기에는 적합하지 않았다.

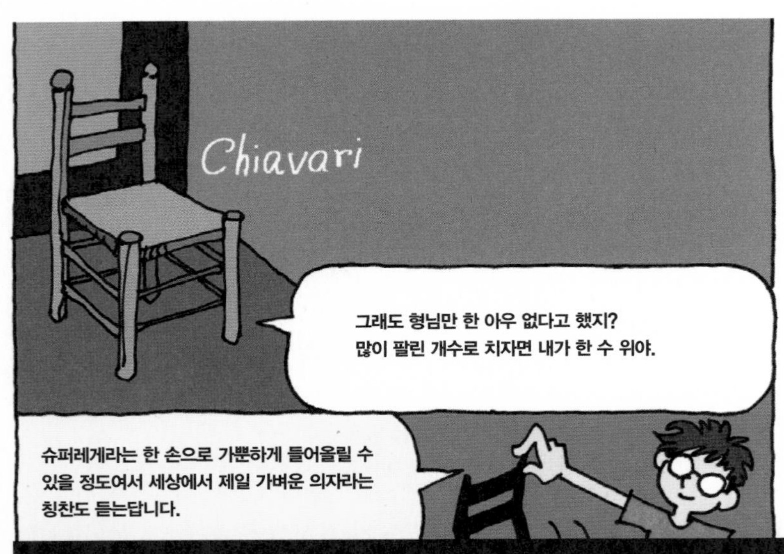

S

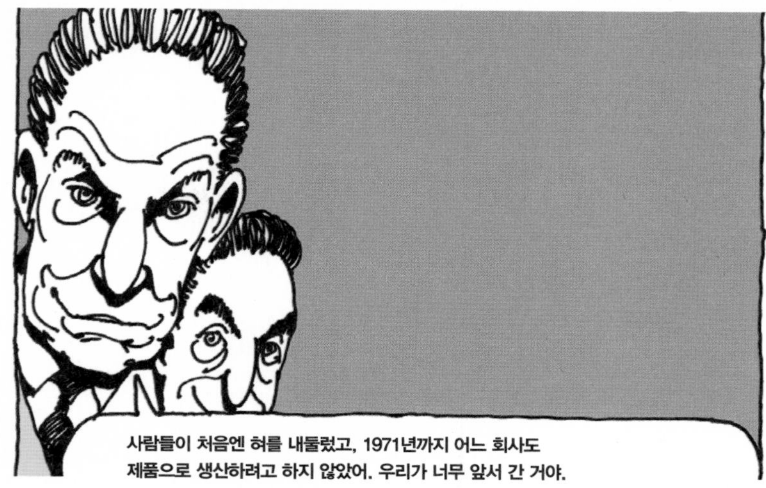

카스틸리오니는 메차드로 외에도 여러 분야에서 남다른 개성과 창의력을 발휘하면서 오늘날에도 센스 있다고 자부하는 많은 사람들이 소장하고 싶어하는 특별한 제품들을 많이 디자인했다.

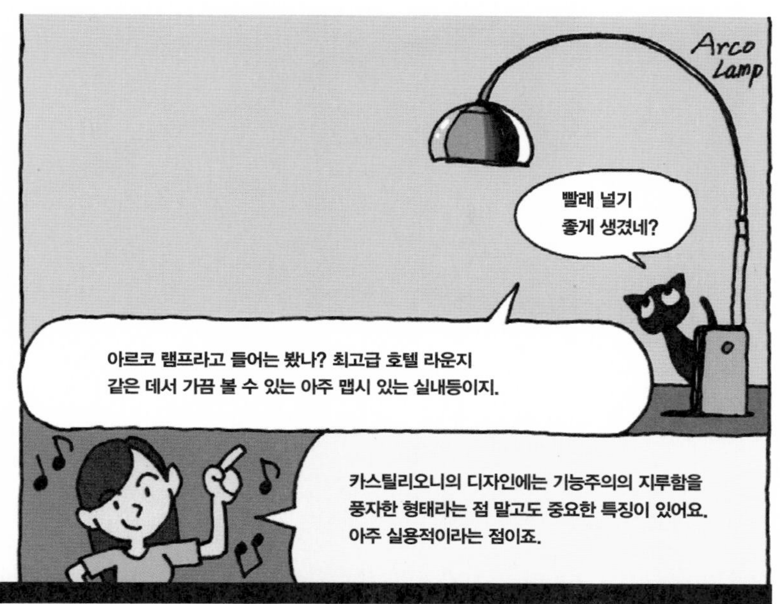

V

시대를 초월한 의자

토네트 No. 14

기능, 생산성, 판매 실적 등 모든 면에서 역사상 가장 위력적인 의자는 평범한 의자의 대명사 토네트 No. 14였다. 나무를 휘어서 만든 등받이와 다리 그리고 등나무 시트로 구성된 이 조립식 의자는 옛날 다방에서도 볼 수 있었고, 지금도 카페나 식당에서 심심찮게 눈에 띈다.

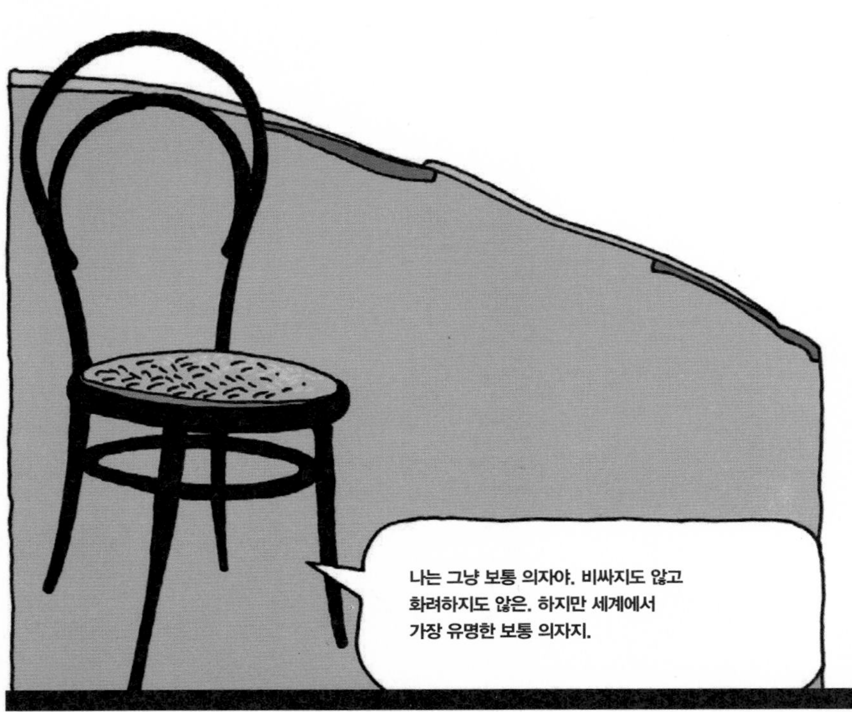

S

현대적인 나무 의자

스툴 60

20세기 초 바우하우스로 대표되는 디자인 운동의 황금기에 대부분의 디자이너들은 의자 소재로 금속에 주목했지만 핀란드 출신의 알바르 알토는 달랐다. 그는 북유럽 목재가구의 전통과 멋을 현대에 맞게 되살리면서 실용성과 미적 완성도라는 두 마리 토끼를 잡는 데 성공했다.

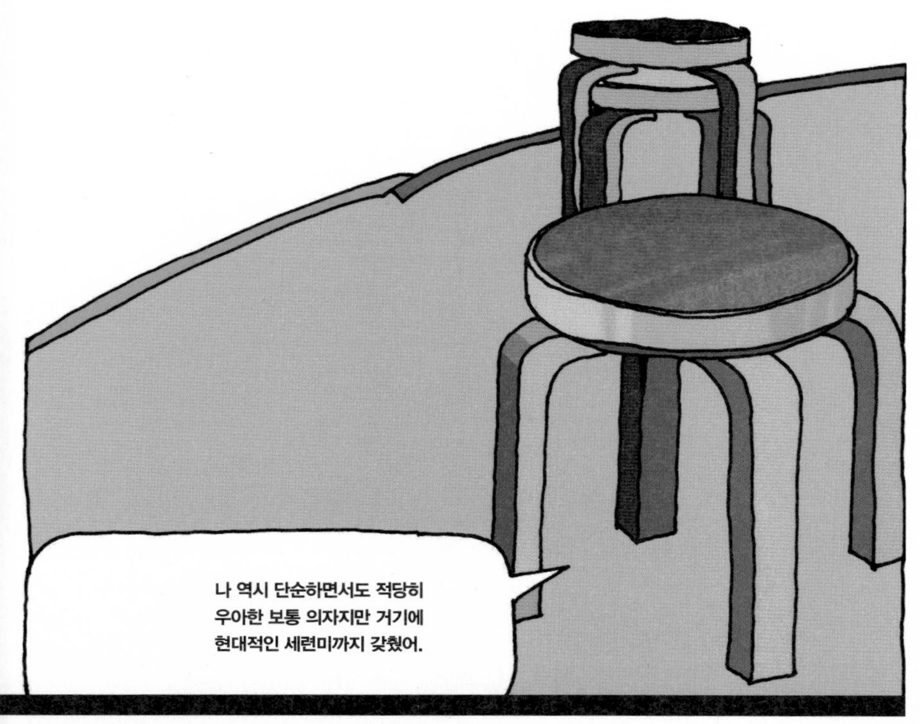

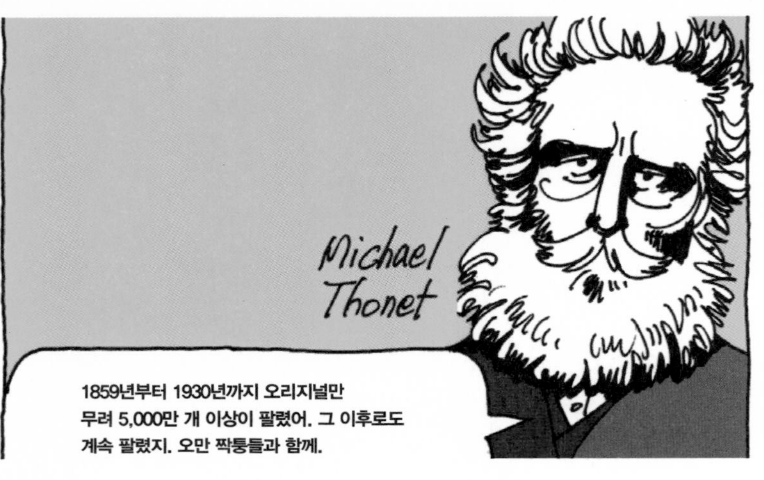

나무를 휘어서 가구를 만드는 곡목 기술로 특허를 받은 오스트리아 출신의 사업가 미하엘 토네트는 몇 개의 부품만을 조립해서 만드는 의자들을 생산했다. 그가 설립한 회사는 모든 부품을 매우 저렴한 비용으로 제작할 수 있었기에 특허권이 소멸된 이후에도 경쟁 업체들을 따돌리며 승승장구할 수 있었다.

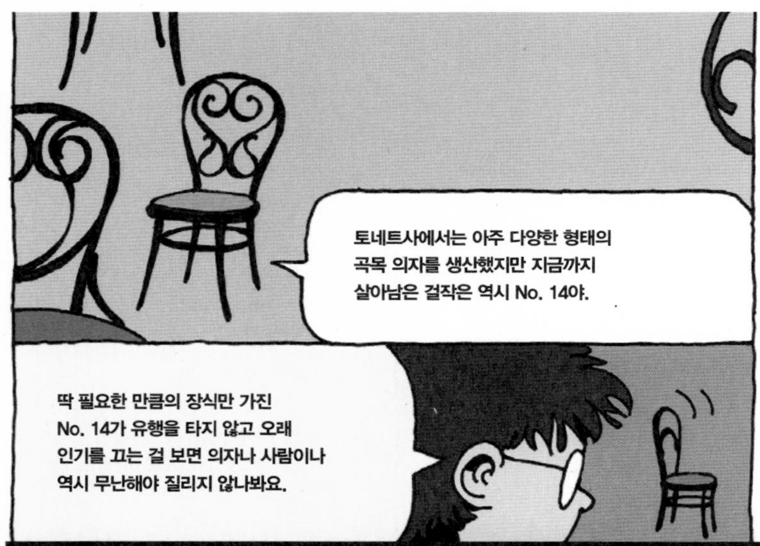

S

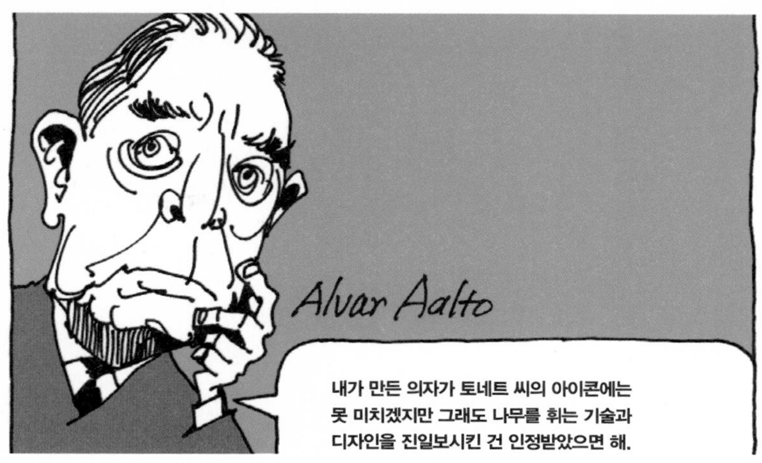

스툴 60의 시트에 고정시키는 네 개의 다리를 절제된 각도로 휘게 설계한 것은 무거운 하중에 더 잘 버틸 수 있도록 기능을 향상시켰을 뿐만 아니라, 산업화 이후 현대인들의 달라진 미적 취향을 선구적으로 반영한 디자인이었다.

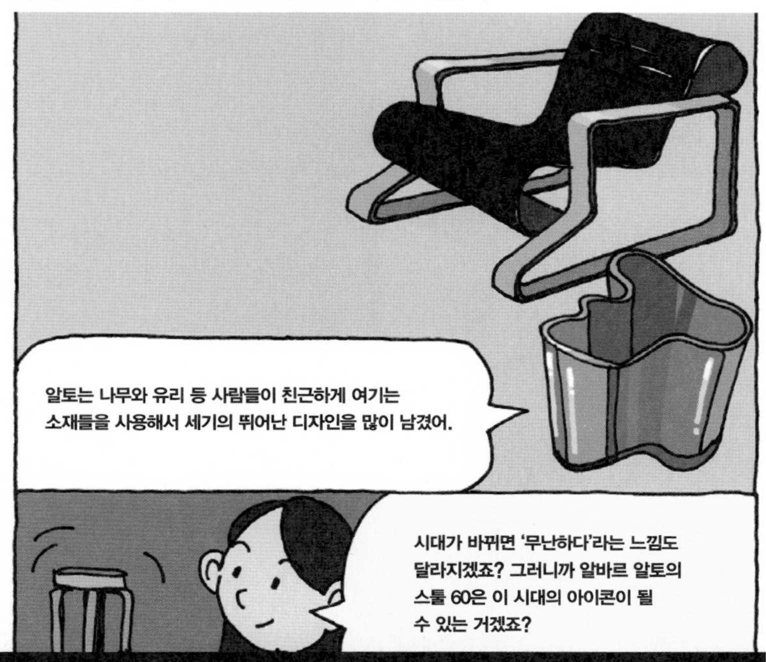

캔틸레버 의자의 선구

B33

V

캔틸레버 구조는 건축에서 한쪽 기둥만으로 하중을 버티게 하는 공법을 일컫는 용어인데, 마르트 슈탐이라는 디자이너가 최초로 그 원리를 의자 디자인에 적용했고, 바로 그 무렵 디자인 운동을 선도하던 교육기관 바우하우스의 교수 마르셀 브로이어가 B33을 탄생시켰다.

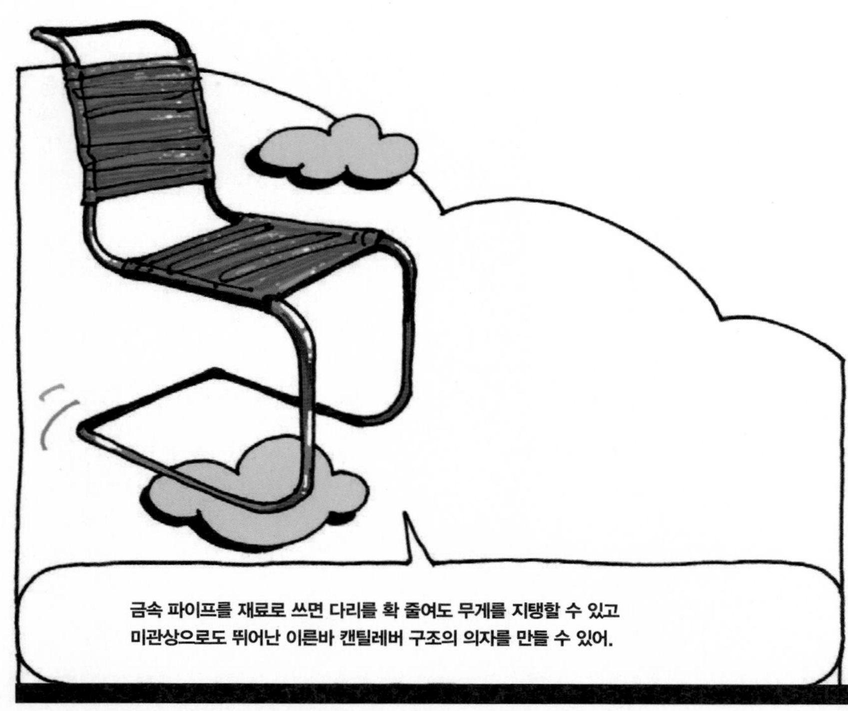

S

의자로 공중부양

MR20

현대 건축의 선구자를 꼽을 때 항상 거론되는 건축 디자이너 루트비히 미스 반 데어 로에는 슈탐과 브로이어의 의자 설계에 결코 만족하지 않았다. 그는 캔틸레버 의자의 다리 부분 곡선을 크게 하는 것만으로도 의자가 한층 더 아름다워질 수 있다고 생각했고 결국 미학적으로 최고의 완성도를 가진 의자 MR10과 거기에 팔걸이를 추가한 MR20을 만들어냈다.

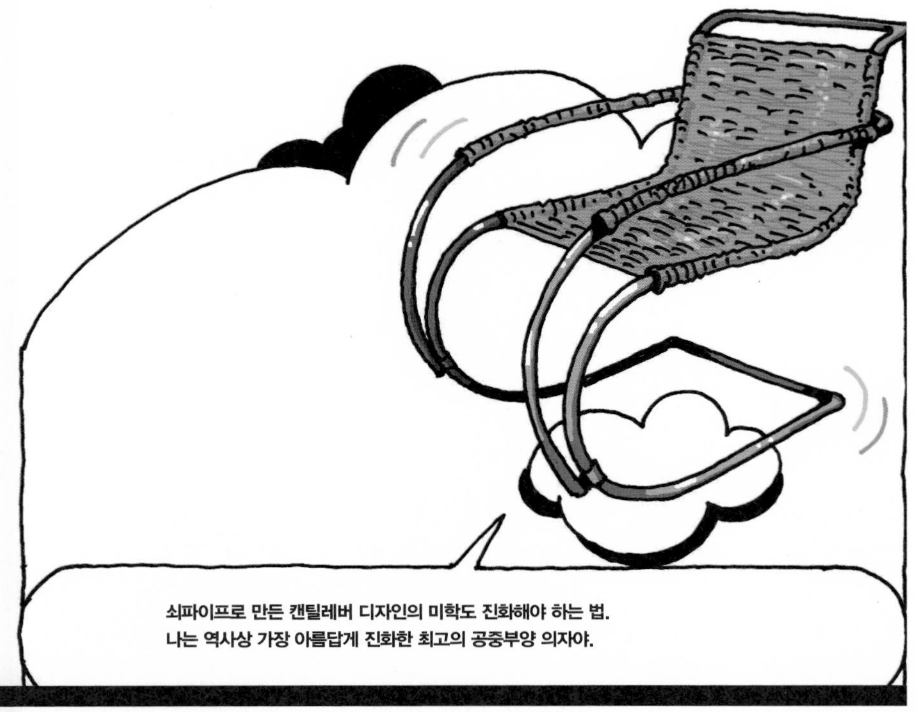

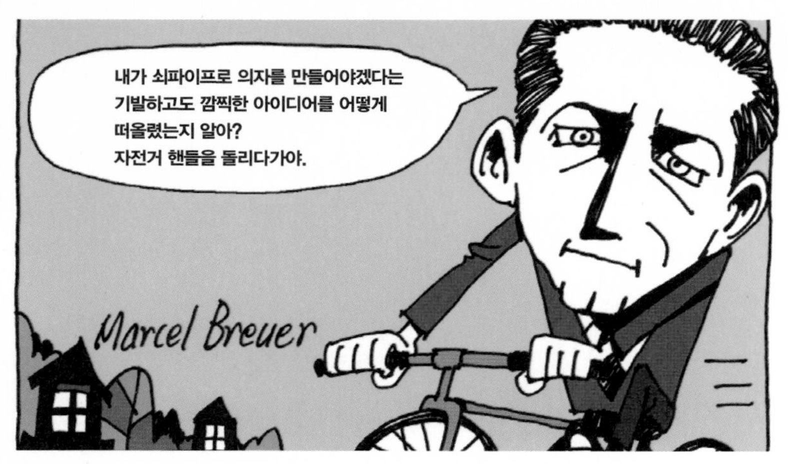

B33이 슈탐의 설계에 비해 더 각광을 받고 기념비적인 작품이 될 수 있었던 이유라면, 그 전에 브로이어가 금속 재료의 가능성을 연구하면서 디자인했던 '바실리 의자'의 성공 사례가 있었기 때문일 것이다.

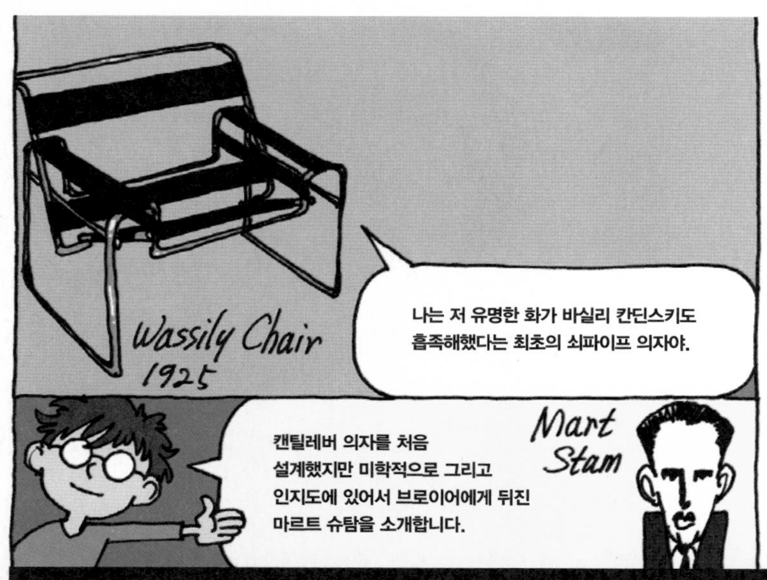

S

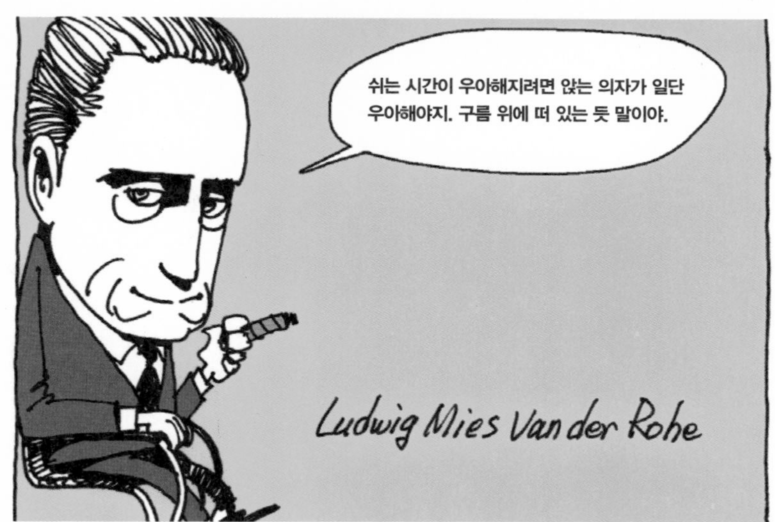

뛰어난 디자인을 위해서는 최소한의 요소만으로 멋을 내야 한다는 디자인 철학을 가졌던 반 데어 로에는 단순하면서도 기품을 잃지 않는 제품을 많이 설계했다. 오늘날에도 큰 건물 1층 라운지에 가장 잘 어울리는 걸작, 바르셀로나 같은.

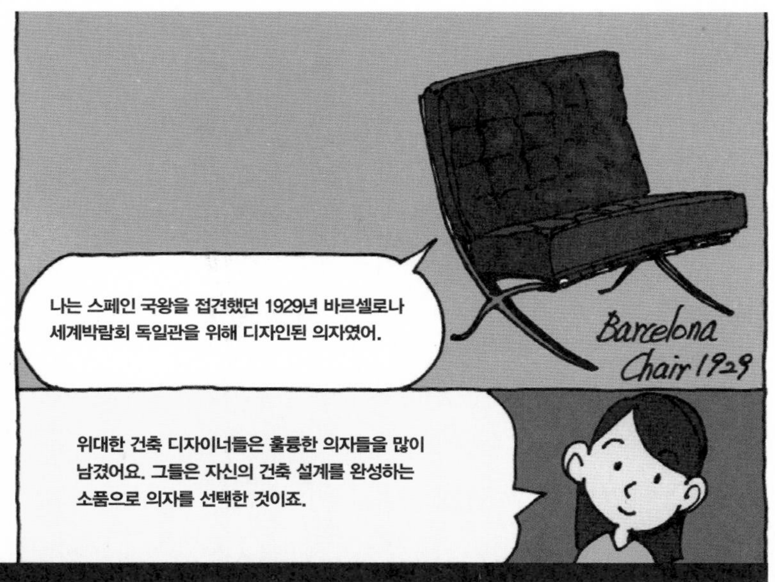

20세기 의자 부부

찰스 & 레이 임스

섬유유리 소재를 이용해 등받이와 좌판, 그리고 팔걸이를 일체형으로 만들고 금속과 나무를 조화롭게 연결시킨 의자는 찰스와 레이 임스 부부가 1948년에 디자인한 걸작이다. 그들은 재료가 지닌 미학적 잠재력을 발굴해서 견실한 생활용품을 만드는 탁월한 설계자들이었다.

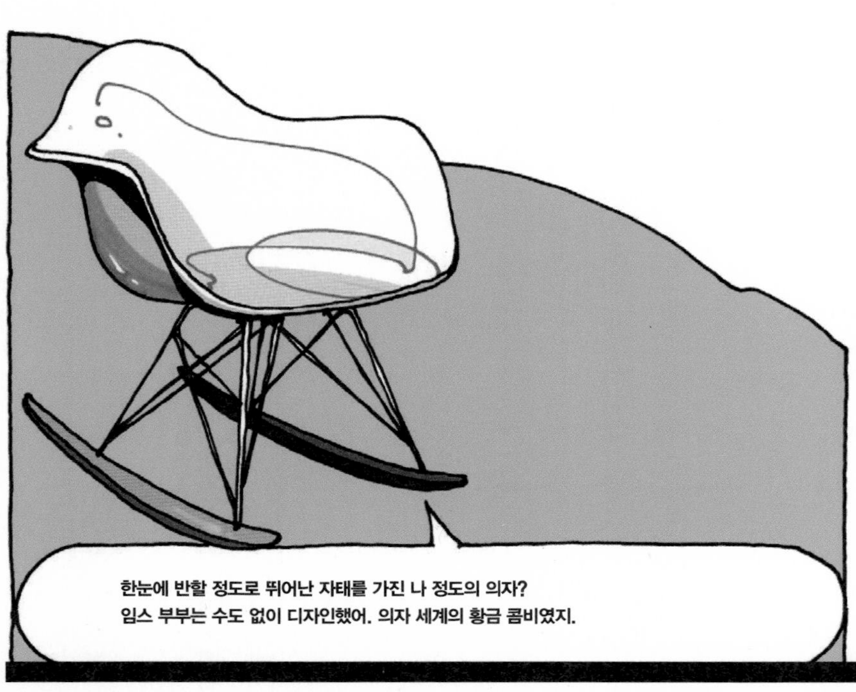

S

의자계의 팝아티스트

베르너 판톤

플라스틱으로만 만든 제품은 여러 장점이 많지만 주변 환경과 어울려 고급스러운 느낌을 주기에는 다소 부족한 면이 있다. 그러나 덴마크 출신의 가구 디자이너 베르너 판톤은 그것마저도 편견임을 자신이 디자인한 의자 한 개로 증명했다. 1960년대에 나와서 20세기 팝아트 작품에 버금가는 명성을 얻은 판톤 의자다.

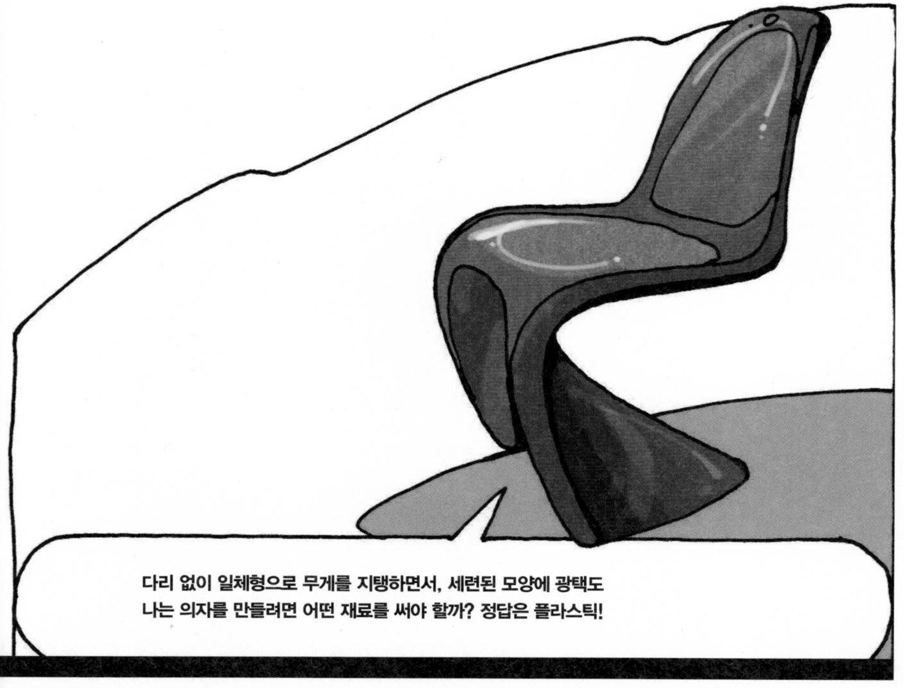

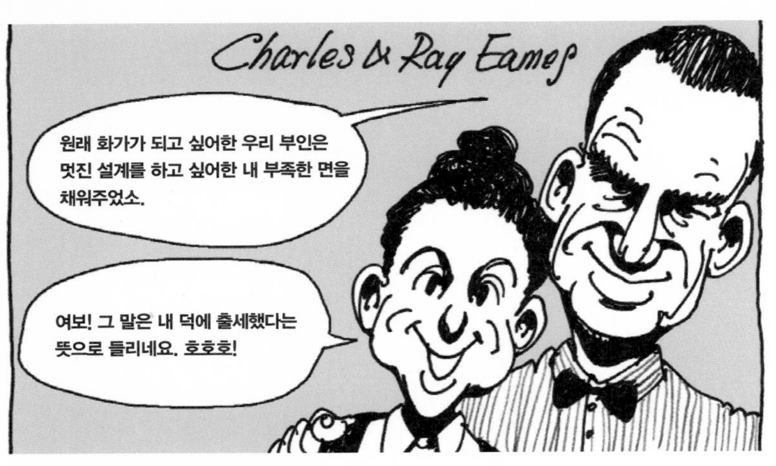

20세기 의자 디자인계 인물들을 업적을 따져 신분을 매긴다면 황제와 왕비의 자격은 분명히 임스 부부에게 주어질 것이다. 오늘날에도 전 세계인들에게 사랑받는 거의 모든 의자들이 그들의 손에 의해 탄생했으니까.

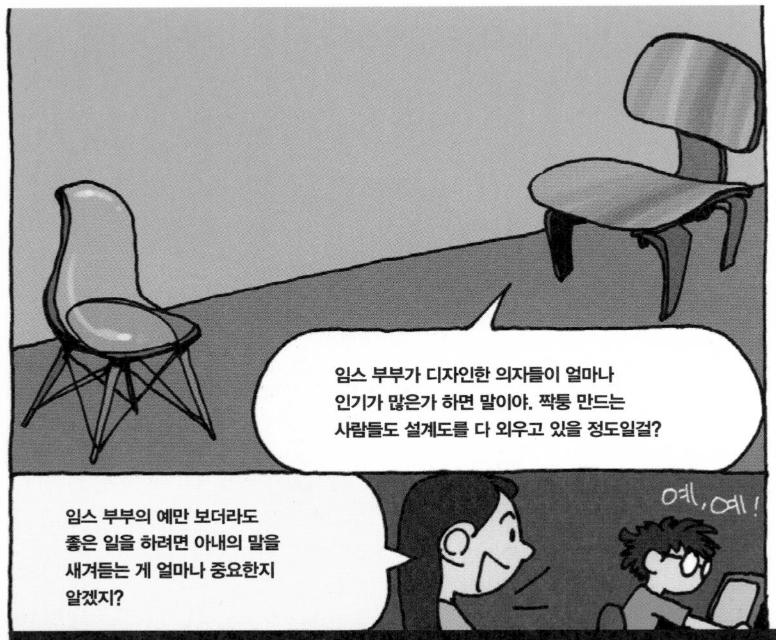

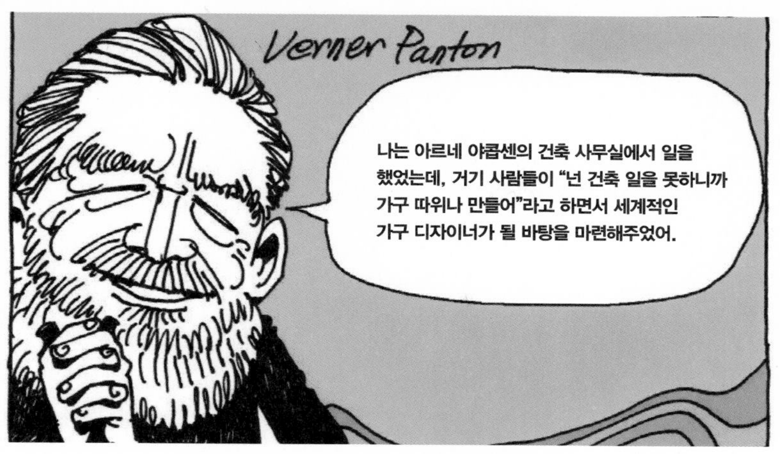

1957년 판톤이 일체형 의자를 처음 구상했을 때만 해도 플라스틱 성형 공법이 발달하지 않아 제작비 등의 문제로 나서는 업자가 없었다. 그러나 10년이 흐른 뒤 세상에 등장한 판톤 의자는 곧 생활문화의 아이콘이 되었다.

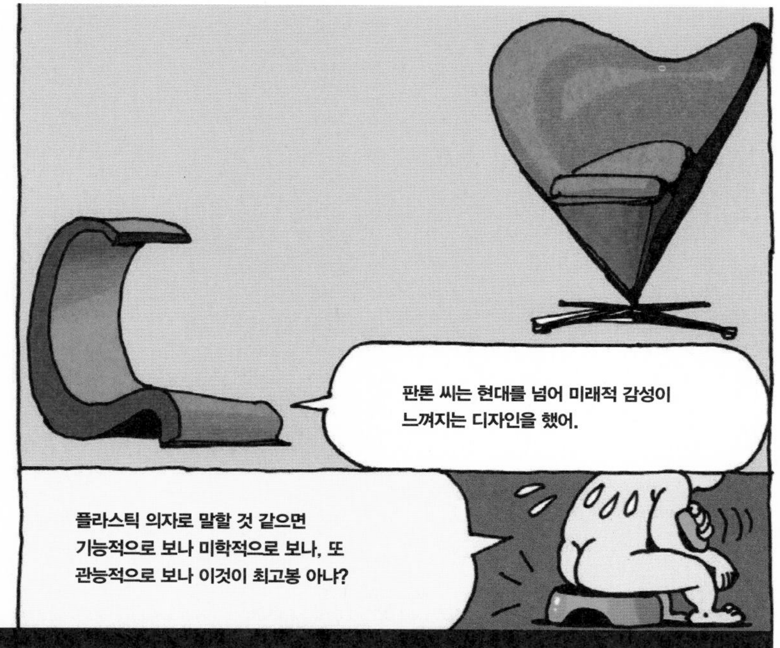

+ **plus talk**

디자인은 욕망이다

우리 앞에 두 개의 물건이 있다고 가정하자. 둘 다 똑같은 기능과 내구성을 가졌지만 하나는 꾸미지 않은 모양새이고 또 하나는 디자인이 된 것이다. 물론 디자인된 것이 가격은 훨씬 더 비싸다.

사람들은 어떤 걸 선택할까? 요즘처럼 디자인이라는 말이 온 세상에 좋은 뜻으로 울려 퍼지고 있는 때라면 가격에 상관없이 디자인이 된 쪽을 선택하는 행위는 매우 자연스러운 일일 뿐만 아니라 세련된 현대인의 자격으로까지 여겨질 만하다.

오늘날 근대가 낳은 최고의 용어이자 생활과 문화를 넘어 경영·환경·정치에까지 위력을 발휘하고 있는 단어인 디자인. 이 말에는 결코 부도덕이나 과욕 같은 부정적인 느낌이 묻어 있지 않다. 한마디로 디자인은 '착한' 대세다.

디자인의 시대적 요청을 소리 높여 강연하는 디자인 경영 세미나 같은 곳에 초청된 연사를 찾아가 "디자인이 뭡니까?" 하고 물어본다면 그는 어떻게 대답할까?

뻔하다. 아마도 그는 우리가 일상적으로 생각하고 있는 '좀 더 멋을 내기 위한 것' 정도의 단순한 대답으로 그치지 않고 설계·계획·개념·합리성 등과 같은 그럴싸한 용어와 수사로 무장한 장황한 연설을 늘어놓을 것이다. 그러면서 궁극에 가서는 '디자인은 인간의 삶을 복되게 할 것이다'라는 복음서 같은 결론을 내리며 뿌듯해할지도 모른다.

이러니 디자인에 관한 논의가 복잡해지는 것이다.

'디자인'이라는 단어의 유래와 의미 변천 과정의 역사를 훑어볼 때 그 뜻이나 명분은 그리 거창하지도 복잡하지도 않다. 길을 가다 만난 어떤 이가 "디자인이 뭐지요?"라는 물음에 "글쎄요, 물건이나 그걸 쓰는 사람들의 생활에서 없어도 그만이지만 있으면 좀 더 나은 장식 같은 것 아닐까요?"라고 무심코 대답했다면, 그게 바로 정답이다.

물론 디자인을 전문적인 영역이라고 생각하는 대다수의 전문 디자이너들과 그 주변에서 디자인을 통해 밥벌이를 하는 사람들은 디자인이야말로 산업화와 경제활동에 있어서 경쟁력 강화를 위한 필수 요소이기에, 디자인을 통해 인간의 삶은 진보하는 것이라고 말할 것이다. 여기에 자동차 산업에서 성취한 디자인 성공 사례 혹은 어김없이 스티브 잡스의 예를 들기도 할 것이고, 좀 더 지적인 디자이너나 지식인이라면 디자인의 어원을 들이밀면서 디자인은 결코 그런 장식적인 요소가 아니며 오히려 전근대적이고 불필요한 장식을 걷어내면서 물건의 기능을 강화하는 합리적인 계획 같은 것이라고 반박할 테다. 그런 모든 주장에는 디자인이라는 행위에는 인간과 사회를 향한 선의가 내재해 있다는 변론을 지켜내기 위한 애틋한 노력이 담겨 있다.

그러나 디자인의 뜻은 단순하다.

디자인은 그저 욕망이다.

어떤 종류의 것이 되었건, 제작자와 사용자 중 누구의 관점에서건 디자인은 생존 수준의 삶에서 비교적 자유로워진 인간들의 멋에 대한 관심이자 욕망이며, 상류층 귀족들이 누리던 호사를 부르주아 혁명 완수 이후 근대적인 모습으로 재가공한 또 다른 욕망에 다름 아니다. 철학자이며 미디어 학자인 빌렘 플루서는 자신의 비평문집 『디자인의 작은 철학』에서 "물건으로 매료되는 일용품은 우상이며, 그런 관점에서 보면 현재 문화가 처한 상황은 우상을 섬기는 것이라고 할 수 있다"라고 했다. 플루서는 또한 디자인이라는 것이 "장애물을 치우기 위해 들여놓는 또 다른 장애물과 흡사하다"고 이야기하는데, 최소한 프로덕트 디자인 분야만 놓고 본다면 그 같은 견해는 확실히 의미가 있다. 모든 물건의 설계는 그로 인해 인간의 삶과 관심이 전진한다는 면에서는 어쨌든 사물 지향적이다. 그것이 미학적인 관심이든 아니면 기능에 관한 것이든.

물론 여기서 오해하지 말아야 할 것은 디자인이라는 행위가 전적으로 부도덕하거나 정의롭지 못한 욕망에 기인한다고 이야기하는 것은 아니라는 점이다. 욕망이라는 것은 언제나 제반 여건이나 상황 그리고 동기나 저의가 어떤 것이냐에 따라 그 양태가 달라지는 것처럼, 디자인 또한 그 욕망을 생산하고 소비하는 주체에 해당하는 사람들이 어떤 마음과 의도로 대하는가에 따라 선해질 수도 악해질 수도 있다. 바로 그런 점에서 절대왕정 시대의 귀족들이 궁정에서 사용했던 금장 그릇이나 근엄한 계급의 상징으로서 의자들이 차별적인 지위를 드러내기 위한 탐욕의 도구였던 반면에, 오늘날 보편적인 계층의 사람들이 사용하는 식기 세트나 간편하기도 하고 안락하기도 한 다양한 종류의 가구들은 대다수 사람들의 생활에 유익한 욕망의 발현이라고 볼 수 있는 것이다.

문제는 대중의 욕망을 담보로 전문적인 행위를 하는 주체들, 즉 디자이너와 기획자 들이 그 행위의 결과로 혜택을 누리게 되는 사람들의 범위를 되도록 늘려감으로써 문화적 차별을 줄여갈 수 있느냐 하는 것인데, 우리가 알고 있는 현명하고 위대한 디자이너들치고 이런 욕망을 제어하는 디자인의 윤리에 소홀했던 이는 드물다. 그래서 우리는 계속해 우리의 삶에 유익하고 건전한 멋을 살려줄 착한 디자이너들의 출현을 기대할 수 있는 것이다.

대중매체

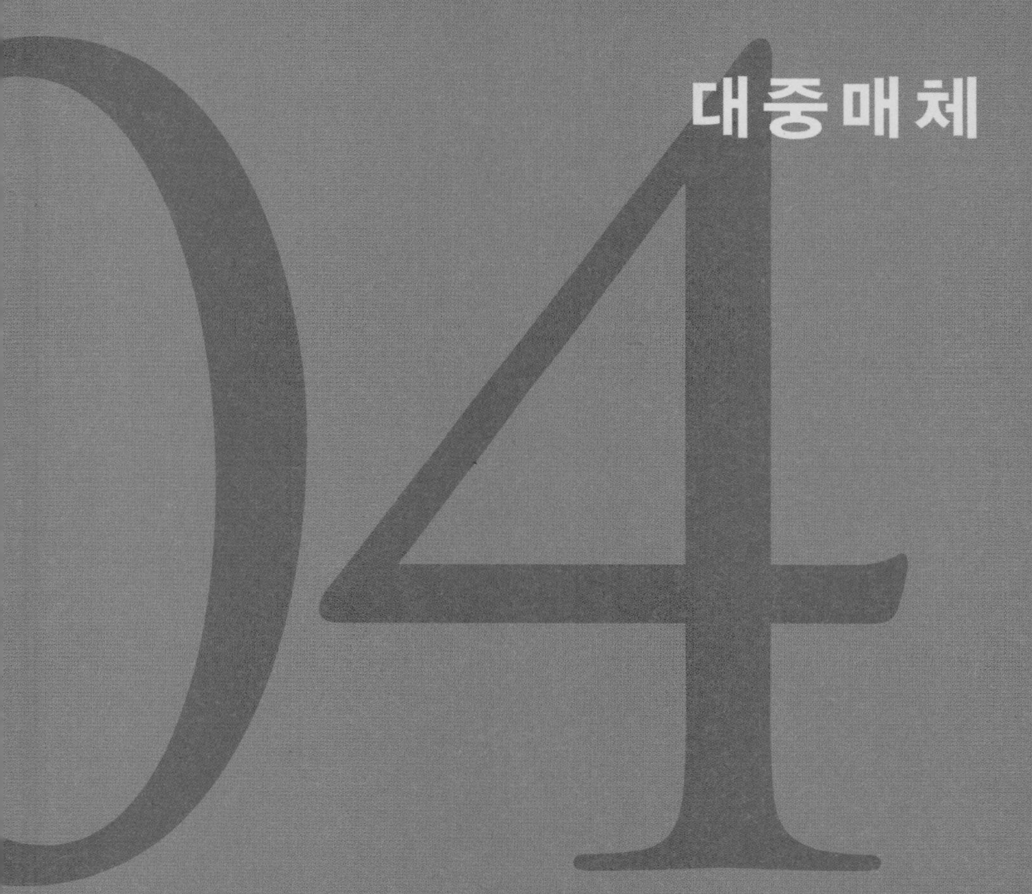

사람 찾아드려요!

페이스북

예전부터 뚜쟁이들이 인물 좋고 배경 좋은 맞선 후보를 물색하기 위해 명문대학의 졸업 앨범을 활용한다는 항간의 이야기가 있다. 하지만 오늘날 그런 인맥 정보는 앨범이 아닌 다른 곳에 더 많이 있다. 전 세계 가장 많은 사람들이 모이는 사교의 장. 다름 아닌 페이스북이다.

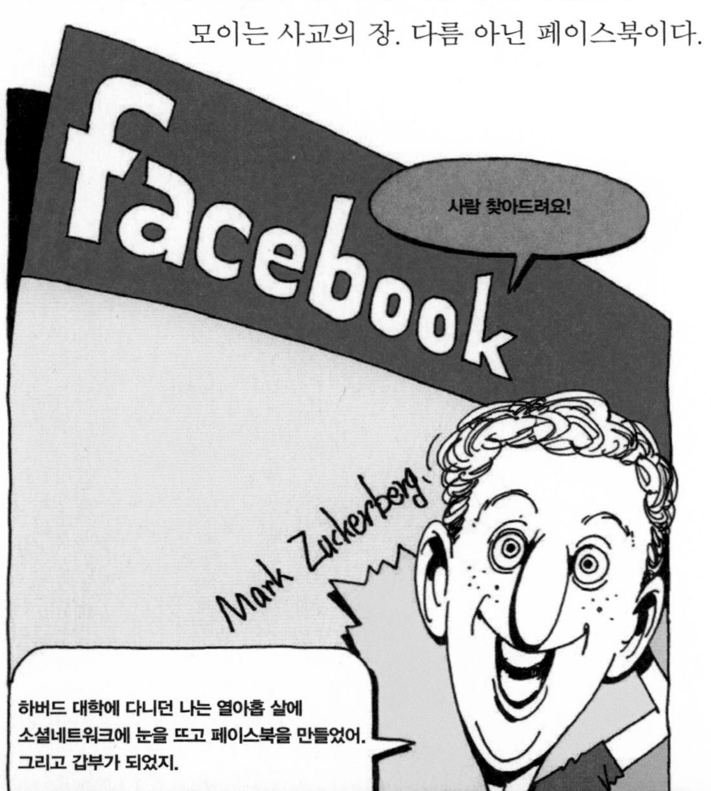

S

마구마구 떠들어봐요!

트위터

페이스북이 인맥과 관계 형성에 초점을 맞추고 있는 반면 잭 도시, 에번 윌리엄스, 비즈 스톤 등이 2006년에 개설한 트위터는 일상적인 이야기에서 의견이나 주장까지 불특정 다수의 타인과 나누는 공론의 장이다. 그곳에서 사람들의 주목을 끄는 이야기꾼이나 유명 인사들은 지지자들을 무한대로 거느릴 수가 있다.

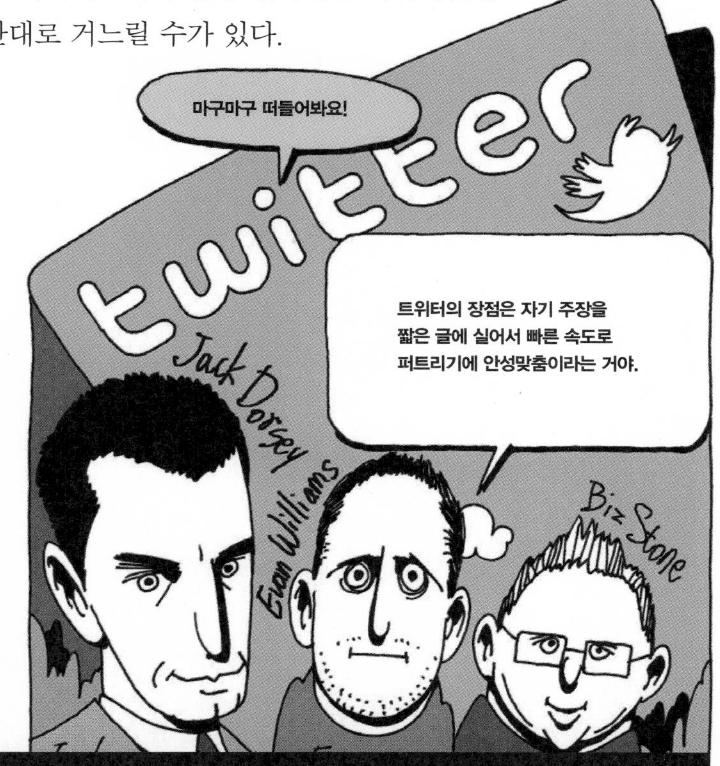

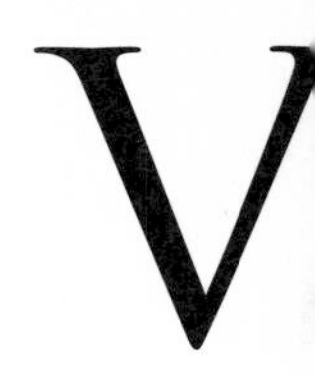

페이스북은 넓은 인맥을 쌓을 수 있는 다양한 기능을 제공하지만 사용자들이 느끼는 체계는 매우 단순명료하다. 바로 그런 이유 때문에 전 세계 인구의 10분의 1에 달하는 사람들을 끌어모을 수 있었을 것이다.

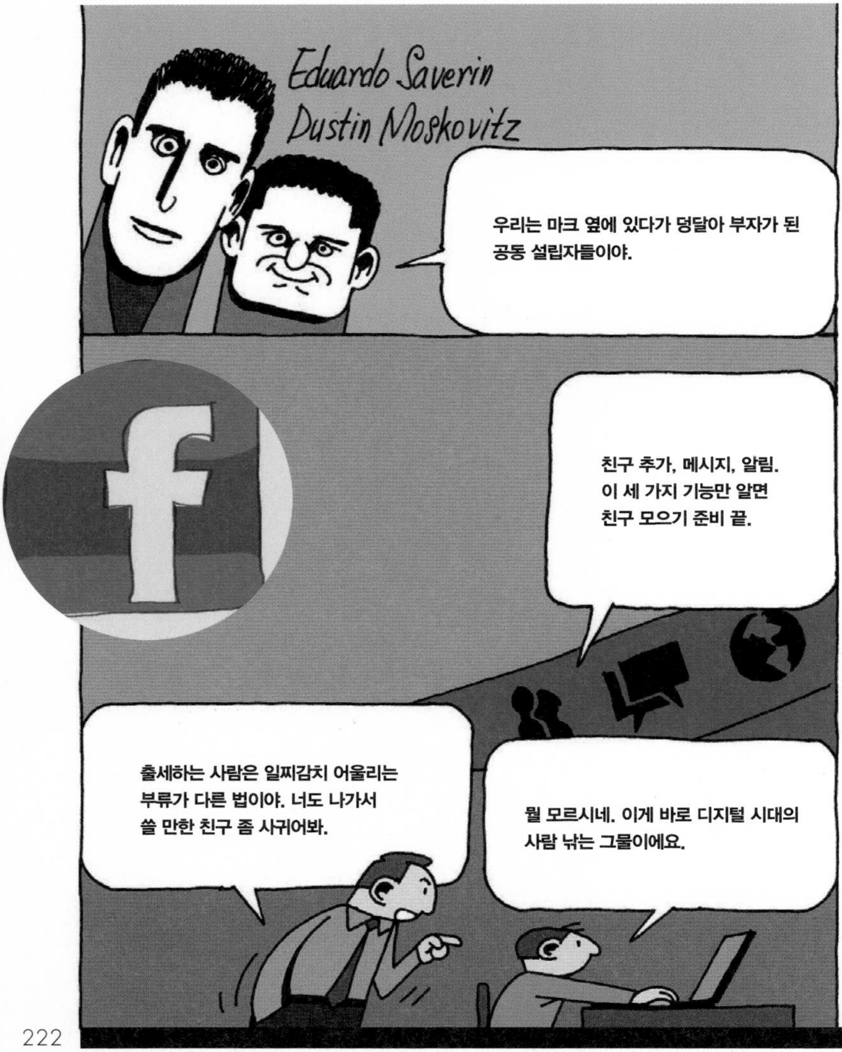

Eduardo Saverin
Dustin Moskovitz

우리는 마크 옆에 있다가 덩달아 부자가 된 공동 설립자들이야.

친구 추가, 메시지, 알림.
이 세 가지 기능만 알면
친구 모으기 준비 끝.

출세하는 사람은 일찌감치 어울리는
부류가 다른 법이야. 너도 나가서
쓸 만한 친구 좀 사귀어봐.

뭘 모르시네. 이게 바로 디지털 시대의
사람 낚는 그물이에요.

S

소셜 네트워크는 이제 특별한 시스템이 아닌 생활의 일부가 되었다. 그런데 가상 공간에서 왕성하게 소통하고 교류하게 되면서 사람들이 현실에서 나누는 실제 대화는 양이 늘었을까, 줄었을까?

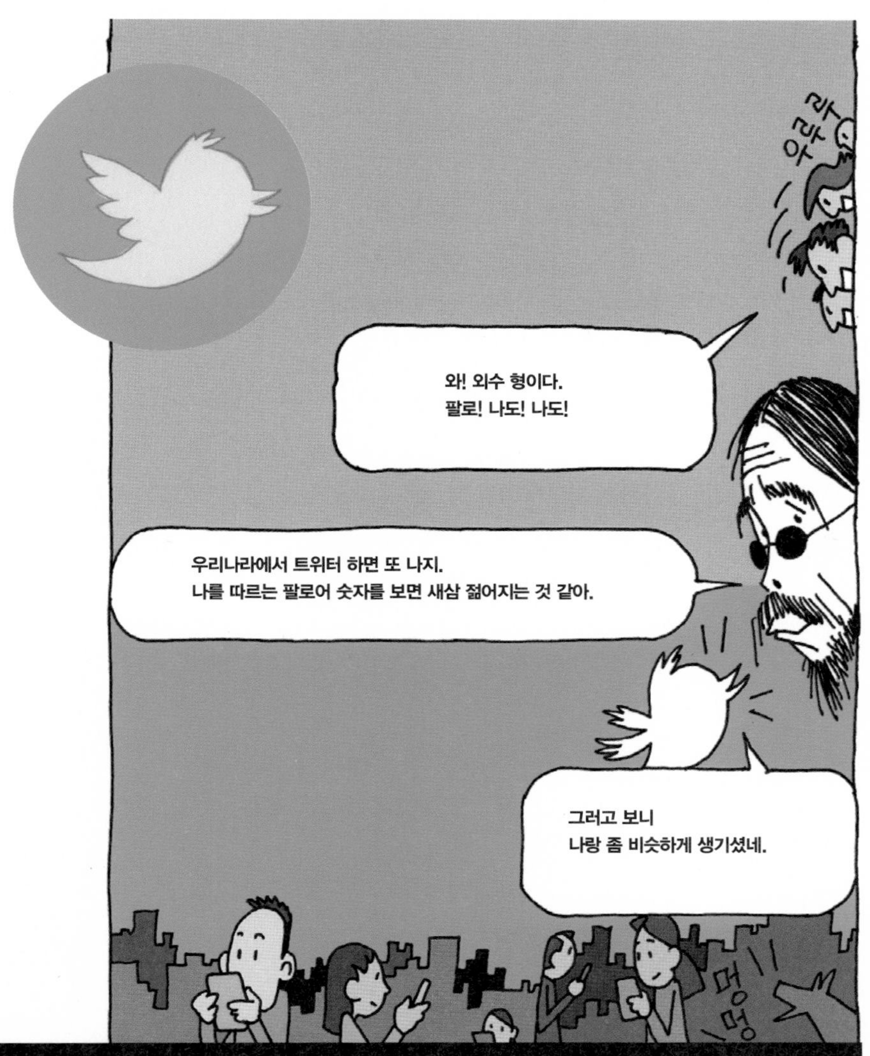

파격적인 디자인의 잡지

테리 존스의 i-D

1980년대 영국에는 반항기 충만한 신세대들의 진보적 감성을 선도했던 두 잡지가 있었다. 기성 잡지의 디자인 규범을 무시하고 파괴적인 편집 디자인의 이정표를 세운 테리 존스가 창간한 『i-D』가 그중 하나다.

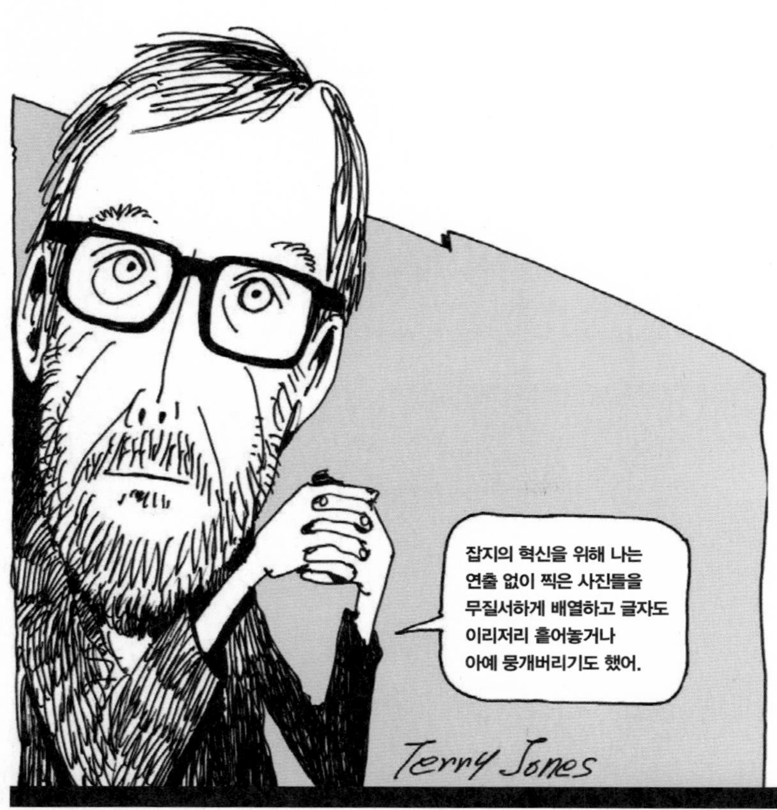

S

시대의 감성을 선도한 잡지

네빌 브로디의 페이스

『i-D』와 함께 1980년대 영국 매체문화의 혁신을 이끌었던 또 하나의 잡지는 현대 그래픽디자인 분야의 빛나는 별들 중 한 명인 네빌 브로디가 아트디렉터를 맡았던 『페이스』였다.

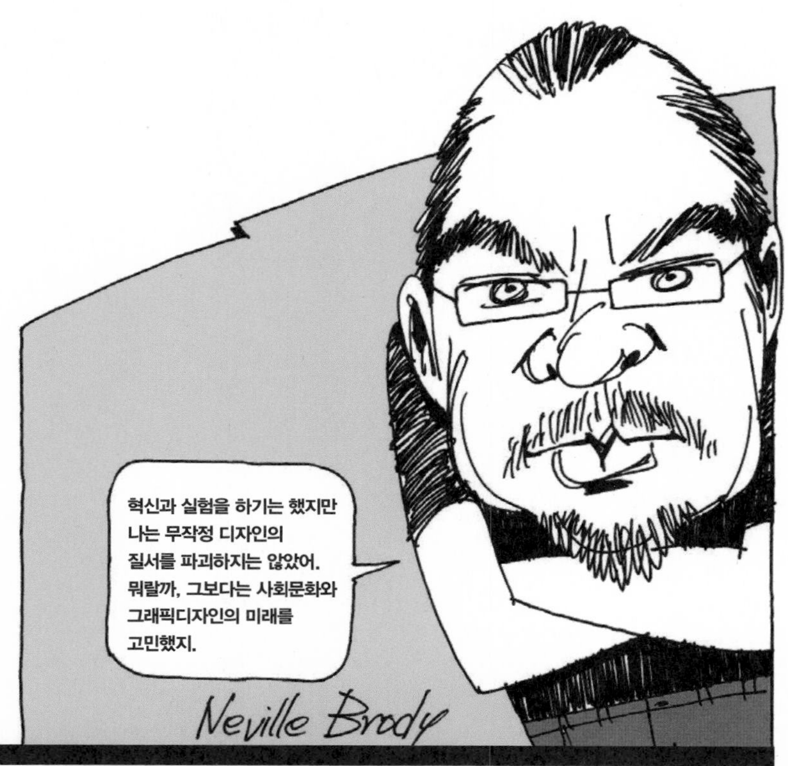

테리 존스가 표현하고자 했던 것은 1970년대 영국의 대표적인 하위문화였던 펑크의 정신이었다. 그런 반사회적인 정서를 상업적인 매체에 담아내는 데 성공한 그의 사례는 지금도 세계 여러 나라의 디자이너들이 모방하고 있다.

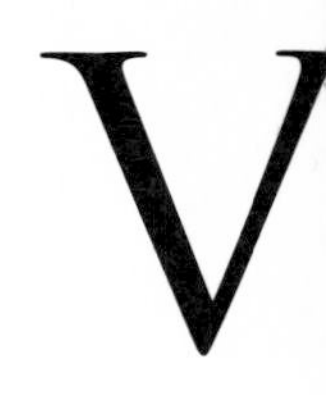

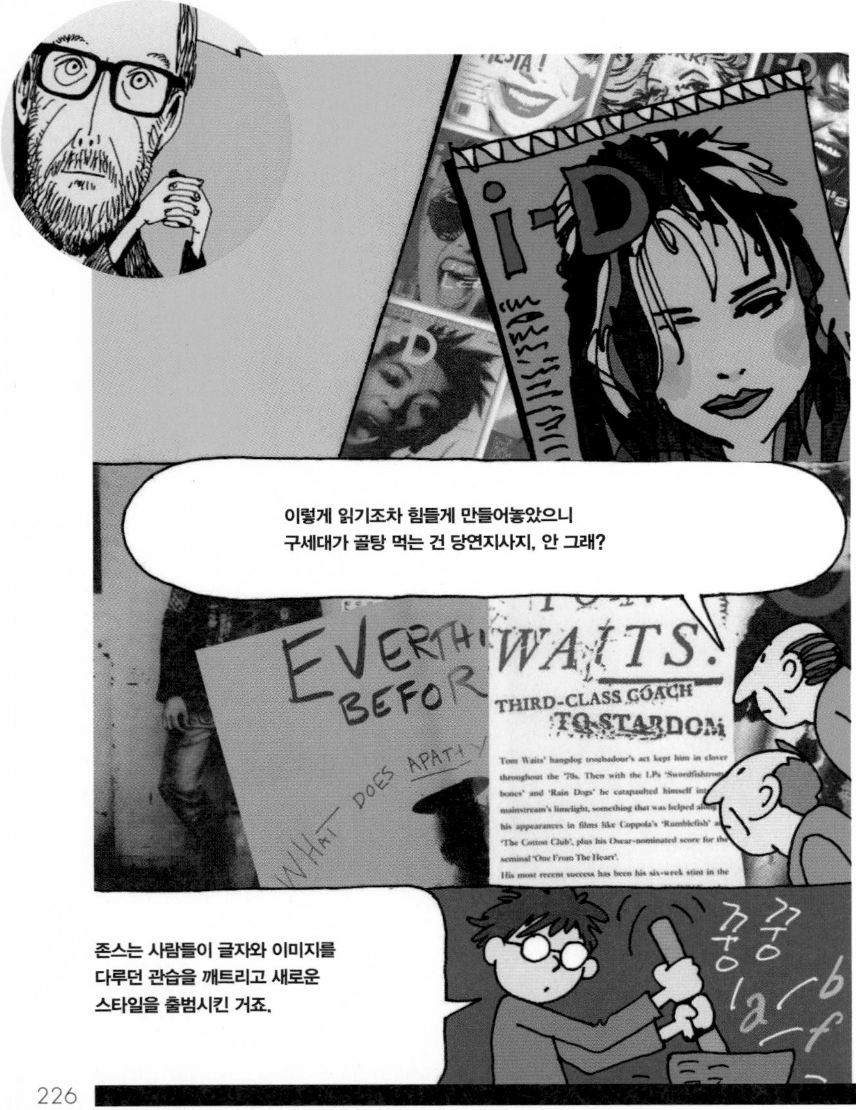

이렇게 읽기조차 힘들게 만들어놓았으니
구세대가 골탕 먹는 건 당연지사지, 안 그래?

존스는 사람들이 글자와 이미지를
다루던 관습을 깨트리고 새로운
스타일을 출범시킨 거죠.

S 네빌 브로디는 사회적으로 매우 진보적인 의식을 가진 인물이다. 거기에 출중한 재능과 디자인의 혁신을 향한 열망도 있었으니 그가 만든 잡지 『페이스』가 당시의 시대적 감성을 선도한 건 어쩌면 당연한 일이었을 것이다.

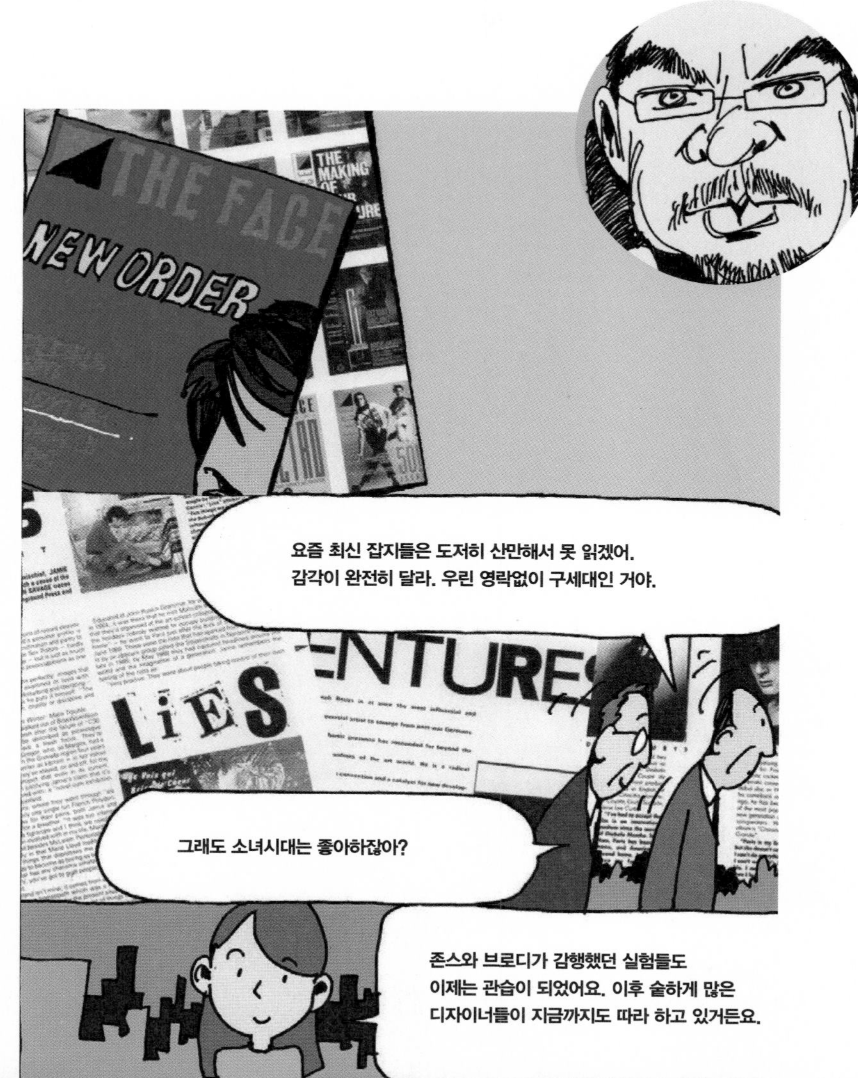

선구자들의 발자취

하퍼스 바자

V

디자인과 화보 연출 등에서 가장 실험적이고 앞선 감각을 발휘해왔다고 자타가 공인하는 패션 잡지는 『하퍼스 바자』다. 『바자』가 높은 자존심을 가질 수 있었던 것은 전적으로 1934년부터 약 24년간 아트디렉터를 맡았던 전설적인 편집 디자이너 알렉세이 브로도비치 덕분이라고 해도 과언이 아닐 것이다.

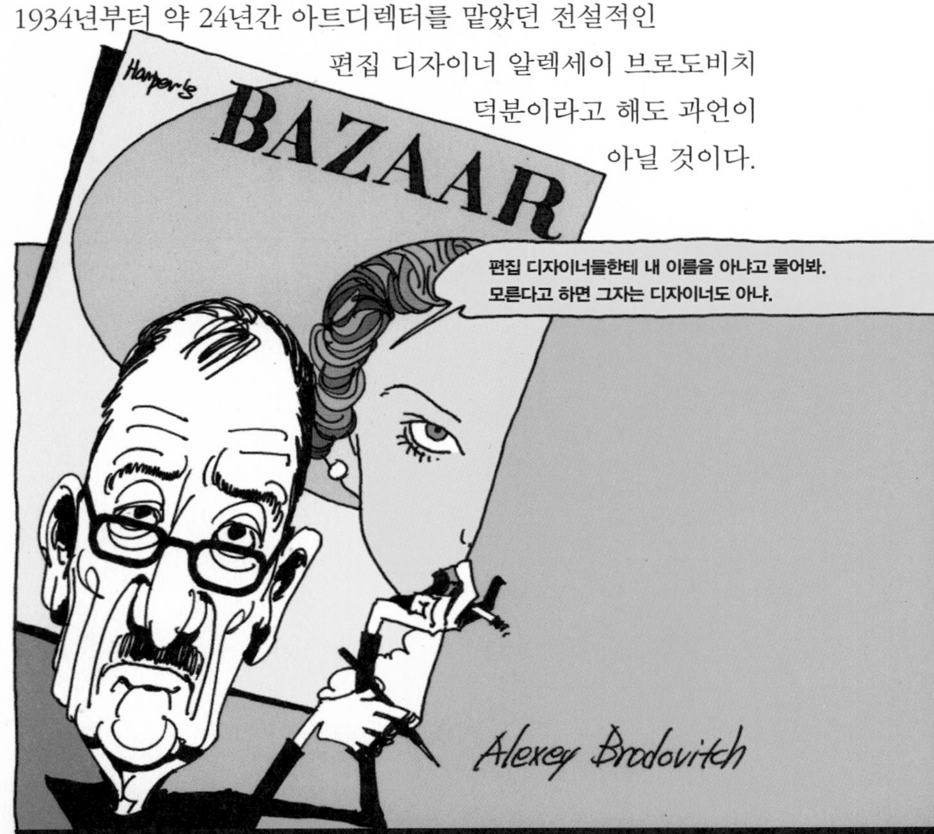

S

지구촌 유행 통신

보그

브로도비치와 함께 선구적인 1세대 잡지 아트디렉터였던 메헤메드 페미 아가가 이끌었던 패션지 『보그』는 1943년부터 알렉산더 리버만을 아트디렉터로 영입하면서 새로운 면모와 편집 체계를 갖추게 되었다.

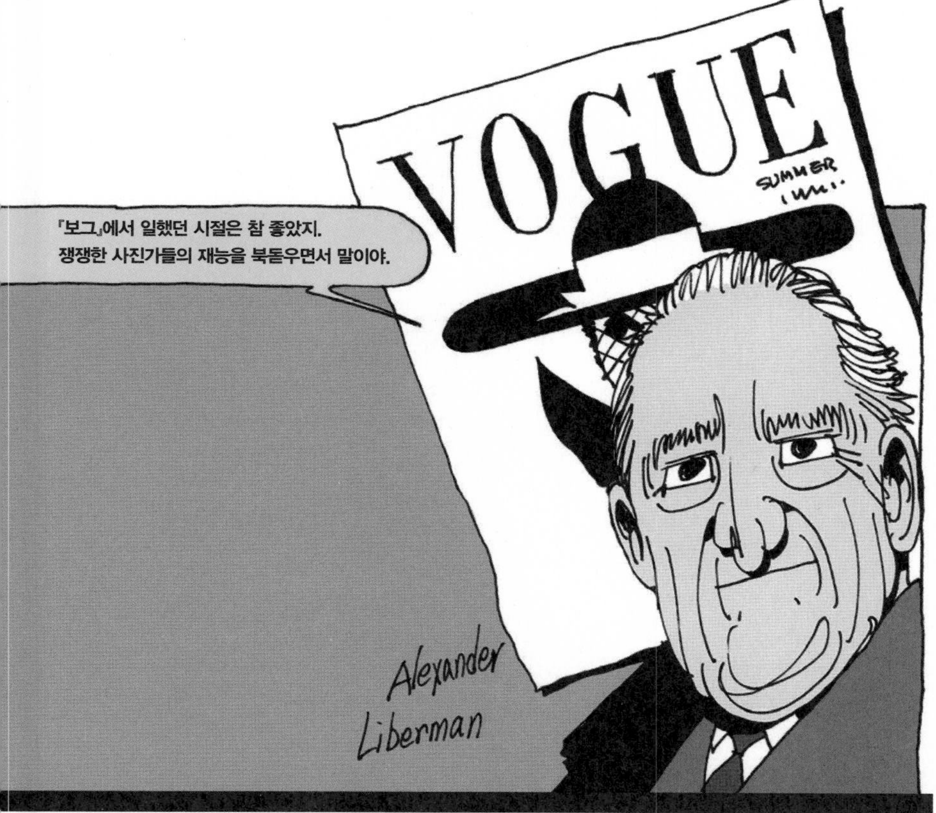

사진과 글자를 예술적으로 배치하면서 출판물이 보여줄 수 있는 최고의 아름다움을 탐구한 브로도비치의 업적은 편집 디자인 분야의 영원한 교과서가 되었다.

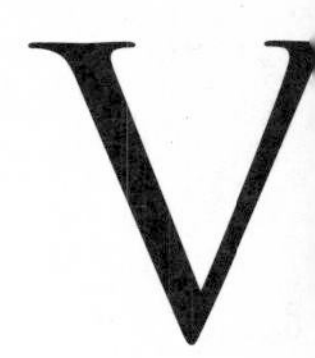

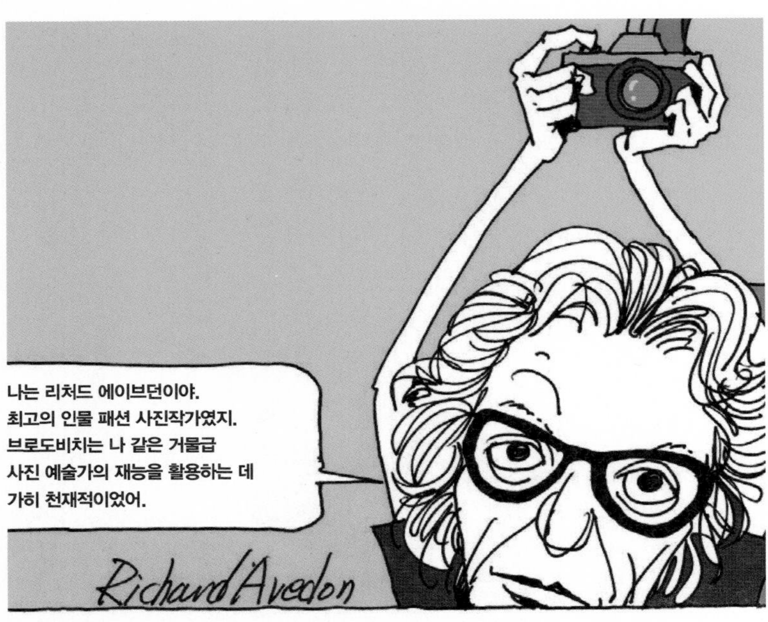

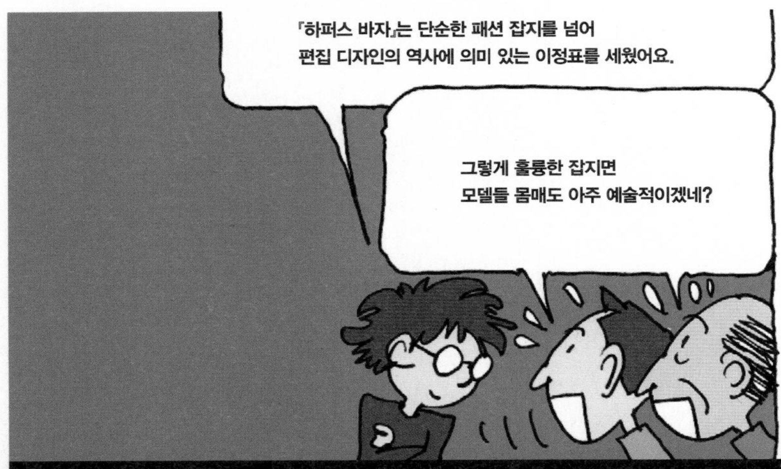

S 리버만은 어빙 펜이라는 뛰어난 인물 사진가와 호흡을 맞추면서 이전까지의 사진 연출 방식에 좀 더 자연스러운 멋을 더했고, 실력 있는 많은 사진작가들의 개성을 살리면서 잡지에 활력을 불어넣었다.

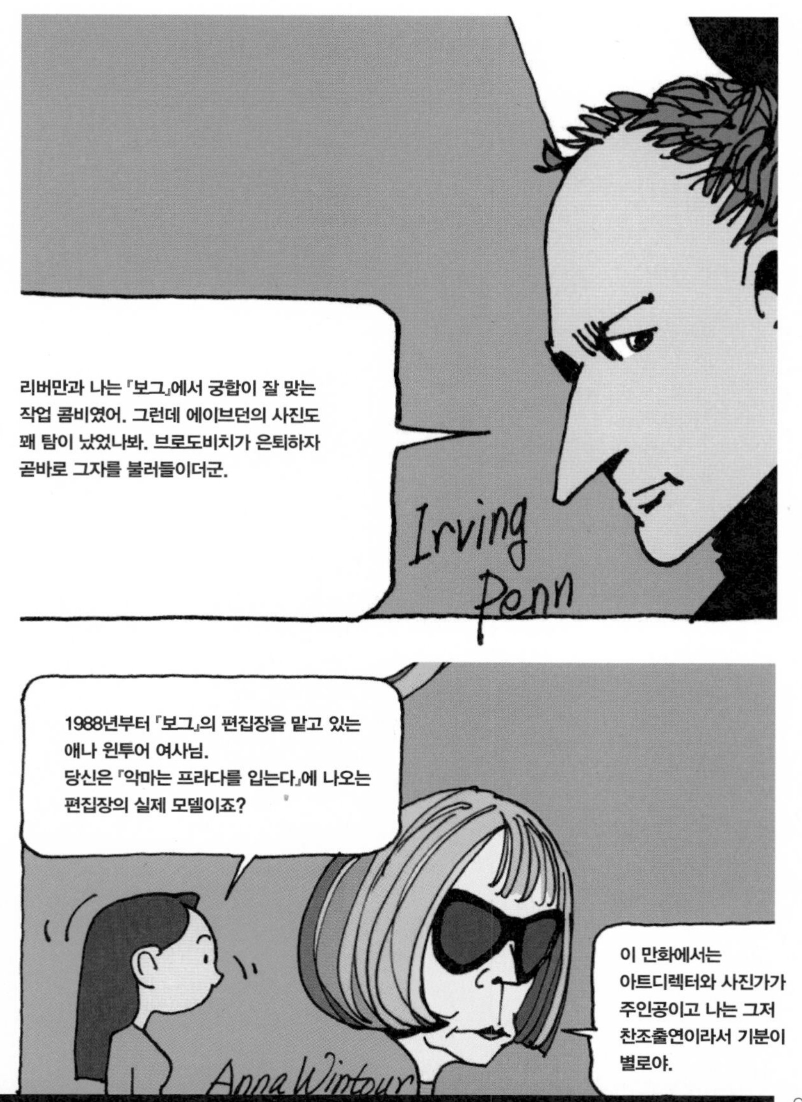

오래된 명품의 향기

샘터

우리나라 잡지의 역사를 돌이켜 보면 좋은 서사를 담고 있는 명품 잡지들이 몇 있는데 그중 하나가 참 단아한 우리말 제호로 1970년에 창간한 문화교양 월간지 『샘터』다. 이 잡지는 읽을거리와 볼거리에서 외래 문화가 범람하는 요즘 같은 때 오래도록 향기를 잃지 않고 있는 우리 문화의 지킴이다.

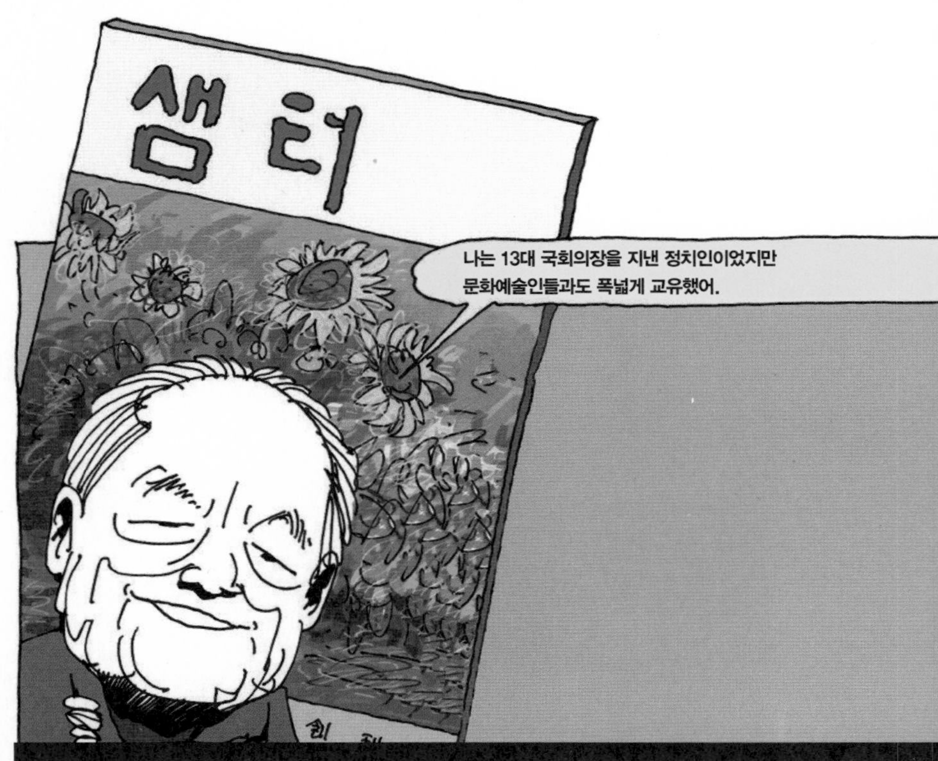

S

소박한 멋의 발견

뿌리깊은 나무

서울대 법대를 다녔지만 판검사가 되는 일에는 관심이 없었고 우리 문화의 가치를 일깨우고 서민의 삶에 스며 있는 소박한 멋을 발굴해서 알리는 일에 일생을 바쳤던 아름다운 남자가 있었다. 한창기 선생이다. 그가 1976년에 창간한 『뿌리깊은 나무』는 우리나라 잡지의 내용과 형식을 한 차원 업그레이드시킨 가치 있는 잡지였다.

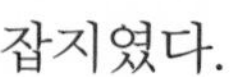

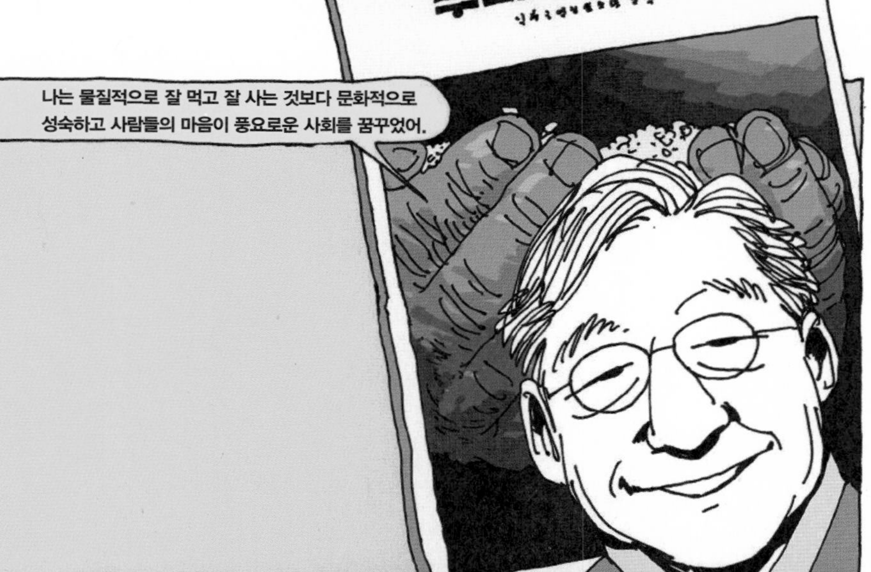

김재순 선생이 창간하고 당대 최고의 명필로 꼽히던 소전 손재형 선생이 쓴 붓글씨를 앞 표지에 새긴 『샘터』는 지금까지 내로라하는 문인들의 글과 예술가들의 작품들을 담아왔다.

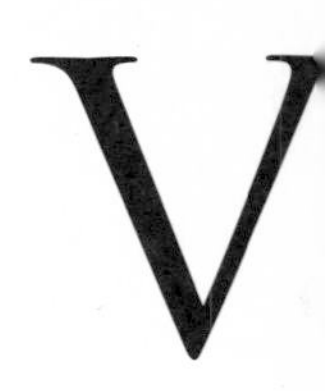

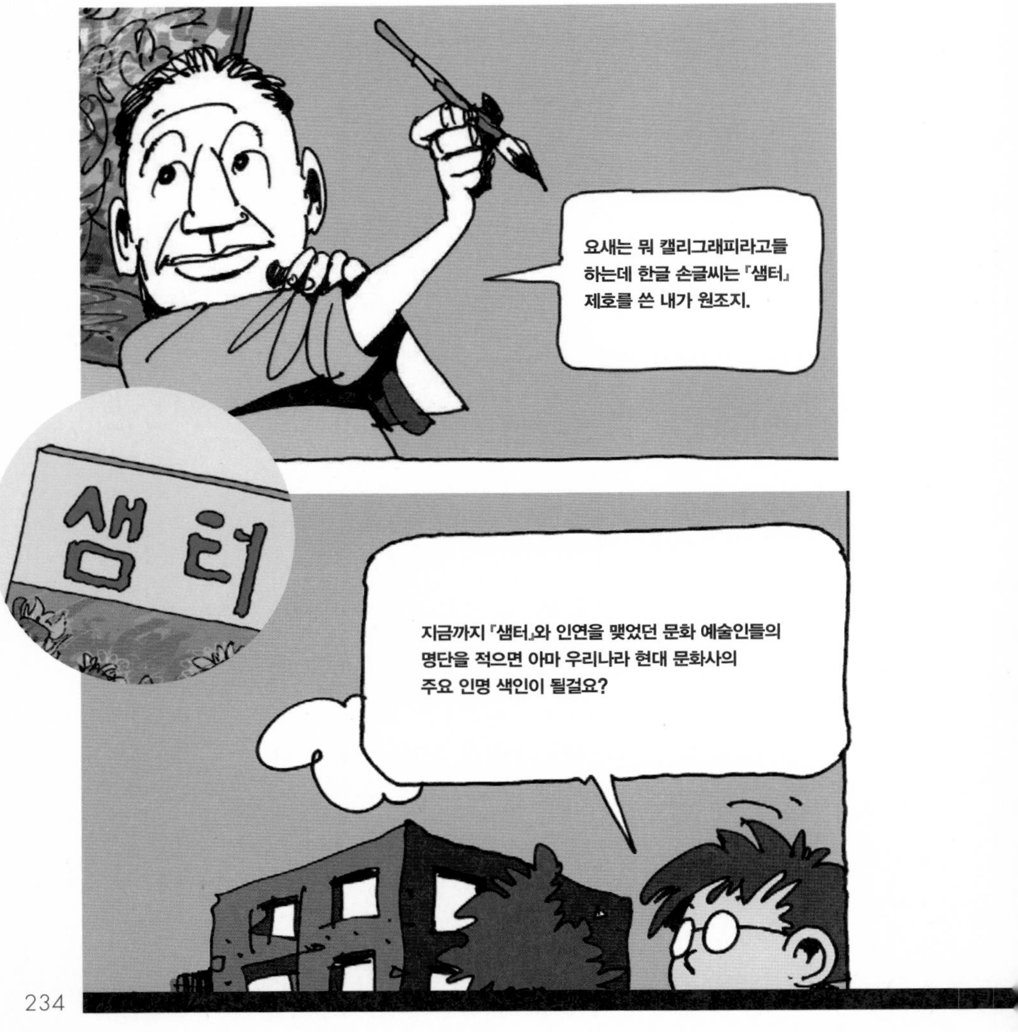

요새는 뭐 캘리그래피라고들 하는데 한글 손글씨는 『샘터』 제호를 쓴 내가 원조지.

샘터

지금까지 『샘터』와 인연을 맺었던 문화 예술인들의 명단을 적으면 아마 우리나라 현대 문화사의 주요 인명 색인이 될걸요?

S

기다란 우리말 제호를 세련되게 도안하고 책의 편집에 디자인을 적용했던 사람은 편집 디자인계의 선구자 이상철 선생이었다. 1980년 신군부 권력에 의해 폐간되었지만 『뿌리깊은 나무』가 우리나라 문화사에 내린 뿌리는 매우 깊은 의미로 남아 있다.

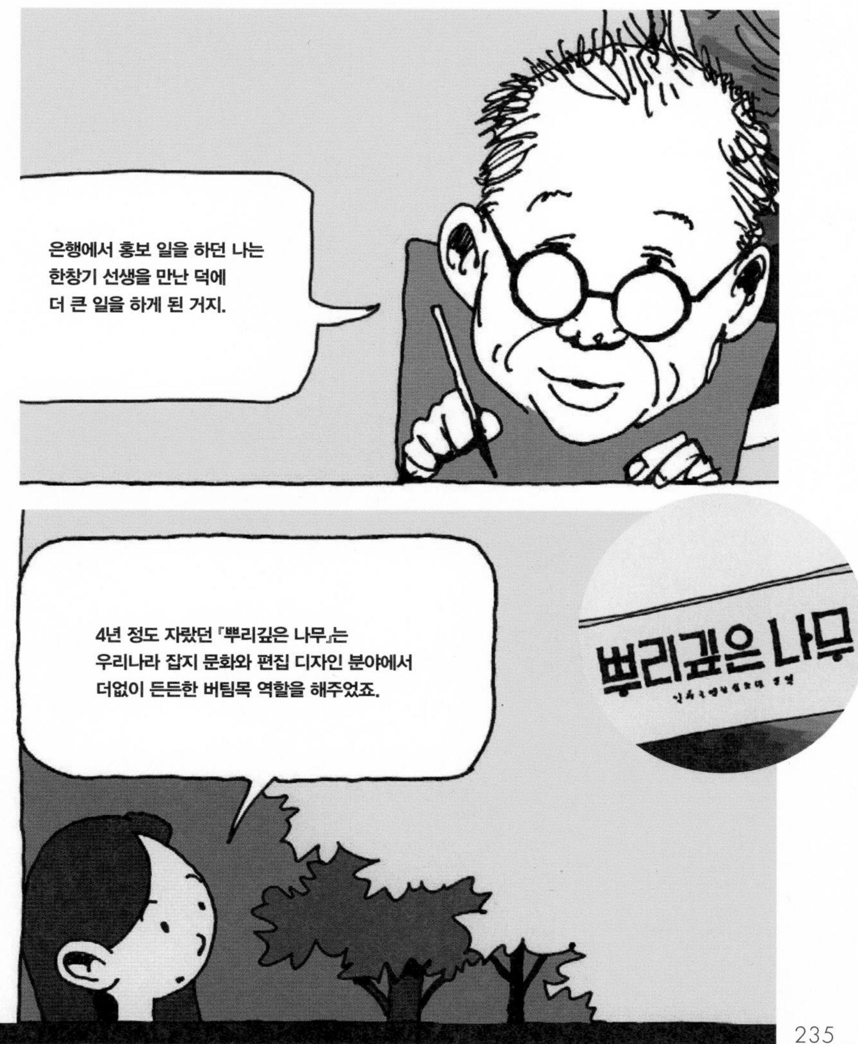

V

사진은 진실이다

포토저널리즘

시사 주간지 『타임』과 경제지 『포춘』 등을 발행한 미국의 잡지왕 헨리 루스가 창간한 사진 중심의 보도 잡지 『라이프』는 인간 세계의 모습을 있는 그대로 포착하여 알린다는 포토 저널리즘의 역할에 가장 충실한 잡지로 유명하다. 그리고 『라이프』에는 금세기 최고의 보도 사진가로 평가받는 로버트 카파가 있었다.

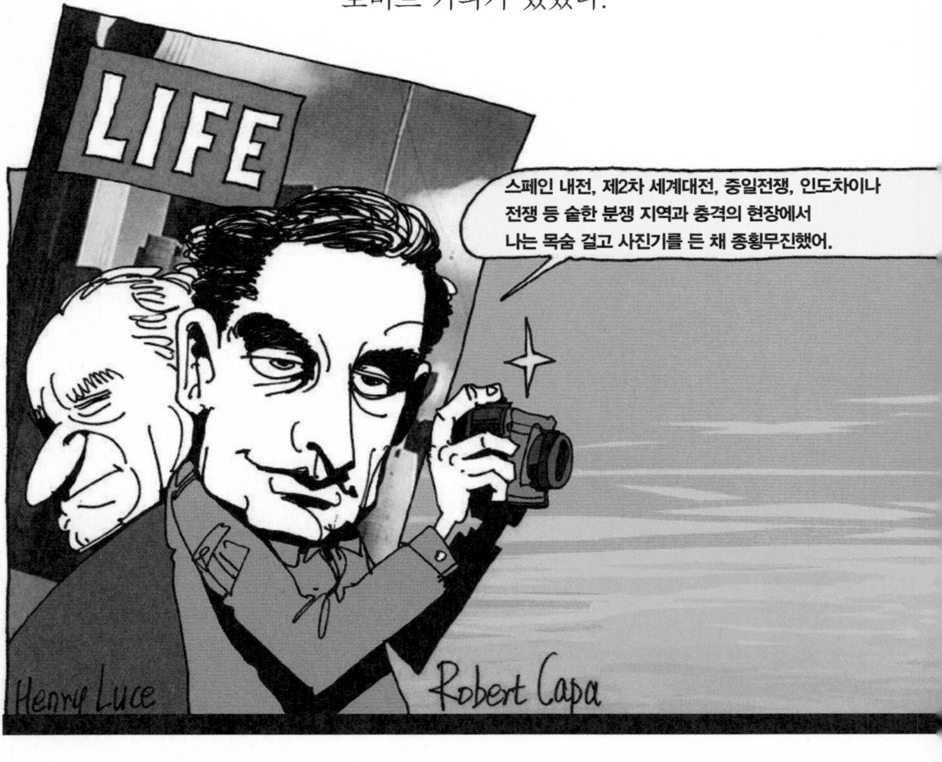

LIFE

스페인 내전, 제2차 세계대전, 중일전쟁, 인도차이나 전쟁 등 숱한 분쟁 지역과 충격의 현장에서 나는 목숨 걸고 사진기를 든 채 종횡무진했어.

Henry Luce

Robert Capa

S

진실은 숨어 있다

포토몽타주

히틀러 제국의 참모들이 대중을 호도하기 위해 선전용으로 배포하는 사진들에는 진실이 없었다. 그래서 객관적인 사실을 밝히기 위해 한 저항 예술가가 택했던 방법은 기존의 사진들을 자르고 재편집해서 풍자적으로 표현하는 포토 몽타주였다. 그가 바로 베를린 다다이스트이자 선구적인 디자이너였던 존 하트필드이다.

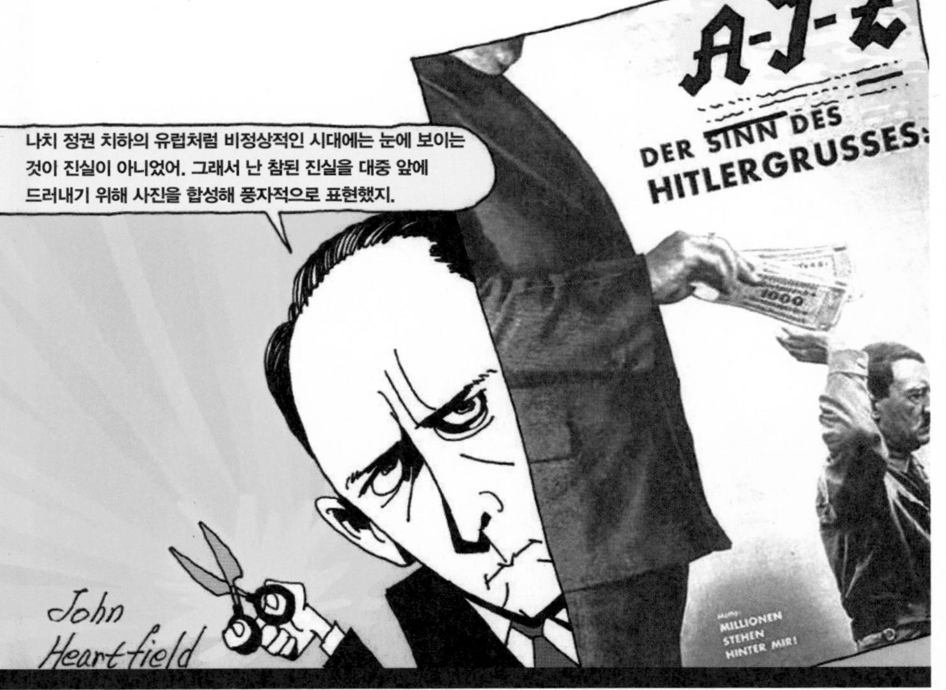

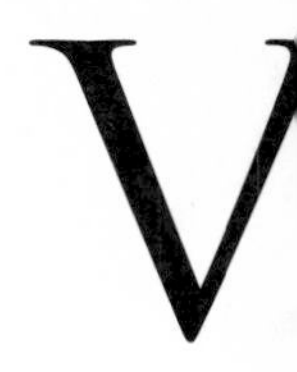

로버트 카파는 20세기에 가장 참혹했던 사건의 현장에서 생생한 모습들을 사진에 담아 세상에 알렸고, 사람들은 그가 손에 들었던 카메라 렌즈를 통해 멀리 떨어진 곳의 비극을 체험할 수 있었다.

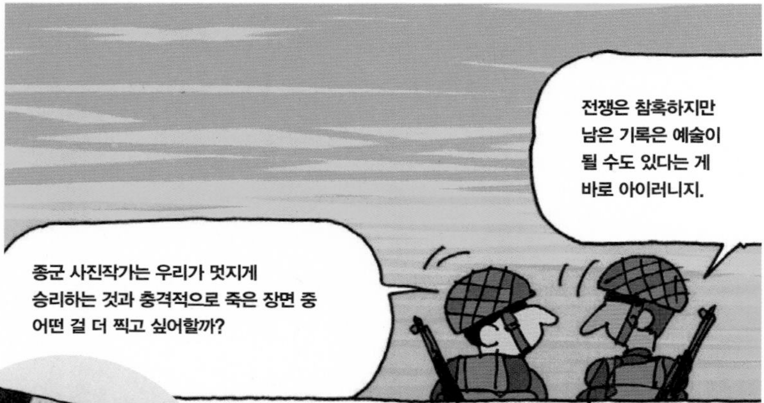

종군 사진작가는 우리가 멋지게 승리하는 것과 충격적으로 죽은 장면 중 어떤 걸 더 찍고 싶어할까?

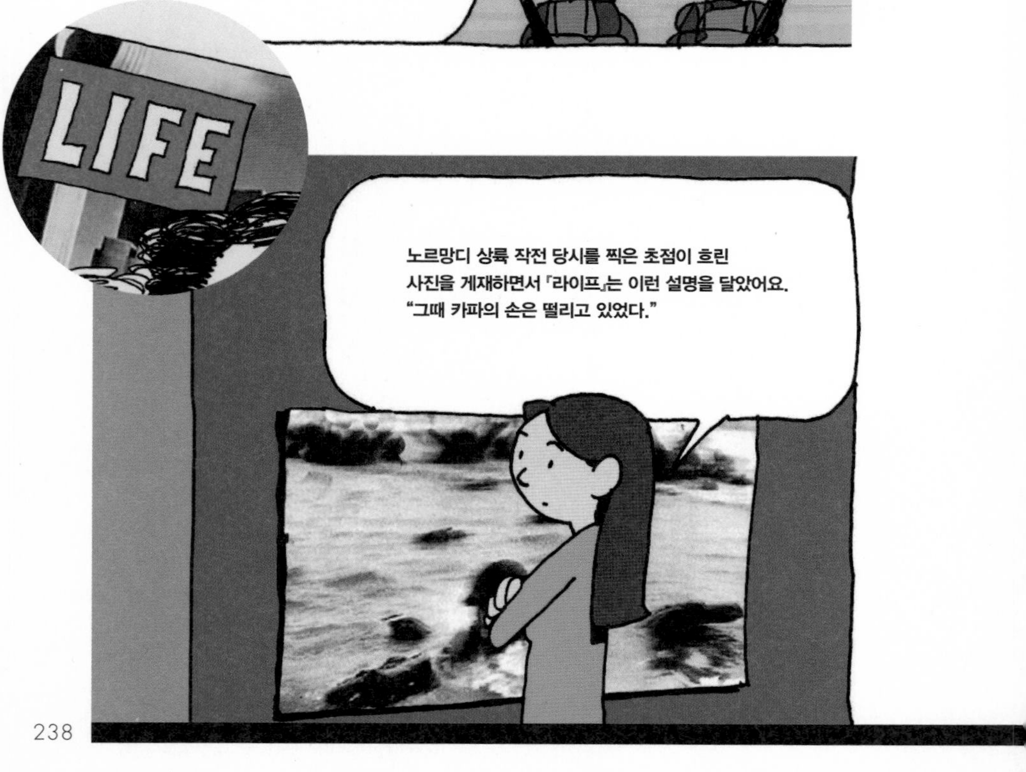

전쟁은 참혹하지만 남은 기록은 예술이 될 수도 있다는 게 바로 아이러니지.

LIFE

노르망디 상륙 작전 당시를 찍은 초점이 흐린 사진을 게재하면서 『라이프』는 이런 설명을 달았어요. "그때 카파의 손은 떨리고 있었다."

존 하트필드가 당시에 보여주었던 표현 방식은 이후 이미지 편집과 그래픽디자인 분야에 매우 중요한 의미로 전승되었다.

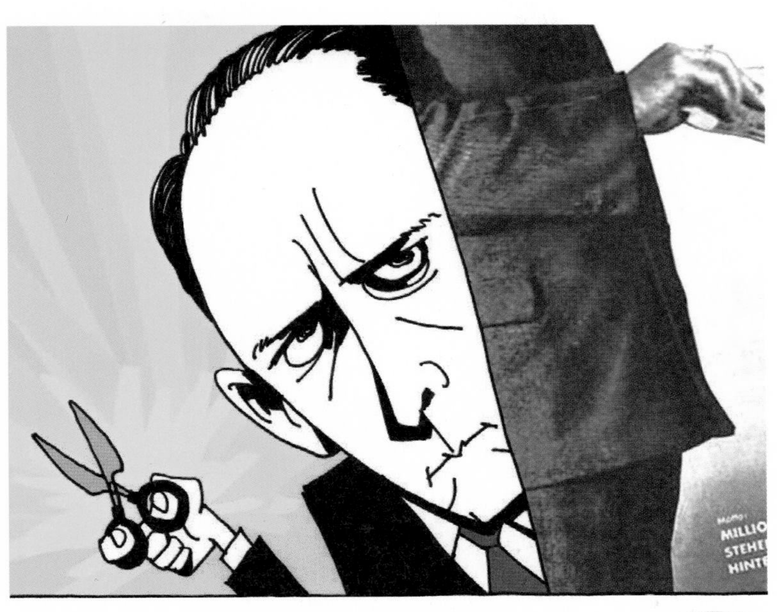

비판적인 말과 표현은 무엇이든 금지한 서슬 퍼런 권력에 맞서서 그런 사진 합성 작업을 했다는 사실이 정말 놀랍지 않아?

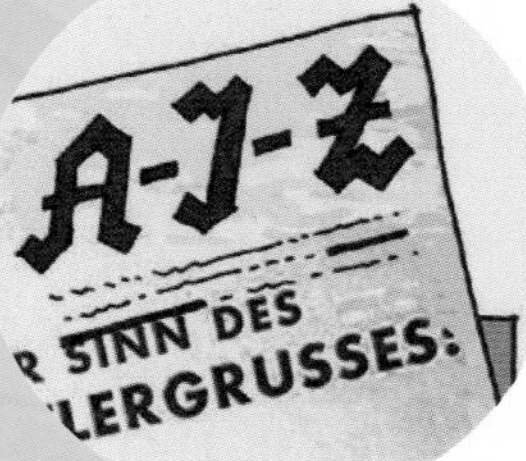

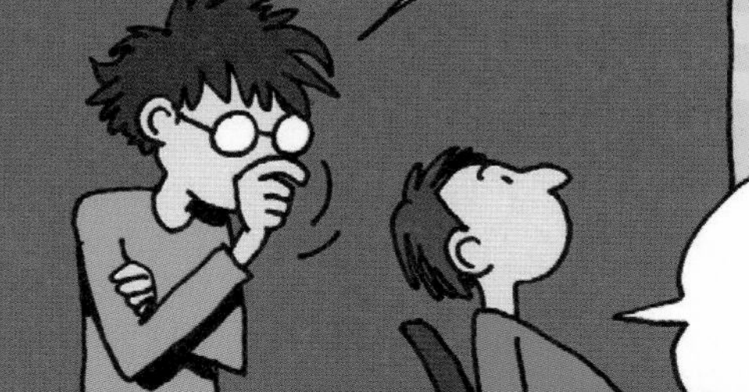

포토샵도 없던 시절에 가위와 풀로 그런 합성을 능숙하게 했다는 게 더 놀라워.

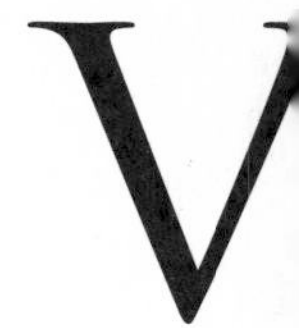

엄친아 영웅들의 산실

DC 코믹스

1930년대부터 미국 만화 산업의 황금기를 선도했던 DC코믹스의 영웅들은 한결같이 반듯한 이미지들이다. 배트맨이 다소 예외이기는 하지만 대체로 이상적이고 전형적인 영웅의 면모를 지닌 그들은 대중이 흠모할 만한 요소들을 이미 다 갖춘 부러울 것 없는 인생이었으며, 악의 무리들을 소탕하는 권선징악 프로젝트의 주역들이었다.

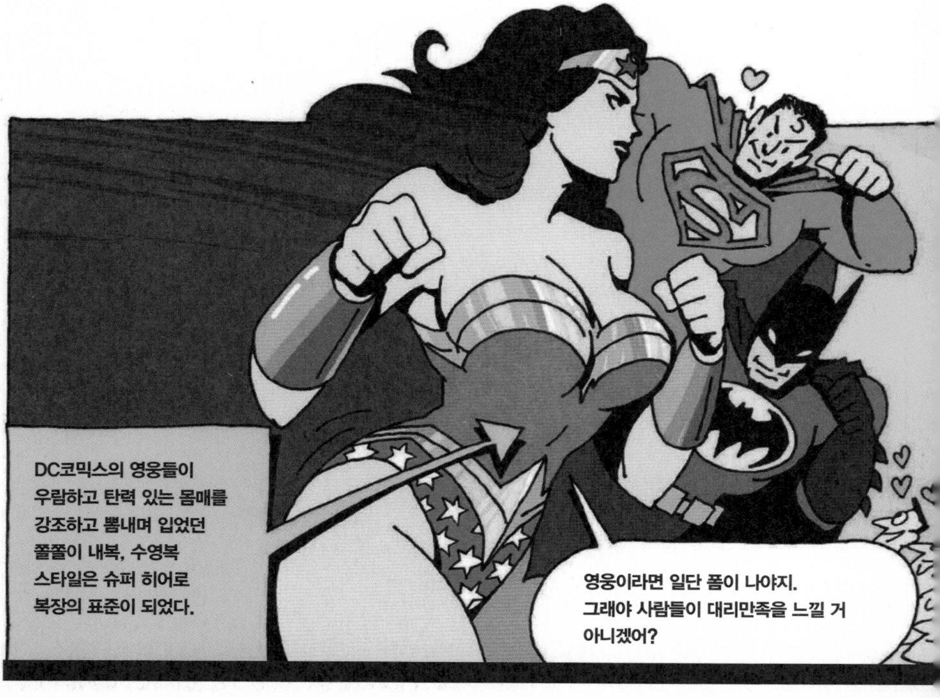

DC코믹스의 영웅들이 우람하고 탄력 있는 몸매를 강조하고 뽐내며 입었던 쫄쫄이 내복, 수영복 스타일은 슈퍼 히어로 복장의 표준이 되었다.

영웅이라면 일단 폼이 나야지. 그래야 사람들이 대리만족을 느낄 거 아니겠어?

S

사연 많은 영웅들의 요람

마블 코믹스

후발 주자이지만 혁신적인 기획으로 DC의 라이벌이 된 마블 코믹스의 돌연변이 영웅들은 적들을 물리치면서 늘 번뇌하고 방황한다. 의도하지 않은 운명이나 실험 사고 등으로 얻게 된 초능력은 그들에게 인생의 짐이며 과제인 셈인데, 그런 독특한 영웅 세계관은 잭 커비나 스탠 리 같은 탁월한 만화가들이 창안했다.

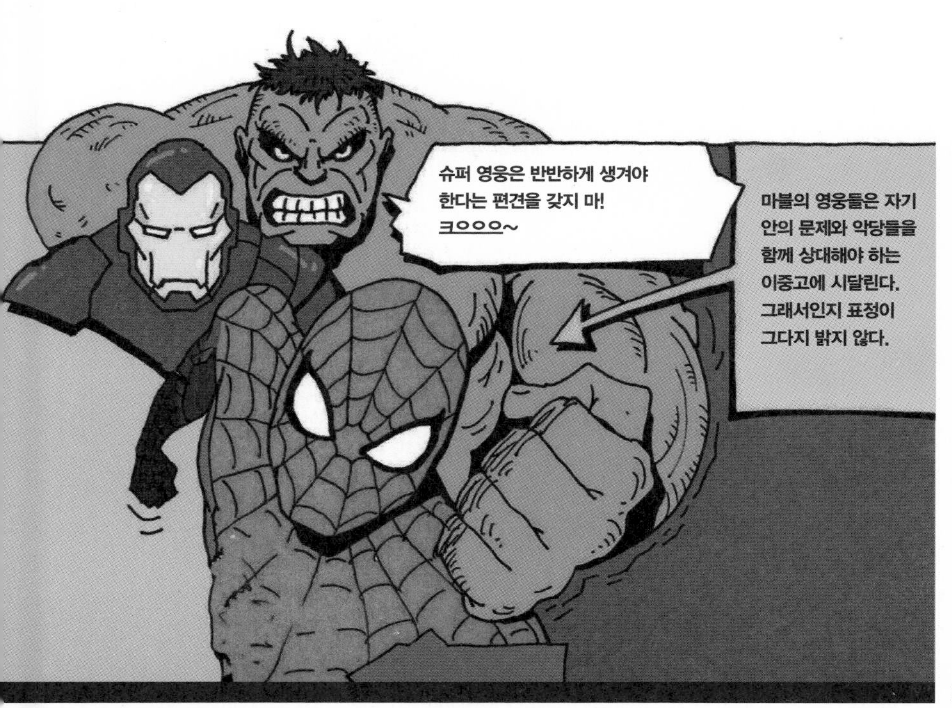

슈퍼 히어로들이 눈부신 활약을 펼치면 누가 돈을 벌까? 바로 그들의 소속사들이다. 유명한 슈퍼스타급 영웅들 대부분을 거느리고 미국 만화 시장을 양분해 온 거대 회사 DC 코믹스와 마블 코믹스는 오늘날까지 이 캐릭터들로 어마어마한 돈을 벌어들이고 있다.

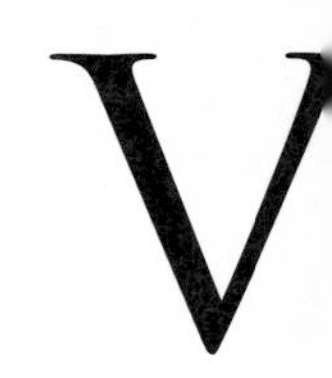

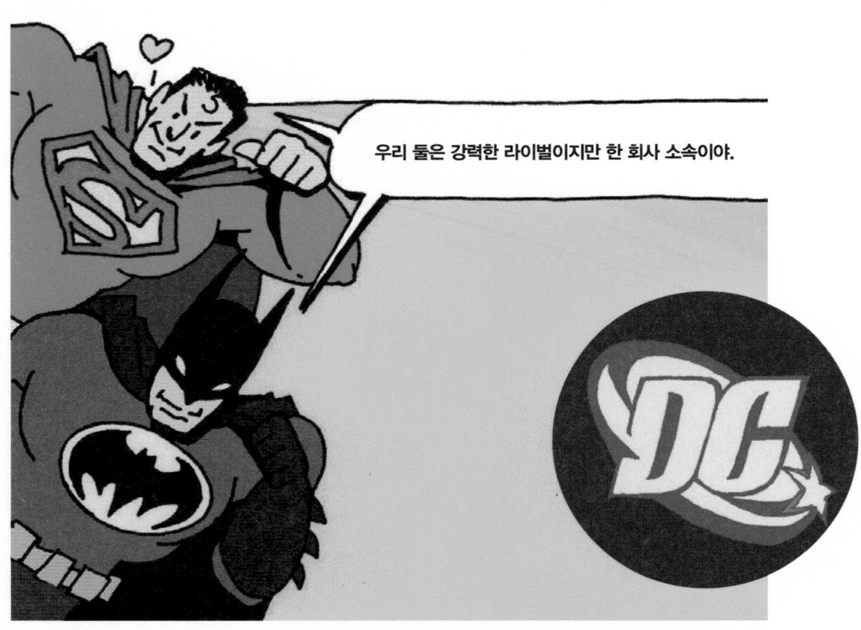

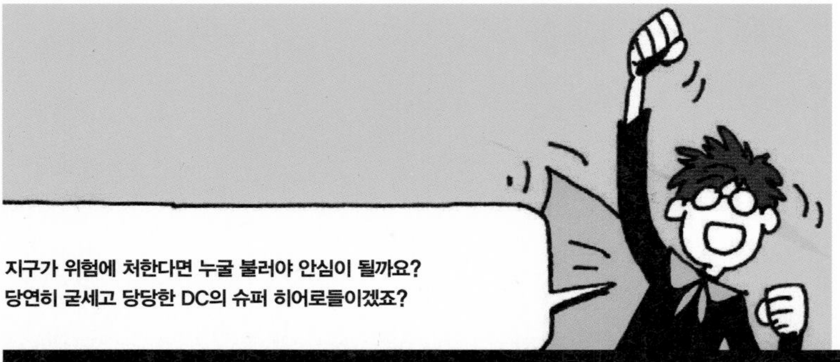

S

최근 영화 제작 등으로 다시 번영을 누리고 있는 DC와 마블은 모두 메이저 영화사로 합병되었는데, DC는 워너브라더스의 자회사로, 그리고 마블은 아이로니컬하게도 꿈과 동심의 상징인 월트 디즈니사에 속해 있다.

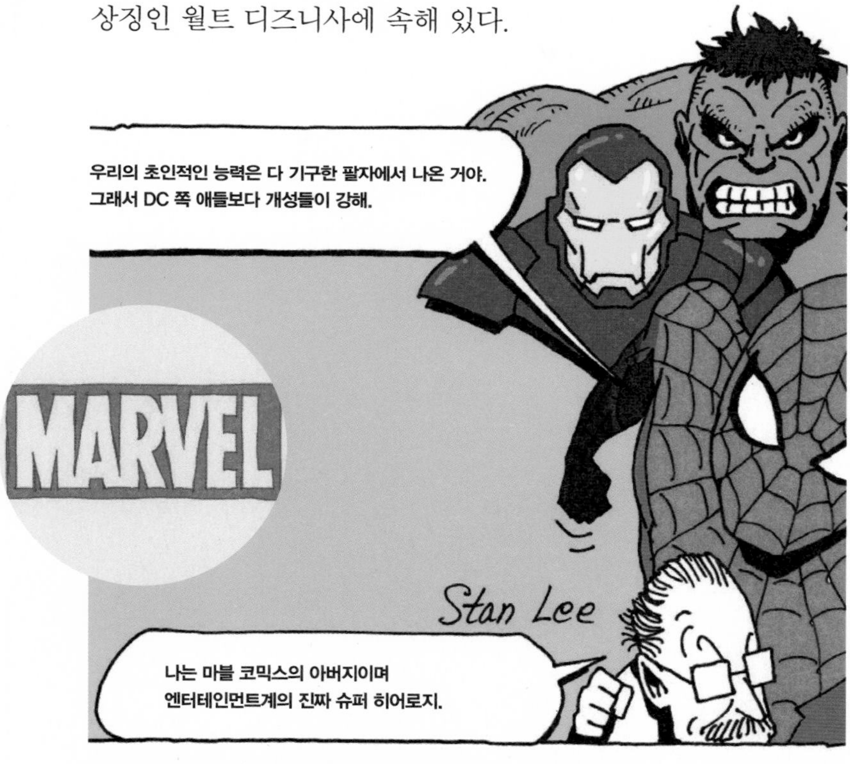

우리의 초인적인 능력은 다 기구한 팔자에서 나온 거야. 그래서 DC 쪽 애들보다 개성들이 강해.

MARVEL

Stan Lee

나는 마블 코믹스의 아버지이며 엔터테인먼트계의 진짜 슈퍼 히어로지.

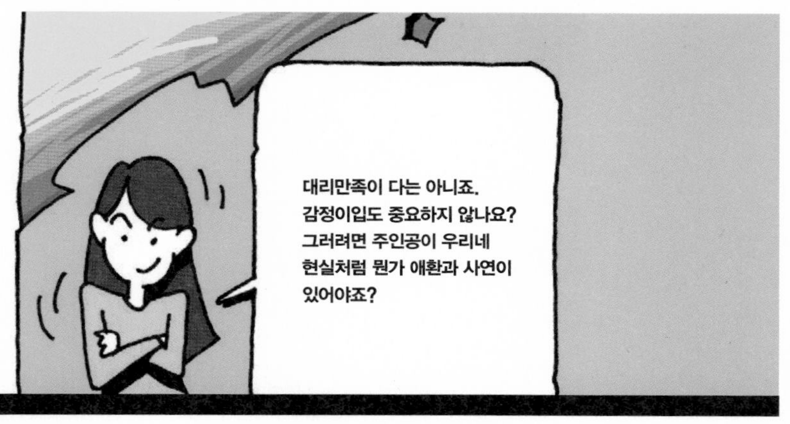

알랭 드롱의

태양은 가득히

V

"알랭 드롱처럼 생겼다"는 말은 오랫동안 최고로 잘생겼다는 뜻으로 통용되는 만국 공용어였다. 강렬하고 거친 야성미와 세련되고 도회적인 인상, 거기에 솜사탕처럼 부드럽고 낭만적인 느낌을 한 얼굴에 다 가졌던 남자는 오직 알랭 드롱뿐일 것이다. 1960년에 나온 영화 「태양은 가득히」에서 눈부신 햇살마저도 그의 수려한 외모가 뿜는 광채를 이기지 못했을 정도로.

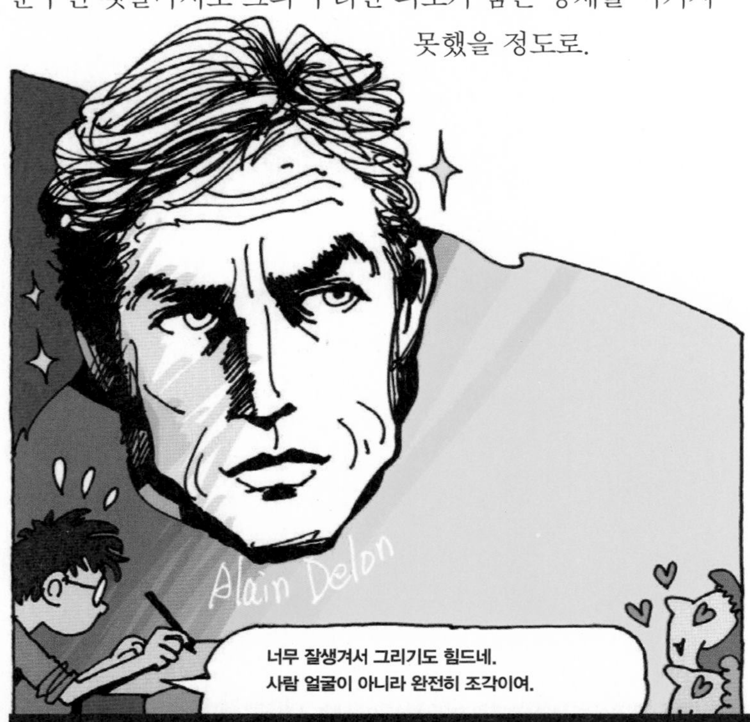

S

맷 데이먼과 주드 로의

리플리

복잡한 내면을 지닌 범인을 중심으로 섬세하게 이야기를 풀어가는 작가 퍼트리샤 하이스미스의 추리소설이 원작인 「태양은 가득히」는 다음 세대들을 위해 1999년에 리메이크 되었다. 앤서니 밍겔라 감독이 신세대 감성에 맞게 각본을 쓰고 연출한 영화 「리플리」에서 알랭 드롱이 맡았던 역할은 맷 데이먼이 연기했고 여기에 조각 미남 주드 로가 가세했다.

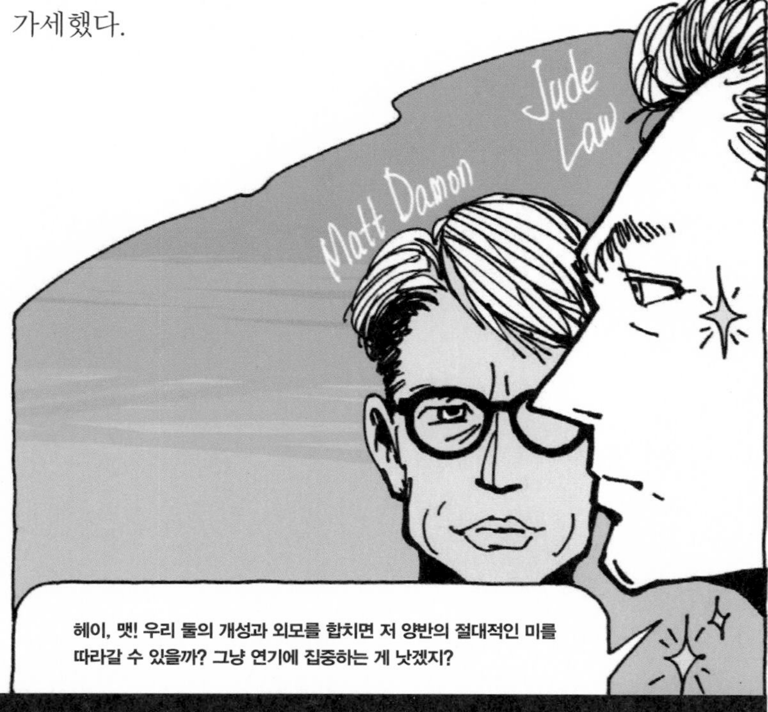

「태양은 가득히」를 연출한 르네 클레망 감독에게는 동시대에 알랭 드롱 같은 배우가 있었다는 게 행운이지 않았을까?
욕망을 품은 채 극단적으로 나쁜 짓들을 저지르지만 조마조마한 마음으로 바라보는 사람들에게서 일말의 연민도 끌어내야 하는 다중적인 모습의 주인공이 필요했으니까.

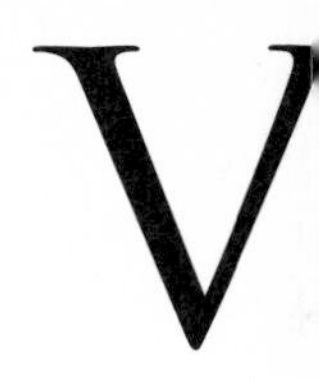

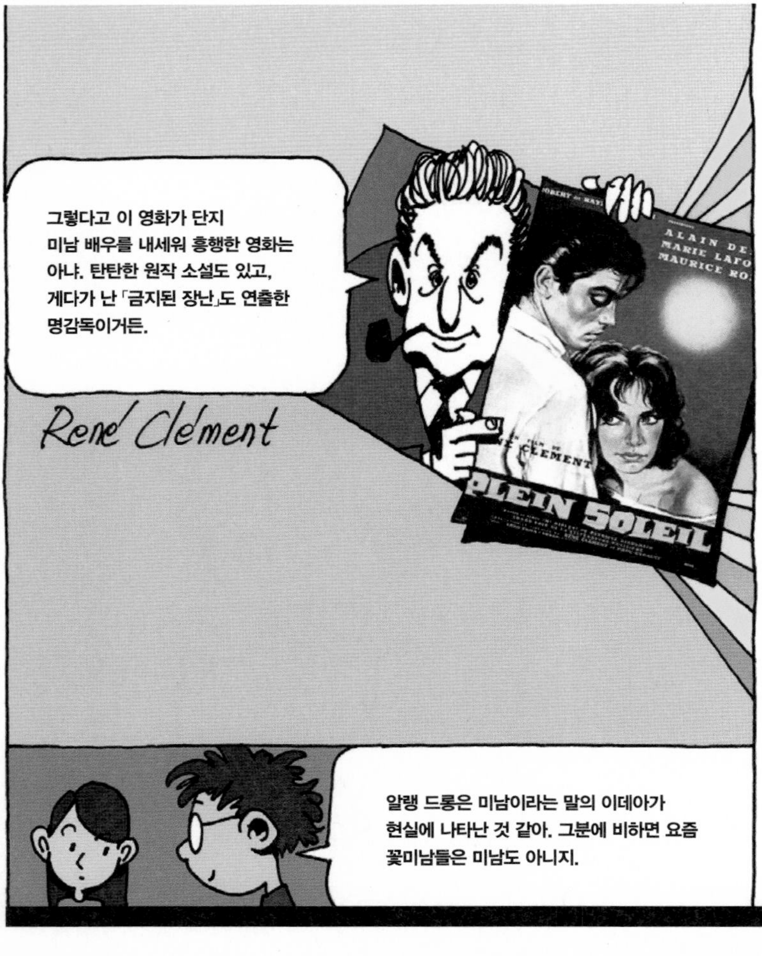

그렇다고 이 영화가 단지
미남 배우를 내세워 흥행한 영화는
아냐. 탄탄한 원작 소설도 있고,
게다가 난 「금지된 장난」도 연출한
명감독이거든.

Rene Clément

알랭 드롱은 미남이라는 말의 이데아가
현실에 나타난 것 같아. 그분에 비하면 요즘
꽃미남들은 미남도 아니지.

S

여러모로 재주가 뛰어난 리플리라는 인물의 사기 행각과 비극적인 내면을 다룬 이 작품들은 보는 재미로 따지자면 원작 소설, 영화, 또 리메이크한 영화 세 가지 모두가 나름의 완성도와 치밀함을 갖추고 있다.
그 모두가 다 명작이다.

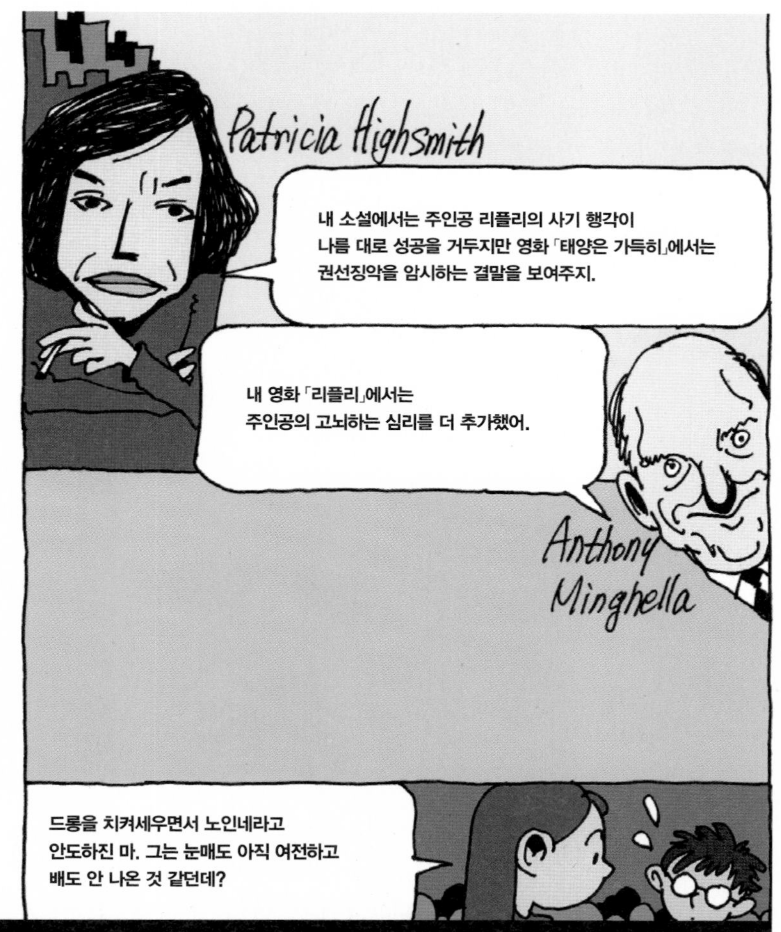

미학으로 승화된 범죄와 폭력

대부

V

마리오 푸조의 소설을 프랜시스 포드 코폴라 감독이 1972년에 스크린으로 옮긴 영화 「대부」는 갱스터 무비의 지존으로 군림하며 이후 어떤 작품들과도 비교 자체를 거부했다. 10여 년 뒤 거장 세르조 레오네 감독이 「원스 어폰 어 타임 인 아메리카」라는 긴 제목의 영화를 만들기까지는.

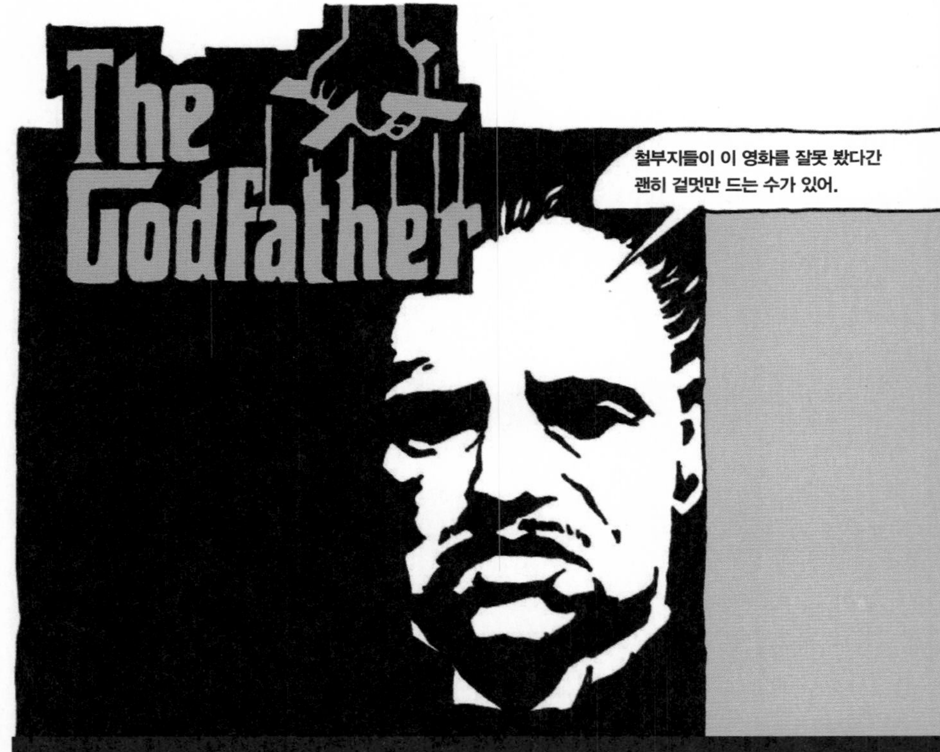

S

누아르의 탈을 쓴 사랑과 추억

원스 어폰 어 타임 인 아메리카

1984년 세르조 레오네 감독이 만든 「원스 어폰 어 타임 인 아메리카」는 「대부」만큼 폭력이 난무하지만 그 폭력 아래를 흐르는 감성이 본질적으로 다른 영화다. 그것은 바로 잡지 못했던 인생과 이루지 못한 사랑을 향한 무기력한 동경이다.

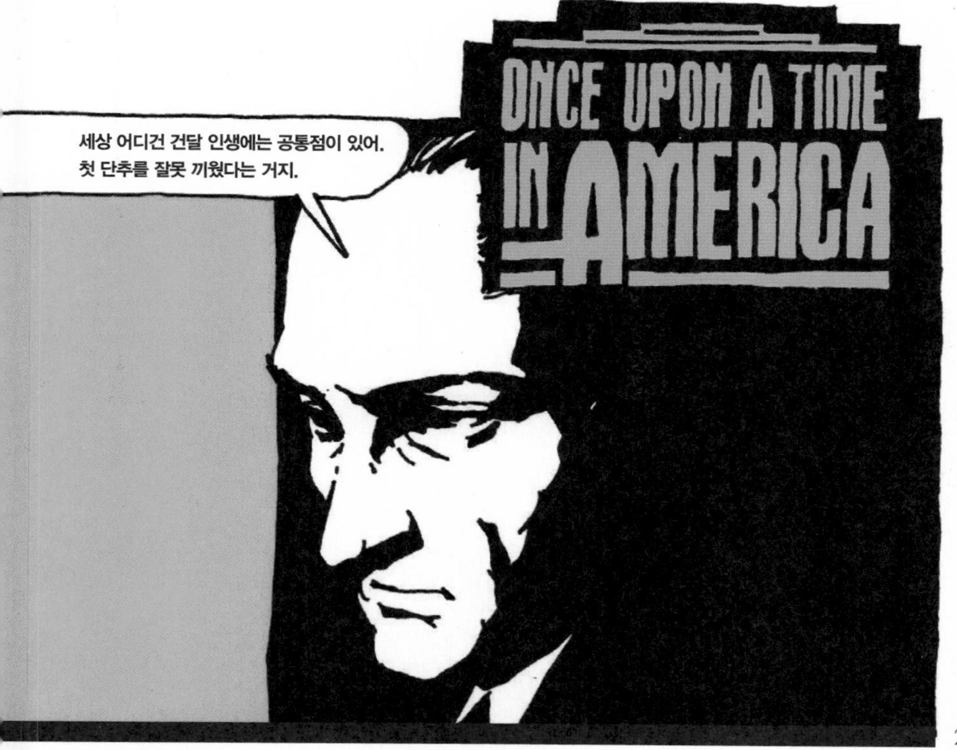

「대부」는 범죄조직원들의 살인과 폭력조차도 비장미를 느끼며 보게 할 정도로 정교하게 잘 만든 마피아 영화의 교과서다. 한편에서는 마피아의 어두운 역사를 통찰했다거나 가족애를 그렸다고 얘기하지만, 이 영화의 오직 한 가지 핵심은 감독의 재능으로 잘 포장한 질 나쁜 사내들 본연의 폭력성이다.

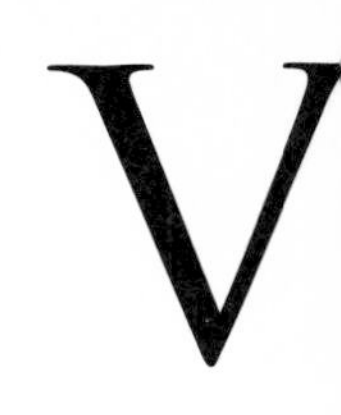

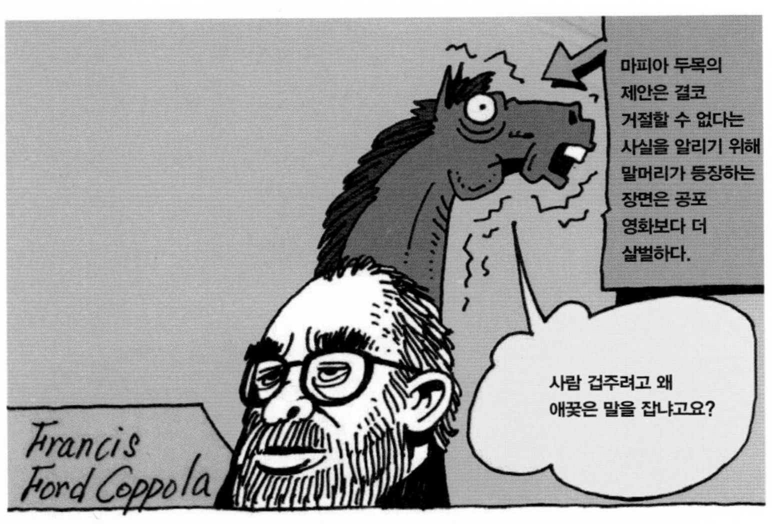

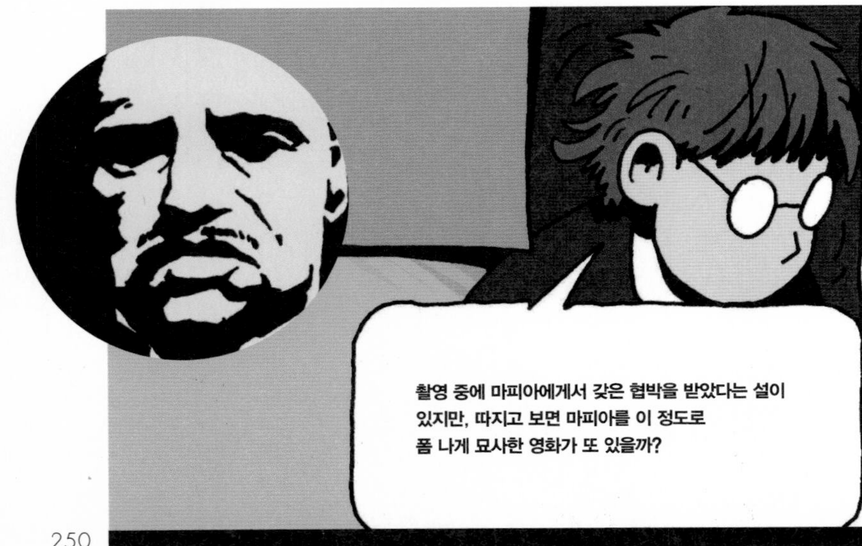

S

영화의 구성과 완성도로 치자면 「대부」가 한 수 위일 듯하지만 가슴 깊은 곳을 계속 간지럼 태워 상처 자국을 남기는 위력은 확실히 「원스 어폰 어 타임 인 아메리카」가 한 수 위다. 그런 점에서 보자면 인생을 관조하는 시선은 코폴라보다 레오네 감독이 더 깊지 않았을까?

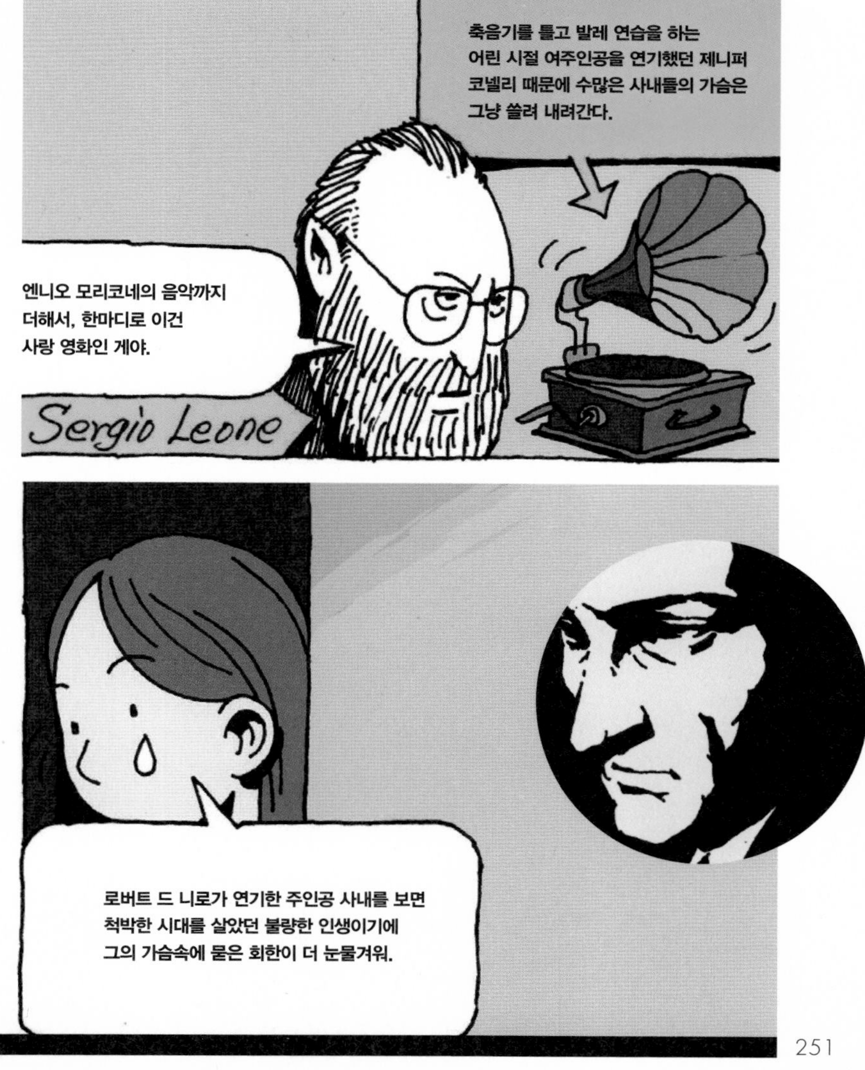

언어학자가 일군 판타지 장르의 캐논

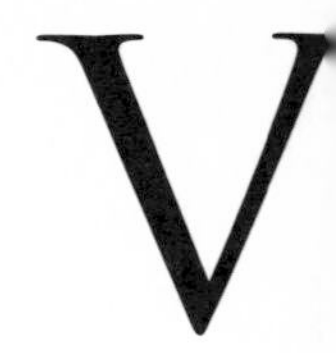

반지의 제왕

존 R. R. 톨킨이 창조해낸 판타지계의 잊히지 않을 전설이자 불멸의 고전인 『반지의 제왕』. 그 방대한 규모의 거대 서사 앞에서는 기사나 요정이 등장하는 다른 어떤 창작물도 아류에 지나지 않게 된다.

영국의 언어학자이자 문인이었던 톨킨은 악의 세력에 맞서는 용기 있는 자들의 모험과 활약상을 보여줄 전설의 세계를 오랜 기간에 걸쳐 치밀하게 구성했는데, 바로 그 세계관이 판타지 문학의 경전으로까지 불리는 『반지의 제왕』의 가치다.

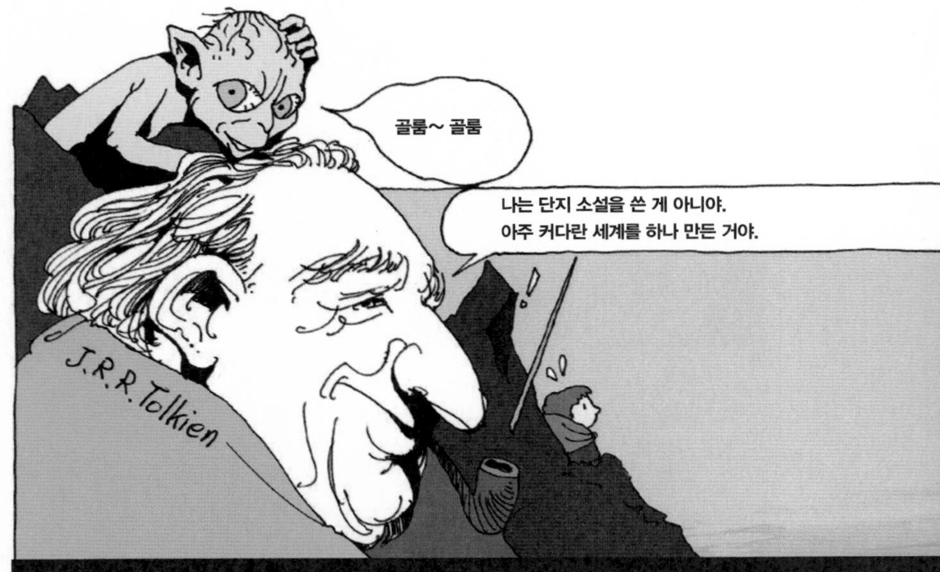

S

우주로 무대를 옮긴 또 다른 전설

스타워즈

가장 영리한 엔터테이너는 조지 루커스가 아닐까? 전설의 무대를 우주로 옮긴 루커스의 「스타워즈」는 또 다른 판타지의 원조가 되었다. 그는 자신이 창작한 영웅 서사에 갑옷 입은 기사가 아닌 광선 검을 휘두르는 제다이 전사를 등장시켰다. 랠프 매커리라는 콘셉트 디자이너와 함께 만든 「스타워즈」 세계의 모든 이미지들은 오늘날 전 세계에서 통용되는 고부가가치 문화상품이 되었다. 파란만장한 은하 세계를 완성한 루커스야말로 자본주의 문화사의 전설일 것이다.

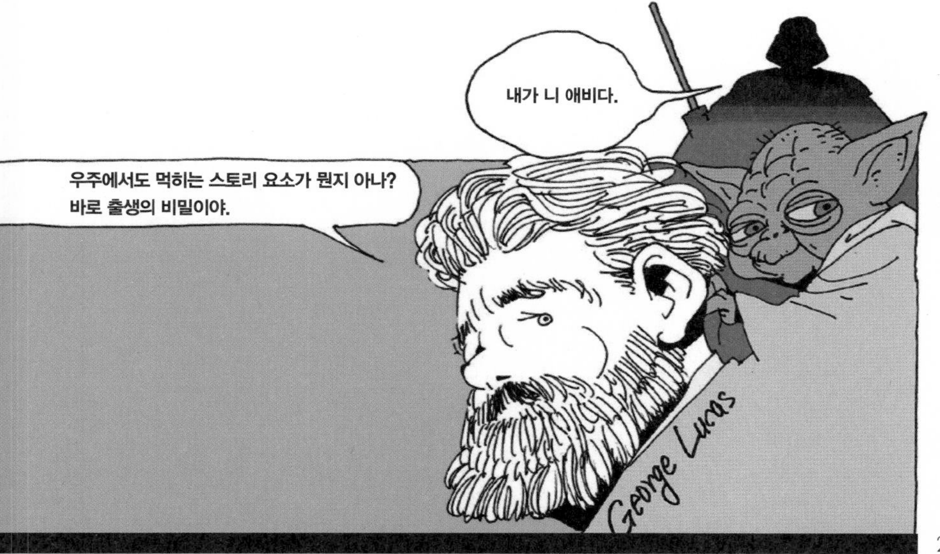

영화감독 피터 잭슨은 그런 원전 속 세계의 이미지를 훼손시키지 않기 위해 별다른 연출 기교를 부리지 않는 정공법을 택했고 덕분에 전 세계 『반지의 제왕』 마니아들에게서 욕먹지 않았고 영화 흥행에도 성공했다.

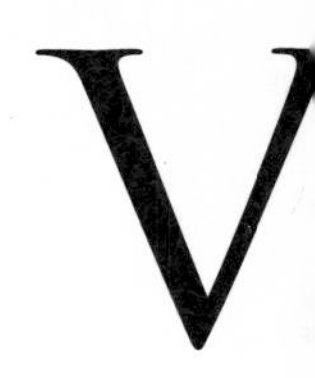

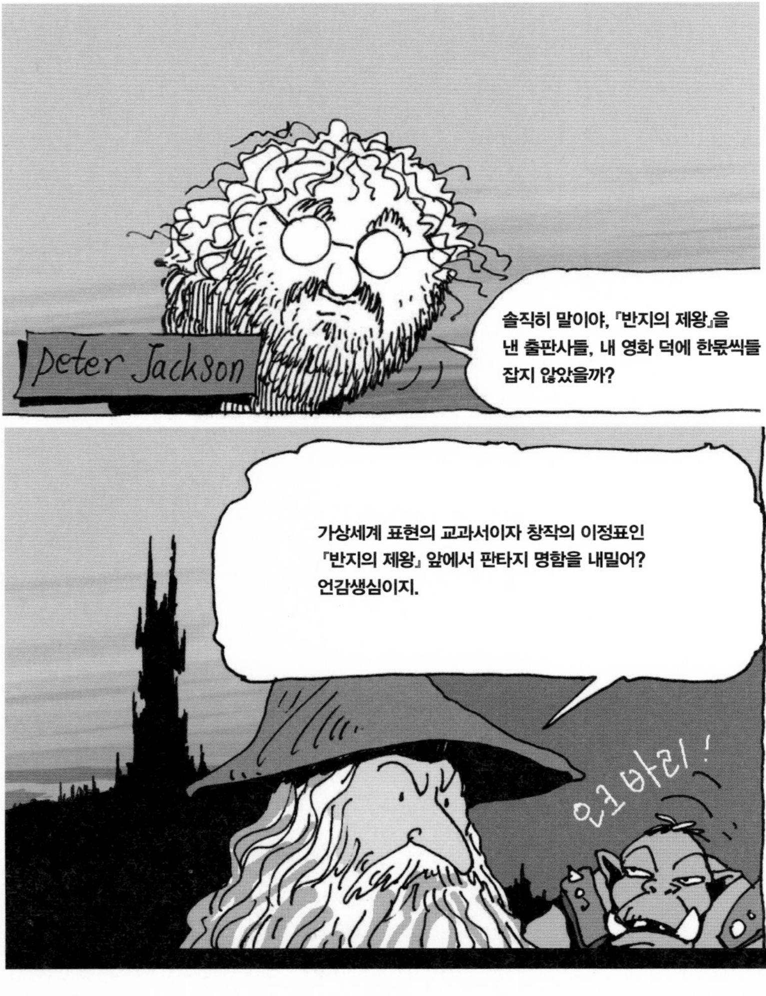

Peter Jackson

솔직히 말이야, 『반지의 제왕』을 낸 출판사들, 내 영화 덕에 한몫씩들 잡지 않았을까?

가상세계 표현의 교과서이자 창작의 이정표인 『반지의 제왕』 앞에서 판타지 명함을 내밀어? 언감생심이지.

오크바리!

S 『반지의 제왕』이 고대문학에 해박했던 작가 한 명이 이룩한 문학적 결실이자 후손에게 남긴 문화 자산이라면 「스타워즈」는 영상 세대가 요구하는 오락물의 필수 요소가 무엇인지를 간파한 자와 문화산업이 만들어낸 현대판 신화다.

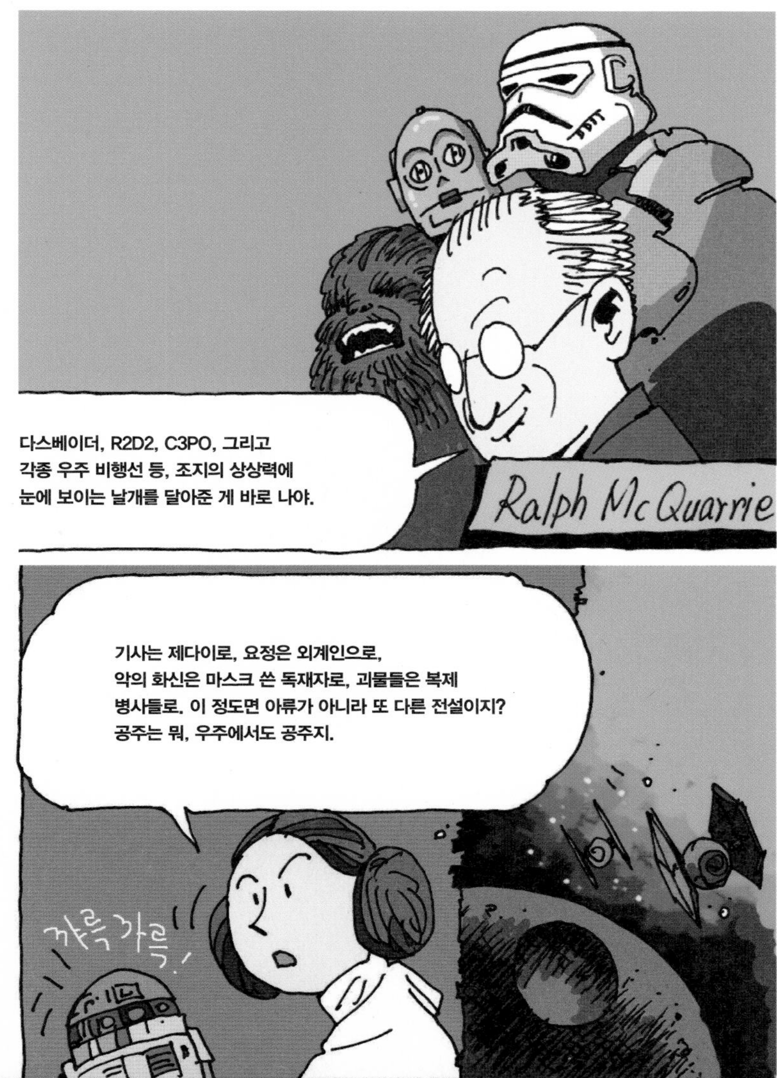

과학적 지성이 돋보이는 SF의 거장

아이작 아시모프

V

로봇 공학이라고 번역하는 '로보틱스(robotics)'라는 용어를 처음으로 쓴 사람은 1940년대에 SF 문학계에서 가장 주목받고 있던 한 작가였다. 과학 · 역사 · 종교 · 인문학 등 거의 모든 분야에 걸친 해박한 지식에 기초해 방대한 분량의 저술을 남긴 SF계의 거장 아이작 아시모프는 "로봇은 인간에게 해를 끼쳐서는 안 되고 인간의 명령에 복종하며, 거기에 위배되지 않는 한에서 스스로를 보호해야 한다"라는 유명한 로봇 공학의 3대 원칙을 제시했다.

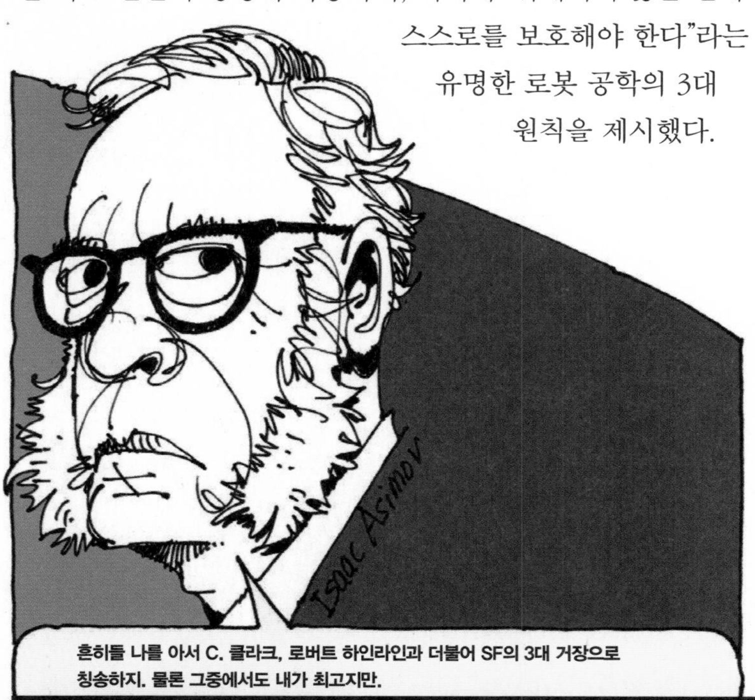

S

광기 가득한 SF 세계를 만든 미다스의 손

필립 K. 딕

리들리 스콧 감독, 해리슨 포드 주연의 영화 「블레이드 러너」는 안드로이드들이 자신의 정체성에 혼란을 느끼고 인간에게 저항하다가 자신들이 인공적인 존재에 불과하다는 실존 앞에서 무력해하는 서글픈 내용을 담고 있다. 미래와 SF 소재의 비극적인 면을 이야기할 때 늘 교본이 되는 그 영화의 원작은 필립 K. 딕이 1968년에 발표한 단편소설 「안드로이드는 전기 양을 꿈꾸는가」다.

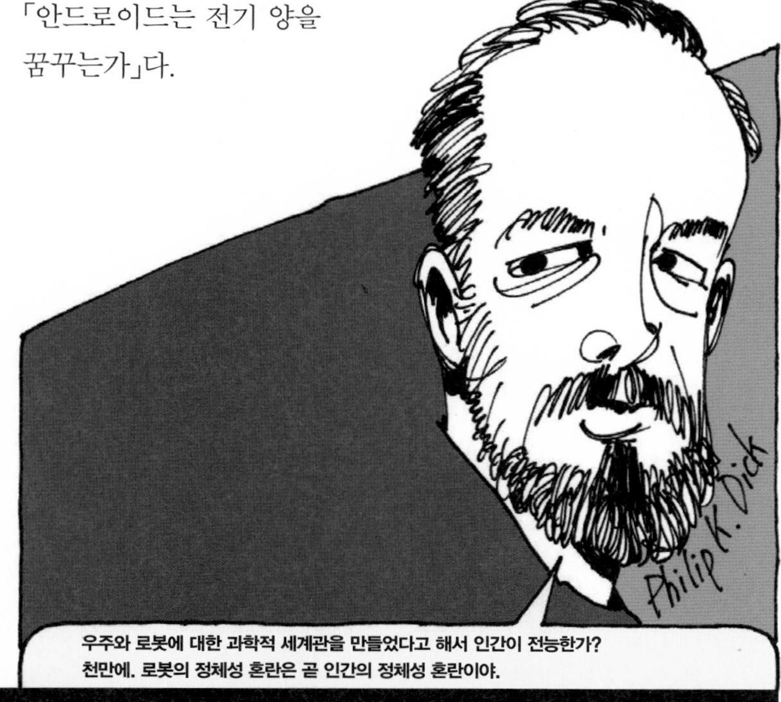

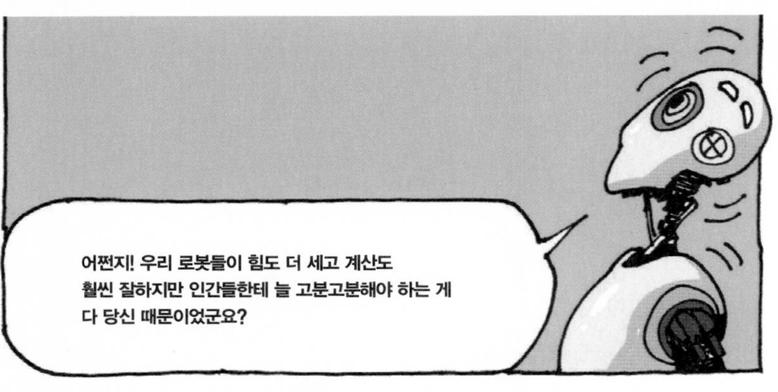

할리우드 영화 「바이센티니얼 맨」과 「아이 로봇」의 원작자로도 유명한 아시모프는 SF 문학의 황금기에 가장 탁월한 편집자였던 존 W. 캠벨 2세와 교류하면서 등단했고 이후로 불가사의할 정도로 왕성한 저술 활동으로 SF의 대중화에 기여했다.

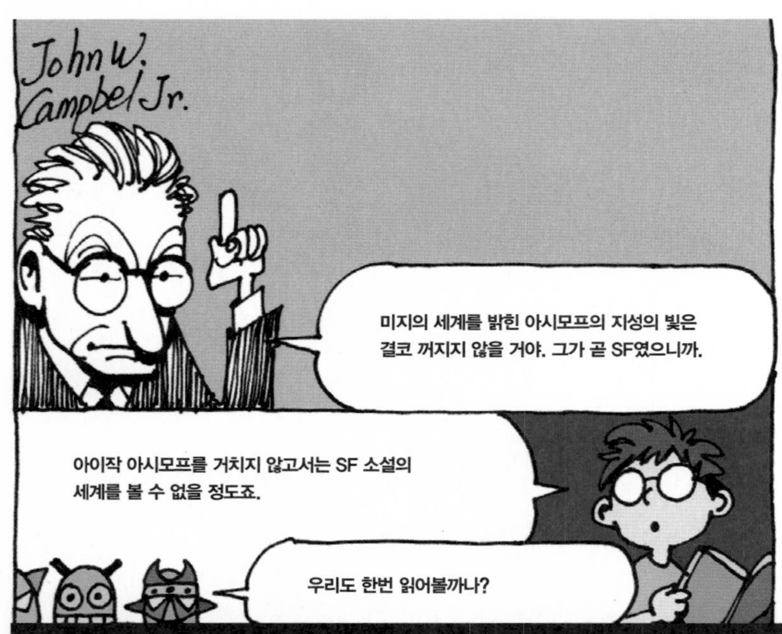

S

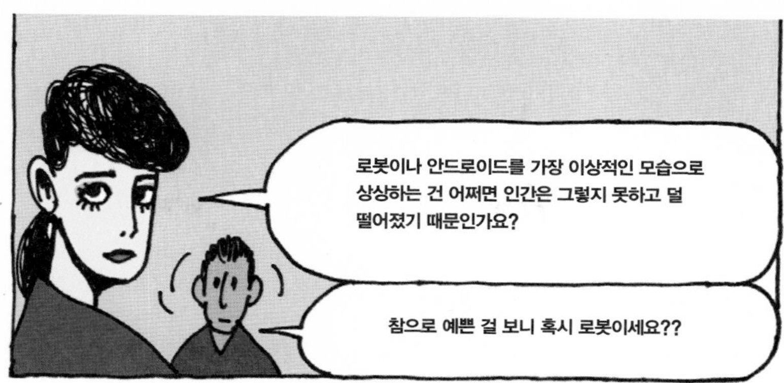

우울증과 망상에 시달리며 약물 남용으로 환각 세계를 넘나들었던 작가 필립 K. 딕은 수많은 작품을 통해 인간조차 가상의 세계에 갇힌 존재일지도 모른다는 암울한 이야기를 펼쳤지만, 그의 소설들은 천재적이고 독특한 세계관 덕에 「토탈 리콜」「마이너리티 리포트」 등 영화로 만들면 대부분 흥행에 성공했다.

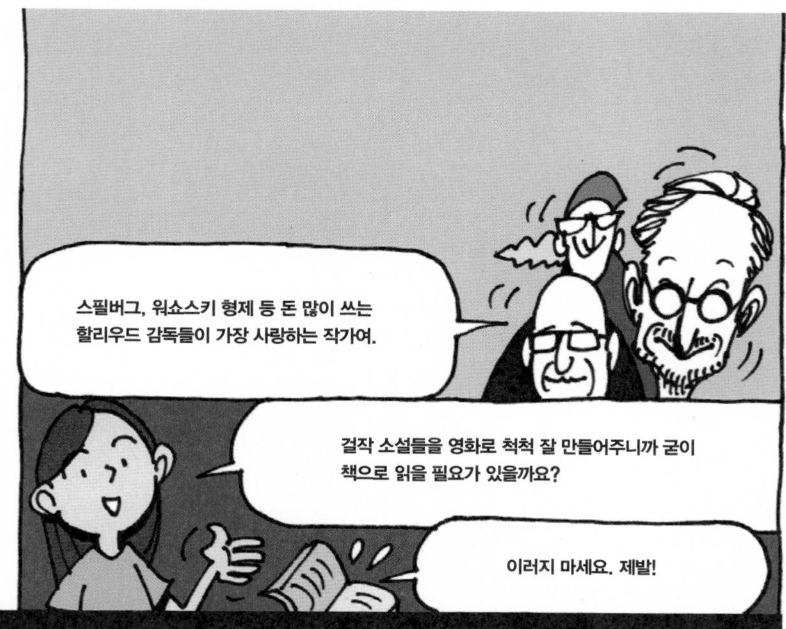

우주를 디자인하다

랠프 맥쿼리

V

SF 영화 역사상 가장 인상적인 주인공 다스베이더를 비롯해서 「스타워즈」 시리즈에 나온 캐릭터들, 각종 우주선, 그리고 독특한 별 세계의 모습들은 모두 콘셉트 디자인 분야의 독보적인 실력자였던 랠프 맥쿼리의 손에서 탄생한 것들이다. 그것들은 단지 영화 속 볼거리를 넘어 우주와 미래에 관한 관념으로 자리잡았다.

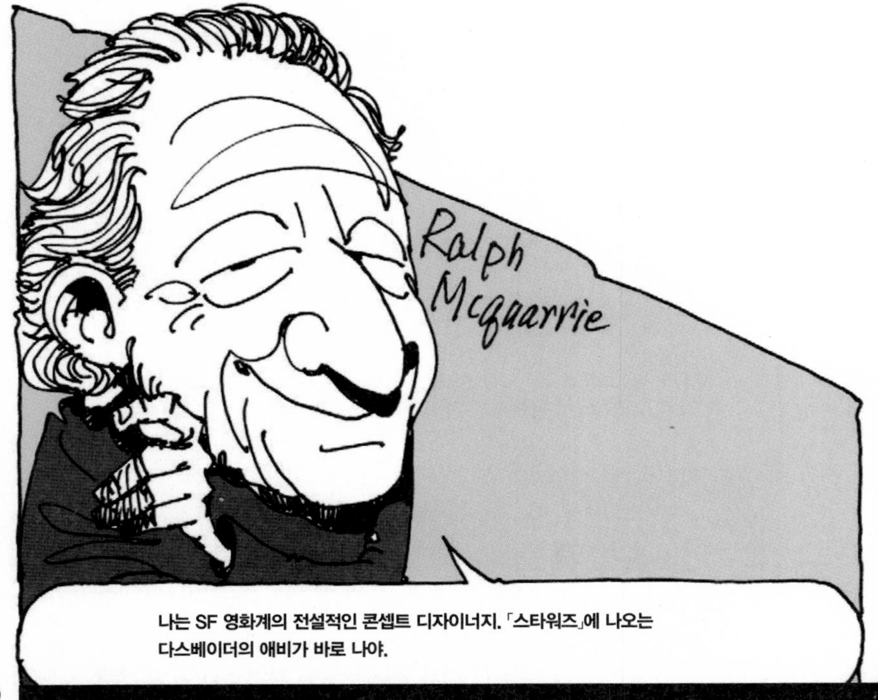

S

미래를 그리다

시드 미드

1980년대와 90년대에 대학에서 산업 디자인이나 애니메이션을 전공하는 학생들 사이에서는 시드 미드가 스케치한 화집이 필수 교본으로 통했을 정도로 그는 가상 공간을 그려내는 데 가장 위대한 스승이었다.
「블레이드러너」「스타트랙」「에일리언 2」「트론」 등 여러 영화를 통해 미드는 사람들의 상상 속에 있던 미래의 모습을 현실에 펼쳐주었다.

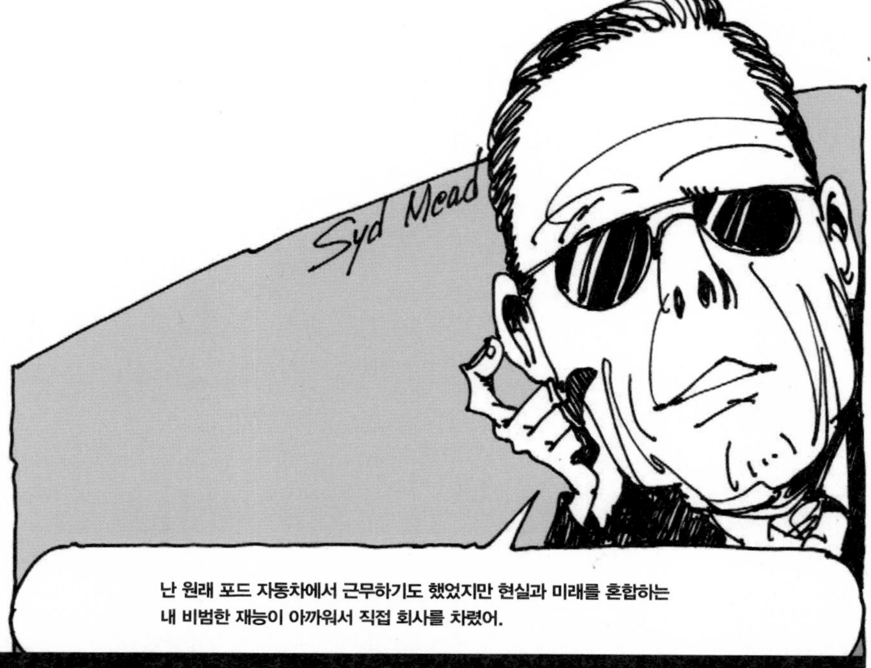

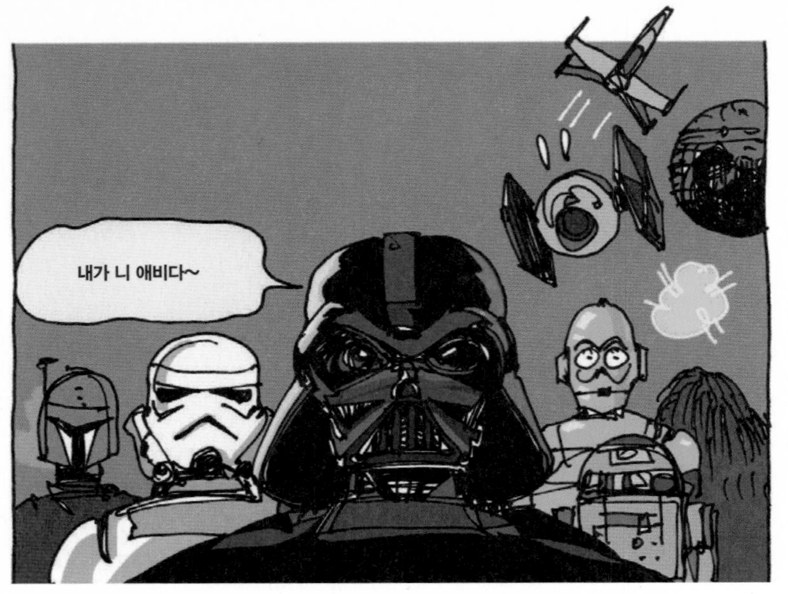

아무리 조지 루카스 같은 명감독이라 할지라도 영화가 만들어지기 전에 미래나 가상의 이야기를 눈으로 보기 위해서는 맥쿼리 같은 디자이너에게 도움을 받을 수밖에. 맥쿼리는 얼마 전 세상을 떠났지만 그가 만든 불후의 이미지들은 이 세계에서 오래도록 살아남을 것이다.

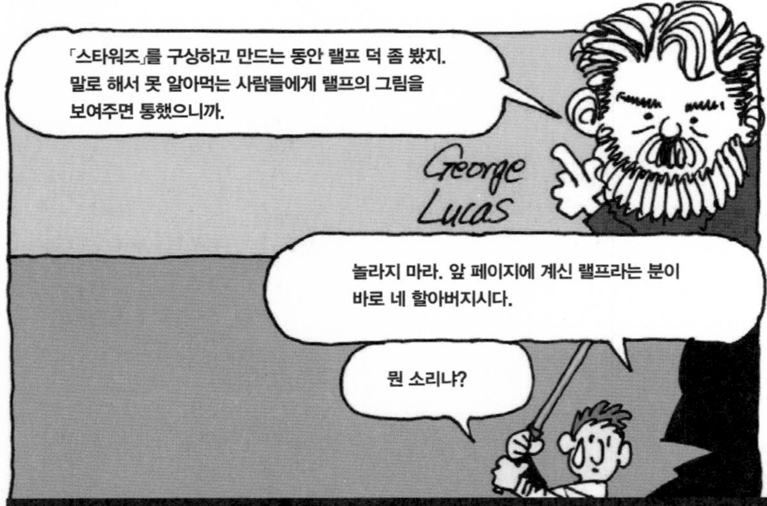

S

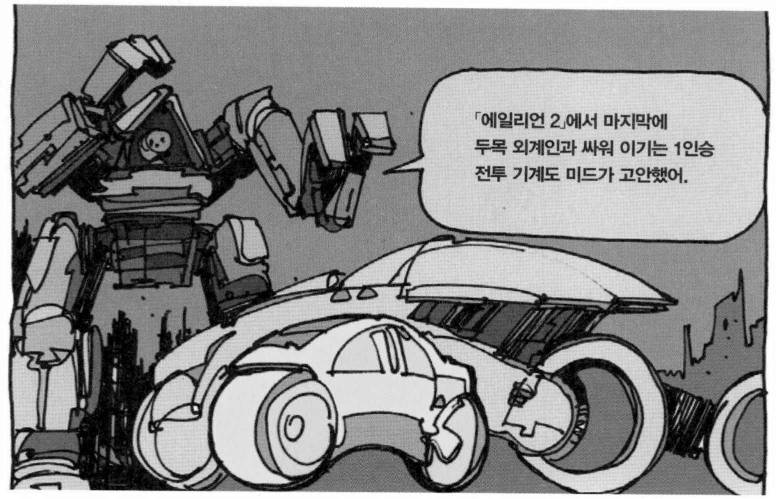

시드 미드는 자신이 상상하고 추구하는 미래를 보여주기 위해 어수선한 홍콩의 밤거리, 과거 여러 문명의 건축들, 그리고 미래형 교통수단 등, 시공을 무시하고 수집해온 잡다한 이미지들을 섞어놓았다. 재미있는 상상을 글로 쓰고 연출하는 것, 그리고 그 이야기의 틀과 모양을 그려내는 사람. 이 두 가지 재능이 절묘한 궁합을 이룰 때 역작은 탄생하는 법이다.

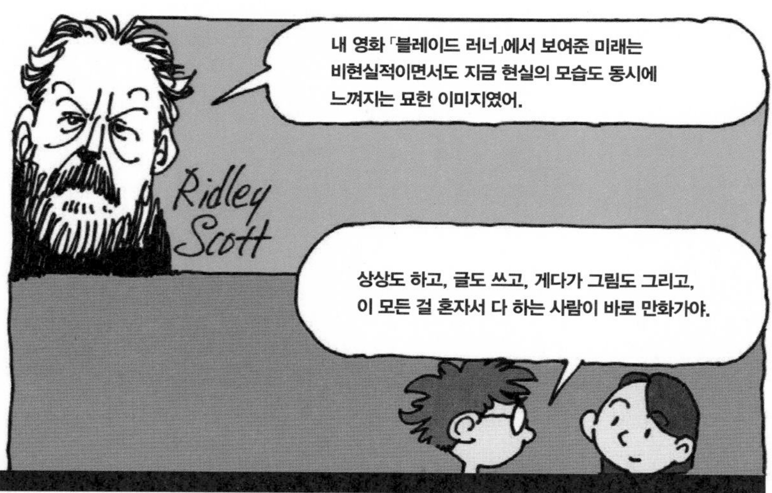

괴물들의 아버지

릭 베이커

V

릭 베이커는 우리가 손에 땀을 쥐고 벌벌 떨며 보았던 수많은 영화의 난폭한 괴물들을 만들어낸 당대 최고의 메이크업 아티스트였다. 「킹콩」「울프」「그린치」「혹성 탈출」 등에 등장하는 털이 무성한 반인 반수 형태의 괴물들과 「맨 인 블랙」「프라이트너」 등에 나오는 외계인, 좀비 등 그가 표현한 괴물들은 한결같이 포악한 인간의 이면을 극대화한 듯하다.

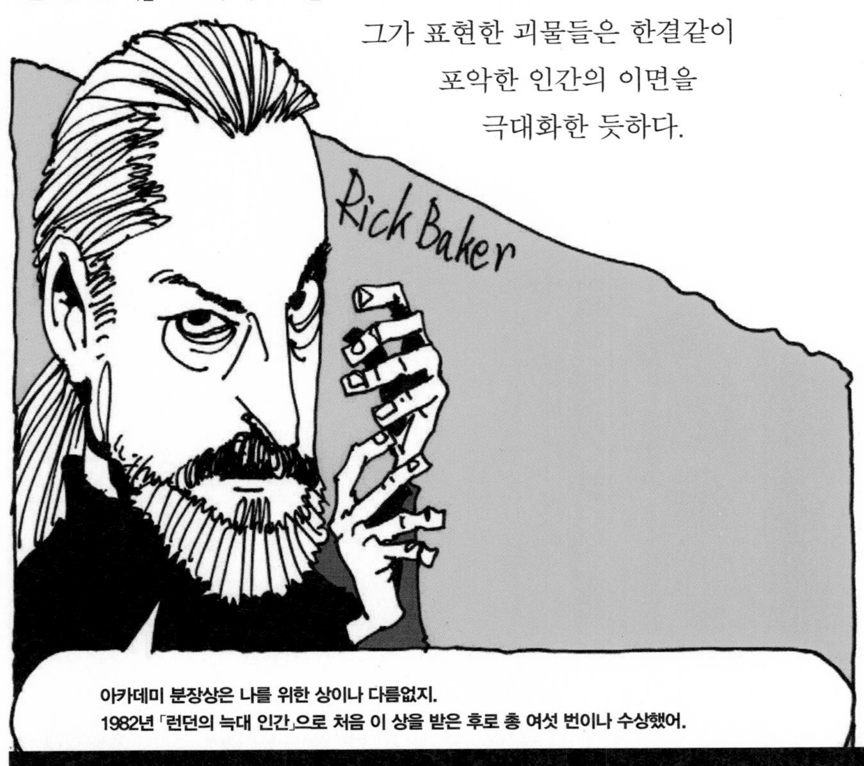

S

특수효과의 슈퍼스타

스탠 윈스턴

「터미네이터」「프레데터」「쥬라기 공원」「가위손」 같은 영화들의 공통점은 하나같이 흥행 성공작이었다는 것과 한 사람의 창의적인 감각과 손길을 거쳐서 주인공들이 만들어졌다는 점이다. 바로 분장과 특수효과에 있어서 20세기 최고의 거장이라는 찬사가 아깝지 않은 스탠 윈스턴이다.

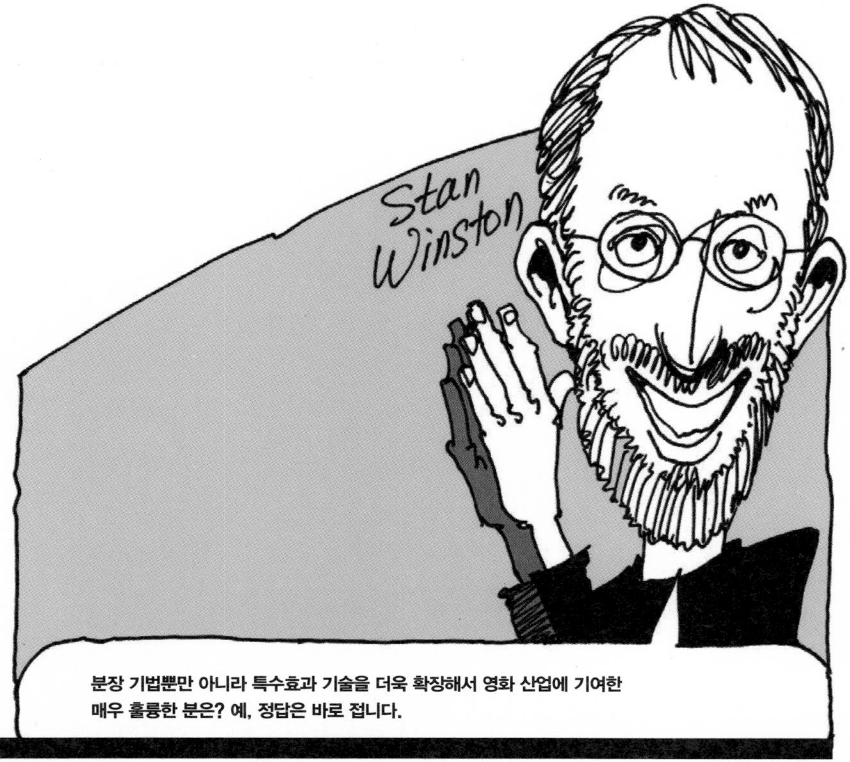

분장 기법뿐만 아니라 특수효과 기술을 더욱 확장해서 영화 산업에 기여한 매우 훌륭한 분은? 예, 정답은 바로 접니다.

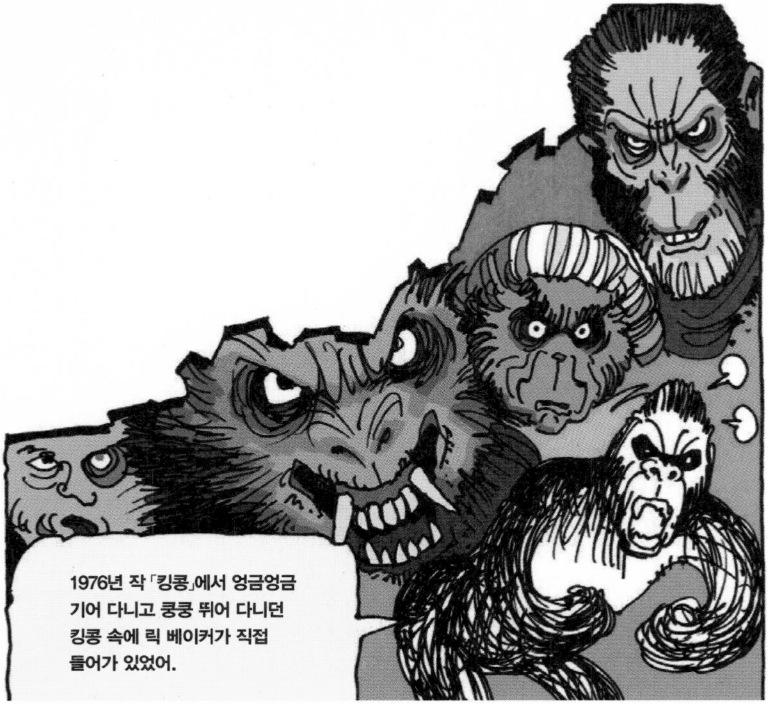

1976년 작 「킹콩」에서 엉금엉금
기어 다니고 쿵쿵 뛰어 다니던
킹콩 속에 릭 베이커가 직접
들어가 있었어.

발포 고무를 사용해 일그러진 모양을 표현한 기법은 특수 분장 분야의 스승 딕 스미스가 발전시켰는데, 그는 사람의 얼굴을 순식간에 늙어버리게 만드는 데 특별한 재능을 나타냈다.

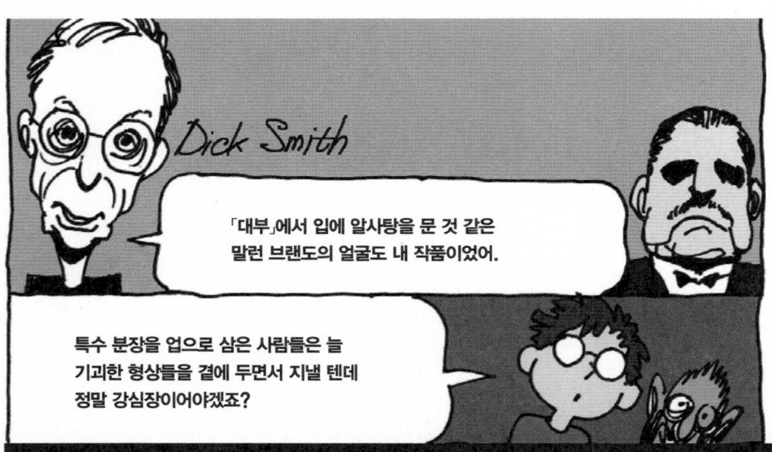

무표정한 근육질의 터미네이터가 점점 망가지면서 금속 재질의 구조로 변해가는 과정을 표현했던 윈스턴의 출세작 「터미네이터」는 세계 영화사에 길이 남을 걸작이다.

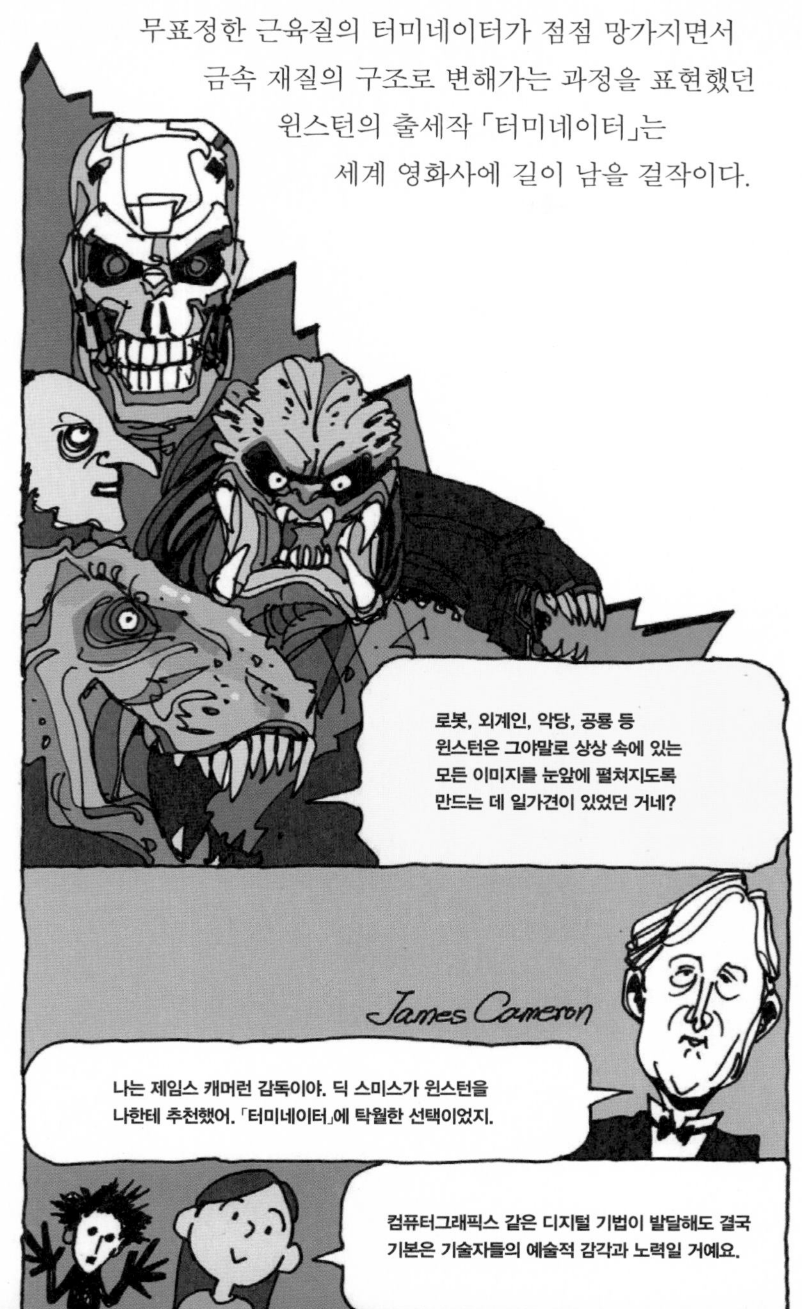

V

무서운 외계인

에일리언

외계 생명체는 미지의 존재라는 이유만으로 그것을 상상하면 일단 두려움이 뒤따른다. SF영화들 중 그런 공포감을 극도로 살린 대표작을 꼽자면 리들리 스콧 감독이 연출한 1979년 작 「에일리언」을 빼놓을 수 없다.

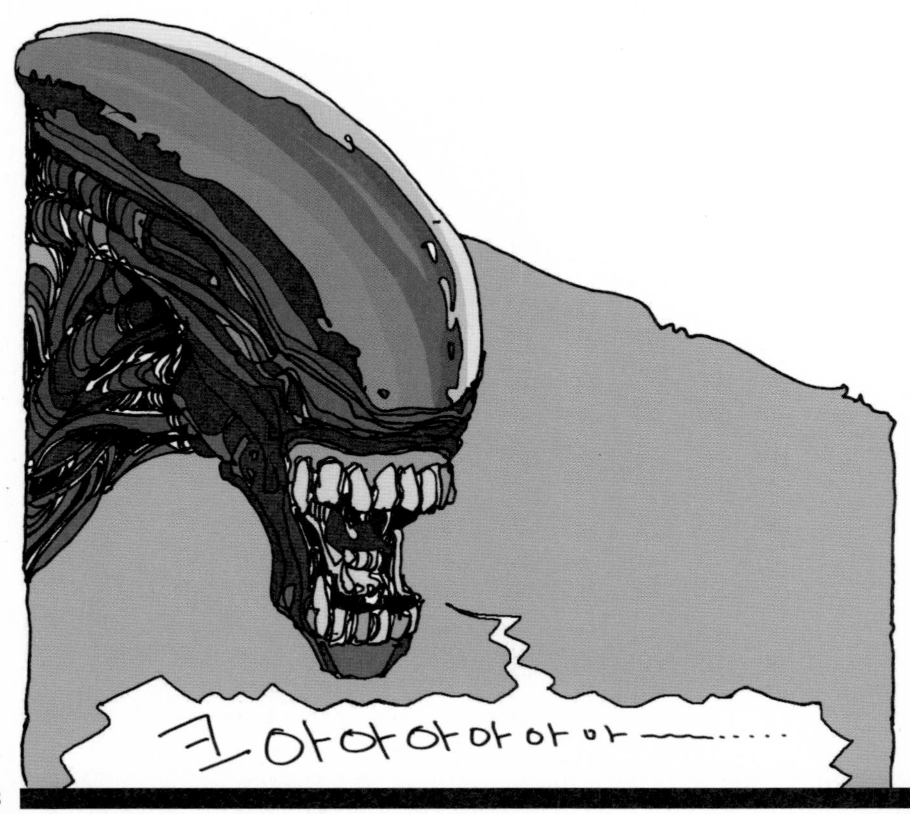

S

친구 같은 외계인

E.T.

한편 외계인은 현실이 아닌 상상 속에 존재하는 것이기에 두려우면서도 어쩌면 인간과 친구가 될 수도 있다는 기대를 갖게 만든다. 그런 낯선 외모와 내면의 공감대를 절묘하게 조화시킨 외계인이 1982년 스티븐 스필버그 감독의 흥행 대작 「E.T.」에 등장했다.

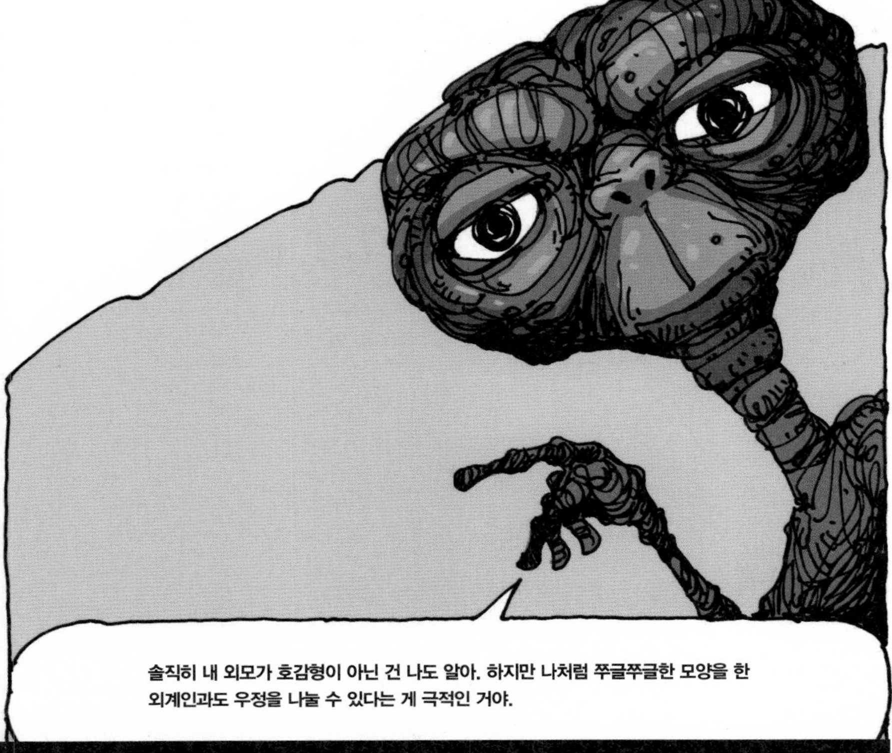

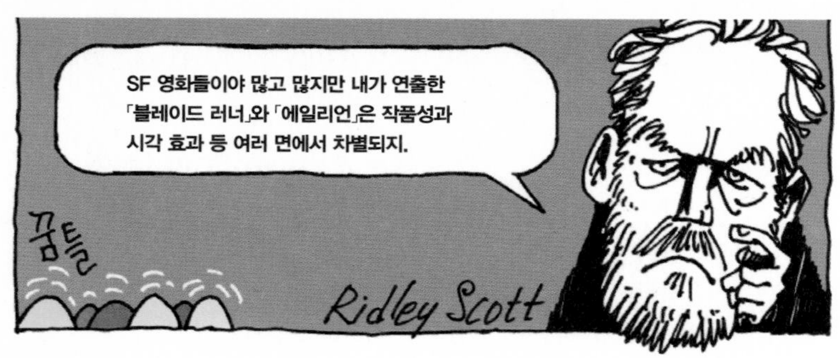

외계 생명체가 인간을 숙주로 삼아 성장한 다음 배를 가르고 나온다는 끔찍한 생각을 각본으로 쓴 댄 오배넌과 연출을 맡은 스콧 감독은 그런 기괴한 상상을 시각적으로 표현해줄 사람은 지구상에 단 한 명밖에 없다고 생각했다. 바로 스위스 출신의 화가 H. R. 기거였다.

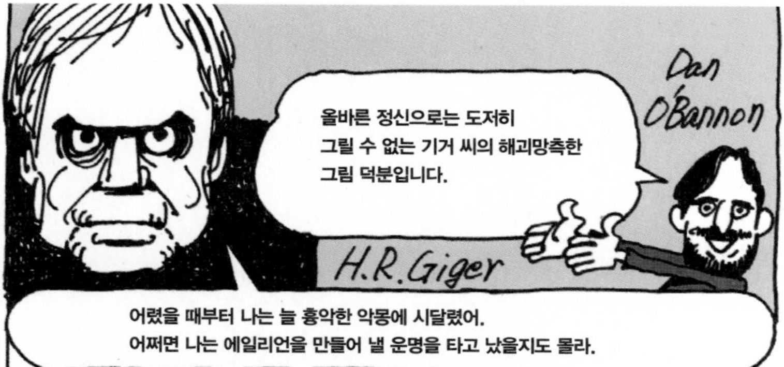

Dan O'Bannon

올바른 정신으로는 도저히 그릴 수 없는 기거 씨의 해괴망측한 그림 덕분입니다.

H.R.Giger

어렸을 때부터 나는 늘 흉악한 악몽에 시달렸어. 어쩌면 나는 에일리언을 만들어 낼 운명을 타고 났을지도 몰라.

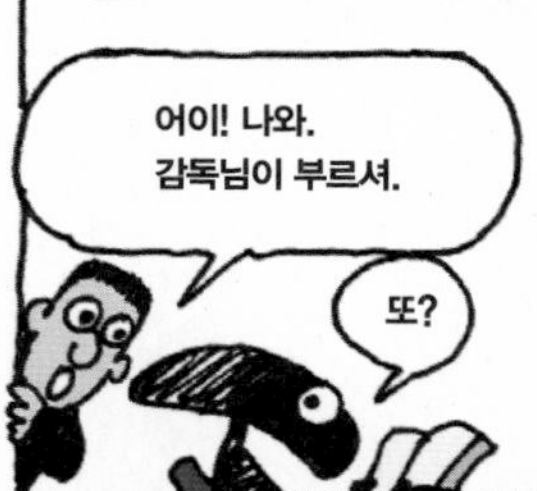

어이! 나와. 감독님이 부르셔.

또?

미지의 생명체가 두려운 것은 어둠 속에서 온전한 형체를 다 드러내지 않아서일 텐데, 후속편들에서는 선명하게 등장하면서 오히려 공포감이 반감되어버리기도 했다.

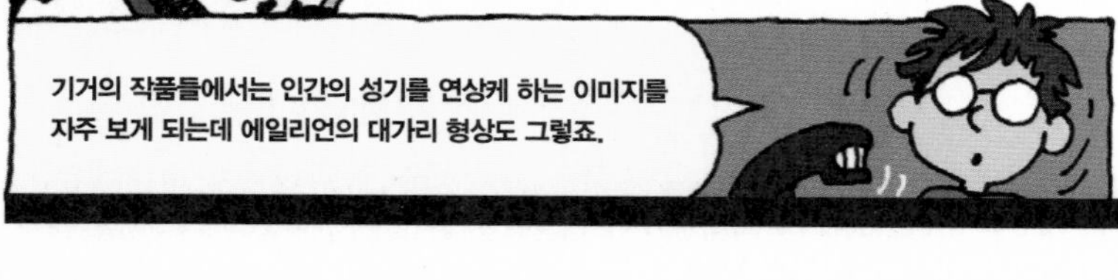

기거의 작품들에서는 인간의 성기를 연상케 하는 이미지를 자주 보게 되는데 에일리언의 대가리 형상도 그렇죠.

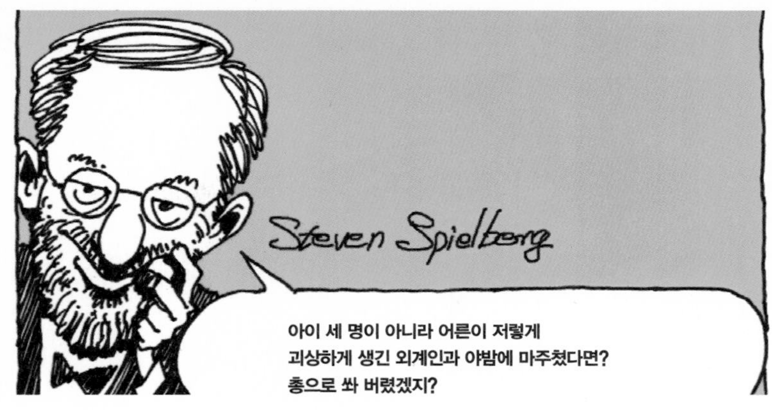

경계심을 가질 수밖에 없는 외계인이면서도 지구의 아이들과 친구가 되는 형상을 만드는 것이 결코 쉽지는 않았을 테다. 그 임무를 수행한 콘셉트 디자이너가 바로 할리우드 특수 효과 분야의 귀재 카를로 람발디였다.

「E.T.」는 개봉 당시 전 세계 어린이들에게 신드롬이 되었다. 우리나라에는 2년 정도 늦게 수입이 되었지만 영화를 미처 보지 못한 아이들도 이미 그 작은 외계인에게 흠뻑 빠져 있었다.

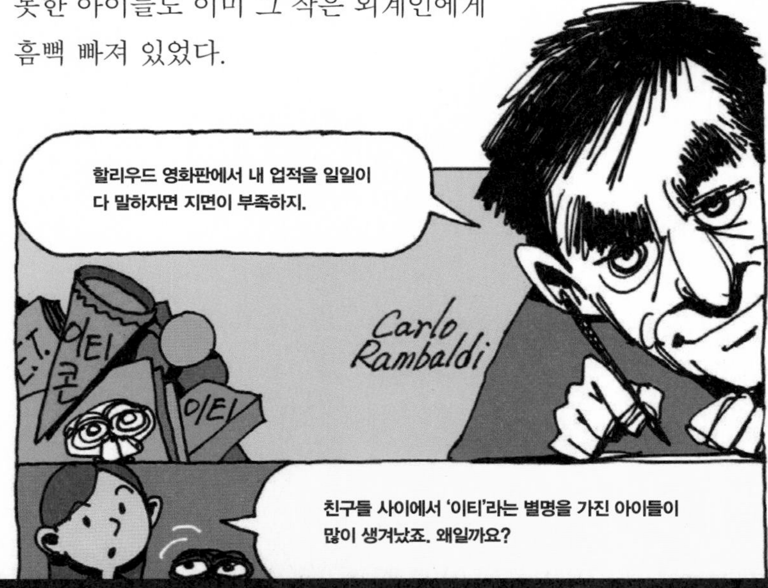

+ plus talk

말도 안 되는 것, 막장

"내가 니 애비다."

20세기 SF영화사상 가장 성공한 시리즈인 「스타워즈」에서 다스베이더가 루크 스카이워커와 대적할 당시에 투욱~ 하고 던진 말이다.

결말 부분에 나오는 이 대사 한마디가 관람객들에게 던져준 충격파가 실로 대단했다는 감상 평들이 지금도 회자되고 있지만, 우리나라 사람들은 크게 놀라지도 않았을뿐더러 이야기 중반부터 '저 자가 아버지일지도?' 하고 예상했던 사람들도 적지 않았으리라. 그런 출생의 비밀에 관한 소재, 주로 재벌인 권력자의 은닉 수컷 자식에 관한 소재라면 우리나라 TV 드라마에서는 워낙 단골로 등장하니까 말이다. 오히려 '설마 할리우드의 명장 조지 루카스가, 그것도 최첨단 SF영화에서 그런 막장 플롯을 구사할 리 없지' 하며 방심하고 있다가 허를 찔렸다는 점에서 놀랐다는 편이 맞을지도 모르겠다.

그런데 따지고 보면 모진 고초를 이겨내며 장성하는 근본 미상의 소년 이야기는 시청자들에게 유치하고 고루하고 흉물스럽고 더럽다는 비난을 받으면서도 나왔다 하면 언제나 꾸준한 시청률을 올리는 막장 드라마에서만 볼 수 있는 소재는 아니다. 그건 영화나 심지어 문학 작품에도 빈번히 등장하는 흥미로운 서사적 맥락이기도 하고 그 속에서 우리는 자주 인간사의 묘미를 느끼고 뭉클한 감동을 받기도 한다. 그럼 막장 드라마는 왜 막장인가?

여기까지 쓰고 이 글을 페이스북 담벼락에 올려봤다. '소셜네트워크를 활용해서 비선형적인 글 모아 짓기'라는 시도를, 그리 신선하지 않긴 하지만, 한번 해보고 싶었기 때문이다. 한편으로는 뭔가 이색적이고 발랄한 댓글을 은근히 기대하면서.

어떤 이는 "생각지도 못한 것과 말도 안 되는 거랑은 다르기 때문 아닐까요?! ㅎ"라고 썼고, 또 어떤 이는 "막장 드라마란 갈 때까지 간, 진도 팍팍 나간, 다시 말해 아방가르드한 드라마를 말하는 것이죠…… ㅋㅋㅋ"라고 써놓았다.

첫 번째 댓글에서 '생각지도 못한'이라는 말의 뜻은 그냥 그대로의 의미로 충분히 이해가 되는데 '말도 안 되는 것'이라는 말은 이야기 작문법에서 어떤 경우에 해당될까? 불륜이나 숨겨둔 피붙이가 나타나는 것이 그 자체로는 딱히 비난받을 만한 이야기 소재가 아닌 건 앞에서도 이야기했고, 그럼 빈도수에 관한 문제일까? 지나치게 유사한 패턴이 극중에서 반복되기 때문에 보는 이들이 짜증나게 되니까 말도 안 되는 상황인 걸까? 하지만 이 경우에도 그런 스토리텔링을 막장이라고 깎아내릴 수는 없을 듯하다. 드라마에서 아주 억지스러워 보이고 도무지 현실적이지 않아 보이는 사건보다 더

기가 막히는 일들을 우리는 현실에서 종종 경험하지 않는가? 그러니 그런 이야기를 현실성이 떨어진다고 무작정 몰아붙일 수도 없거니와 과도하게 비슷한 우연들이 반복되는 이야기 구조 또한 놀라움과 생각지도 못한 일들의 과도한 반복일 뿐이지 않겠는가? 물론 보면서 짜증이 더 많이 나기는 하겠지만 짜증이라는 것도 극을 보면서 느끼는 공포나 긴장처럼 아주 유쾌하지만은 않은 체험들 중 하나인 셈이다. 그렇다면 말도 안 되는 막장은 대체 어떤 건가? 이즈음에서 나는 예전에 진중권 교수가 심형래 감독의 영화를 통렬히 비난하면서 거론했던 '데우스 엑스 마키나', 즉 극중 사건들을 일거에 해결하는 방법으로 그리스 시대 비극 작가들이 종종 사용했던 무대 연출 기법을 떠올린다. 진 교수는 극작가나 연출가이기를 자처하는 자라면 최소한 아리스토텔레스께서 『시학』에서 분명히 비판하고 금지하셨던 그 만능 기계 장치를 극중에 끌고 들어오면 안 된다고 분노에 찬 목소리로 심 감독을 비난한 바 있다.

요지는 그거다. 사건들이야 얼마든지 해괴하고 비상식적일 수도 있겠지만 그 사건들 간의 개연성과 인과성을 무시해서는 안 된다는 것이다. 아무리 규모가 크고 특수효과에 돈을 많이 들인 극이라 할지라도 극중 인물들이 벌이는 행위들을 연결 짓는 데 소홀하면 극은 공중 분해되어버린다는 것. 맞다. 바로 그런 설정이 말도 안 되는 경우에 해당하는 것이고 막장으로 가는 길이다.

두 번째 글에서 "막장은 곧 아방가르드"라고 한 말은 그야말로 막장에 대한 적극적이고 대담한 수용일까? 포스트모더니스트적인 견해로 보인다. 그런 의미에서라면 어쩌면 막장은 또 하나의 유망한 한류 아이템이 될 법하다.

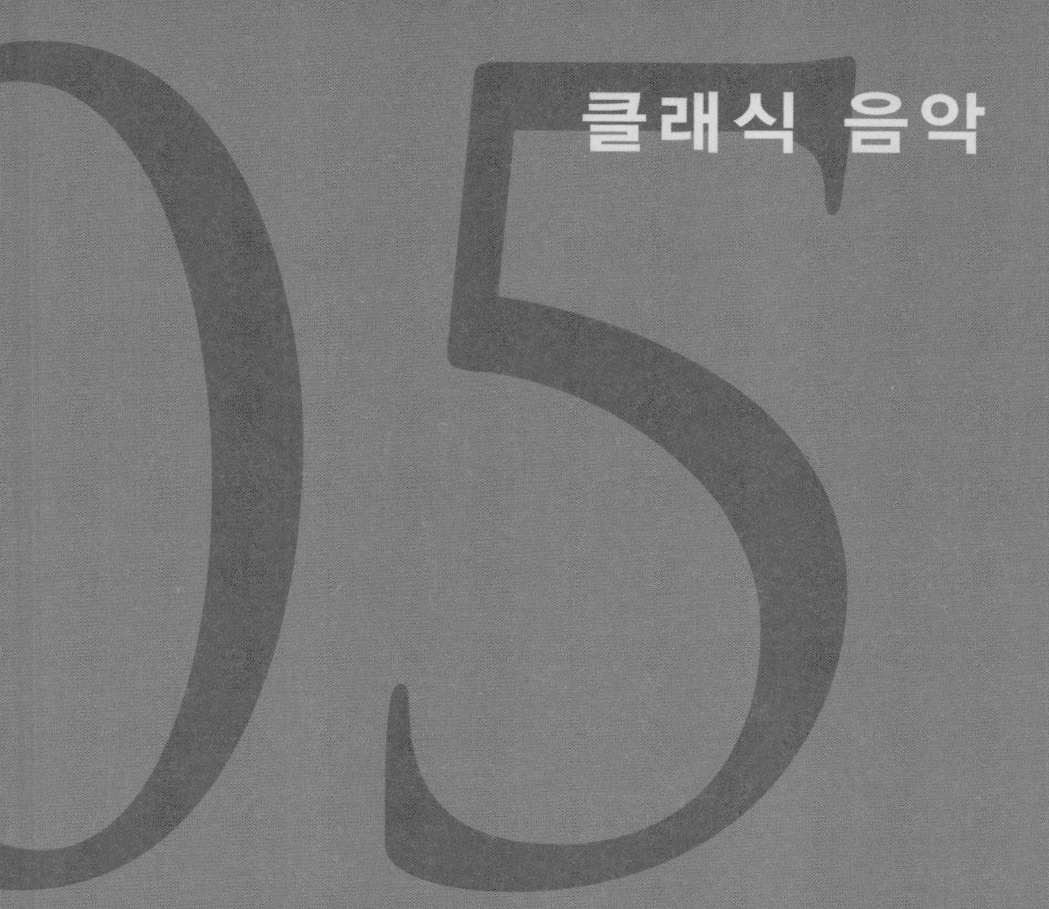

05 클래식 음악

V

오케스트라 제국의 황제

헤르베르트 폰 카라얀

불멸의 신동 모차르트의 고향인 잘츠부르크는 150년 뒤 또 한 명의 위대한 음악가를 낳았다. 20세기 클래식 음악계의 살아 있는 전설이자 가장 강력한 음악 권력으로 군림했던 그의 이름은 헤르베르트 폰 카라얀이다. 베를린 필하모닉 오케스트라의 종신 수석 지휘자였던 카라얀은 극장에서 청중이 보내는 갈채에 만족하지 않았다.

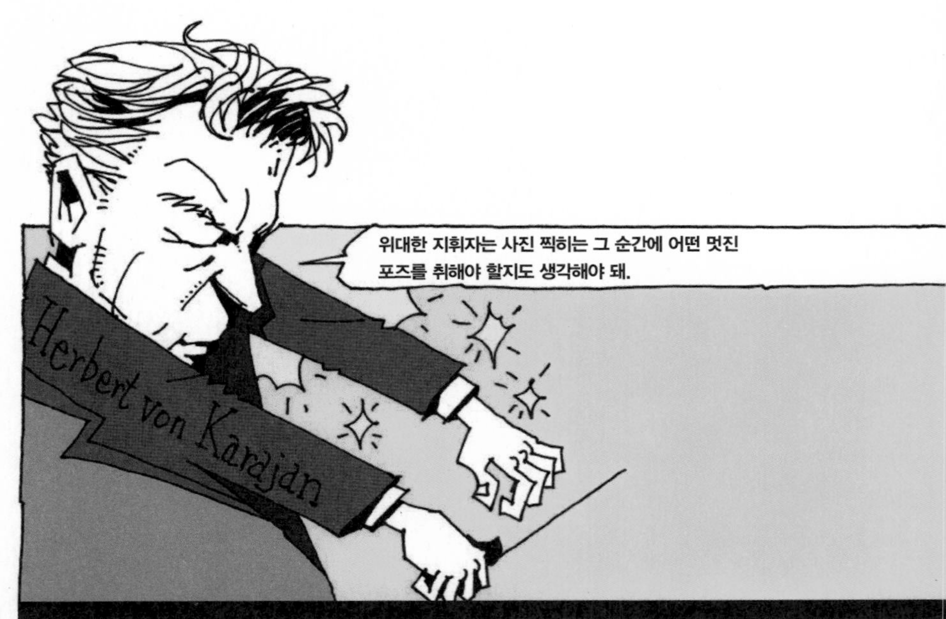

S

사랑스러운 은둔자

카를로스 클라이버

전 세계의 유명한 현역 지휘자들이 가장 큰 영향을 끼친 지휘자로 꼽는 데 주저하지 않으며, 지금도 많은 음악 애호가들이 진심으로 친애하는 지휘자 카를로스 클라이버. 뛰어난 음악성과 청중을 매료시켰던 특별한 마력으로 정평이 나 있음에도 오늘날 그가 지휘하는 모습은 쉽게 찾아볼 수 없다. 생애 내내 카메라 앞에 연출된 모습으로 나서는 법이 결코 없었고, 청중과 직접 호흡하는 음악의 원칙을 고수하며 스튜디오 녹음을 철저히 기피했던 순순한 열정의 소유자였기 때문이다.

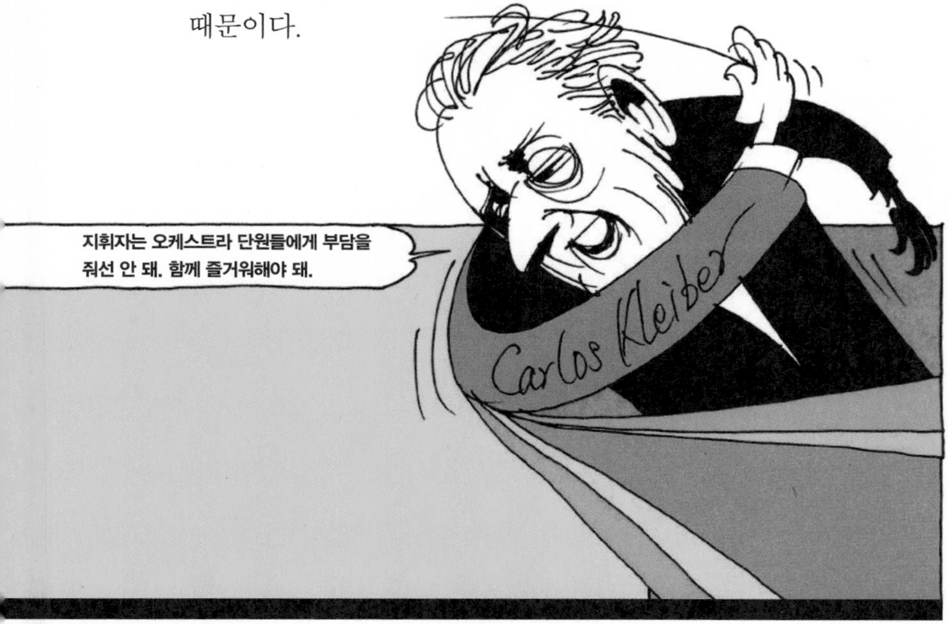

카라얀은 잘 녹음된 음반을 통해 모든 사람들의 찬사를 얻고 싶어했고 카리스마 넘치는 모습을 영상매체에 담아 불멸의 고전으로 남기길 원했다. 현대의 디지털 녹음과 발달된 영상 기술은 자신의 음악 영토를 무한히 넓히고자 했던 그의 야심에 날개를 달아주었고 이를 통해 그는 오케스트라 제국 황제의 관을 쓸 수 있었다.

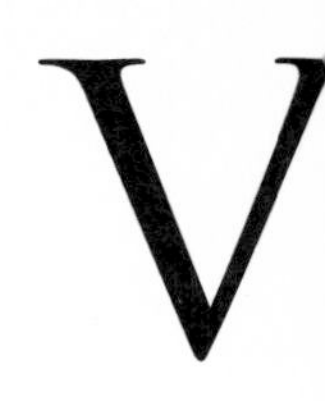

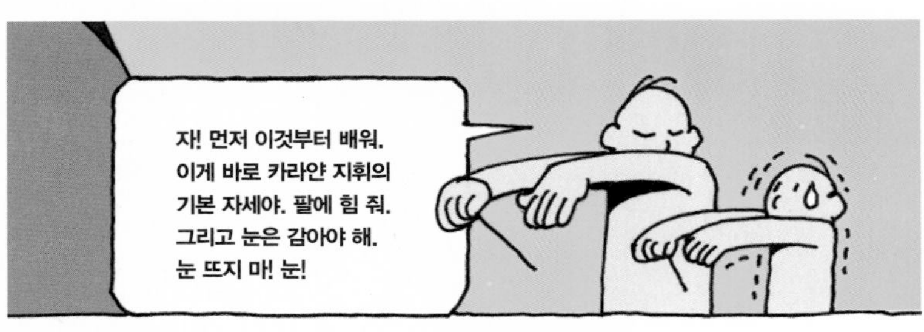

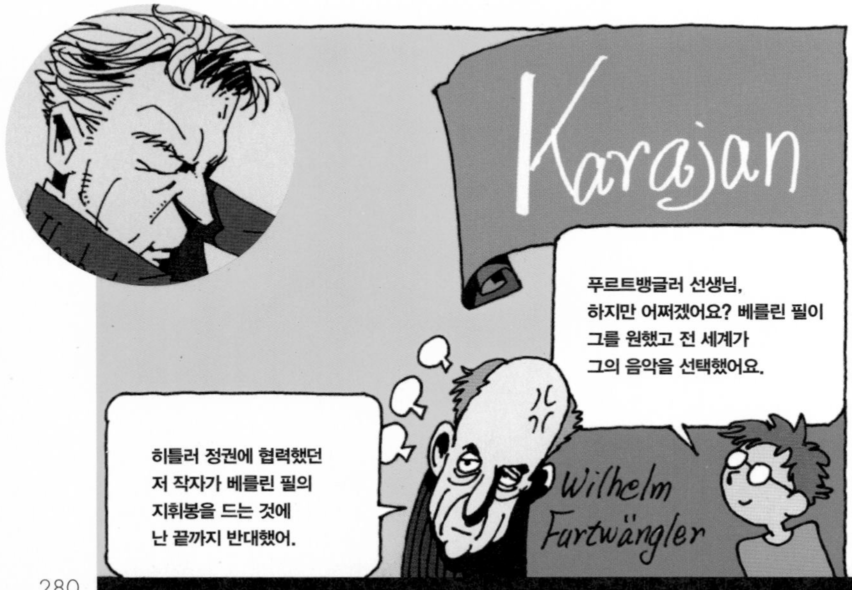

S

말년에 베를린 필 단원들과 불화를 일으키는 등 카라얀이 실망감을 남겼던 반면, 클라이버는 은둔자로 불릴 정도로 자기 이미지 연출을 전혀 하지 않았음에도 많은 사람들이 그가 삶을 등지는 순간에 진심으로 애통해했으며 지금도 그를 사랑하는 마음을 고이고이 간직하고 있다.

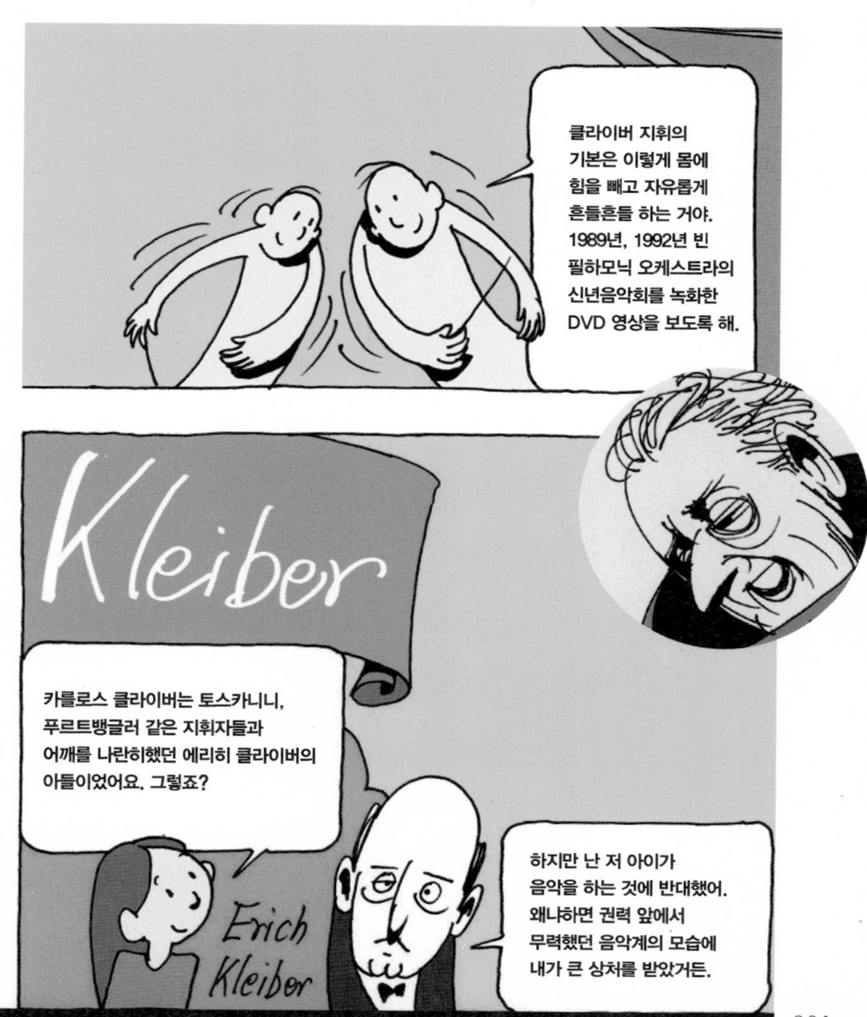

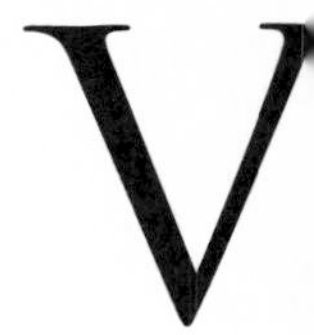

친근한 지휘자

유진 오르먼디

19세기 중반부터 미국으로 이주한 유럽 음악가들이 꽃피우기 시작한 미국의 오케스트라 음악은 1930년대부터 본격적으로 여러 도시의 관현악단을 이끌었던 헝가리 출신 지휘자들의 헌신에 힘입어 반석 위에 올라서게 된다. 그중에서도 미국의 대표적인 관현악단 필라델피아 오케스트라의 포디엄을 40년 넘게 지켰던 위대한 지휘자가 바로 유진 오르먼디다.

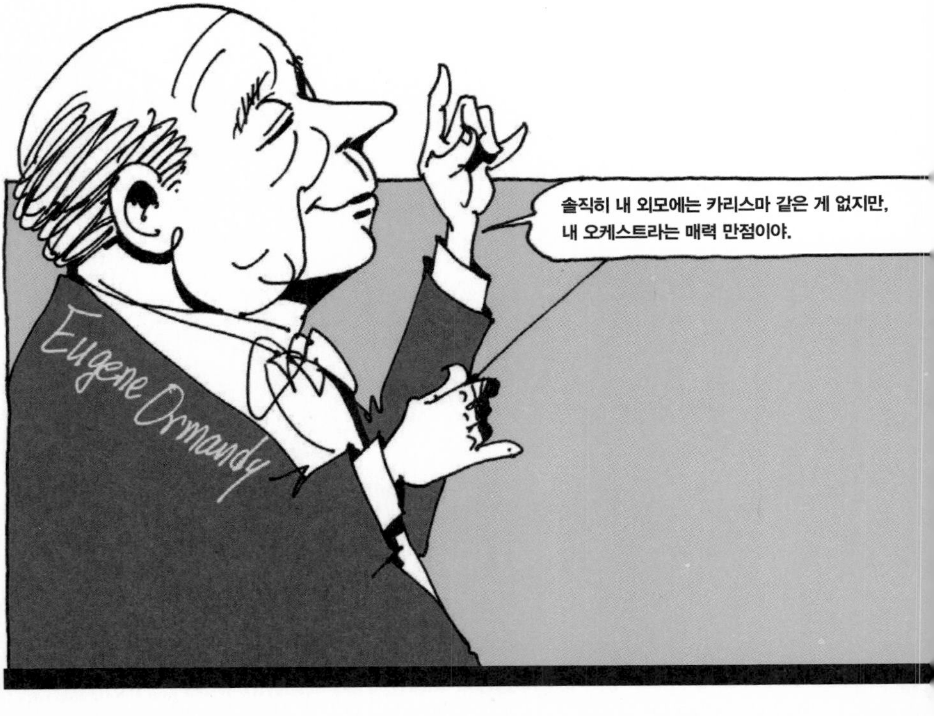

S

엄격한 지휘자

프리츠 라이너

공연의 가장 빛나는 자리에 서 있는 지휘자들은 멋진 몸짓을 청중에게 보여주기 위해 조금이라도 더 신경을 쓰게 되지 않을까? 그러나 또 한 명의 헝가리 출신 지휘자 프리츠 라이너에게 지휘자의 동작은 오직 오케스트라를 통제하기 위한 수단이었기에 그는 최소한의 움직임과 절도 있는 지휘로 최고의 음악적 완성도를 이룩하고자 했다.

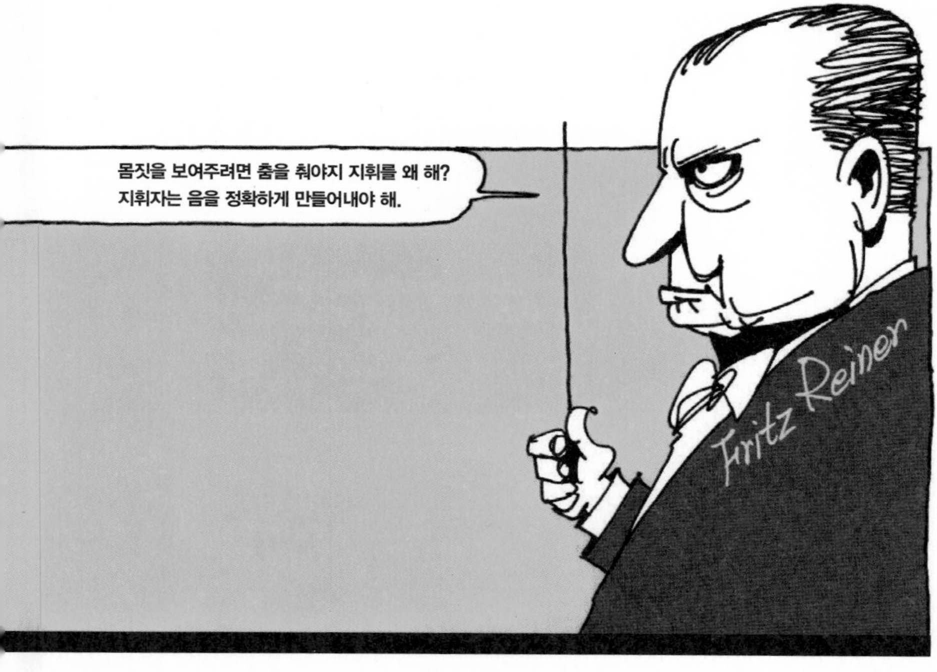

동그란 얼굴에 자상한 이미지의 대머리 아저씨. 카라얀처럼 인상이 강렬하지 않기 때문에 외모에 끌리지 않아서 이 아저씨의 음반을 멀리한다면, 세상에서 가장 화려하고 풍부한 음색의 관현악 연주를 들을 수 있는 행복한 기회를 차버리는 것이나 마찬가지다.

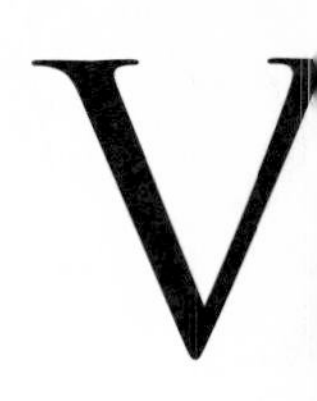

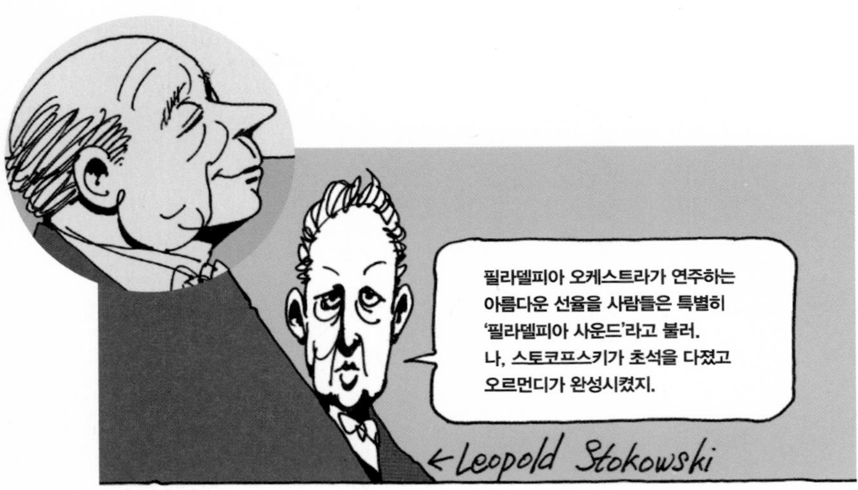

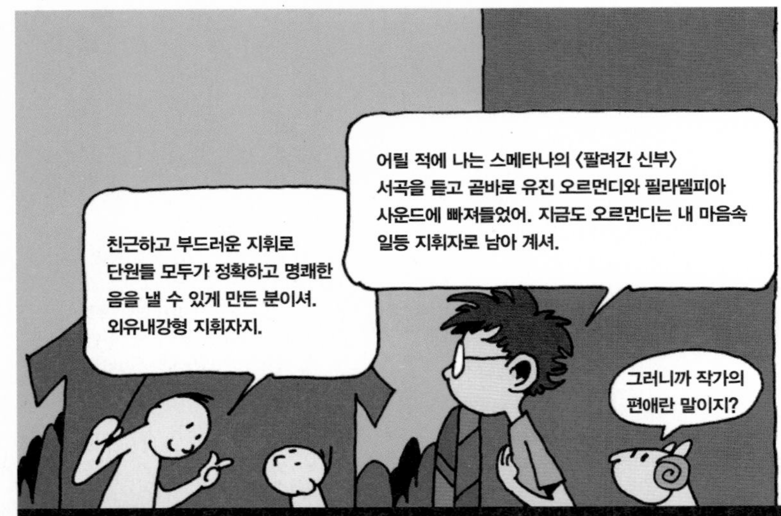

S

엄격하게 완벽을 추구하는 라이너의 음악에 대한 고집은 신시내티, 피츠버그를 거쳐 시카고 심포니 오케스트라를 세계 정상급 반열에 올려놓았다.

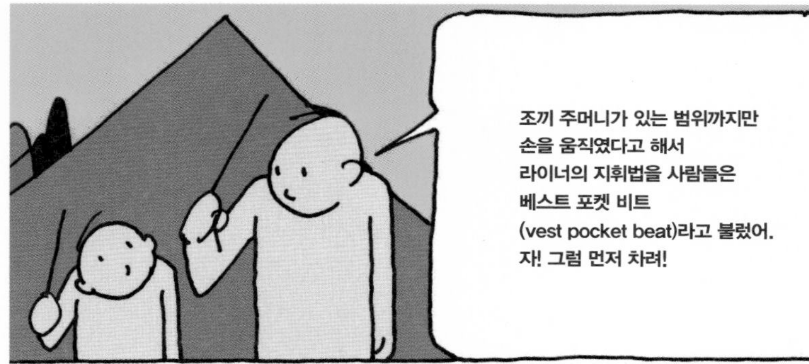

전혀 다른 외모지만 오르먼디와 라이너의 중요한 공통점은 진지함과 집요한 열정으로 그들의 음악을 선택한 청중에게 후회 없는 감동을 느끼게 해준다는 것이다.

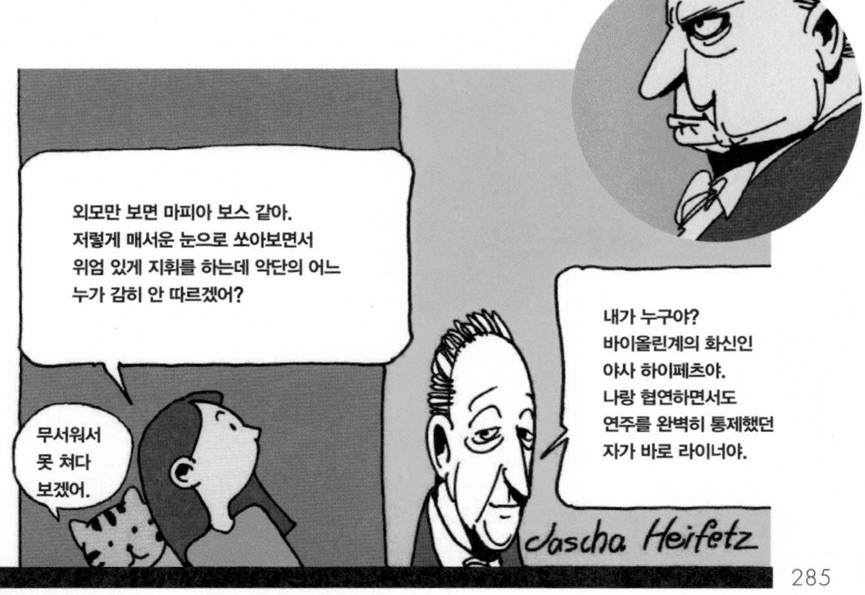

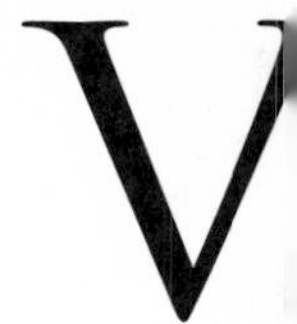

혼신을 다하는 지휘

레너드 번스타인

관현악곡의 주인은 누구인가?
음악을 만든 작곡가인가? 아니면 청중인가?
레너드 번스타인은 대중이 원하는 감동이 무엇인지를 아는 지휘자였다.
마치 배우가 혼신의 힘을 다해 명연기를 펼치듯 번스타인은 스스로 음악에 몰입해서 온몸으로 지휘를 했다.

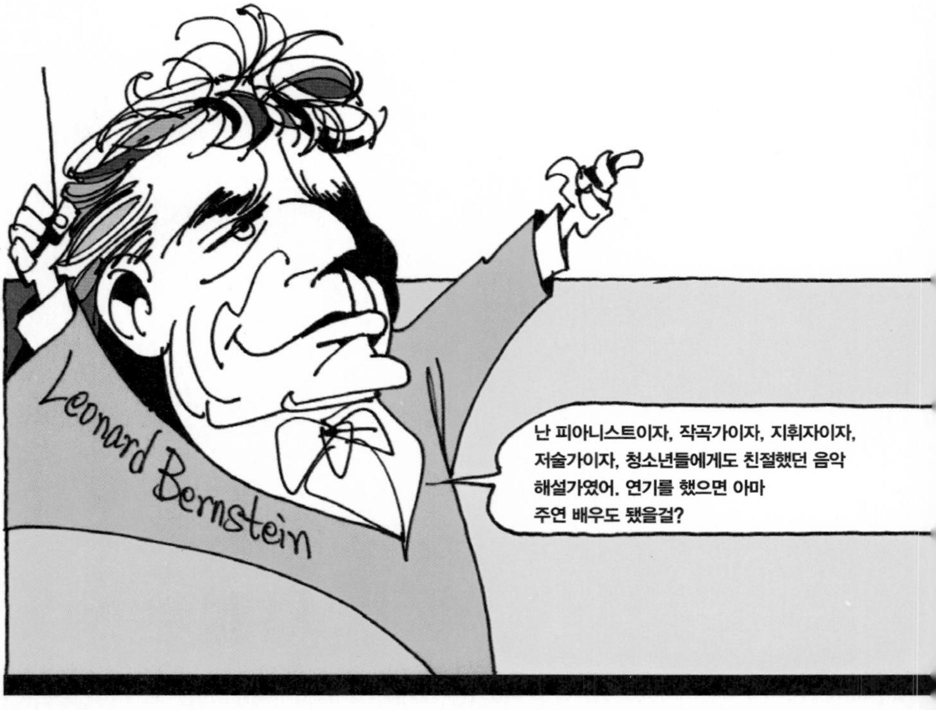

Leonard Bernstein

난 피아니스트이자, 작곡가이자, 지휘자이자, 저술가이자, 청소년들에게도 친절했던 음악 해설가였어. 연기를 했으면 아마 주연 배우도 됐을걸?

S

완벽을 추구하는 지휘

세르지우 첼리비다케

관현악곡에 취미를 갖다 보면 반드시 주목하게 되고 애정을 쏟게 되는 이름이 있다. 루마니아 태생의 전설적인 지휘자 세르지우 첼리비다케. 그는 평생토록 진실한 음악을 향한 열망만으로 살았으며, 세상을 등지는 날까지 17년간 이끌었던 뮌헨 필하모닉을 세계 정상급 오케스트라의 반열에 올려놓았다. 그는 20세기 클래식 음악사의 가장 고고한 곳에서 여전히 빛나는 큰 별이다.

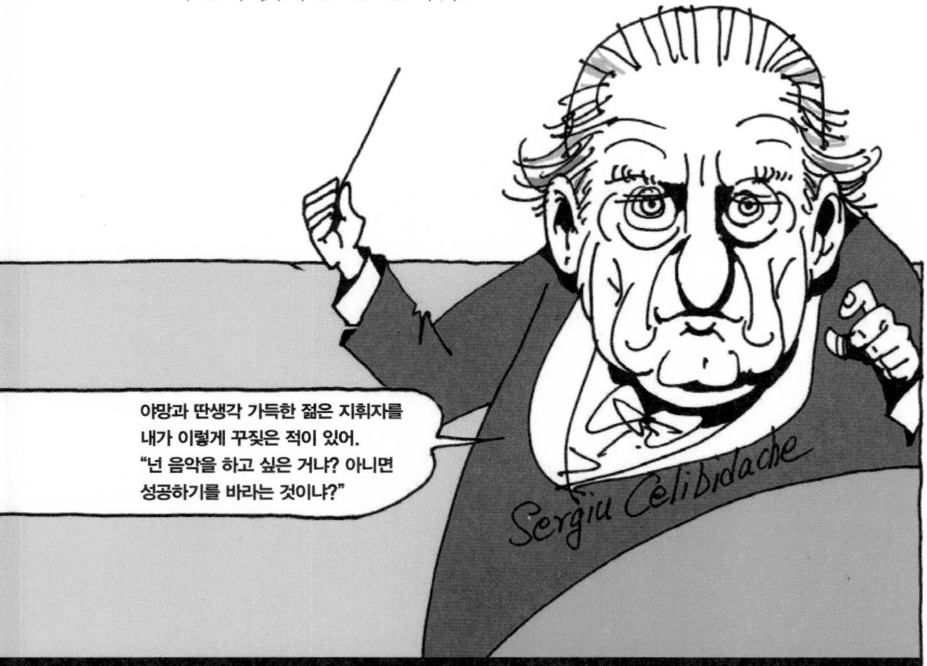

미국에서 태어나 미국에서 음악을 배우고 미국의 대표 교향악단인 뉴욕 필하모니의 연주를 진두 지휘했던 레너드 번스타인은 음악을 통해 사람들과 교류하는 일이라면 뭐든지 진심 어린 애정을 품고 인생과 열정을 불태웠던 음악가다. 같은 곡이라도 그의 손을 거친 곡을 들으면 마치 한 편의 빼어난 영상물을 보는 듯 드라마의 감동을 느끼게 된다.

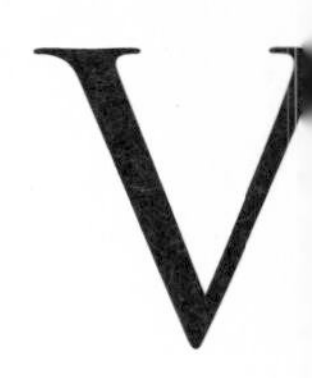

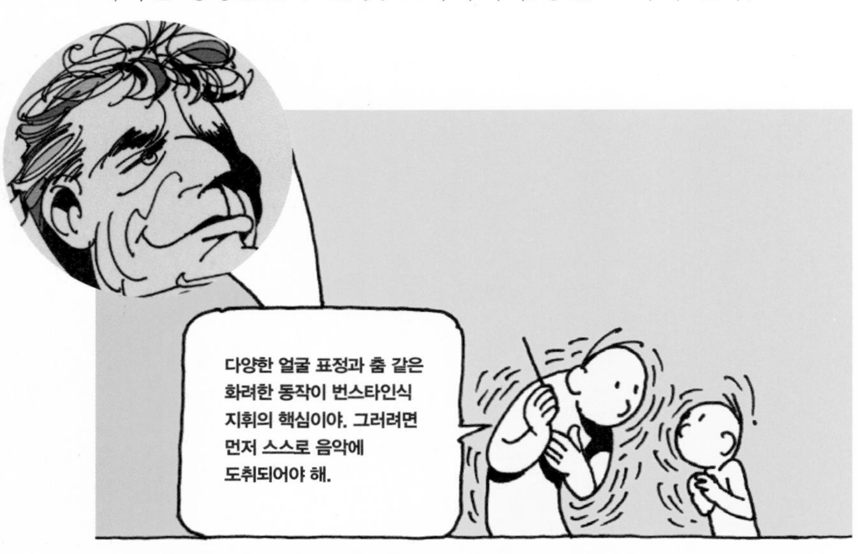

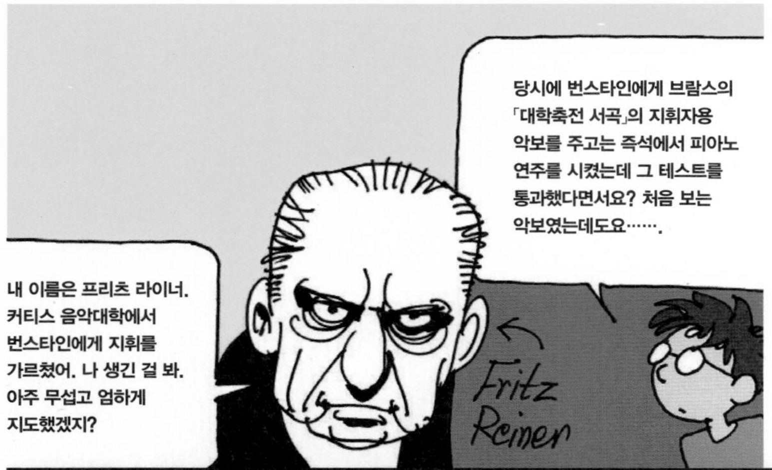

S 첼리비다케가 지휘한 음악을 처음 듣는 사람들은 '이 곡이 이렇게 느렸던가?'라는 생각을 하게 될 정도로 그의 연주에는 특별히 호흡이 긴 박자와 음 간의 여백이 있다. 그러나 그것은 단순한 느린 템포가 아니다. 구도자의 자세로 완벽을 추구했던 첼리비다케가 마련해놓은 깊은 음의 심연에 들으면 들을수록 빠져들게 된다.

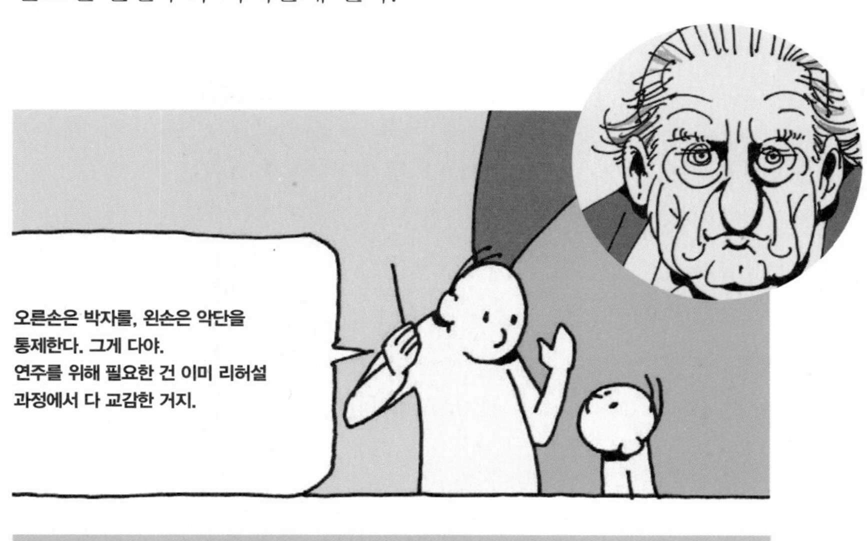

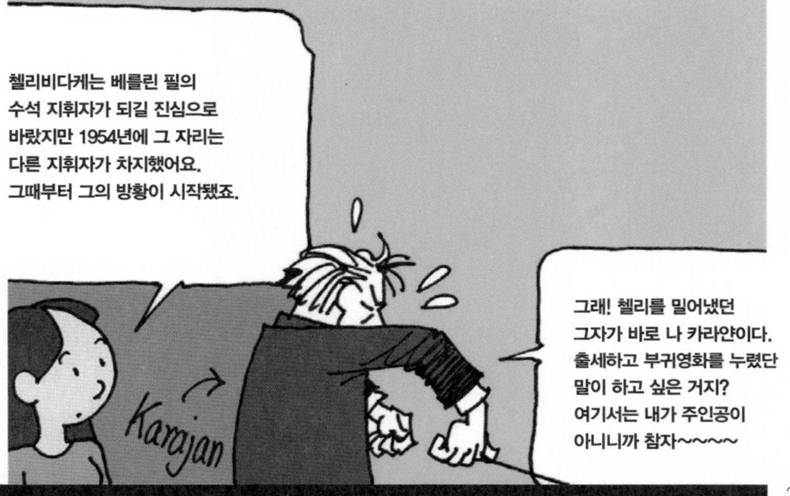

젊은 피

사이먼 래틀

V

1999년 6월 유서 깊은 관현악단인 베를린 필하모닉 오케스트라는 영광스러운 포디엄 위에 누구를 세울 것인지를 두고 치열한 투표를 진행했다. 물망에 오른 사람은 두 명. 자타가 공인하는 거장 다니엘 바렌보임과 영국이 낳은 스타 지휘자 사이먼 래틀이었다.
리버풀에서 태어나 현대음악과 재즈를 접하며 자란 사이먼 래틀은 고전적인 교향악과 더불어 새로운 현대음악의 다양성과 풍부함을 청중과 함께 나누고 싶어하는 신세대 지휘의 대표 주자다.

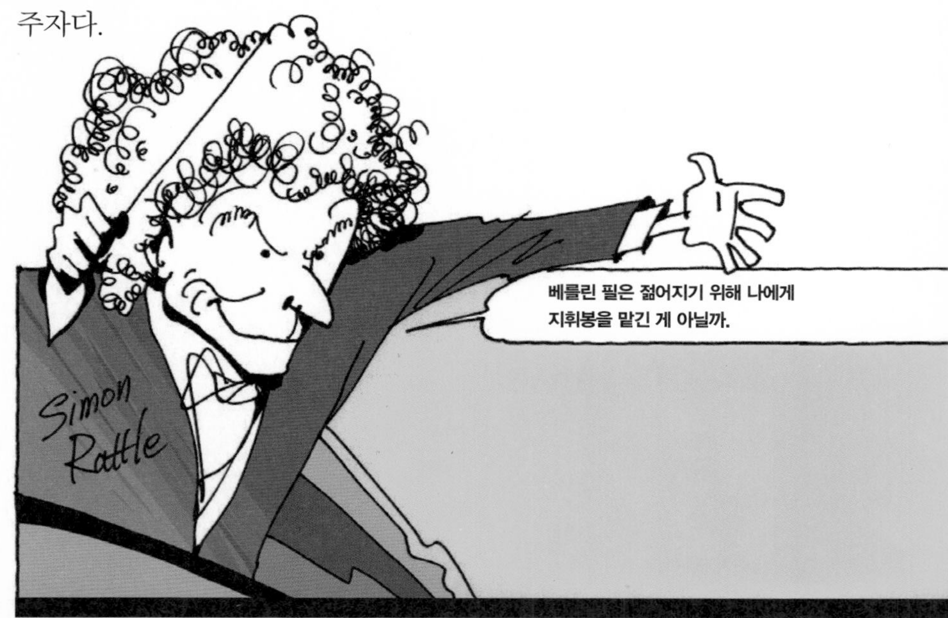

S

평화를 향한 열정

다니엘 바렌보임

부에노스아이레스에서 태어난 유대계 음악가 다니엘 바렌보임. 그의 업적과 음악세계는 짧은 글과 그림만으로 설명하기에는 도저히 불가능할 정도로 방대하다. 첼리비다케 같은 위대한 지휘자의 오케스트라와 피아노 협연을 하고 세계 유명 오케스트라를 지휘하면서, 사회적인 발언도 멈추지 않는다. 팔레스타인 같은 분쟁과 갈등이 끊이지 않는 지역에 평화의 메시지를 전하기 위해 줄곧 노력하는 지칠 줄 모르는 행보는 그가 연주하는 음악만큼 세계인의 감동을 자아낸다.

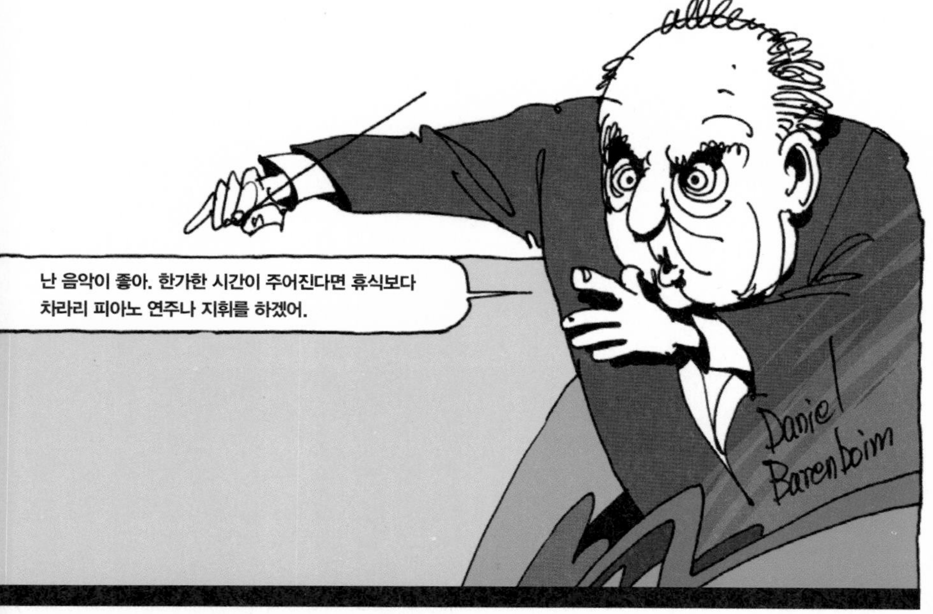

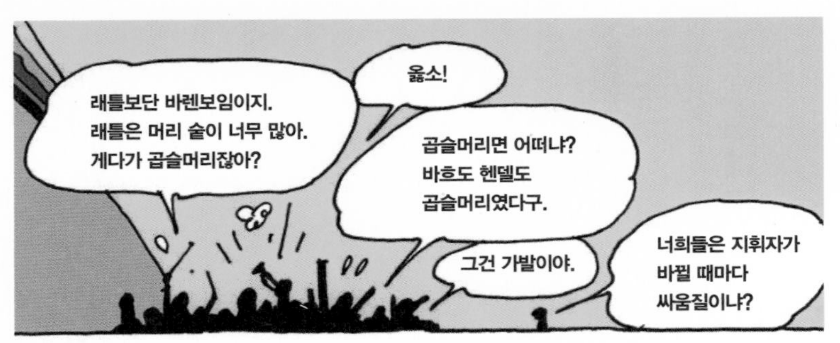

권위의 틀을 깨고 연주자들을 열린 마음으로 대하며 음악을 깊이 이해하려 함께 탐구하는 래틀의 진심 어린 열정 덕분에 베를린 필은 지금 새로운 역사를 연주하고 있다.

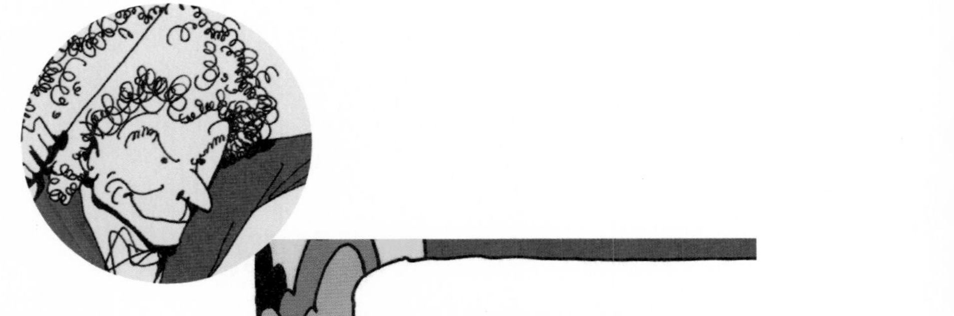

내 이름은
클라우디오 아바도.
래틀의 전임으로 12년간
베를린 필을 이끌었지.
독재적이고 권위에 찬
지휘자의 모습 깨트리기는
내가 먼저 했어.

래틀을 보면 온고이지신이라는 말이
떠올라요.
베토벤의 곡과 현대 작곡가 토머스 아데의
음악을 한 무대에 올릴 수 있는 유능한
21세기형 지휘자니까요.

Claudio
Abbado

S

2011년은 우리나라 음악 애호가들에게 매우 뜻깊은 해였다. 바렌보임이 이끄는 웨스트 이스턴 디반 오케스트라가 내한 공연을 했고 11월에는 래틀과 베를린 필하모니의 공연이 있었으니 말이다. 다만 안타까웠던 것은 티켓 값이 무척 비쌌다는 것이다.

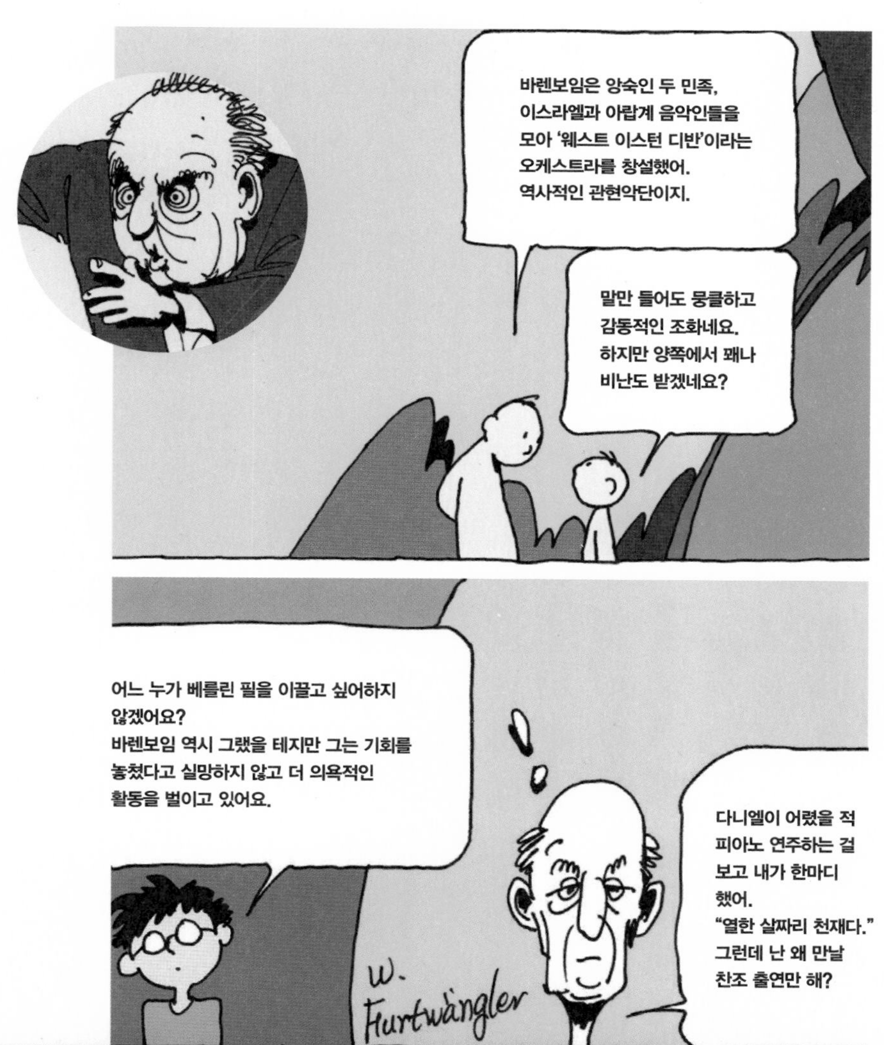

벨칸토의 여제

마리아 칼라스

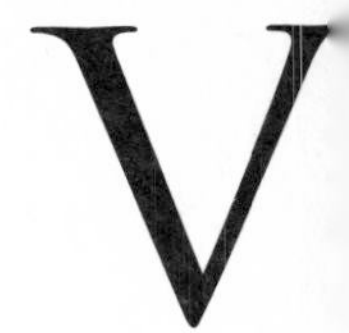

세상에는 뛰어난 가창력으로 스스로 프리마돈나임을 자처하는 오페라 가수들이 많다. 하지만 그 누구도 오래전 한 여인이 쌓아 올린 거대한 산을 실력으로 넘어섰다고 감히 자부하지 못한다. 불멸의 프리마돈나, 그녀의 이름은 마리아 칼라스다.

그녀는 가창력으로 칭송받는 진정한 프리마돈나의 계보를 만들면서 제1의 여성으로 살았고 죽어서는 신화가 되었다.

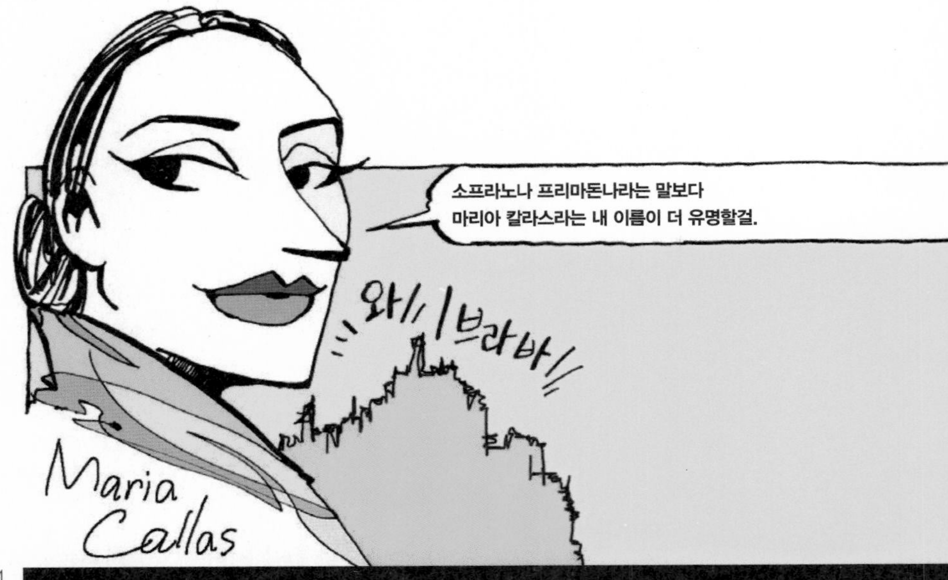

S

청아한 천사의 목소리

레나타 테발디

실력으로는 칼라스에 비견될 정도는 아니지만, 칼라스와 동시대를 살면서 노래와 청중의 사랑을 놓고 경쟁했으며 마지막까지 자기만의 노래 세계를 완성하기 위해 부단히 노력했던 프리마돈나 레나타 테발디. 유서 깊은 오페라 극장 라 스칼라에서 힘들게 오른 첫 번째 가수 자리를 뒤에 나타난 칼라스에게 넘겨주었지만, 그녀는 자기만이 낼 수 있는 가장 맑고 부드러운 목소리를 연마하면서 〈나비 부인〉이나 〈라보엠〉의 미미 같은 가련하고 사랑스러운 역에서 독보적인 노래의 꽃을 피웠다.

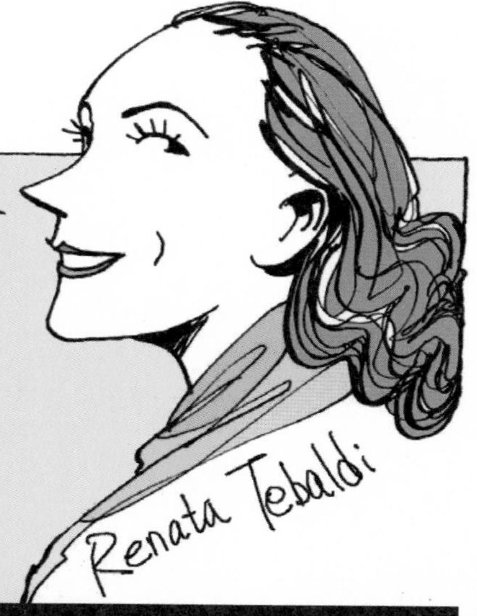

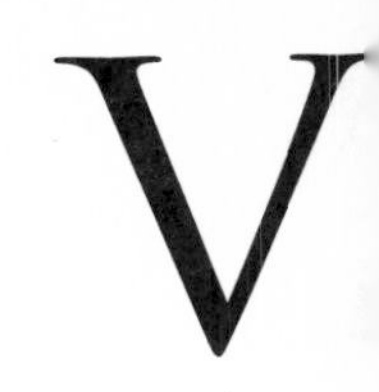

빈센초 벨리니의 오페라 〈노르마〉는 19세기 전반 아름다운 노래를 감동의 전면에 내세우며 이탈리아에서 성행했던 대표적인 벨칸토 오페라 중 하나다. 하지만 19세기 후반부터 큰 규모의 오케스트라 음향과 다양한 볼거리로 중무장한 오페라들에 밀려 벨칸토 오페라의 인기는 사그라졌는데, 20세기에 세이렌처럼 등장한 마리아 칼라스가 〈노르마〉의 주역을 맡으면서 벨칸토의 새 역사가 시작되었다.

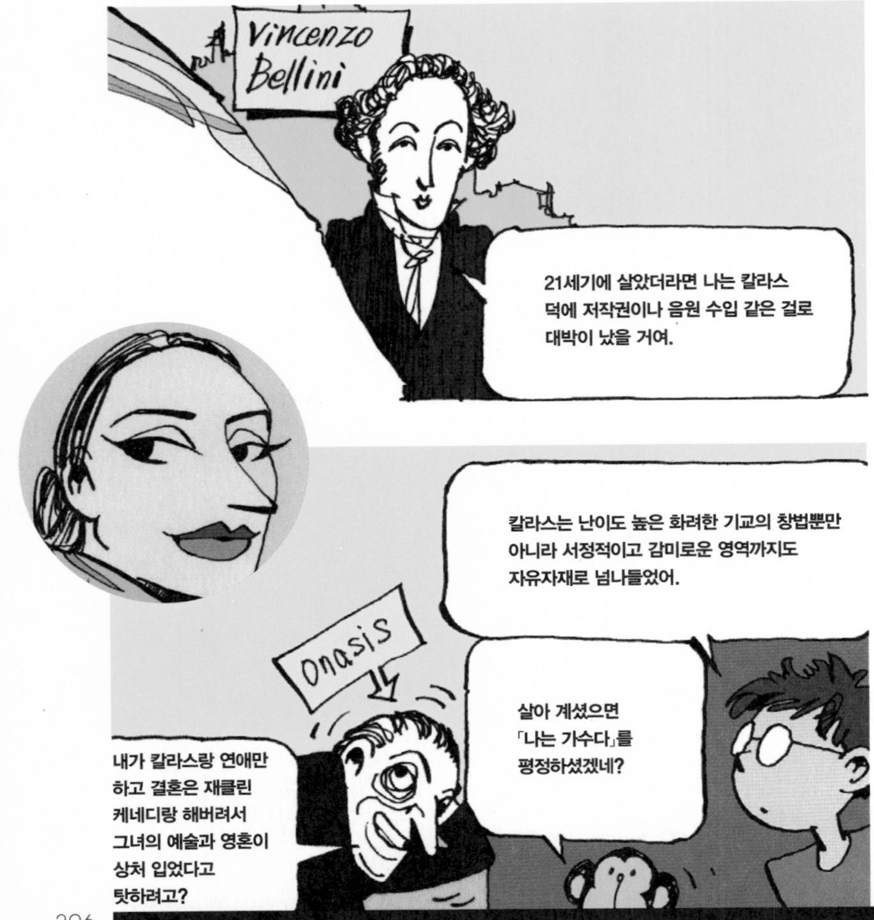

Vincenzo Bellini

21세기에 살았더라면 나는 칼라스 덕에 저작권이나 음원 수입 같은 걸로 대박이 났을 거여.

칼라스는 난이도 높은 화려한 기교의 창법뿐만 아니라 서정적이고 감미로운 영역까지도 자유자재로 넘나들었어.

Onasis

살아 계셨으면 「나는 가수다」를 평정하셨겠네?

내가 칼라스랑 연애만 하고 결혼은 재클린 케네디랑 해버려서 그녀의 예술과 영혼이 상처 입었다고 탓하려고?

S 어쩌면 테발디를 시대를 초월한 오페라의 여왕 칼라스와 실시간으로 노래 대결을 펼쳤던 특별한 혜택을 누린 가수라고 봐야 할지도 모른다. 그래서 그녀는 더욱 아름다운 미성으로 목소리를 연마할 수 있었던 게 아닐까?

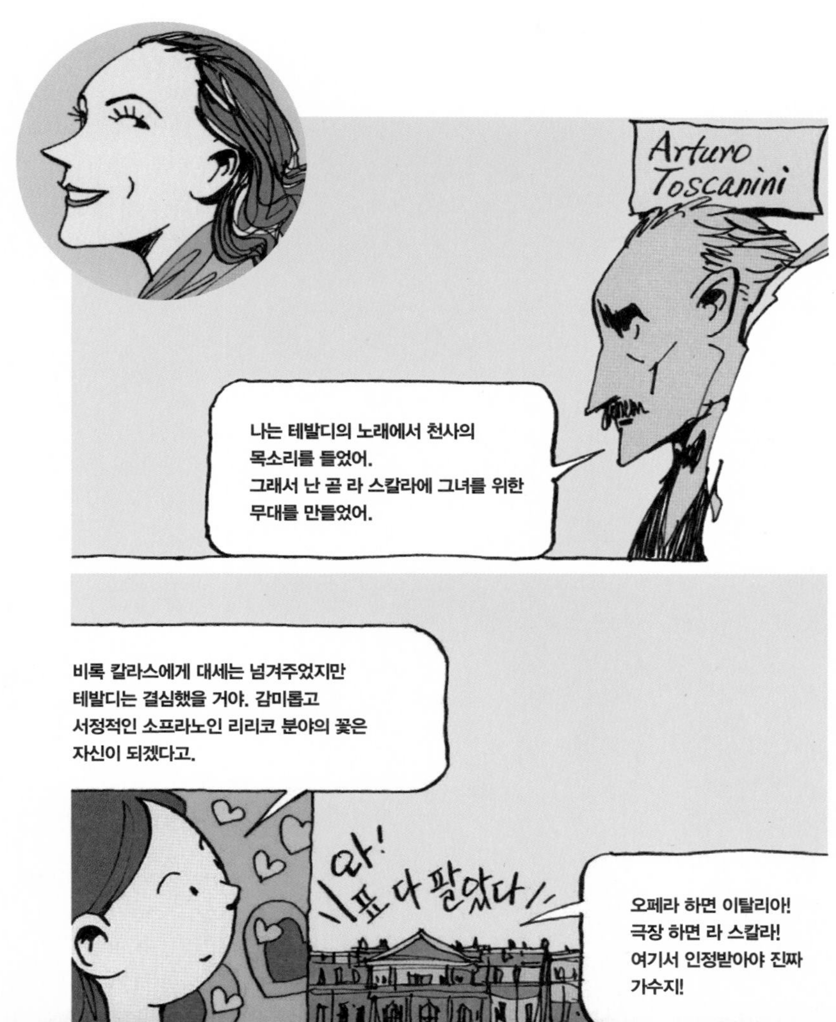

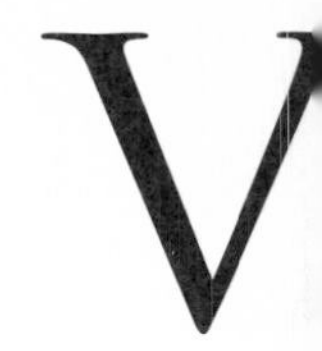

요정의 목소리로 노래하는 밤의 여왕

조수미

모차르트가 작곡한 오페라 〈마술피리〉 중 밤의 여왕이 부르는 아리아는 고음역대의 복잡한 장식음들로 구성된 콜로라투라 선율을 여가수가 자신의 기량을 한껏 발휘해서 부르는 매우 인상적인 노래다. 한국 사람들은 오페라에 별 관심이 없더라도 '밤의 여왕 아리아' 감상에 있어서는 일가견이 있다.
왜냐하면 그 노래가 성악가 조수미의 목소리를 통해 자주 들어서 귀에 익숙한 데다가 그녀의 가창력이 세계 무대에서 손꼽히는 수준이기 때문이다.

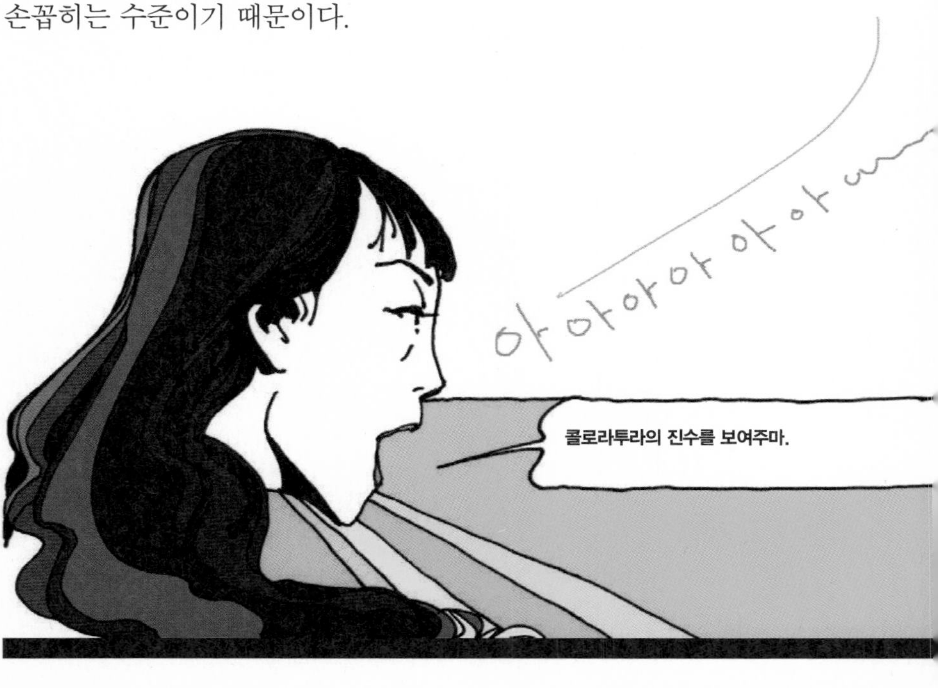

S

연기력 뛰어난 21세기형 밤의 여왕

디아나 담라우

그런데 밤의 여왕은 가창력과 함께 이글거리는 분노와 복수 의지를 온몸으로 표현해야 하는 특별한 개성이 요구되는 역할이다. 독일 출신으로 요즘 세계 오페라 무대에서 한창 주가를 올리고 있는 디아나 담라우는 2003년 런던 코번트가든 로열 오페라 극장 공연에서 섬뜩하리만큼 탁월하게 이 역할을 소화함으로써 새로운 밤의 여왕으로 등극했다. 이탈리아의 명지휘자 리카르도 무티에게 발탁되어 2004년 라 스칼라 재개관 기념 오페라에서 주역을 맡으면서 그녀의 명성은 세계로 뻗어 나가고 있다.

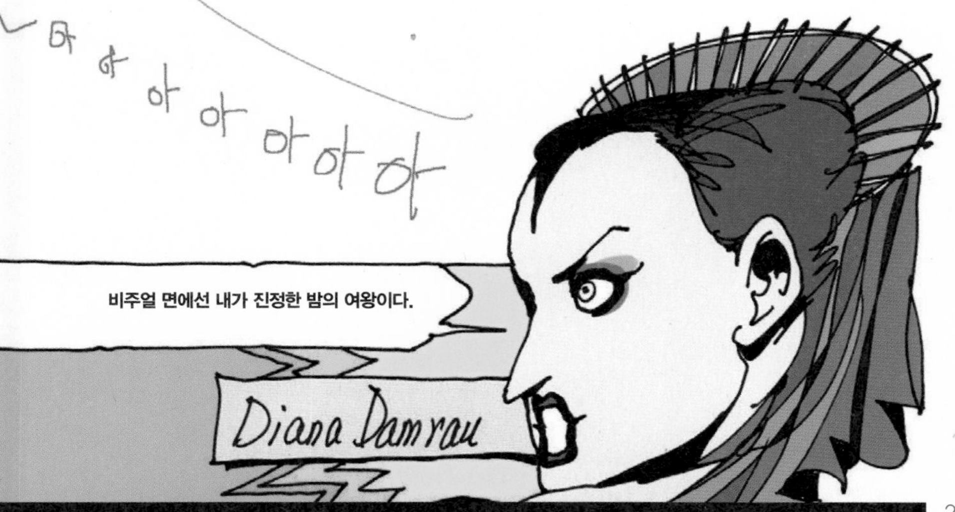

그냥 듣기에도 어지간한 가수라면 부르다가 숨넘어갈 것 같은 이 곡을 조수미는 마치 정곡을 찌르듯이 정확한 음성으로 매끄럽게 부른다. 제아무리 칭찬에 인색한 청중이라 할지라도 그녀의 노래를 들으면 경계심을 지우고 진심 어린 찬사를 보내게 된다.

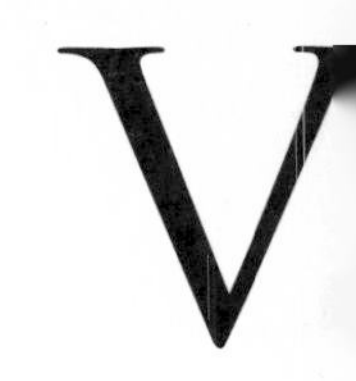

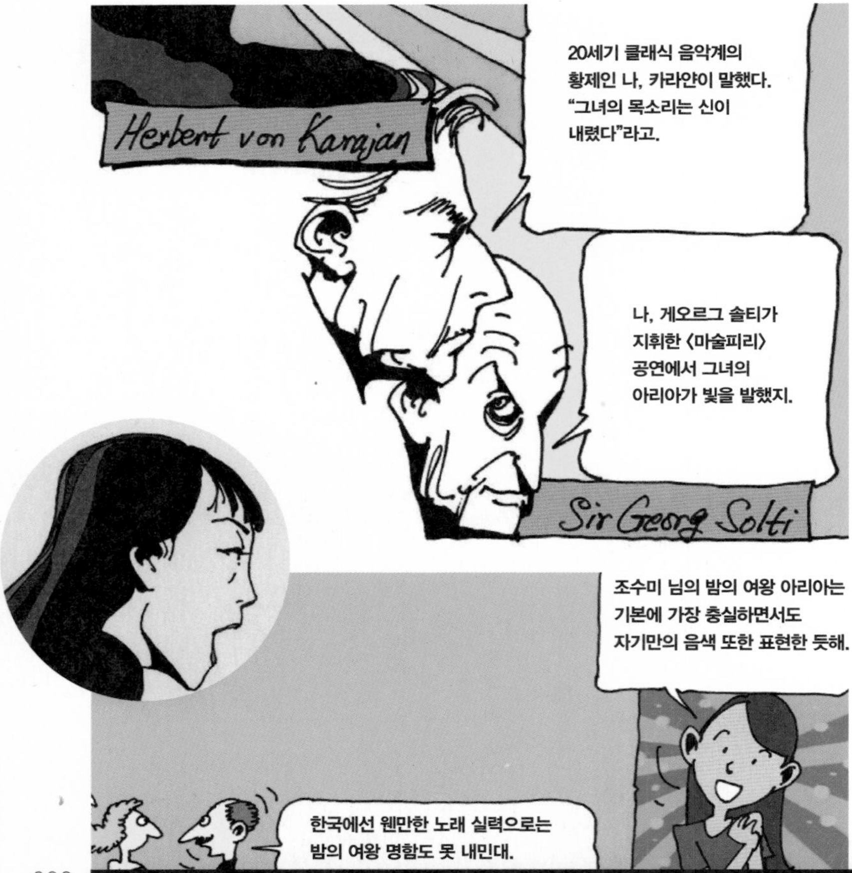

S

그 외에도 오페라 애호가들이 각자의 취향에 따라 최고의 밤의 여왕으로 꼽는 가수들이 여럿 있다. 크리스티나 도이테콤, 에디타 그루베로바, 나탈리 드세 등. 앞으로도 명가수들의 목소리를 타고 아리아의 선율은 더욱 풍성해지리라.

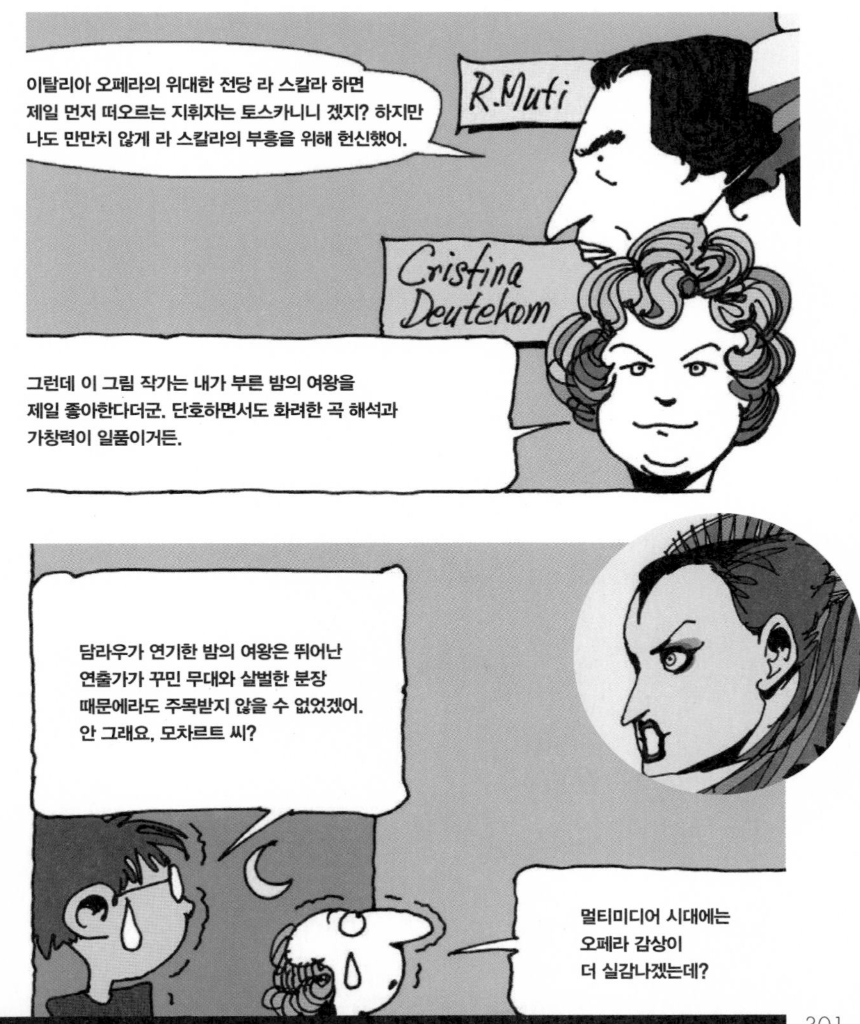

천상에서 온 음악

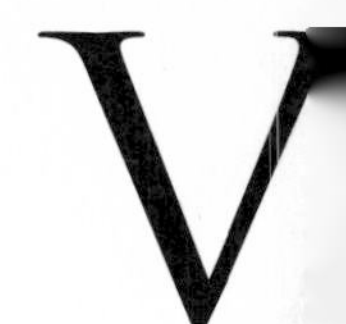

베토벤 9번 교향곡

아무리 감동적인 예술작품도 인간의 노력이 만든 것이지, 신이 내린 영감이 만든 것 따위 이 세상에 존재하지 않는다고 생각하는 경험주의자들의 신념을 흔들고 싶은가? 그렇다면 베토벤의 저 유명한 교향곡 9번을 처음부터 끝까지 잠자코 듣게 하라. 가슴을 요동치게 만들기도 하고 애 끓는 듯한 비극의 카타르시스도 느끼게 하는 천상의 감동은 분명 인간의 한계를 넘어서는 그 무엇에서 비롯한 것이리라.

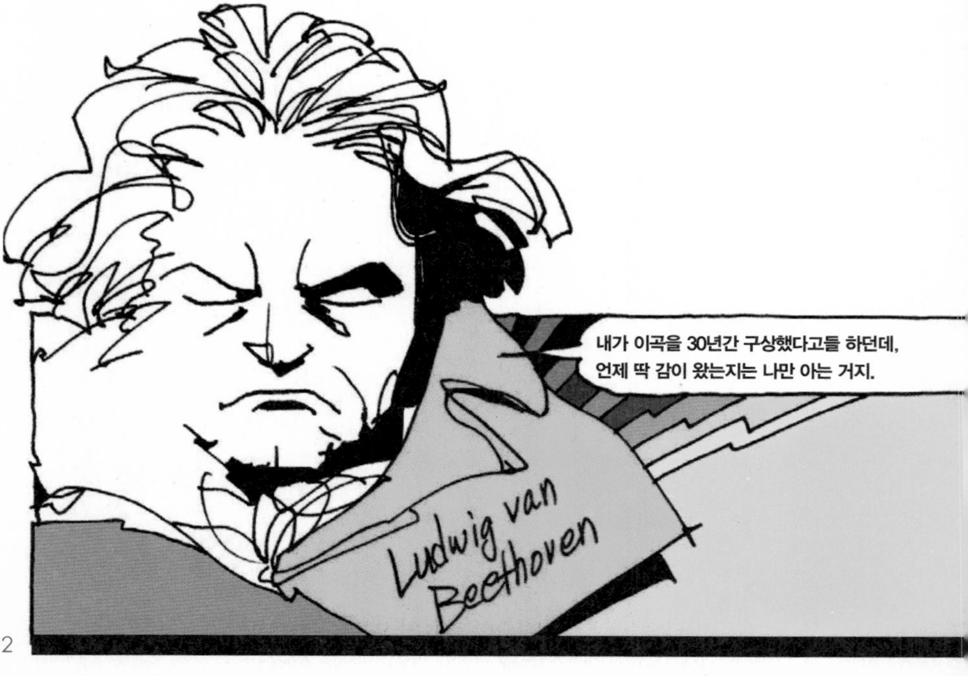

S

대지와 문명의 향연

드보르자크 9번 교향곡

교향곡의 역사를 뒤흔들 만큼 음악적 가치가 있다고 여겨지지는 않지만 「신세계에서」라는 표제가 붙은 안토닌 드보르자크의 9번 교향곡은 경쾌하고 다양한 음향을 만끽하며 심신을 달래고 싶을 때 들으면 분명 효과를 볼 수 있다. 그리운 고향을 떠올리게 하는 아름답고 목가적인 선율의 2악장과 현악기의 활이 육중하게 스트링을 훑는 소리와 함께 가슴이 뻥 뚫리듯 시원한 박진감이 느껴지는 4악장은 누구나 들으면 “아, 이거!”라고 알아들을 정도로 친숙하다.

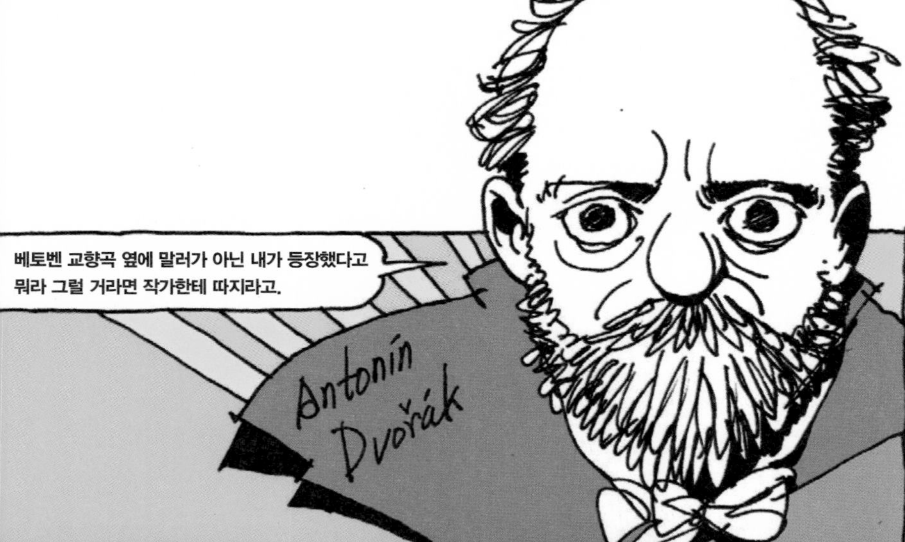

악성 베토벤이 남긴 마지막 교향곡 9번. 1악장이 시작되기를 숨죽이며 기다리고 있노라면 연주자들이 악기의 음을 맞추는 듯, 조용한 선율이 흐르는데 그 도입부는 들을 때마다 참 묘한 긴장감이 느껴진다. 마치 내 앞에 놓인 삶을 엄숙하게 대하듯, 또 온갖 시련과 절망에도 불구하고 늘 벅찬 희망을 바라보듯.

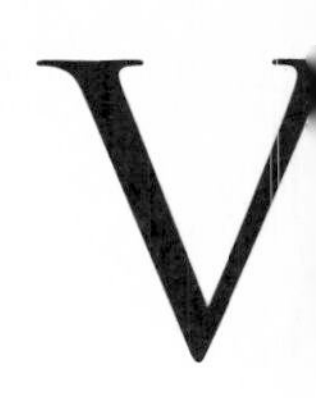

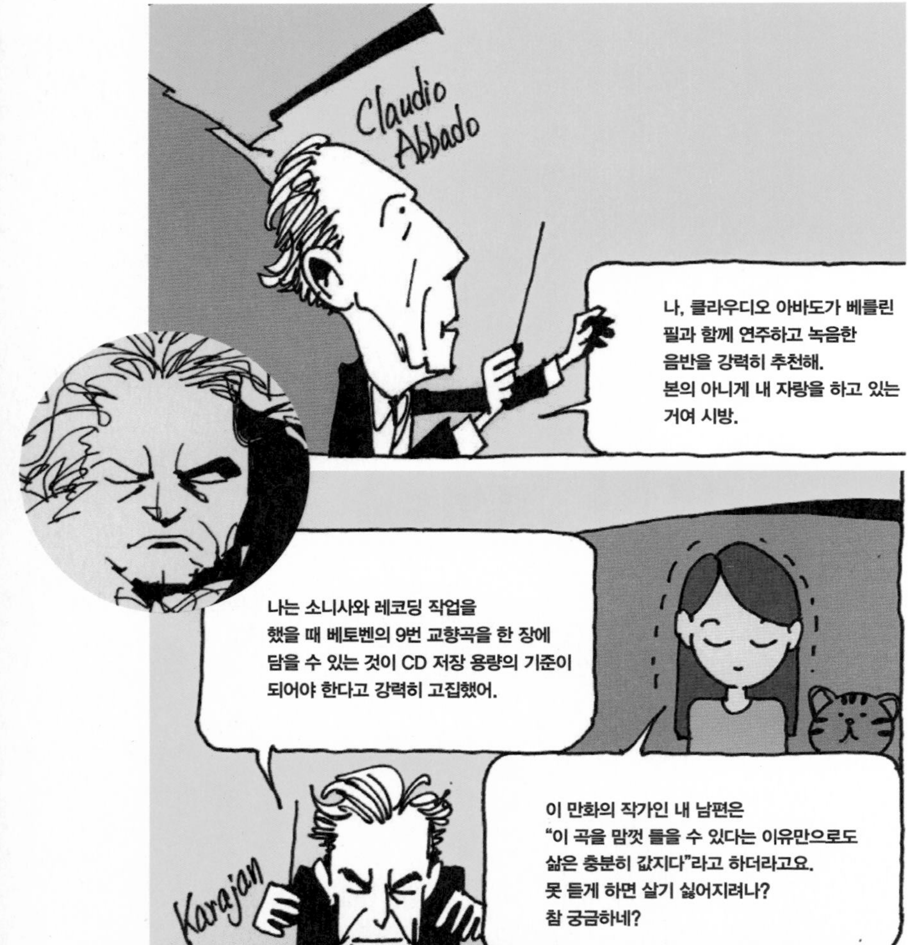

Claudio Abbado

나, 클라우디오 아바도가 베를린 필과 함께 연주하고 녹음한 음반을 강력히 추천해. 본의 아니게 내 자랑을 하고 있는 거여 시방.

나는 소니사와 레코딩 작업을 했을 때 베토벤의 9번 교향곡을 한 장에 담을 수 있는 것이 CD 저장 용량의 기준이 되어야 한다고 강력히 고집했어.

Karajan

이 만화의 작가인 내 남편은 "이 곡을 맘껏 들을 수 있다는 이유만으로도 삶은 충분히 값지다"라고 하더라고요. 못 듣게 하면 살기 싫어지려나? 참 궁금하네?

S

교향곡을 별로 안 듣는 사람에게 드보르자크의 교향곡 9번 4악장을 들려주면 누구나 다 "죠스다!"라고 말한다. 영화에서 상어가 나타날 때 나오는 테마 음악과 흡사해서 그런 것인데 어쨌든 여러 면에서 듣는 이의 기분이 좋아지는 귀중한 곡임에는 틀림없다.

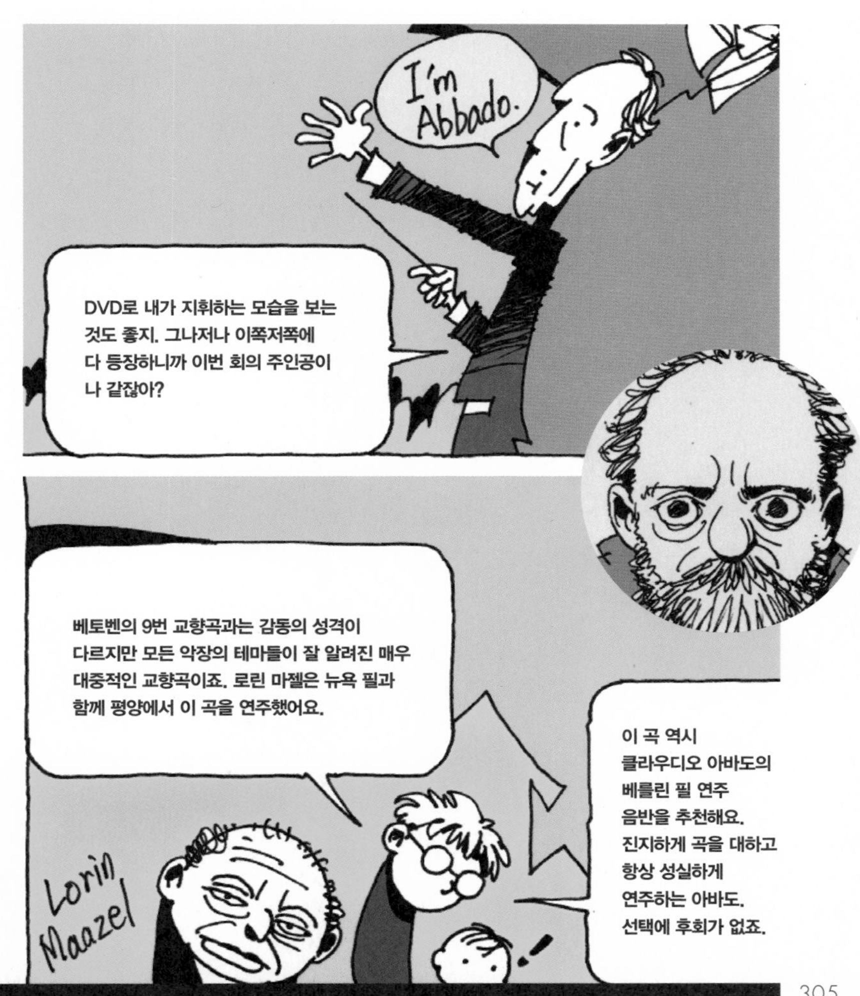

V

길들여지지 않는 자유로운 새

카르멘

1875년 조르주 비제가 프로스페르 메리메의 소설『카르멘』을 오페라로 만들어 무대에 올린 것은 그 자체로 파격이었다. 왜냐하면 이전까지의 오페라 여주인공들은 대부분 자신을 사랑해주는 연인에게 순정을 바치는 청순 가련형이었지만 카르멘은 순정을 바라는 상대의 열망을 거부하고 분노하는 남자의 손에 든 칼 앞에서 차라리 죽음을 택한 특이한 여성이었기 때문이다.

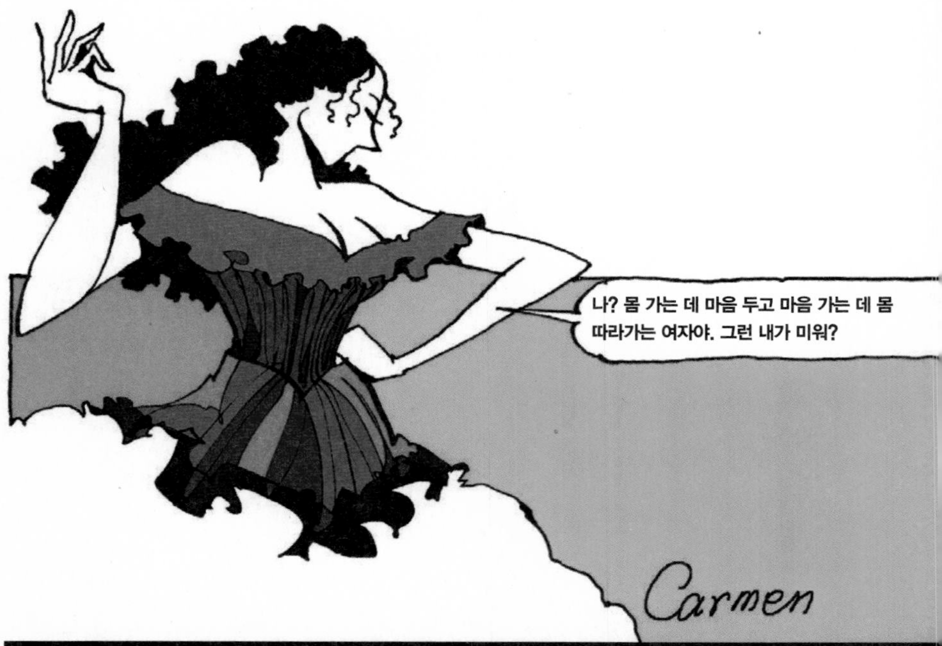

S

엇갈린 욕망, 거부할 수 없는 비극

마농 레스코

매혹적인 한 여인에게 온 마음을 사로잡힌 채 인생을 탕진해 버린 귀족 청년의 회고를 그린 앙투안 프레보의 소설 『마농 레스코』도 1893년에 오페라로 만들어졌다. 거장 푸치니에게 첫 성공을 안겨다준 오페라 〈마농 레스코〉의 여주인공 마농은 부와 사치를 향한 현실적 욕망과 달콤한 애정의 극단을 오가다가 끝내 집요하게 자신의 인생에 끼어든 사내 곁에서 세상을 등진 여인이다.

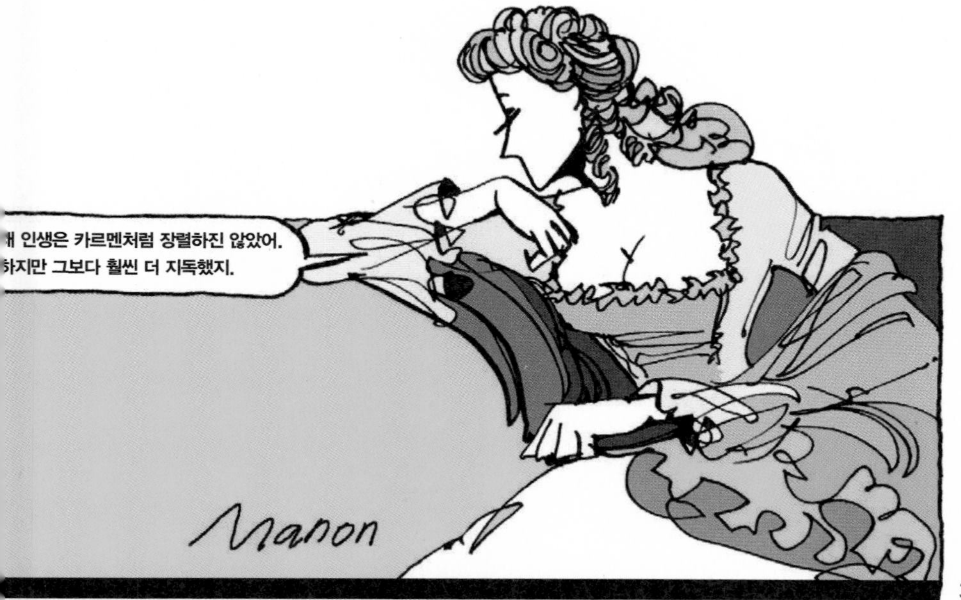

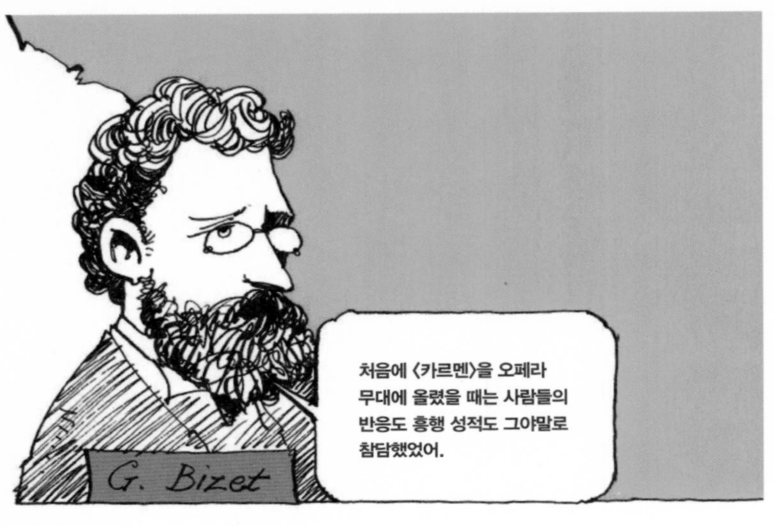

팜파탈, 남자의 운명을 바꿀 수도 있는 치명적인 매력을
소유한 여자. 이를테면 남자 잡는 여자라는 뜻이다.
그런 여자와 사랑에 목매는 남자가 만난다면 어떤 사단이 날까?
카르멘은 상대 남자를 살인자로 만들었고
마농 레스코는 연인에게 자신의 비극적인 죽음을 보여주었다.

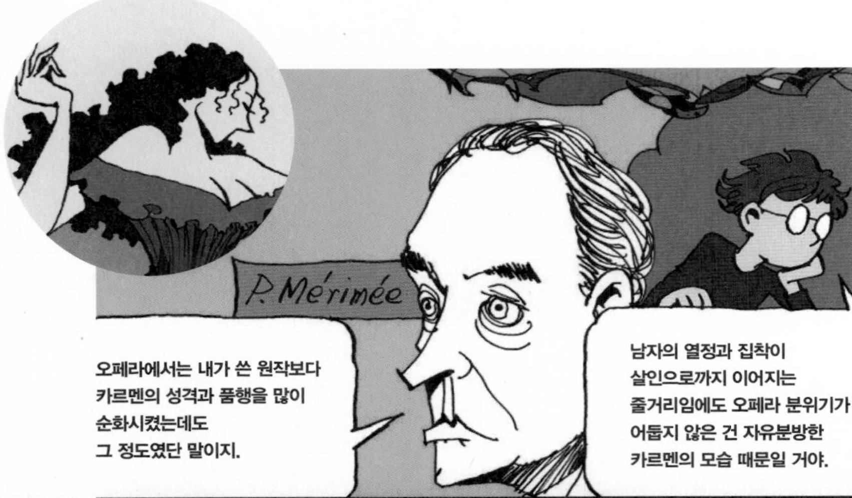

S

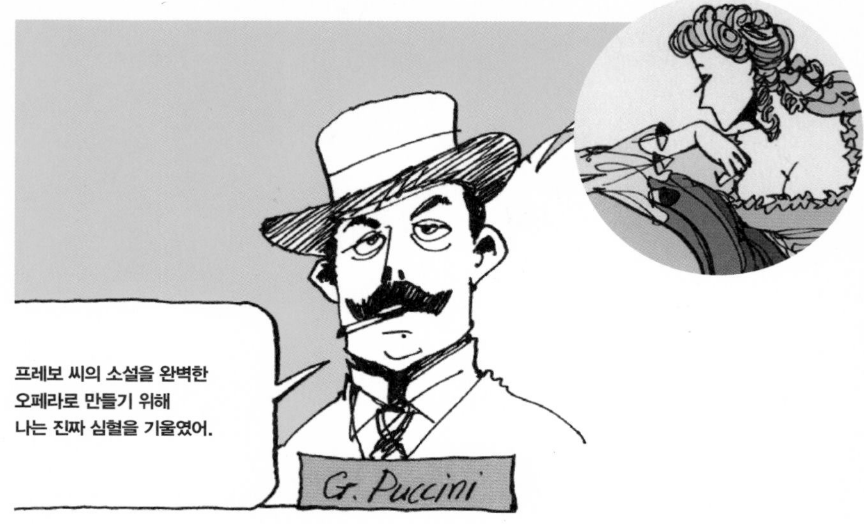

그런데 카르멘이나 마농을 얘기할 때 '구속할 수 없는 자유로운 영혼' '솔직한 여성의 표상' 같은 평이 과연 타당할까? 그건 어쩌면 마음대로 다룰 수 없는 매혹적인 여성에게 끌리는 남자들의 야릇한 본능을 문학이나 예술에 녹여낸 표현이 아닐까?

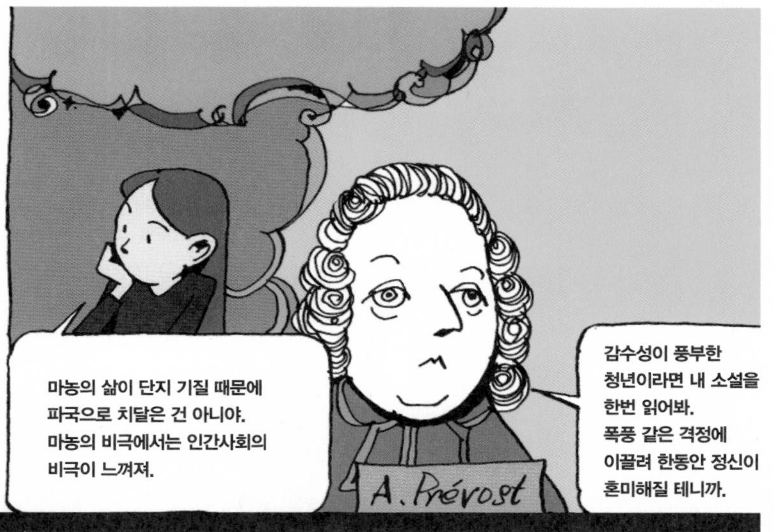

서양인들 마음속의 일본 여인

나비부인

V

부강한 나라의 군인이 약소국의 처녀를 임신시키고 본국으로 내뺐다면 요즘 같아선 신문에 나고 사회문제가 될 일이지만 19세기 후반 서양에서는 그런 일이 문학의 소재가 되고 여자의 기구한 사연은 감동적인 오페라로 만들어졌다. 1898년 무렵 미국의 작가 존 루터 롱은 일본에 머물렀던 누이에게서 기가 딱 막히는 이야기를 전해 듣는다.
일본의 어린 게이샤가 미군 장교와 결혼해 아이도 가졌지만 그 남자에게 배신당하고 자살했다는.

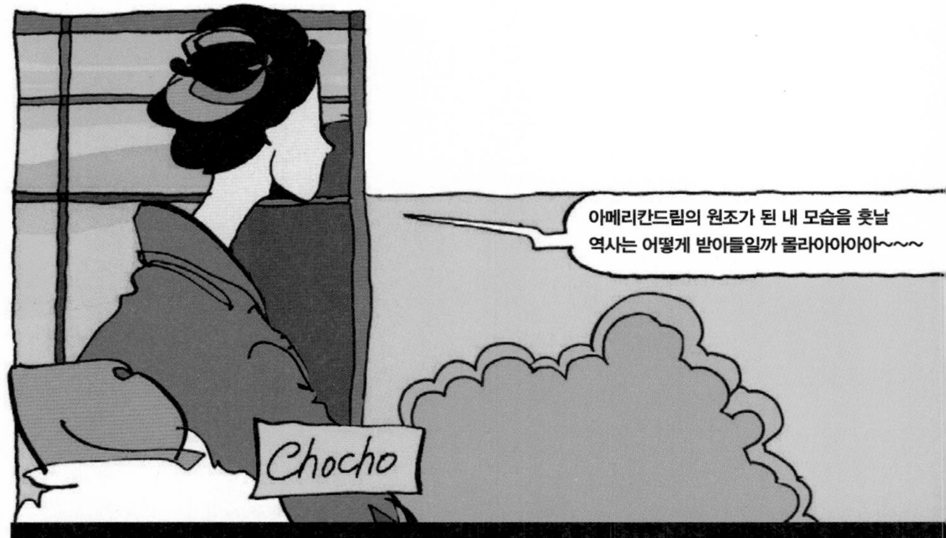

S

문화 산업이 들춰낸 아시아 여성의 비애

미스 사이공

〈나비부인〉을 통해 서양인들의 가슴에 각인된 지고지순한 동양 여성의 이룰 수 없는 사랑 이야기는 1980년대에서 90년대를 넘어가면서 뮤지컬 무대 위에서 다시 한 번 스포트라이트를 받게 된다. 배경을 일본에서 베트남 전장으로 바꾸고 제목을 〈미스 사이공〉이라고 붙인 그 기획의 총대장 역할은 뮤지컬계에서 미다스의 손으로 불리는 캐머런 매킨토시가 맡았다. 이제 많은 사람들이 들어 익숙해진 그 뮤지컬의 명곡들은 뮤지컬 〈레미제라블〉의 작곡가이기도 한 클로드 미셸 숑베르크가 작곡했다.

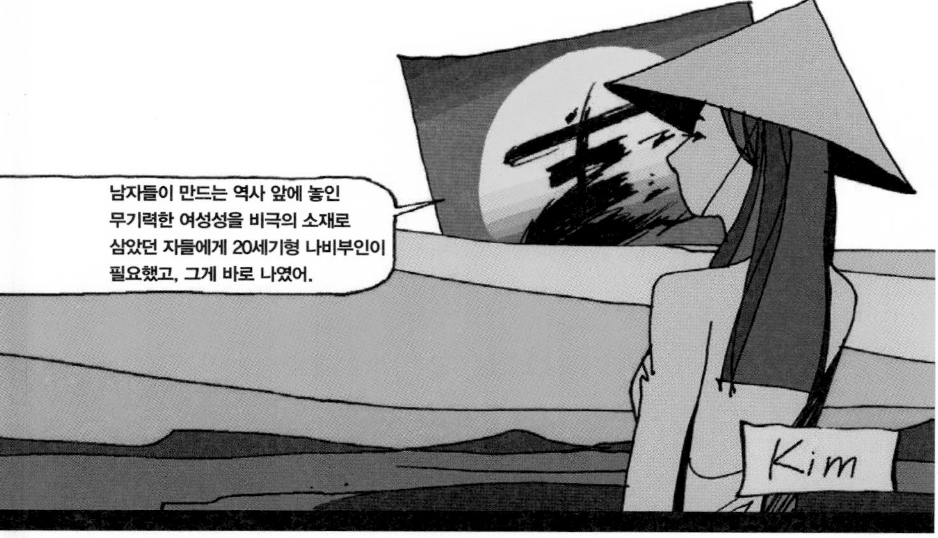

롱은 곧바로 그 부도덕한 실화를 슬픈 사랑 이야기로 각색해 『나비부인』이라는 제목의 신파 소설로 발표했고 소설의 성공을 지켜본 극작가 데이비드 벨라스코는 다시 연극으로 개작해서 재미를 보았다. 급기야 런던에서 그 연극을 관람한 당대의 거장 푸치니는 그 이야기를 오페라로 만들어 나비부인 서사의 종결자가 되었다.

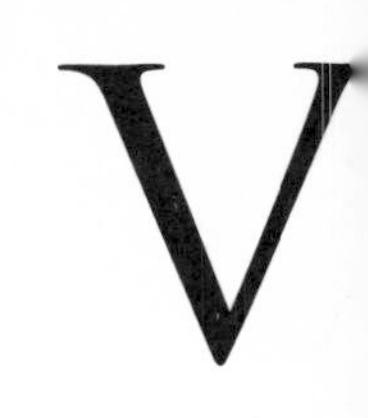

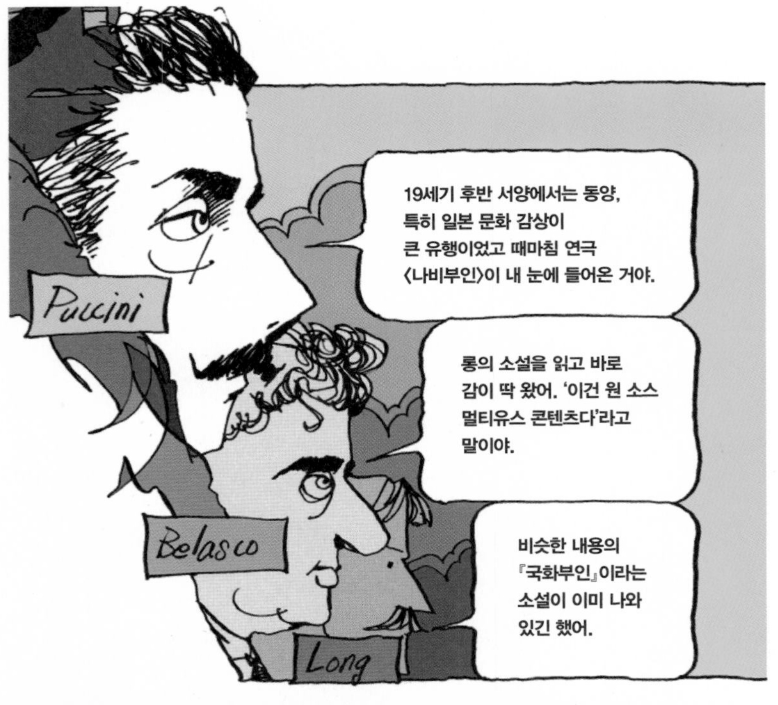

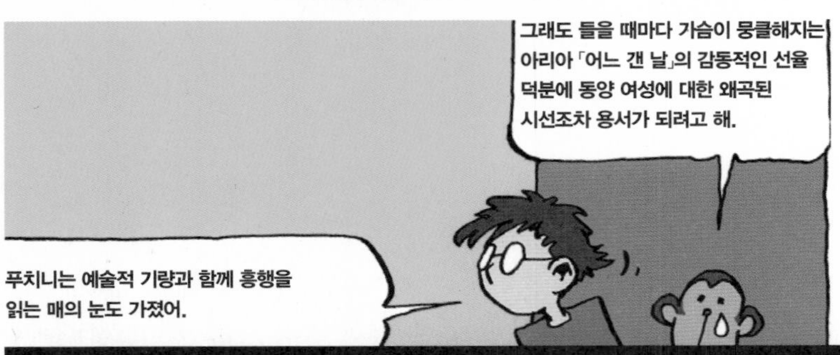

S 〈미스 사이공〉은 베트남 전쟁과 소외된 아시아 여성이라는 암울한 역사를 소재로 했음에도 오늘날 아시아를 포함한 전 세계에서 가장 환대받는 뮤지컬 중 하나로 통한다. 그도 그럴 것이 공연 중 무대 위에 굉음을 내며 실물 크기의 헬리콥터가 등장하는 것만으로도 볼거리는 충분할 테니까.

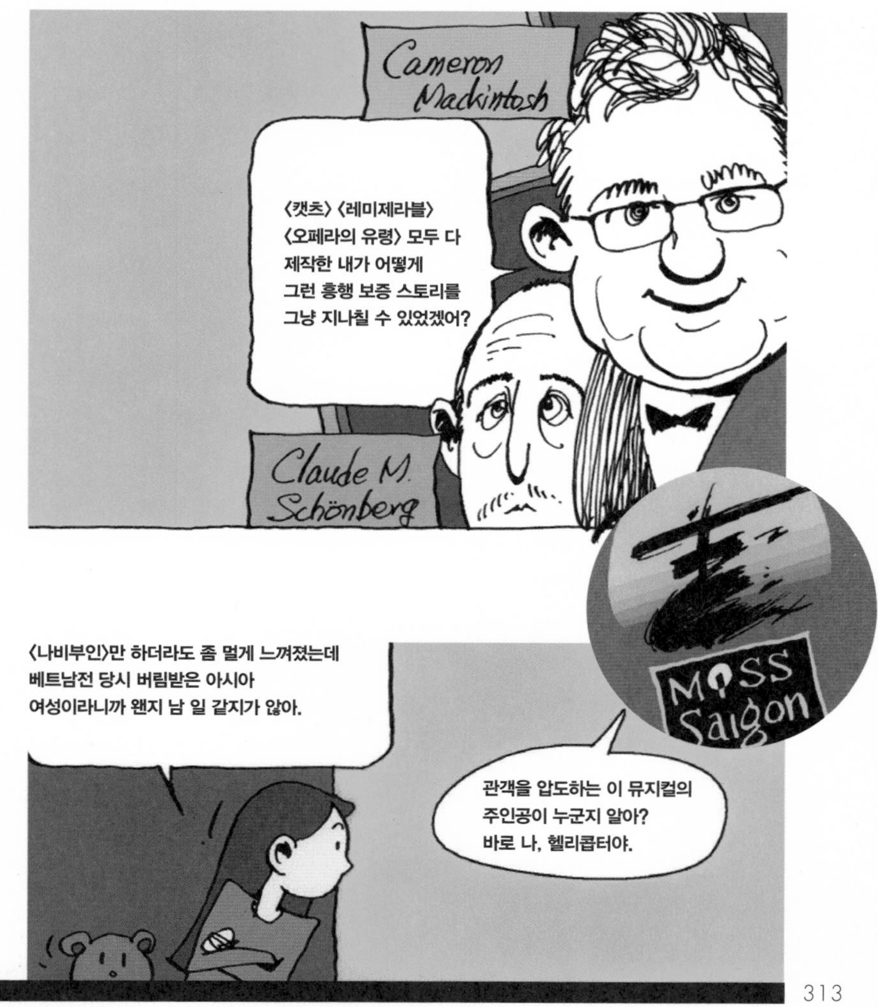

+ **plus talk**

뮤즈의 여신들과 함께한 첫 경험

태어나서 처음으로 겪는 일들은 대부분 기억 속에 큰 의미로 아로새겨지는 경향이 있다. 마치 첫사랑이 그러한 것처럼. 그래서인지 말 만들기 좋아하는 이들은 여러 종류의 첫 경험을 설명할 때 되도록이면 달콤하고 정서적인 비유를 들어 설명하려고 하는데, 심지어 어떤 정치평론가라는 자가 청소년이 나이가 차서 처음 하는 투표 행위에도 그런 낭만적인 의미를 부여한 것을 본 적이 있다. 처음으로 어떤 일을 경험하는 사람의 추억과 인상이 평생 동안 그 일에 대한 호불호를 좌우할 수도 있다는 의미이니 뭐 그리 틀린 얘기도 아닐 테다. 물론 선거철이 되었을 때 투표를 할 만한 즐거움이 씨가 마르지 않아야 한다는 전제가 있어야 하겠지만.

중학교 1학년 때 음악 선생님은 글래머였다. 그래서 함께 중학교를 다녔던 친구들을 만나서 노닥거리다 보면 가끔씩 녀석들의 머리통 기억 바구니 속에 숨어 계시던 음악 선생님께서 펑! 하고 구름과 함께 아프로디테처럼 등장하신다. 하지만 오해는 금물이다. 나를 포함한 친구들이 선생님을 떠올리는 인상과 기억 때문에 대가리에 피도 안 말랐던 시절에 저질 상상만 일삼은 녀석들로 취급되지는 말아야 한다. 우리는 그런 비난에서 우리 스스로를 변호할, 선생님에 대한 다른 기억을 갖고 있다.

우리가 선생님을 오랫동안 기억하는 이유는 오페라 때문이다.
어느 갠 날이었다. 그날도 변함없이 아이들의 시선을 사로잡는 모습으로 음악실 교단에 등장하신 선생님은 눈에 띄지 않을 정도로 미간을 살짝 찌푸리고 입가에는 여느 때와 다름없는 특유의 미소를 머금으신 채 손에는 영화 표 같은 종이 뭉치를 들고 계셨다. "자! 이거 보러 갈 사람 손들어. 없으면 내가 정한다."
그건 만화영화나 서커스 같은 공연 표가 아닌 시민회관 대극장에 올려질 오페라 티켓이었다. 한 번도 극장에서 직접 듣고 본 적은 없지만 그래도 음악 교과서 같은 데서 익히 봐서 알고 있는 바로 그 유명한 오페라 〈나비 부인〉이었다. 다행히 나는 꽤나 낭만파셨던 아버지 덕에 관현악곡은 초등학교 시절부터 집에서 전축으로 많이 들어왔던 터라 '이 기회에 오페라도 한번 직접 보도록 하지'라고 생각했지만 대부분의 친구들은 오페라라는 말 자체에 경악하면서 좀처럼 손을 들지 않았다. 그런 분위기에서 섣불리 "저요!" 하고 손을 들었다간 육체파 선생님께 총애를 얻으려는 수작으로 비칠 것이 빤한 노릇이었다. 그래서 그냥 잠자코 웅성대는 친구들 틈에 섞여 있었고 표는 결국 모두에게 골고루 나눠졌다.
공연장은 그야말로 아수라장이었다. 우리뿐만 아니라 다른 학교에서도 음악 선생님들에게 표를 받은 아이들이 몰려와서 공연 시작 전의 객석은

소란스럽기 그지없었다. 아마 〈피가로의 결혼〉이 막 무대에 올려졌던 모차르트 생전 무렵의 대중 극장 같은 분위기였을 테다.

그 어수선함은 공연이 시작한 다음에도 완전히 가라앉질 않았다. 우아하고 화려한 오페라를 상상하고 느긋하게 공연이 시작되길 기다렸던 나 역시 산만하긴 마찬가지였다. 기대와 다르게 무대에는 어설픈 분장을 한 중년 아저씨, 그리고 뚱보 아줌마 들이 나와서 객석을 메운 고만고만한 녀석들을 감동시키기 위해 고군분투하고 있었으니 "아! 진짜 뚱뚱하네"라며 키득거리는 녀석들의 시간 때우기 놀이에 동참하는 것 말고는 별다른 도리가 없었다.

그런데 소곤소곤하는 아이들 사이를 떠돌아 극장 안을 두서없이 날아다니던 소음이 일순간 잦아드는 사건이 발생했다. 뚱뚱한 아줌마들 중에서도 유독 듬직하셨던 주인공 아줌마, 그러니까 그 무대의 프리마돈나께서 풍만한 가슴속 깊은 곳에서 뭔가를 꺼내어 동그랗게 모은 입에서 객석을 향해 느리게 뻗어 나가는 레이저 광선 같은 것을 쏘기 시작한 것이다.

「어느 갠 날」이었다.

"우~~운~~ 벨 디 베드~레모……"

굳이 마리아 칼라스나 조앤 서덜랜드 같은 명가수의 목소리가 아니라도, 어느 평범한 여가수의 목소리로 들어도 감동적일 수밖에 없는 아리아 「어느 갠 날」이 울려 퍼지기 시작한 것이다.

그 순간 거의 모든 아이들은 여주인공의 입술처럼 동그래진 눈으로 오직 한곳을 응시하면서 얼어붙어버렸다. 당시만 해도 오페라 관람 에티켓에 무지했던 아이들이 천금 같은 아리아가 선사해준 감격에 "부라바!" 하고 화답하지는 않았지만 대신 그때부터 극장 안에 울리는 소리의 주인공은 더 이상 아이들이 내는 소음이 아니었고, 우리는 공연이 끝날 때까지 가수들과 관현악단의 연주만이 주역이 되도록 순리를 따랐다. 급기야 피날레에서 주인공 초초가 자결하는 장면이 되자 남자 중학생 녀석들은 주체할 수 없는 눈물을 그냥 흐르게 내버려두는 부끄러운 광경을 연출했다. 그렇게 우리의 첫 오페라 감상이 마무리되었고, 그날 함께 〈나비 부인〉을 관람했던 우리의 기억 속에는 「어느 갠 날」과 더불어 그 공연 티켓을 나눠주셨던 음악 선생님의 모습이 고스란히 남게 된 것이다. 그런 경험으로 짐작하건대 클래식이라고 불리는 음악을 접하고 애호하게 되는 데에는 어떤 계기가 필요할지도 모른다는 생각이 든다. 그래서 나는 클래식 음악이 뭔가 듣기에 거북하다고 여기는 아이들이 있다면 음반이나 음악 파일로 들려주기보다는 적절한 시기에 객석 한곳에 그저 앉혀놓으라고 권하고 싶다. 개인별 차이는 있겠지만 실내악보다는 관현악곡, 독창회보다는 오페라 공연장에. 그다음에는 굳이 조숙한 체하는 자세로 반듯하게 감상에 임하라고 요구할 필요도 없다. 나머지는 뮤즈의 여신들이 다 알아서 할 테니까.

함께 읽으면 좋은 책들

문화예술 일반

다른 방식으로 보기
존 버거 지음 | 최민 옮김 | 열화당

회화와 정물화를 바라보고 소장했던 사람들, 사진으로 포착된 세계를 이미지로 대하는 사람들, 보이는 것과 보는 행위가 만드는 시대상 그리고 이미지가 사유를 찔러서 생기는 이데올로기의 상처들.

대중문화 속의 현대미술
토머스 크로 지음 | 전영백 옮김 | 아트북스

미술관에서 대면한 현대미술에 대한 궁금증을 해소하기 위해 진중권 교수의 저작을 훑거나 유튜브에 떠다니는 강연 동영상만 보지 말고 일단 이 책을 읽어보자.

문학과 예술의 사회사(전4권)
아르놀트 하우저 지음 | 반성완·백낙청·염무웅 옮김 | 창작과비평사

당장 읽지 않더라도 그냥 사두기만 해도 좋은 책이다. 어느 날 문득 한 페이지를 펼치게 되면 예술, 문화 그리고 역사가 만든 달고 쓴 서사에 빠져들 것이다.

문화와 사회
레이먼드 윌리엄스 지음 | 나영균 옮김 | 이화여자대학교출판부

우연히 손에 넣게 된 이 낡은 책에는 19세기에서 20세기로 이어지는 문화사에서 역동적으로 사유하고 실천했던 인물들의 사상과 그들에 대한 비평들이 담겨 있다.

사이버 문화와 예술의 유혹
이종관 지음 | 문예출판사

디지털 시대의 예술과 기술, 그리고 인문철학 간의 융합이라는 담론이 어떻게 텍스트를 통해 그 의미와 취지가 잘 드러날 수 있는지에 관한 좋은 사례.

사진에 관하여
수잔 손택 지음 | 이재원 옮김 | 이후

사진에 관한 명저를 두 권 꼽으라면 하나는 다 읽고 이해하는 데 수 개월이 걸릴 롤랑 바르트의 『카메라 루시다』이고 또 하나는 일주일 만에 읽을 만한 손택의 이 책이다.

성완경의 세계만화탐사
성완경 지음 | 생각의나무

일본과 미국에만 만화가 있는 게 아니고 그보다 훨씬 더 방대하고 다양한 세계가 있다는 걸 일깨우는 책이다. 성완경 선생의 몇 안 되는 저서이니 소장 가치도 있다.

예술가의 전설
에른스트 크리스·오토 쿠르츠 지음 | 노성두 옮김 | 사계절

나는 이 탁월한 텍스트를 기회가 주어지는 한 어떤 참고도서 목록에도 빼놓지 않고 계속 올려놓을 것이다.

20세기 문화 지형도
코디 최 지음 | 컬처그라퍼

재미있는 책이다. 끝.

캐리커처의 역사
박창석 지음 | 살림

그림 그리기라는 행위는 특정 인물을 포함한 당대의 현실을 어떻게 효과적으로 풍자해왔을까? 얇지만 스마트한 책이다.

디자인

그래픽 디자인의 역사
리처드 홀리스 지음 | 문철 옮김 | 시공사

내용은 꽤나 두서가 없다. 그렇다고 딱히 비선형적인 기획으로 만들어진 것도 아니다. 하지만 담긴 이미지들이 많고 흩어져 있는 단어들을 기호로 삼아 다른 도서들로 옮겨가기 위한 이정표로는 쓸 만하다.

산업 디자인의 역사
존 헤스켓 지음 | 정무환 옮김 | 시공사

『그래픽 디자인의 역사』와 비슷한 종류의 책으로, 같은 목적으로 읽을 만하다.

디자인의 작은 철학
빌렘 플루서 지음 | 서동근 옮김 | 북코리아

『피상성 예찬』에서 디지털 시대의 사유와 문화에 관한 예지력을 보여준 미디어 이론가 빌렘 플루서가 디자인이라는 분야를 후벼 판 글들을 모았다.

디자이너의 문화 읽기
스티븐 헬러·마리 피나모어 엮음 | 장미경 옮김 | 시지락

미국그래픽디자이너협회에서 발행하는 잡지 『AIGA 저널』에 실렸던 글들을 모아서 펴낸 책. 근대 디자인 문화의 종주라 할 영미 문화권 디자이너들이 어떤 생각으로 디자인을 하고 공유하는지 알 수 있다. 때로는 문화와 디자인에 대한 생각의 오류에 빠져서 편협해진 그들의 모습도 엿볼 수 있다.

세계의 아트디렉터 10
전가경 지음 | 안그라픽스

편집 디자인과 아트 디렉션 전공자들만 읽고 나누기에는 아까운 책이다. 다양한 지식 정보들을 보기 편하게 관계망을 따라 배열한 것은 더 넓은 독자층을 기대하는 저자의 배려인 듯.

영상디자인의 선구자 솔 바스
박효신 지음 | 디자인하우스

영화 타이틀 시퀀스의 개척자이자 모션 그래픽의 교관이었던 솔 바스가 남긴 이미지들을 수집한다는 점에서 소장할 만한 작은 책.

새로운 편집디자인의 개척자 알렉세이 브로도비치
이정선 지음 | 디자인하우스

위의 책과 같은 형식으로 패션 잡지 아트 디렉션의 전형을 만든 브로도비치를 다룬 책이다.

21세기 디자인 문화 탐사
김민수 지음 | 솔

디자인을 올바로 정의하기 위해 객관적인 정보와 더불어 선명한 주장을 함께 글에 담기. 그리고 한국의 디자인 문화에 뾰족한 펜으로 계속 밑줄 긋기.

코코 샤넬
앙리 지델 지음 | 이원희 옮김 | 작가정신

명품 브랜드로 샤넬을 대할 때는 그 이름으로 기록된 서사에 관심 가질 만한 하등의 이유가 없다. 그러나 코코 샤넬이라는 한 인간과 관계된 서사라면 한 번쯤은 주목해볼 필요가 있다.

클래식

무대 뒤의 오페라
밀턴 브레너 지음 | 김대웅 옮김 | 아침이슬

'오페라의 역사' '오페라의 이해' 같은 제목이 붙은 책에는 손도 대지 않을 사람이라도 이 책은 꽤 재미있게 볼 것 같다.

오페라의 유혹
스티븐 페팃 지음 | 이영아 옮김 | 예담

"오페라는 관람하면 되지 뭘 책으로 읽나?"라고 할 사람도 있겠지만 오페라의 내용이나 형식 그리고 발자취는 그리 단순하지 않다. 그 정체를 알아가면서 오페라와 친해지기 위해 읽어볼 만하다.

그림전기 모차르트
슈테판 지게르트 지음 | 김이섭 옮김 | 청년사

신동 모차르트에 대한 환상을 품고 그 천재성을 아이들의 장래에 대입해보려고 애쓰는 부모들이 읽었으면 하는 책이다. 모차르트의 광기, 그리고 슬픈 삶이 그림에 녹아 있다.

지휘의 거장들
볼프강 슈라이버 지음 | 홍은정 옮김 | 을유문화사

관현악곡을 대하는 청중 앞에 버티고 선 위대한 인터페이스. 지휘자들은 모든 면에서 그 자체로 강렬한 이미지이며 선율의 길목에서 만나는 거대한 조상이다.

라이벌

세기의 아이콘으로 보는 컬처 트렌드

초판 인쇄 2012년 9월 3일
초판 발행 2012년 9월 10일

지은이 김재훈
펴낸이 정민영
책임편집 손희경
편집 권한라
디자인 땡스북스 스튜디오
마케팅 이숙재
제작처 미광원색사(인쇄) · 가인PUR(제본)

펴낸곳 (주)아트북스
출판등록 2001년 5월 18일 제406-2003-057호
주소 413-756 경기도 파주시 문발동 파주출판도시 513-7 2층
대표전화 031-955-8888
문의전화 031-955-7977(편집부) | 031-955-3578(마케팅)
팩스 031-955-8855
전자우편 artbooks21@naver.com
홈페이지 www.artinlife.co.kr
트위터 @artbooks21

ISBN 978-89-6196-116-5 03600

이 도서의 국립중앙도서관 출판시도서목록(CIP)은 e-CIP홈페이지(http://www.nl.go.kr/ecip)와
국가자료공동목록시스템(http://www.nl.go.kr/kolisnet)에서 이용하실 수 있습니다.
(CIP제어번호: CIP2012003920)